Heinz-Joachim Fischer

# Rom

## Zweieinhalb Jahrtausende Geschichte, Kunst und Kultur der Ewigen Stadt

DUMONT

*Kunst-Reiseführer*

In der vorderen Umschlagklappe:
Stadtplan von Rom

In der hinteren Umschlagklappe:
Umgebungskarte von Rom

## Wichtige Sehenswürdigkeiten auf einen Blick



kein Stern
*sehenswert*

☆
*Umweg lohnt*

☆☆
*keinesfalls versäumen*

# *Inhalt*

## *Die Stadt und ihre Bewohner*

## *Visita di Roma – Besichtigungsgänge*

# Praktische Reise-Informationen 401



**Verzeichnis der Karten und Pläne**



*Ponte und Castel Sant'Angelo (Stich von Giovanni Battista Piranesi)* ▷

*Die Stadt und ihre Bewohner*

# *Vorwort*

Über Rom ist eigentlich schon alles geschrieben worden. Ein Buch über die Ewige Stadt zu verfassen, im 3. Jt. nach ihrer Gründung, muß als tollkühnes Unternehmen erscheinen. Nichtsdestotrotz ist der Autor der Versuchung erlegen, sich in die Schar derer einreihen zu wollen, die bisher schon Gelehrtes, Geistreiches, Amüsantes über Rom zu Papier gebracht haben. Mit diesen leuchtenden, mehr und minder bekannten Vorläufern will und kann ich mich nicht messen. Ich bin ihnen zu Dank verpflichtet, weil ich auf ihren Schultern stehe und mit ihrem Material an dem unvergänglichen Rom-Bild weiter formen kann. Dennoch mußte ich ihnen oft grollen, da sie mir diese Ein- und Aussicht, jenen Tief-, Durch- und Überblick längst vorweggenommen haben. Ein großer Trost kommt mir jedoch zu Hilfe: die Leserin, der Leser selbst, die nicht nach alten Büchern gegriffen haben, sondern seit geraumer Zeit nach diesem.

Den jungen Studenten, der einige Jahre in Rom verbrachte, führten Freunde mit langen Fußwegen in die Geheimnisse der römischen Kunstwerke ein. Professoren römischer Universitäten verfeinerten diese erste Bekanntschaft mit gelehrten Darstellungen, so daß sich die Eleve in römischen Dingen bald selbst keck traute, Besuchern, Kirchen und Paläste, Säulen und Standbilder zu erklären. Viele Bücher wurden dazu benutzt, in die Mysterien Roms einzudringen, und bald zeigte sich, daß die größte Kunst eines Cicerone in Rom darin besteht – wegzulassen, sei es auch noch so gescheit, informativ und wertvoll. Als ich dann als Italien- und Vatikan-Korrespondent der Frankfurter Allgemeinen Zeitung vor einigen Jahren nach Rom kam, vertiefte sich die Freundschaft zu Rom und den Römern zur Liebe. Viele haben daran Anteil, italienische Kunst-Experten, nicht zuletzt auch die Direktoren und Mitarbeiter der Kulturinstitute der deutschsprachigen Länder, vor allem des Deutschen Archäologischen Instituts, des Kunsthistorischen Instituts der Biblioteca Hertziana und des Deutschen Historischen Instituts. Wenn ich von allen, die mir hilfreich waren, nur meine Frau hervorhebe, so weil ich ihr am meisten verdanke – von der geteilten und so doppelt intensiven Zeit bei Besichtigungen bis hin zu wertvollen Ratschlägen beim Schreiben und Warnungen vor stilistischen und wissenschaftlichen Fehltritten.

So bildeten sich während all der Jahre römische Mosaiksteine, in Zettelkästen und Zeitungsartikeln verstreut, persönliche Erlebnisse, in Kopf und Herz aufbewahrt. Wenn ›mein‹ so gewachsener, mit neuen Elementen bereicherter und zu einem einheitlichen Gesamtbild gestalteter Rom-Führer anderen nützlich sein kann, sie nicht von dem ›Kunst-Ungeheuer‹ Rom abhält, vielmehr hier und dort den Zugang erleichtert, bin ich's zufrieden.

*Rom (zuerst Aug. 1986) im Sept. 1995* *Heinz-Joachim Fischer*

# *Vita Romana – Leben in Rom*

## Römische Tageszeiten

Zwei Uhren teilen die Zeit in Rom, bringen die unendlichen Stunden von Jahrtausenden in der Ewigen Stadt auf menschliches Maß: die Zahlenleuchte vor dem römischen Flughafen Leonardo da Vinci in Fiumicino draußen am Meer und jene alte Zeigeruhr an der Fassade der Peterskirche. Wie alle modernen Zeitmesser führt auch der vor dem Aeroporto den Tag nicht zu Ende. 23:59 – danach springen die Zahlen sogleich auf 0:00. Wer einen Spätflug aus dem Norden gewählt hat, kann den Wechsel des Tages oft noch erleben. Schon eine halbe Stunde Verspätung beim Start in Mitteleuropa ist ein Hinweis darauf, daß mit der Zeit im Süden großzügiger umgegangen wird. In Rom signalisieren Grenzpolizisten, die nicht so scharfprüferisch dreinblicken, Gepäckbänder, die nur zögernd die Koffer hergeben, Zöllner, die es mit der Kontrolle nicht so genau nehmen, und ein höherer Nachthimmel, daß wir am Mittelmeer gelandet sind. Wer nach den schweren deutschen Autos in eines der gelben, schwachmotorig-blechernen Taxis steigt, wer nach den glatten Betonbändern oder den nahtlosen Schienensträngen der Heimat jenseits der Alpen die holprigen Wege spürt, die bekanntlich alle nach Rom führen, dem verdichten sich die ersten Eindrücke zur Ahnung eines neuen Lebensgefühles, und er ist gespannt, was der nun anbrechende Tag bringen wird, was 24 Stunden in Rom bergen können. – Jede schlägt uns ein neues Thema an.

So schnell wie in der zweiten Stunde des Tages gelangt man sonst nie durch die Stadt, vom Kapitol nach Sankt Peter, von der Porta Pia im Osten zum Gianicolo-Hügel im Westen, vom Forum Romanum zur Piazza del Popolo oder zur Cestius-Pyramide, so ungestört kann man im Sonnenlicht nie Pantheon oder Kolosseum, Palazzo Farnese oder die Kirche Santa Maria Maggiore betrachten. Der Schein des Mondes reicht für einen Nachtspaziergang aus; die Straßenbeleuchtung stellt den silbrigen Lichtgeber nicht in den Schatten, entspricht eher mittelalterlichen Vorstellungen von Helligkeit und erinnert an Fackeln. Aber ist das von Schaden? Die Bauwerke der Vergangenheit werden auch bei gedämpftem Licht auf uns wirken. Vielleicht bevölkern sich dann die Plätze, beginnen die dunklen Schatten der Nacht plötzlich zu flüstern, spricht die Geschichte beredter und mächtiger zu uns.

In der Innenstadt – im Westen markiert vom Bogen des Tibers, der geruhsam am Mausoleum des Kaisers Augustus, dann an dem des Hadrian, der Engelsburg, und der Tiberinsel vorbeifließt, im Süden und Osten begrenzt von der Aurelianischen Stadtmauer mit den Toren der Heiligen – Paolo, Sebastiano, Giovanni, Lorenzo –, mit der Porta Maggiore und der Porta Pia findet man auch um halb drei Uhr eine geöffnete Bar – keinen Amüsierbetrieb, sondern jene geniale italienische Erfindung für Speis und Trank auf die schnelle. Einen aufmunternden Espresso, einen wärmenden *liquore* oder ein kühles Bier, ein kräftigendes *Tramezzino con prosciutto e formaggio*, mit Schinken und Käse, oder eine kleine heiße Pizza servieren ein freundlicher Domenico oder eine müde Giulia auch zu nachtschlafender Zeit. Nicht nur Hunger und Durst kann man ihnen anvertrauen, sondern auch die Begeisterung über die römischen Wunderwerke oder einen Kummer, von dem die Stadt heilen soll.

Zwischen 3 und 4 Uhr morgens erlischt auch das Leben auf der Via Veneto, dem ›Boulevard‹ zwischen der Piazza Barberini und der Porta Pinciana. Aus der Zeit des glitzernden Dolce Vita in den fünfziger und sechziger Jahren hat sich die Prachtstraße einen Glanz bewahrt, der die Lust des Römers an der Fassade, dem schönen Schein repräsentiert. Die Kellner im »Café de Paris« oder bei »Doney« schieben dem Liebespaar gar nicht mehr nur verstohlen gähnend den *scontrino*, den Kassenzettel, zum Bezahlen hin, fächeln mit der Serviette kurz die Luft und löschen die Lichter. Der Geräuschpegel des römischen Verkehrs hat nun seinen niedrigsten Stand erreicht. Ganz ruhig ist es freilich noch immer nicht. Das da und dort in den engen Straßen aufsteigende Motorengedröhn vereinigt sich über den Dächern zu einer stetig schwingenden Lärmglocke. Rom scheint zu schlafen, doch der Puls schlägt noch vernehmlich.

Um 4.30 Uhr klingelt bei Gustavo und Anna draußen im Quartiere Tiburtino im Osten Roms, Richtung Tivoli, der Wecker. Gustavo muß um 5 Uhr das zehnstöckige Mietshaus verlassen, um rechtzeitig zu seiner Arbeitsstätte im 80 km entfernten Civitavecchia zu gelangen. Vor 20 Jahren schickten die Eltern – ähnlich ihren Vorfahren vor zwei Jahrtausenden – den damals 16 Jahre alten Analphabeten aus dem fernen Kalabrien nach Rom. Das waren harte Zeiten, da bald auch Frau und Kinder ernährt werden mußten. Jetzt hat sich Gustavo als Hilfsarbeiter ›auf dem Bau‹ eine gewisse Fertigkeit im Anbringen von Betonverschalungen erworben und verdient gut. Von Zeit zu Zeit gibt es Ärger mit den Lohnzahlungen, weil die bauführende staatliche Gesellschaft seiner Firma nicht die vereinbarten Gelder überweist. In der Hauptstadt findet der Bauarbeiter keinen Platz. So fährt Gustavo mitten in der Nacht zur Arbeit.

Anna macht sich nun in der Küche zu schaffen. Da sie tagsüber als Näherin arbeitet, muß sie wie viele römische Frauen ihren eigenen Haushalt in aller Frühe führen. Wenn sie aus dem Fenster schaut, sieht sie, daß jetzt in den umliegenden Mietskasernen immer mehr Lichter angehen. Die Mehrzahl der Römer wohnt schon längst nicht mehr in der Innenstadt, deren Grenzen noch die Kaiser des Imperium Romanum vor 2000 Jahren für eine Bevölkerung von rund einer Million gezogen haben; auch nicht in den Vierteln, die in der ›Gründerzeit‹ gebaut wurden, nach der Einigung Italiens im Jahr 1870, als Rom Hauptstadt des Königreichs Italien wurde und für die Zuwanderer stattliche Wohnungen geschaffen werden mußten. Nach dem

Ende des Zweiten Weltkriegs, als immer mehr Italiener aus dem Süden zuströmten, entstanden links und rechts der Ausfallstraßen – auch diese von römischen Konsuln oder Kaisern angelegt – aus Baracken, den *borgate*, neue Siedlungen, die *quartieri popolari*, für ›das Volk‹.

Um 6.30 Uhr weckt Anna ihre drei Kinder, zwölf, elf und zehn Jahre alt, sucht die ersten Streitereien zu schlichten und verfrachtet schließlich das Mädchen und die beiden Jungen in ihren kleinen Fiat. Den öffentlichen Verkehrsmitteln mag sie ihre Kinder nicht anvertrauen. Ins Zentrum hinein dauert es nicht lange, aber die Querverbindungen zwischen den Stadtvierteln sind schlecht, und eine Stunde Fahrt in vollgepreßten Bussen, dazu das Warten beim Umsteigen – all das erscheint vielen Eltern für ihre Kinder nicht recht bekömmlich. Die römischen Behörden haben manche Anstrengung unternommen, das öffentliche Verkehrsnetz dichter zu spannen. Vor allem wollten sie der einen, noch unter Mussolini gebauten U-Bahn-Strecke weitere hinzufügen: vom bevölkerten Südosten durchs Zentrum hindurch nach Nordwesten, von Nord nach Süd. Für die drei Millionen Bewohner des Großraums Rom sind die bestehenden Metropolitana-Linien jedoch zuwenig. So bleibt der Hauptteil des öffentlichen Transports bei den rumpelnden Bussen und den altertümlichen Straßenbahnen, die in den engen Straßen und zwischen den unzähligen Autos nur mühsam vorankommen.

*Ganze 20 Jahre zog sich der Bau des etwa 14 km langen U-Bahn-Tunnels in der klassischen Erde hin, von der jeder Kubikmeter den Archäologen heilig ist.*

Jeden Morgen stürzen sich Hunderttausende am eigenen Steuer in den Verkehr, der gegen 8 Uhr zu beängstigender Stärke anschwillt. Blechlawinen ergießen sich über die Einfallstraßen, verteilen sich zwischen Kirchen und Palästen und finden auf geheimnisvolle Weise Platz; angesichts fehlender Parkhäuser ein schieres Wunder, das

*Die Hauptstraßen und Plätze ziehen wie ein Magnet Jung und Alt an. Draußen zu sein, andere zu treffen, miteinander zu reden, Arm in Arm zu flanieren, in Gruppen beieinander zu hocken, Kurven mit der Vespa zu drehen oder mit dem schweren Motorrad anderen zu imponieren, das gefällt und ist ein Vergnügen.*

*In Rom gibt es fast alle Spezialitäten der italienischen Regionen zu kaufen: Hirtenkäse, duftenden Schinken, frische Salami, deftige Leberwürste, zahllose Sorten Olivenöl.*

nur deshalb möglich wird, weil einsichtsvolle Polizisten oft vor dem Buchstaben des Gesetzes phantasievolle Gründe für seine Übertretung gelten lassen. Rote Signale, weiße Doppellinien auf der Fahrbahn, Einbahnstraßenzeichen, Halteverbote gehören einer idealen Ordnung an, die auf dem Boden römischer Tatsachen nicht verwirklicht werden kann. Kampf bis auf den Zentimeter, Streit um einen Parkplatz, Hupkonzerte in verstopften Straßen, Slalomkurven ohne markierte Fahrspuren, meterweises Vorwärtskriechen in endlosen Staus – das sind die Ingredienzien des römischen Verkehrs. Jeder regt sich dabei über Unsitten auf, von denen er selbst nicht frei ist, erweist sich als ein auf den kleinsten Vorteil bedachter Schlaukopf und verzichtet aber auch großzügig auf die Vorfahrt, fiebert vor Nervosität und zeigt Engelsgeduld, ist rücksichtslos und in der nächsten Minute vollendet höflich, abweisend und beim ersten persönlichen Kontakt von lächelndem Charme. Mag in nördlichen Ländern der Volkscharakter von der Straßenverkehrsordnung unterdrückt sein, hier entfaltet er sich lebhaft.

Neben dem Auto für den Hauptverdiener besitzen viele römische Familien eines zum Einkaufen. Zwischen 8 und 9 Uhr ist die ideale Zeit, zu einem der vielen Märkte der Stadt zu fahren. Dann ist die Ware noch nicht ausgesucht. Die Händler sind noch nicht ermüdet, und ihr Witz wirkt lebhaft. Die Langschläfer fehlen im Gemenge. Unter dem Beifall der umstehenden Hausfrauen kann man einen Fischverkäufer wegen eines bedenklich riechenden Kabeljaus schelten oder ihn wegen der knackigen Schalentiere loben; man sieht, daß sie in der Nacht zuvor draußen im nahen Mittelmeer gefangen wurden. Bedächtig wählt man ein junges Täubchen aus, und nie-

*Frischer Fisch und Krustentiere in der Markthalle von Testaccio*

mand wird einen zu schnellerer Entscheidung drängen wollen. Denn Speis und Trank sind in Rom eine besonders ernste Sache, der sich nur Lebensverächter und Griesgrame nicht mit der notwendigen Aufmerksamkeit widmen. Es versteht sich hier von selbst, daß Obst und Gemüse, Schinken und Salami, Brot, Käse und Fleisch jeden Tag frisch eingekauft werden.

Vor 11 Uhr erwacht in den Ministerien und Parteibüros, in der Abgeordnetenkammer und im Senat der politische Betrieb der Hauptstadt. Parlamentarier und Beamte, Manager der Staatsindustrie, Bankchefs und Gewerkschaftler beginnen nach Sitzungen bis tief in die Nacht hinein ihr Tagewerk. Sie werfen einen Blick in die Zeitungen, der sich zuweilen voll Mißfallen oder Schadenfreude an einer heftigen Attacke auf einen Kollegen festsaugt, rufen empört bei bekannten Journalisten an, beraten mit Freunden, was gegen böswillige Verleumdungen und zur Überwindung einer Krise, vor allem was zu Nutz und Frommen der Partei und der *clientela*, der politischen Familie mit ›Hausvater‹ und ›Gesinde‹, also zum Besten von Volk und Vaterland zu tun sei. Die Phantasie der Politiker bringt schon in den ersten Morgenstunden Kabinettstücke einer besonderen Art hervor.

Die frühere Rangfolge der Parteien - zuerst die Christlichen Demokraten, dann die Kommunisten und schließlich die Sozialisten - gibt es in der Art heute nicht mehr. An deren Stelle sind Linksdemokraten und Alt-Kommunisten, Forza Italia, Volksparteiler und Rechtsnationale getreten. Jeder kennt jeden im politischen Rom. Selbst wenn man sich im Plenarsaal der Abgeordnetenkammer gerade beschimpft hat, so nimmt man sich im Transatlantico, der Wandelhalle draußen vor der Aula, vertraulich beim Arm, duzt sich weiterhin, verspricht beim nächsten Mal Mäßigung und meint, die Politik dürfe man nicht zu blutig-ernst sehen. Des einen Aufstieg scheint des anderen Fall, aber auf wunderbare Weise erheben sich die Gestürzten wieder, überleben jene von vorgestern noch bis übermorgen. Die *classe politica* steht in Italien in keinem guten Ruf. Doch das Ergebnis der Politik ist vielleicht besser, als die Klagen der Römer über die schlecht funktionierende Administration und eine überbordende Bürokratie, als vermeintliche oder wirkliche Skandale vermuten lassen.

Das schönste Verwaltungsgebäude in Rom ist »das Kapitol«, der Sitz des Bürgermeisters, der Senatorenpalast auf dem Kapitolinischen Hügel hoch über dem Forum Romanum. Von 11 bis 12 Uhr herrscht dort im »Saal des Julius Caesar« emsige Betriebsamkeit. Der Stadtrat muß einen Bebauungsplan verabschieden, muß Projekte des Kulturassessors billigen, mit denen dieser auch die wenig begüterten Schichten der *misera plebs contribuens*, des schon im Altertum bekannten ›armen, aber steuerzahlenden Volkes‹ erreichen will. Alle Bürgermeister, welcher politischen Couleur auch immer, rechts oder links, wollen stets die vier ewigen Grundübel Roms bekämpfen: öffentlicher und privater Verkehr müßten ausbalanciert, neue Wohnungen gebaut werden; die Stadtplanung müsse in geordneten Bahnen verlaufen, das Gesundheitswesen noch mehr nach sozialen Maßstäben strukturiert werden. – Beamte und Angestellte in den über die ganze Stadt verstreuten Ministerien der italienischen Regierung, in den Ämtern der *Comune*, der Provinz Rom in der Via Quattro Novembre beim Quirinal, und der Region, des ›Landes‹ Lazio, draußen in der Via della Pisana, in den Konzernzentralen der Staatsindustrien, der Banken und Versicherungsgesellschaften, in den Einrichtungen für den Fremdenverkehr prägen den Charakter Roms als Dienstleistungszentrum.

Wenn Punkt 12 Uhr ein Kanonenschuß vom Gianicolo-Hügel herab den *mezzogiorno* verkündet und die Zeiger der Uhr von Sankt Peter sich auf der Zwölf überdecken, sind einmal in der Woche am Mittwoch Tausende von Besuchern und Pilgern aus aller Welt zur Generalaudienz des Papstes versammelt. Schwarze Ordensschwestern aus Afrika, junge Priester in langen Talaren aus Südamerika, Bischöfe aus den Vereinigten Staaten im eleganten schwarzen Anzug mit einem baumelnden Kreuz auf der Brust, bärtige Hierarchen aus dem Orient, Inder und Chinesen, Peruaner und Deutsche demonstrieren, daß in Rom das Herz der katholischen Christenheit schlägt. Die Päpste sprechen zu den Menschen entweder im Petersdom oder in der weiten Halle, die Paul VI. (1963–1978) von dem Architekten Nervi hat bauen lassen, oder auf dem Petersplatz vor der Basilika, dort im Sommer wegen der Mittagshitze jedoch erst am frühen Abend.

Nüchtern erinnern die Römer daran, daß Zeit zum Mittagessen sei. Die einen haben sich beim Bäcker ein Stück weißer Pizza geholt, schieben eine dicke Scheibe Mortadella hinein, und der Imbiß ist fertig; andere suchen sich Gesellschaft und gehen schnell in eine *Pizzeria, Rosticceria, Tavola calda* oder in eine der zahlreichen *Trattorie, Osterie* oder in ein *Ristorante.* Vieles in Rom ist in den letzten Jahren anders geworden, die meisten sagen, schlechter; die Qualität von Speis und Trank hingegen blieb gleich gut; da verstehen die Römer keinen Spaß. Jeder hat seine Vorlieben bei der Wahl des Ristorante, für den ›Mario am Pantheon‹ oder den an der Spanischen Treppe, Präferenzen, die selten mit der Speisekarte allein, häufiger jedoch mit der Freundlichkeit von Wirt und Kellnern zusammenhängen. Da sitzen sie einträchtig beisammen, die Chefs und ihre Angestellten, Kommunisten und Christliche Demokraten, und vergessen bei *pasta* und *bistecca* allen Streit. Zur Mittagszeit wird in Rom wenig gearbeitet. Da einen Termin zu vereinbaren gelingt nur zum Gespräch beim Essen.

Nur ein paar Schritte vom *centro storico,* dem historischen Stadtzentrum entfernt, und wir sind in einem der römischen Parks, in der Villa Borghese bei der Via Veneto oder auf dem Palatin-Hügel unter Bäumen und an alten Palastmauern. Wenn die Tramontana, der kalte Nordwind, den Himmel von allen Wolken blitz-blank-blau gefegt hat, wenn im Februar schon linde Frühlingslüfte über blühende Mimosenbäume wehen oder die Novembersonne noch wärmt, dann lustwandelt es sich gut unter den Pinien des Pincio, wird man unter

*Mit zunehmender Stunde mehren sich die Herren, die zwischendurch in der Bar noch einen Kaffee oder schon einen Aperitif nehmen. Es ist meine bloße Vermutung, daß auch das Wetter in Italien Rücksicht auf den abendlichen Spaziergang nimmt – es regnet selten in diesen Stunden vor dem Abendessen, und noch seltener vertreibt schneidende Kälte die Römer in die Häuser.*

*Die Anlage der Villa Borghese, jenseits der antiken Stadtmauer im Norden Roms gelegen, ist einer der beliebtesten und größten Parks in Roms. Neben künstlichen Seen und Imitationen antiker Architektur, Marmorstatuen und Denkmälern berühmter Künstler befinden sich auch mehrere Museen, ein Zoologischer Garten und eine Pferderennbahn auf dem Gelände.*

südlich weitem Himmel für viele Mißhelligkeiten des Alltags entschädigt, stellt sich jenes Lebensgefühl von leichtem Ernst und wissender Heiterkeit ein, das nur in Rom zu spüren ist.

Gegen 17 Uhr geht es auf den Busbahnhöfen in den Außenvierteln rings um die Stadt oder am Hauptbahnhof hektisch zu. Auf der Piazza Fermi vor der U-Bahn-Station im E.U.R.-Quartier entlädt die »Corriera« Arbeiter von den Fabriken links und rechts der Via Pontina. Vor allem im Süden und im Osten Roms sind seit Kriegsende Mittel- und Kleinbetriebe entstanden, für Möbel und Baumaterialien, für chemische und pharmazeutische Produkte, Nahrungsmittel und Elektrogeräte, riesige Lagerhallen für die Belieferung der größten italienischen Stadt, die nach dem letzten Stand auf einer Fläche von 1507 $km^2$ über drei Millionen Einwohner zählt. Daß Rom kaum Industrie besitzt, sondern von Handel, Handwerk und Dienstleistungen lebt, hat auch angenehme Seiten; die Umwelt wird, abgesehen von Müllhalden, Abwässern und Autoabgasen, weniger belastet.

Wenn um 18 Uhr in der Kirche San Lorenzo in Lucina einige Frauen in aller Stille zum abendlichen Gebet zusammenkommen, drängen sich draußen auf dem lärmigen Corso elegante Damen, hübsche Mädchen (*belle ragazze*), geschniegelte Signorini (Herrchen) und Jeans-Jünglinge mit dem Blick »Was kostet die Welt«, weichen geschickt den flinken Taxis aus, entgehen mit Mühe den Autobus-Kolossen. Die Straßen zwischen der Spanischen Treppe, der Via del Tritone, dem Corso und der Piazza del Popolo sind ein einziges Kaufhaus.

Nach 18 Uhr beginnt die Zeit der römischen Diebe. Weder arm noch reich, weder jung noch alt bleiben von ihnen verschont. Im Freundeskreis geht der Stoff aus persönlichen Erlebnissen mit Raub und Diebstahl nicht aus, und manche Erzählung wird damit gekrönt, man habe die Spitzbuben noch weglaufen sehen. Eine besondere Spezies von Ganoven, *scippatori*, gehen mit einem Motorroller in den Straßen auf Jagd nach Handtaschen oder Armbanduhren. ›Leichte‹ Kriminalität nimmt überhand, ›schwere‹ hingegen, wie Raubmord, kommt seltener vor als in anderen Hauptstädten.

Wie überall in der industrialisierten Welt wird zwischen 7 und 8 Uhr abends das Fernsehgerät eingeschaltet. Um 20 Uhr beginnt im Ersten Programm der staatlichen Rundfunk- und Fernsehgesellschaft RAI die am meisten gesehene und beliebteste ›Tagesschau‹. Manchmal verspäten sie sich um einige Minuten, weil Sprecher oder Techniker noch nicht disponiert sind. Obwohl die meisten Italiener der Politik überdrüssig sind, wie sie sagen, nimmt doch den längsten Teil der Nachrichten die Innenpolitik ein. Journalisten reden sich fest, und wegen der Ausgewogenheit muß zu umstrittenen Themen – das sind fast alle – jede der im Parlament vertretenen Parteien zu Worte kommen. In Rom kann das Publikum neben den drei öffentlich-rechtlichen noch zu zwei Dutzend privaten TV-Programmen (und Rundfunkstationen), linken und rechten, amüsanten und frivolen, seine Zuflucht nehmen.

*Kurz vor Mitternacht kann es geschehen, daß ein Römer, der gemütlich zu Hause sitzt, plötzlich aufspringt, seine Familie ins Auto lädt und durch die Stadt fährt, an Plätzen und Kirchen, Brunnen und Palästen vorbei, staunend, bewundernd, als sähen er und die Seinen Rom, den Glücksfall der Geschichte, zum ersten Mal. Sie gehen über die Via della Conciliazione auf den Petersplatz zu, hinter dem sich als trutzige Festung die größte Kirche der Christenheit erhebt und über dem die mächtige Kuppel des Michelangelo im dunklen Nachthimmel schwebt.*

Wenn im Olympiastadion um 21 Uhr am Mittwoch die Flutlichtanlage eingeschaltet ist, herrscht König Fußball. Die römischen Untertanen sind in zwei Lager gespalten. Die einen schwören auf den Verein »Lazio«, der 1974 zur tosenden Begeisterung seiner Anhänger die italienische Fußballmeisterschaft gewann, doch jetzt zum Kummer seiner *Tifosi* ›keine Bäume mehr ausreißt‹. Die anderen gehen für »AS Rom« durchs Feuer; diese Mannschaft ist im italienischen *Campionato* oft ganz obenauf. Zuweilen rangiert sie sogar vor den reichen Vereinen aus Mailand und Turin, was für einen Römer, in dem auch das Herz des unterdrückten Südlers schlägt, wahrer Seelenbalsam ist und bei einigen mehr zählt als 2500 Jahre ruhmvoller Geschichte. Andere suchen im Teatro dell'Opera, in der römischen Oper, in den zahlreichen Theatern und bei den unzähligen Konzerten – etwa in einer alten Kirche oder im Kreuzgang eines Klosters –, in Ausstellungen und Vorträgen in einem der vielen internationalen Institute, in Kabaretts, Jazz- oder Kinoclubs das moderne Kulturleben.

Die römischen Studenten – das sind seit langem um die 150 000 – begehen den Feierabend auf ihre Art, so wie alle anderen auch sonst in der Welt. Eine Kategorie unter ihnen führt freilich ein Eigenleben: die Eleven der päpstlichen Universität, die sich in der Hauptstadt der katholischen Kirche auf das Priestertum in aller Herren Länder vorbereiten; sie sollten um 23 Uhr längst schlafen, denn für sie beginnt der Tag in aller ›Herrgottsfrühe‹ mit der Messe. Die ›normalen‹ Studenten privatisieren zumeist; nur wenige engagieren sich in politischen Parteien oder Sportclubs. Die Studentenrebellion von 1968 mit Tumulten und Molotow-Cocktails, mit Haß gegen die Amerikaner und die *Padroni*, gegen alle, die Herrschaft ausüben, mit mörderischem Terrorismus und intellektueller Liebe zur Arbeitermacht, ist fast vergessen.

Kurz vor Mitternacht kann es geschehen, daß ein Römer, der gemütlich zu Hause sitzt, plötzlich aufspringt, seine Familie ins Auto lädt und durch die Stadt fährt, an Plätzen und Kirchen, Brunnen und Palästen vorbei, staunend, bewundernd, als sähen er und die Seinen Rom, den Glücksfall der Geschichte, zum ersten Mal. Sie gehen über die Via della Conciliazione auf den Petersplatz zu, hinter dem sich als trutzige Festung die größte Kirche der Christenheit erhebt und über dem die mächtige Kuppel des Michelangelo im dunklen Nachthimmel schwebt. Dann steigen sie die Via Sacra, den »Heiligen Weg«, zum Kapitol empor, wie vor ihnen die siegreichen Feldherrn des Imperium Romanum oder die Dichterfürsten des Mittelalters, und blicken hinunter auf das Forum, aus dem die Geschichte der Stadt und des Erdkreises wuchs. Dann fahren die Römer zufrieden nach Haus und sagen einander: Darum beneidet uns die Welt.

## Römische Jahreszeiten

### Schnee in der Sieben-Hügel-Stadt

Am frühen Morgen blieben die gewohnten Verkehrsgeräusche aus. Das beunruhigte, obwohl Sonntag und das Fest der Heiligen Drei Könige war, hinderte am Weiterschlafen und befahl, der Sache auf den Grund zu gehen. Ein Blick aus dem Fenster klärte alles: Es schneite, und das kommt in Rom höchst selten vor; *ad ogni morte di Papa*, wie man sagt, nur wenn ein Papst stirbt, nicht alle Tage, nicht alle Jahre. Da es in Rom weder werktags noch sonntags fleißige Zeitungsboten gibt – das ist Sache beflissener Hauswarte, freundlicher Zugehfrauen oder eben die eigene –, führte der erste Gang zum Kiosk. Da war man nach alter römischer Art am Lästern: »Nun hat sich der Himmel endlich an den polnischen Papst gewöhnt und gönnt ihm im Winter den weißen Anblick wie in seiner Heimat.«

›Polnisch‹ sah es in der Ewigen Stadt deshalb nicht aus. Zunächst waren alle Römer auf der Straße vergnügt über den so wenig gewohnten Einfall des himmlischen Sankt Petrus. Denn wenn es in

Rom schneit, hört jeder Ernst auf. Da kann niemand erwarten, daß alles seinen gewohnten Gang geht. Nur die Zeitungen müssen natürlich da sein, auch am Sonntag, ja gerade am Feiertag. Denn den römischen Familienvater erheben die Nachrichtenblätter über jede Bemühung zugunsten von Küche und Kindern. Gut, die Zeitungen wurden verkauft. Aber den Blumenmann Pericle, der seinen Stand mit den bunten Blüten neben den Kiosk längst hätte geöffnet haben müssen, ihn hatte offenbar der Schnee zu Hause festgehalten.

Oder die Befana? Jene hexenartige Sagengestalt, die in Italien am Dreikönigstag, an »Epiphanie« – die etymologische Verballhornung ist offenkundig – die Kinder beschenkt, nachdem die Heiligen Drei Könige bekanntlich nach Köln emigrierten und dort mit einem stattlichen Reliquienschrein sich als Gastarbeiter für die Errichtung eines schönen Doms verdingten. Seit Jahrhunderten schon reitet die Befana unverdrossen bei jedem Wetter auf ihrem Besen, macht ab und zu einen Ausflug auf den Brocken im deutschen Harz und hat in diesem Jahr von dort als Überraschung für die römischen Kinder Schnee mitgebracht. Pünktlich um Mitternacht fing es an zu schneien. Mit den ersten Flocken stellte auch der Flughafen von Fiumicino seinen Betrieb ein. Wer nicht imstande sei, auf einem Besenstiel zu fliegen, habe in der Luft nichts mehr zu suchen. Verkehrsruhe galt bald auch für den Hauptbahnhof, die Stazione Termini.

Um 9 Uhr morgens waren die Straßen noch leer. Die Autos an den Bürgersteigen hatten Schneehauben tief über die Scheiben gezogen. Aber dann regten sich die römischen Kinder und forderten gebieterisch ihre Väter auf, ihnen die Befana-Freuden direkt zu bescheren. Da half kein Hinweis auf die Glätte der Straßen. Solche Ausflucht wurde mit der Frage nach den Fahrkünsten abgeriegelt, auf die hin jeder italienische Mann sich nur in die Brust werfen kann. Immerhin gestatteten die Söhne das Anlegen von Schneeketten, an die sich auch die Römer in den letzten Jahren mit zunehmendem Wintersport in den Bergen der Abruzzen gewöhnt haben.

Aber noch wichtiger als die Schneeketten war der Fotoapparat. Gewöhnlich fotografieren die Römer nicht die Monumente ihrer Stadt. Wozu auch, sie haben sie ja. Doch die römischen Kirchen und Paläste, Plätze und Brunnen im Schnee, noch dazu in einer Zeit, da die Römer sie kaum mit Touristen teilen müssen – das ist ein Schauspiel, das man mit der Kamera bis zum nächsten ›Papsttod‹ festhalten muß: die Engelsburg mit weißen Zinnen, die Engel auf der Brükke mit weißen Flügeln. Ein hoher Weihnachtsbaum aus dem Bayerischen Wald steht mitten auf dem Petersplatz und dazu eine Krippe mit übermannsgroßen Figuren und jetzt zu allem Übermaß Schnee, genauso weiß wie in der Hohen Tatra, nur nicht so tief. Wenn er wollte, der Papst, könnte er sich die Ski anschnallen und die Treppe der Piazza hinunterfahren. Sage niemand, das sei lediglich eine hypothetische Betrachtung. Die Monsignori im Vatikan zittern schon, wenn sie an die Ski-Passion des Papstes denken. Die Prälaten erschraken, als der Papst beim Angelus-Gebet zuerst etwas mitleidig bemerkte, nicht alle Römer hätten Angst vor Schnee, ein paar Mutige seien ja doch gekommen, und daran einen Gruß an alle anschloß, die in den Bergen zum Skifahren weilten.

An den linken Kolonnaden lieferten sich angehende Kleriker eine Schneeballschlacht, ein ›nordisches Spiel‹, das die Römer seit 14 Jahren – eine ganze Kindergeneration lang – nicht treiben konnten. Ein würdiger, schon etwas älterer Priester mit langer Soutane und einem noch längeren weißen Schal um Hals und Hüften ging kopfschüttelnd an den raufenden Theologie-Studenten vorbei. Junge Ordensschwestern standen frierend nicht weit entfernt und schienen nicht wenig Lust zu haben, auch einen Schneeball in Richtung Seminaristen zu werfen.

Kapitol, Forum Romanum, Kolosseum und Palatin hatte die Befana kräftig eingezuckert. Die lange Treppe zur Kirche Santa Maria in Aracoeli auf dem Kapitolinischen Hügel, die »Himmelssteige«, war fast unpassierbar, so daß die kleinen Römer zu den traditionellen Kinderpredigten am Dreikönigstag dort wohl von der anderen Seite ins Innere der Kirche gehen mußten. Der Schutzmann auf der »Straße der Kaiserforen« hatte es schon längst aufgegeben, auf die Einhaltung der Verkehrsregeln zu achten, und wunderte sich ein wenig, daß ein Auto bei Rot tatsächlich hielt. Ein paar Männer von der Stadtreinigung verteilten einige Schaufeln Salz auf dem Corso Vittorio Emanuele in der Nähe der Piazza Navona. Würde das ausreichen, wenn am Montag das ›normale‹ Leben in Rom mit seinem chaotischen Verkehr wieder einsetzte? Doch das waren ›deutsche‹ Gedanken, die am Sonntag noch keinen Römer beschwerten. Morgen würde man schon sehen. Und wenn manches nicht seinen gewohnten Lauf ging, machte es auch nichts. Denn Schnee in Rom – wie gesagt, »nur wenn ein Papst stirbt«.

Am Sonntag schien der Schneefall noch pures Vergnügen zu sein, zum Ergötzen aller Kinder und jener, die sich angesichts einiger rieselnder Flocken noch so fühlen, ein Geschenk der Befana, der doppelgesichtigen, bös-guten Hexe am Dreikönigstag. Aber am Montag setzte die Kälte ein und jagte das Thermometer auf eine Tiefe, die mit der ›Säule des Merkur‹, wie das Quecksilberthermometer in Italien genannt wird, noch nie in der Ewigen Stadt gemessen wurde. Minus zehn Grad in der Urbs, nicht in den nahe liegenden Bergen, sondern fast auf Meereshöhe, nicht in der Nähe des Polarmeeres, sondern an den gewöhnlich lieblichen Gestaden des Mare Mediterraneum.

Und Italien hatte am Montag seine Regierung verloren. Natürlich. Denn was nützte ein Minister, wenn das Ministerium leer ist, wenn der Pförtner nicht zu seinem Arbeitsplatz kommen kann – das wollten sich die italienischen Politiker ersparen, und sie verschoben deshalb den Beginn der italienischen Innenpolitik im neuen Jahr auf das Tauwetter. Recht hatten sie. Denn im Unterschied zu nördlichen Klimazonen sind mehr als zehn Zentimeter Schnee und zehn Grad unter Null in Rom ein Jahrhundertereignis. Vielleicht sogar noch seltener.

*Der altrömische Schriftsteller Titus Livius, der von 59 vor bis 17 nach Christus lebte, hielt es immerhin für erwähnenswert, daß 400 Jahre vor ihm, im Winter 399/98 v. Chr., der Tiber zufror. Der Kirchenvater Augustinus (353–430 n. Chr.) wollte nicht in Vergessenheit geraten lassen, daß im Jahr 177 v. Chr. der Schnee 40 Tage lang die Straßen Roms unsicher machte, und überlieferte dieses erinnerungswürdige Ereignis der Nachwelt. Daß der Schnee liegenblieb, kam also auch früher – wenn auch selten – vor, in jüngster Zeit: 1903 für sieben Tage, 1956 für sechs Tage.*

Natürlich fragten viele Römer, weshalb bei Schnee und Eis alles zusammenbrechen müsse, weshalb der Flughafen zunächst seinen Betrieb einstellen mußte, um ihn dann nur vermindert wiederaufzunehmen, weshalb der Verkehr im Hauptbahnhof fast gänzlich zum Erliegen gekommen sei, warum einige Unglückliche am Samstag auf der Fahrt von Florenz nach Rom 15 Stunden im Zug verbringen mußten, dann bei der Ankunft weder Bus noch Taxi fanden und zähneklappernd alle öffentlichen Verkehrsmittel zum Teufel wünschten.

Um da zwischen Nachlässigkeit und höherer Gewalt unterscheiden zu können, muß von einem Fußballspiel zwischen dem römischen Verein »Lazio« und der Mailänder Mannschaft »Milan« berichtet werden, einem Spiel, das zunächst am Sonntag wegen der zehn Zentimeter Schnee ausfiel. Die Entscheidung des Schiedsrichters, das Spiel abzusagen, schien vernünftig, ebenso wie die des Bürgermeisters, den auf Montag angesetzten Schulbeginn nach den Weihnachtsferien hinauszuschieben. Damit war auch den Angestellten in den Büros der Ministerien und Konzerne, der Banken, Justizgebäude und Läden die Erlaubnis erteilt, das Erscheinen am Arbeitsplatz ins eigene Ermessen zu stellen, am Montag, Dienstag und wer weiß wie lange noch ... Welcher italienische Chef wollte schon die Verantwortung für die risikoreiche Anfahrt oder den noch gefahrvolleren Fußweg zur Arbeitsstelle übernehmen? Auf vielen Straßen war überraschend viel Salz gestreut worden, doch die Bürgersteige waren von dieser Sorgfalt ausgenommen. Die Römer beklagen sich zwar leicht über den Staat und die Versäumnisse der öffentlichen Verwaltung, doch mit ein paar Handvoll Sand oder Asche selbst die Wege weniger halsbrecherisch zu machen kommt ihnen nicht in den Sinn.

Das Fußballspiel war abgesagt. Aber am Montagnachmittag saßen 40 000 Römer im Olympiastadion und feuerten ihre Mannschaft Lazio an – leider weder im wörtlichen noch im übertragenen Sinn mit Erfolg. Die kälteerprobten Mailänder gewannen 1:0. Nach dem Spiel fuhren alle Zuschauer mit ihren Autos einträchtig nach Haus, als ob es trotz Schnee und Eis keine Schwierigkeiten mit dem Straßenbelag gäbe. Da soll sich nun einer auskennen. Auf der Stadiontribüne bei fünf Grad minus zu hocken ist offenbar attraktiver, als dem normalen Lauf des römischen Lebens beizuwohnen.

Jene, die jetzt alles nicht so schlimm finden und auf die Ausnahmesituation eines Jahrhundertereignisses verweisen, haben im Unterschied zu den Folgen bei anderen Naturkatastrophen ein starkes Argument für sich. Die meisten Auswirkungen von Schnee und Eis regulieren sich mit aller Wahrscheinlichkeit in Rom von allein. So war es auch. Wenn auch erst nach überraschend langem Warten. Aber was bedeuten einige Tage im Leben des »ewigen« Rom?

## Ostern in Rom

Eine ›fixe Idee‹ breitet sich immer mehr über die Welt aus: Ostern in Rom zu sein. So jedenfalls sehen es die Römer. Verärgert, empört und schließlich nur noch resigniert betrachten sie die Scharen von Touristen und Pilgern, die aus aller Herren Länder über die Stadt herfallen. Auf den ersten Blick schon stellen sie fest, ob der Passant ein Fremder ist, auf den zweiten, welcher Nation er angehört. Deutsche, Amerikaner, Franzosen sind unverkennbar, von Japanern und Afrikanern zu schweigen. Vor den Besuchern der Ewigen Stadt sind kein Ristorante und keine Bar, kein Brunnen und keine Sakristei sicher. Ihre Neugier auf römische Sehenswürdigkeiten ist unersättlich.

Wie viele Fremde – nicht-römische Italiener gehören für einen echten Romano auch dazu – die Stadt zu Ostern heimsuchen, weiß niemand. Es mögen einige Hunderttausende sein, das läßt die Römer kalt. Aber sie erhitzen sich im Gespräch, ob es mehr Touristen oder mehr Pilger seien, Reisende, die wegen der Kunst und Kultur nach Rom kommen und den Papst, weil er denn schon hier ist, ›mitnehmen‹, oder Andächtige, die des Oberhaupts der katholischen Christenheit wegen in die Ewige Stadt wallfahren und der Kunst, vor allem in den Kirchen, eben weil sie auch vorhanden ist, nur einen Blick gönnen. Einer, der aus seinem souveränen Antiklerikalismus (mit einer kleinen Schwäche für den Papst) kein Hehl macht, plädiert für die Überzahl der kunstfreudigen Touristenscharen; ein anderer schätzt die Frommen in der Mehrheit und führt als Beweis den Verkehr um Sankt Peter an.

Damit ist es an den Ostertagen zum Verzweifeln. Schon vor Jahren wurden Vorträge darüber gehalten, wie man das Nadelöhr des (rechten) Lungotevere an der Engelsburg vermeiden könnte, daß die Autokolonnen wenigstens ebenso schnell fahren sollten, wie der Fluß dahinzieht. Aber nichts ist geschehen. Gegenüber der Engelsburg, die für geraume Zeit ihren Engel an die Restaurierungswerkstatt abgeben mußte und ohne den Namensgeber Sankt Michael nur noch als Grabmal des Kaisers Hadrian dalag, gibt es Wohnungen mit einem wunderschönen Blick, doch mit inzwischen unlösbaren Problemen: Die Bewohner leben in einem permanenten Belagerungszustand, manche sind nahe daran auszuziehen. So viele Menschen eilen an ihnen vorbei – ein unauflösliches Knäuel, schon am Beginn der Via della Conciliazione.

Die Pilger sputen sich, weil die Kirche besonders zu Ostern aus dem Füllhorn ihrer Gnadenschätze Vergünstigungen für das Himmelreich über die Gläubigen gießt. In der Woche zum Palmsonntag waren es junge Leute aus aller Welt, die zu Zehntausenden zeigten, daß nicht nur Fußball und Pop-Konzerte ihr Interesse erregen, sondern auch Kirche und Papst. Nun sind es Gläubige und weniger Gläubige, die mit Johannes Paul II. am Gründonnerstag die Feier des Abendmahls begehen, die am Karfreitag vor dem Kolosseum den Kreuzweg Jesu Christi beten, am Samstag die Liturgie der Osternacht erleben, am Ostersonntag die Auferstehungsmesse mitfeiern wollen, bis dann am Sonntagmittag der Papst von der Benediktionsloggia des Petersdomes feierlich den Segen erteilt und unzählige Luftballons in den Himmel steigen, Grüße aus Rom in die Welt tragend.

## Sommer

Wenn der Sommer naht und die große Hitze ihre unabweisbaren Boten schickt, verändert sich Rom. Dabei richtet sich der Beginn der *Estate Romana* weniger nach der Sommerwende als nach dem Heiligenkalender der katholischen Kirche. Sankt Johannes am 24. Juni, Peter und Paul am 29. sind die Eingangspforten ins römische Sommerparadies. Man spürt, wie es von Tag zu Tag weniger Römer werden in der Stadt. Die Schulen haben Jungen und Mädchen in die Ferien entlassen und werden sie erst Ende September, Anfang Oktober wieder aufnehmen. Nur die Abiturienten müssen noch einen ganzen Monat lang ihre Prüfungsarbeiten vollenden und die mündlichen Examina ablegen. So bringen viele Familienväter erst einmal Frau und Kinder in die Urlaubsquartiere am Meer oder in den Bergen. Zunächst Ferien ohne Familie. Das sind Ferien von der Familie – und die sind manchem Römer nicht unwillkommen.

Andere müssen im Juni etwas tun, was den meisten im Grund widerstrebt: lang im voraus zu planen. Wieviel schöner wäre es, sich im Juli oder August der Eingebung des Augenblicks zu überlassen und einfach in die Ferien draufloszufahren, statt des Meeres, wie man noch im Juni gedacht, die Berge zu wählen, statt eine Besichtigungsreise zu unternehmen, wie ursprünglich überlegt, sich doch einfach faul an den Strand zu legen. Aber leider können auch Millionen von Individualisten nicht einfach ihren plötzlichen Einfällen folgen. Im Sommer wollen diese Millionen gut über die Apennin-Halbinsel verteilt sein, sonst gerät der Individualismus mit den Naturgesetzen in Konflikt; wo ein Individualist ist, kann nicht zugleich an derselben Stelle ein zweiter sein. Außerdem kommen zu den Italienern noch

*»Getrennt durch unregelmäßig gezackte Buchten von Leere, belauern einander proletarische Dachterrassen mit Leinen voll bunter Wäsche und Tomatenstöcken in Zinkwannen und herrschaftliche Terrassen mit Kletterpflanzenspalieren auf Holzgerüsten und weißlackierten Gartenmöbeln aus Gußeisen unter einrollbaren Markisen...« Italo Calvino, Herr Palomar*

Millionen aus dem ausländischen Norden, da kann es eng werden. Pensionen und Hotels, Flugzeuge, Eisenbahn und Fähre müssen vorher bestellt werden, auch wenn man nicht will.

Denn jeder römische Familienvater sieht voraus, daß am Tag der gebuchten Abfahrt die Schwiegermutter unpäßlich ist, das Kind Keuchhusten hat und der Freund spontan seinen 50. Geburtstag feiert. Wenn man sich festlegt, entgehen einem todsicher die schönsten Gelegenheiten des Lebens. Aber die Frau ist unerbittlich und schickt ihren Giovanni – zum Beispiel zur »Tirrenia«, jener Schiffsgesellschaft, welche den Fährbetrieb im italienischen Mittelmeer regelt und damit den Zugang zu den beliebtesten Ferienorten auf Sardinien oder Sizilien. Man weiß zwar, daß etwa der Fährbetrieb zwischen Civitavecchia, dem Haupthafen Roms, 78 km nordwestlich, und Olbia an der Nordostküste Sardiniens pünktlich mit dem Eintreffen der ersten Touristenscharen ins Stottern und Stocken gerät; deshalb, weil die Seeleute jetzt den günstigsten Moment sehen, auf ihre harten Arbeitsbedingungen aufmerksam zu machen. So bilden sich im Juli in Civitavecchia und im August in Olbia jeweils Heerlager von reisebereiten, im doppelten Sinn ›kochenden‹ Auto-Familien, und mit der geplanten Abfahrtszeit ist es dann doch nichts. Aber ohne Reservierung wäre man noch schlimmer dran; und so hat es einen Sinn, daß sich nun in der römischen Via Bissolati vor dem Büro der »Tirrenia« Menschenschlangen bilden, als ob es die Tickets umsonst gäbe. Die Menschentrauben vor der römischen »Tirrenia«-Filiale sind – wie die Schwalben für den Frühling – der sichere Hinweis darauf, daß nun in Rom der Sommer mit dem Urlaub beginnt.

So entvölkert sich die Stadt langsam. Der chaotische Verkehr verliert zunächst seine schlimmsten Schrecken und wird dann mit zunehmendem Juli ganz passabel, bis es im August fast eine Freude ist, in Rom Auto zu fahren, wenn auch mit Vorsicht vor jenen Römern, die jetzt ihr Talent zum Rennfahrer entdecken. Märkte und Geschäfte leeren sich, bis in der Mitte des August, an *Ferragosto*, dem ›Fest der Aufnahme Mariens in den Himmel‹ am 15. – benannt nach den *Feriae Augusti* des römischen Kaisers, der dem höchstsommerlichen Monat seinen Namen gegeben hat –, auf dem Höhepunkt der römischen Ferien also, Straßen und Plätze wie ausgestorben erscheinen.

Da könnte von Ende Juni bis Ende August, Anfang September die Stunde des gewitzten Rom-Besuchers schlagen. Zumindest für jene Touristen, die auch heißen Temperaturen gewachsen sind oder sich ihnen durch die Wahl einer kühlen Unterkunft und durch die Verlegung des Besichtigungsprogramms in die Morgen- und Abendstunden anpassen können. Denn im Sommer kann auch ein Mitteleuropäer die Tücken des römischen Verkehrs meistern, findet ohne große Mühen einen Parkplatz in der Nähe seines Ziels und sieht die Schönheit von Straßen und Plätzen nicht von Blechlawinen überschwemmt. Wenn die Sonne steil am Himmel steht und der Asphalt träge vor Hitze kocht, überraschen Kirchen, Paläste und Museen mit wohltätiger Frische, spenden die Gebäude Schatten, geben dicke

Mauern noch die Grade weniger warmer Jahreszeiten wieder. Kein römischer Polizist wird dem Fremden verwehren, seine Füße im Wasser eines Brunnens zu kühlen. Manche Museen mögen geschlossen sein, aber es sind immer noch welche geöffnet. Auch einige Kaffee-Bars haben ihren Betrieb eingestellt, doch auch da findet sich immer wieder eine, die den Gast zu laben bereit ist. Man achte darauf, was die Römer zur Bewältigung von Hitze und Durst zu sich nehmen: einen *caffè freddo*, einen Eiskaffee, eine *granita di caffè*, ein Kaffee-Eis, eine *spremuta di limone*, ein Zitronenwasser, insgesamt wenig Eis und tagsüber keinen Alkohol. Am Abend schmecken Wein und Bier noch einmal so gut. Gewiß, das sonst quirlende römische Leben pulsiert langsamer, fast schwerfällig unter dem Druck der Hitzeglocke. Sicher, viele Dienste werden nun in Rom nicht mehr geleistet, doch die meisten braucht ein Tourist ohnehin nicht. Aber jetzt, zwischen Juni und September, ist die Gelegenheit, die Einzelheiten Roms mit allen Sinnen wahrzunehmen, ohne daß überall Autos dazwischenfahren und die Betrachtung einer Palastfassade, einer Kirchenkuppel dröhnend unterbrechen. Schlendern, stehenbleiben, schauen und staunen, sich geruhsam irgendwo anlehnen, ein Wappen deuten, eine Inschrift übersetzen, sich andächtig einem Blick widmen, ein Panorama aufnehmen, dazu ist jetzt Zeit.

Die Stadtverwaltung bemüht sich überdies von Jahr zu Jahr mehr, auch jenen Römern etwas zu bieten, die nicht wegfahren wollen oder können. Die Besucher profitieren davon. Neben den traditionellen kulturellen Veranstaltungen hat man sich manches einfallen lassen, was bei Jung und Alt, bei Alt oder Jung Anklang findet. Unter dem Titel »Tevere Expo« etwa verbirgt sich ein besonderes Schauspiel. Von der Engelsbrücke bis hinauf zum Ponte Cavour, etwa gut 300 m lang, stellen auf den Kais des Tibers die Regionen Italiens ihre besonderen Produkte aus. Rasch hat sich daraus ein Volksfest entwickelt. Eine Blaskapelle der Finanzbehörden wechselt zwischen Märschen und volkstümlichen Opernmelodien, vom Radetzky-Marsch bis zu Verdi und Puccini. Scheinwerfer des Heeres beleuchten die Szene in den Nationalfarben Grün, Weiß und Rot und geleiten eine Barke, die ob der großen Zahl der Passagiere zu sinken droht, von einem zum anderen Ufer, immer wieder. Die Lichter der Stände spiegeln sich vielfach im Tiber, der an diesem Abend leise gurgelnd vorbeifließt und nicht einmal nach den Abwässern der Großstadt riecht.

Die Kais, die sonst wenig zum Spaziergang einladen und häufig genug von den Wassern des Flusses bedeckt sind, dienen jetzt der vergnüglichen Promenade der Römer. Sie genießen diesen Spaziergang am Fluß in großen Scharen, machen sich immer wieder aufmerksam auf die Kulisse: den Rundbau der Engelsburg, die vornehm-vollkommene Kuppel der Peterskirche und den Riesenbau des Justizpalastes.

Ein Sprung vom Tiber hinauf auf den Gianicolo, der nicht zu den klassischen Hügeln Roms gehört, aber dafür einen lohnenden Rundblick auf alle sieben bietet: an der sogenannten Tasso-Eiche finden zehn Tage lang Konzerte statt. Moderne Musik und Jazz. Da sitzen sie, die jungen Römerinnen und Römer, und träumen bei schnellen und langsamen Rhythmen in die Sommernächte hinaus. Ein paar Meter weiter auf der Höhe des Janus-Hügels starren Kinder um elf Uhr nachts auf ein Puppentheater. Der Alltag einer Hausfrau, einer Mutter, wird dargestellt. Das Publikum lacht. Der Pinocchio, das hölzerne Bengele, bekommt Schläge. Die Kinder, die noch längst nicht die Schule besuchen, jubeln. Der Eimer, den Pulcinella zum Schluß einladend hinaushält, bleibt nicht leer.

Zu den traditionellen Sommervergnügen von Römern und Fremden gehörte lange Verdis »Aida« in den Caracalla-Thermen – wahrlich ein göttliches Schauspiel, wie der greise Arthur Rubinstein sagte. An die zwanzig Mal hörte und sah der legendäre Pianist die Oper. Aber die Aufführung in den römischen Ruinen beeindruckte den 91 Jahre alten Künstler aufs neue. Wohin auch könnte ein ›falscher‹ Obelisk besser passen als in die Mitte des jahrhundertealten Gemäuers! Der Triumphmarsch der Oper, wo könnte er effektvoller erschallen als unter römischem Nachthimmel zur Sommerszeit! In den Caracalla-Thermen, deren Pfeiler es an Größe mit denen der Peterskirche aufnehmen, hat man die Bühne und ein Halbrund von Rängen errichtet, das 5000 Zuschauern Platz bietet. Raum ist genug für Festzüge, für Szenen mit Hunderten von Sängerinnen und Sängern, Kamele und Pferde tummeln sich auf der Bühne. Bunte Scheinwerfer

*Noch schöner als das Abendessen zu Hause ist die »cena fuori«, das Mahl außer Haus. Auf der Piazza della Rotonda vor dem Pantheon läßt sich ein lauer Sommerabend in einer Trattoria bis in die Nacht verlängern.*

senden ihre langen Finger auch zu den Zuschauern. Ein göttliches Schauspiel, und alles vor der Kulisse, die von Roms Geschichte gestellt wird. Und schließlich ist es ihr Verdi, dessen Melodien den Italienern vertraut sind. So sehr, daß auf den oberen Rängen, wohin die Stimme der Sänger nicht mehr getragen wird, wo Orchester und Solisten schon wegen der Entfernung auseinanderfallen, die Besucher helfend einspringen können: »Celeste A-i-hi-da!« Aber die Musik ist nicht das Wichtigste.

Wichtig ist, daß in diesem Sommer das römische Volk wieder Besitz nimmt von den Monumenten, die sonst den Fremden überlassen zu sein scheinen, von den Kirchen und Plätzen, den Parkanlagen der alten Adelsvillen und dem Fluß, der sich durch die Stadt schlängelt. Die Maxentius-Basilika zwischen dem Kapitol und dem Forum, sonst nur von Touristen beachtet, ist von den Römern wiederentdeckt worden. Konzerte werden dort gegeben; da aber die Musik vom Verkehrslärm oft beeinträchtigt wird, sehen sich die Römer dort jetzt lieber Filme an. Auch das Theater des alten Ostia, tagsüber von schwitzenden Touristen bestaunt, erfreut abends die Italiener: Shakespeare, Plautus, Aristophanes, Aischylos, Goldoni. Wenn sich ein Fremder hinzugesellt, ist es auch recht.

## Allerheiligen

Römisches Leben – es zeigt sich selbst auf den Friedhöfen. Der Unterschied zwischen Deutschen und Italienern, Katholiken und Protestanten, Juden und Christen wird auch an den Stätten ihrer letzten Ruhe deutlich. ›Gottesacker‹ sind sie allesamt nicht, keine parkähnlichen Anlagen, in denen die Natur mit Bäumen, Sträuchern und Wiesen die Todeszeichen einbettet. Auf einem italienischen Friedhof, dem *Camposanto*, dominiert der Stein, in welcher Form auch immer, selbst in jener, die alle möglichen Gedanken, nur nicht die an Tod, hervorzurufen scheint, und – der lebende Mensch. Man möge sich davon auf dem Campo Verano, dem Hauptfriedhof Roms hinter der Kirche San Lorenzo fuori le Mura, am 1. November, dem kirchlichen Fest von »Allerheiligen« *(Ognissanti)* überzeugen. Schon vor dem Eingang suchen die Blumenstände eine gar zu traurige Stimmung zu vertreiben. Die schönsten und kräftigsten Farben sind für einen Friedhofsbesuch gerade richtig. An *Ognissanti* entwickelt sich auf dem **Campo Verano** fast ein Volksfest. Mit Kind und Kegel ziehen die römischen Familien zu ihren Verstorbenen, und auf dem Gang zum Grab wird wortreich und lautstark das Andenken der lieben Tante, des verehrten Großvaters, des reichen Onkels beschworen. Den Toten erweist man Ehre, indem sie lebhaft im Gespräch vergegenwärtigt werden. Der Schmerz, der dabei geweckt wird, ist tief. Doch er schneidet nicht so stark ins Gemüt, daß die Freude über das eigene Leben und an den weiteren Plänen des Tages ihn nicht bewältigen könnte. Auf dem **Cimitero Israelitico,** der einen Teil des »Verano« einnimmt, ruhen die römischen Juden, die in Rom immer eine stattliche Gemeinde bildeten und lange Zeit, vom 16. bis 19. Jh., im Ghetto am Tiber neben der heutigen Synagoge eingeschlossen waren.

Ganz anders als der Campo Verano ist der **Protestantische Friedhof** neben der Cestius-Pyramide, der römische Cimitero, der den Nichtkatholiken vorbehalten war und ist. Hier sind neben anderen August Goethe, der vor seinem berühmten Vater im Jahr 1830 starb, die Schriftstellerin Malwida von Meysenburg (gestorben 1903), die englischen Dichter Percy Bysshe Shelley und John Keats begraben.

Eine würdige, von Ruhe und Ernst – dicht neben dem Getriebe von Sankt Peter – erfüllte Stätte ist der **Camposanto Teutonico** im Vatikan. Die Tradition dieses Friedhofs, der den in Rom gestorbenen deutschen Katholiken reserviert ist, reicht weit zurück. Erde vom Kalvarienberg zu Jerusalem, dem Leidenshügel Jesu Christi, habe man hierhergebracht, heißt es, und unter Karl dem Großen im Jahr 799 sei der Friedhof eingerichtet worden. Es ist ein Ort der Stille und des Friedens, hoch darüber wölbt sich die Kuppel von Sankt Peter. Den Camposanto Teutonico aufsuchen zu wollen gewährt jedem Deutschen die Erlaubnis, in den Vatikan einzudringen, vorbei an den Schweizergardisten, die diesen Wunsch stets respektieren. Der Tod scheint in Rom eingebettet zu sein in die Abfolge der Generationen, das Wort von der »Ewigen« Stadt gewinnt – paradox genug – selbst auf den Friedhöfen eine Dimension in die Zukunft hinein, wo es doch meist nur von der Vergangenheit gilt. Groß ist in Rom die Sicherheit, daß nach uns anderes kommt.

## Das moderne Rom – in Kürze

Die ›moderne‹ Weltstadt Rom wird für viele Besucher nur der Rahmen der Kunst- und Schaubühne Rom sein, des historischen Welttheaters, das hier wohl sein eindrucksvollstes Stück zur Aufführung brachte. Diese äußeren Bedingungen sind für den Touristen und Kunstliebhaber wichtig, können jedoch in aller Kürze dargestellt werden: Rom ist die Hauptstadt der Republik Italien, der *Repubblica Italiana*, Sitz des Staatspräsidenten (im Quirinalspalast), der Regierung mit dem Palazzo Chigi als amtlicher Residenz des Ministerpräsidenten, und der beiden Häuser des Parlaments: des Senats im Palazzo Madama und der Abgeordnetenkammer im Palazzo Montecitorio. Zudem schließt die Stadt Rom im Westen den »Staat der Vatikanstadt« *(Stato della Città del Vaticano)* ein, den kleinsten Staat der Welt (0,44 $km^2$), mit dem Papst als Souverän, der zugleich das geistliche Oberhaupt der Katholiken in aller Welt ist, »Bischof von Rom« und »Oberster Priester, Summus Pontifex der universalen Kirche«.

Außerdem ist die Stadt Rom, *Comune di Roma*, Hauptort der gleichnamigen Provinz und der Region Lazio (Latium). Sie umfaßt eine Fläche von 1507 $km^2$ und zählt seit einigen Jahren – nach einer heftigen Zunahme in den fünfziger und sechziger Jahren durch Zu-

wanderer aus Süditalien und einem geringeren Zuwachs in den siebziger Jahren durch Immigranten und Gastarbeiter aus der ehemaligen afrikanischen Kolonie Somalia – rund 3 Millionen Einwohner. Rom ist in 22 traditionelle *Rioni* unterteilt, alte Viertel, deren Gliederung zum Teil noch auf Kaiser Augustus zurückgeht, 18 neue Stadtteile *(Quartieri)*, 11 Vororte *(Suburbi)* und den Agro Romano, das römische Land ringsum. Heute erstrecken sich die Vororte des Großraums Rom im Osten bis zu den Albaner Bergen, im Westen bis zum Meer bei Ostia, im Süden und Norden weit in die römische Ebene *(Campagna)*. Im Gefolge einer Verwaltungsreform ist der Comune di Roma in 20 Bezirke *(Circoscrizioni)* zur Erleichterung der Verwaltung aufgeteilt worden. Die Stadt wird vom Senatorenpalast auf dem Kapitol, dem Sitz des Bürgermeisters und des Stadtrats, regiert.

*Der Blick vom Gianicolo, dem Hügel am rechten Tiberufer, reicht über Rom mit seinen Barock- und Renaissancekuppeln, den antiken und modernen Monumenten über die Vorstädte hinaus bis zu den Gipfeln des Apennin*

Alle vier Jahre finden Kommunalwahlen statt, die darüber entscheiden, welches der beiden vorhandenen politischen Lager, der linken oder der rechten Mitte, das prestigereiche Amt des Bürgermeisters besetzen darf.

Die Stadt erstreckt sich zu beiden Seiten des Tibers, etwa 20 bis 30 km von der Mündung dieses Flusses in das Tyrrhenische Meer bei Ostia entfernt. In der Antike konnten sogar Seeschiffe, lange Zeit auch Lastkähne bis in die damaligen Stadthäfen – unterhalb des Aventin-Hügels und an der Ripetta beim Mausoleum des Augustus – gelangen. Der Tiber trägt heute nur kleine Schiffe und Hausboote. Für die Geschichte Roms, für Wirtschaft und Handel, spielt der Fluß kaum eine Rolle. Fahrten für Touristen sind auf dem Tiber im Sommer möglich, doch sind die Uferanlagen zum Schutz vor Hochwas-

ser sehr hoch gebaut, so daß die Sicht begrenzt ist. In Ostia, das im Altertum zu den wichtigsten Häfen des Mittelmeers gehörte, liegen nur noch Fischerboote und Segelyachten. Roms Wirtschaftshafen ist Civitavecchia im Norden.

Schon früh erkannten die Römer im Altertum die Bedeutung von guten Verkehrswegen. Die damals angelegten **Konsularstraßen** – Via Aurelia, Cassia, Flaminia, Salaria, Tiburtina, Prenestina, Casilina, Tusculana und Appia – erfüllen, ausgebaut und verbreitert, ihren Zweck noch immer. Neue kamen hinzu, so daß die Provinz Rom über ein sehr gutes, dichtes Straßennetz verfügt. Dem Autoschnellverkehr dienen der große Autobahnring um Rom (Grande Raccordo Anulare), Autobahnen Richtung Norden (Florenz, Bologna, Mailand, Brenner), Süden (Neapel, Bari, Reggio Calabria, Sizilien), Nordwesten (Civitavecchia, Flughafen Fiumicino), Osten (L'Aquila, Pescara) und Südwesten (Latina). Zwei große internationale Flughäfen, der Aeroporto Leonardo da Vinci, 25 km westlich der Stadt am Meer gelegen, und der Aeroporto di Ciampino, etwa 12 km entfernt an der Via Appia (vornehmlich Charterflüge), schließen Rom an das nationale und internationale Flugnetz an.

Rom bildet einen wichtigen Knotenpunkt für den Eisenbahnverkehr zwischen Nord- und Süditalien. Die meisten Fernzüge treffen auf der Stazione Termini, zuweilen auch Tiburtina oder Ostiense ein. Der Schienenverkehr innerhalb der Stadt wird ausgebaut. Eine Linie der Metropolitana, der U-Bahn, führt von Rebibbia im Nordosten über Termini zum E.U.R.-Viertel, eine weitere, 1980 fertiggestellt, verbindet den Südosten über Termini mit dem Stadtbezirk bei Sankt Peter. Der Berufsverkehr wird hauptsächlich von Autobussen bewältigt. Wer es nicht eilig hat, kann für eine Fahrt um die Innenstadt – im Uhrzeigersinn oder entgegen – die Circolare benutzen, die einzig noch verbliebene Straßenbahn.

Im Altertum war Rom als Hauptstadt des Imperium Romanum das erste Wirtschafts- und Handelszentrum des Mittelmeerraums. Diese Bedeutung hat es nicht mehr wiedererlangt, weder unter den Päpsten noch im Königreich Italien seit 1871 oder jetzt in der Republik. Das Zeitalter der industriellen Revolution, die Entwicklung der modernen europäischen Handelsströme berührte Rom nur am Rand; es lag geographisch abseits und fand nur schwer Anschluß an den wirtschaftlich weiter vorangeschrittenen Norden. Die Lombardei, Piemont und Ligurien waren und bleiben die wirtschaftlichen Schwerpunkte Italiens, obwohl Anstrengungen unternommen werden, der bevökerungsreichsten Stadt Italiens auch die entsprechende, durch Industrie gestärkte Wirtschaftskraft zu verleihen. Da ein großer Teil der italienischen Unternehmen im Besitz des Staates ist, gewann Rom nach dem Zweiten Weltkrieg als Verwaltungszentrum der Staatsbetriebe auch wirtschaftlich zunehmend an Bedeutung. ›Junge‹, hochtechnologische Industrien kommen hinzu, so daß die Zahl der kleinen Industriebetriebe am Stadtrand und in der weiteren Umgebung gewachsen ist. Darüber hinaus garantiert die Lage in der Mitte Italiens für die Wirtschaft eine Brückenfunktion zwischen Nord und Süd. Die Mehrzahl der Beschäftigten arbeitet in der Verwaltung und im Dienstleistungsgewerbe. Die meisten Arbeitsplätze bietet traditionell der tertiäre Bereich der Wirtschaft, darunter nicht zuletzt die touristischen Einrichtungen der Stadt.

Jahrhundertelang war Rom die Hauptstadt des päpstlichen Kirchenstaates, die des geeinigten Königreichs Italien wurde es erst 1870/71. Deshalb kommt die dominierende Rolle einer politischen Hauptstadt auf kulturellem und wissenschaftlichem Gebiet neben den konkurrierenden Zentren der ehemaligen Republiken, Herzogtümer und Königreiche auf italienischem Boden nicht so eindeutig zur Geltung wie in anderen, stets zentral regierten Staaten. Das päpstliche Rom zeigt sich besonders bei den Universitäten: Jahrhunderte hindurch hatten päpstliche Hochschulen und Ordensinstitute, vor allem die Universität Sapienza und das Collegium Romanum der Jesuiten, für die höhere Bildung gesorgt. Erst von 1932 bis 1935 wurde die Universitätsstadt mit der Università di Roma errichtet. Zu dieser staatlichen Universität, an der etwa 150 000 Studenten eingeschrieben sind, kommen noch weitere; außerdem die Università Cattolica del Sacro Cuore, eine katholische Fakultät für Medizin, die Internationale Universität für Sozialstudien Pro Deo und die päpstlichen Universitäten, an der Spitze die Jesuitenhochschule Pontificia Universitas Gregoriana, die für die Ausbildung von Priesteramtskandidaten und Theologen aus aller Welt zuständig sind. Zahlreiche Bibliotheken, staatliche, päpstliche und private, in erster Linie die Vatikanische und die italienische Nationalbibliothek, stellen nicht nur moderne Literatur, sondern auch alte Bücher, Wiegendrucke, Handschriften und Pergamente aus alter Zeit für umfassende Studien bereit.

Mit seinen Bauwerken, Museen und Kirchen bietet Rom einzigartige Möglichkeiten für künstlerische, historische, archäologische und kirchlich-theologische Studien. Zahlreiche italienische und päpstliche Akademien und Institute kümmern sich um die Erforschung der römischen Vergangenheit und um die Pflege von Wissenschaft und Kultur. Daneben unterhalten auch viele ausländische Nationen in Rom bedeutende Akademien und wissenschaftliche Institute; die Bundesrepublik Deutschland neben dem Goethe-Institut (für kulturellen Austausch und deutsche Sprache) die Villa Massimo (für deutsche Schriftsteller und Künstler), das Historische Institut, das Archäologische Institut und die Hertziana-Bibliothek (Kunstgeschichte), auch Österreich und die Schweiz besitzen Kulturinstitute in Rom. Rund 30 Theater erfüllen den Wunsch nach Schauspielen und Unterhaltung. Einige Orchester, das der Accademia di Santa Cecilia, der Oper und der RAI (der staatlichen Rundfunk- und Fernsehgesellschaft), und Kammerorchester garantieren ein musikalisch hohes Niveau. Und in den Sommermonaten werden in Kirchen und auf Plätzen Konzerte gegeben; erfreuen sich Opernaufführungen unter freiem Himmel regen Zulaufs.

*In Rom, dem Zentrum der katholischen Kirche, sind fast 99 Prozent der Bevölkerung – im direkten Sinne des Wortes – ›römisch‹-katholisch. Die jüdische Synagoge, Kirchen für andere christliche Gemeinschaften und die große Moschee zeigen jedoch, daß in Rom viele Konfessionen und Kulte vertreten sind. Einige Länder haben eine eigene Nationalkirche in Rom, die deutsche ist Santa Maria dell'Anima neben der Piazza Navona.*

## Palazzi der Macht – Das politische Rom

Die 315 Senatoren der Republik Italien, die, wie die Verfassung vorschreibt, auf regionaler Basis gewählt werden, mindestens 40 Jahre alt sind und eine der beiden Kammern des Parlaments bilden, besitzen eine traditionsreiche Versammlungsstätte. Der **Palazzo Madama** wurde schon im 16. Jh. als römische Stadtresidenz der Florentiner Familie Medici errichtet. Seinen Namen verdankt er der »Madama« Margarete von Parma (1522–1586), einer natürlichen Tochter des deutschen Kaisers Karl V. und der Holländerin Johanna van der Gheenst (s. S. 226). Seit einiger Zeit dient die **Villa Madama** der italienischen Regierung zu repräsentativen Zwecken. Ministerpräsident oder Außenminister empfangen hier Staatsgäste zum politischen Gespräch in kunstreicher Atmosphäre, und wenn die Unterredung einmal ins Stocken gerät, hilft ein Blick aus dem Fenster, ein Hinweis auf dieses oder jenes berühmte Monument unten in der Stadt. Noch mehr Bewunderung zeigen die Besucher aus aller Herren Länder beim festlichen Staatsbankett am Abend, wenn Rom heraufglitzert und die Räume im warmen Licht erstrahlen. Dann kommen, bis ins letzte Detail ausgeleuchtet, die Grotesken, Stuckdekorationen und Malereien erst ganz zur Geltung; und was in den Verhandlungen tagsüber noch nicht gelang, glückt vielleicht zur Abendstunde in beschwingter Laune.

Tagsüber – das bedeutet, daß man etwa in dem nahen Außenministerium schwierige bilaterale Fragen erörtert hat. Dieses *Ministero degli Affari Esteri*, der Auswärtigen Angelegenheiten – wegen des Ortes kurz **»Farnesina«** genannt, doch nicht zu verwechseln mit der durch die Fresken des Raffael viel schöneren »Villa Farnesina« gegenüber der Innenstadt am Tiber –, ist das klotzigste unter den Regierungsgebäuden in Rom. Den weißen, einförmigen Block jenseits des nördlichen Tiberbogens in der Nähe des Olympiastadions kann man nicht übersehen. Er scheint außen und innen zu gigantisch geraten, worüber auch jene klagen, die darin arbeiten. Er sei zwar eindrucksvoll-stattlich, für weiter gespannte Ambitionen konzipiert, als sie Italien jetzt als europäische Mittelmacht hege, doch kein zweckmäßiger Büropalast.

Tagsüber – das besagt für den Ministerpräsidenten harte Arbeit in seinem Amtssitz im **Palazzo Chigi** an der Piazza Colonna. Rom kann schönere und großartigere Plätze vorweisen als diese Piazza Colonna mit der Triumphsäule des Kaisers Mark Aurel, auf deren Spitze der hl. Paulus das Schwert seines christlichen Wortes zückt; doch hier sind wir im Zentrum des Zentrums, in der Mitte zwischen der Piazza Venezia im Süden und der Piazza del Popolo im Norden. Die Via del Corso führt vorbei; die Via del Tritone, eine beliebte Geschäftsstraße, stößt auf den Palazzo; gegenüber liegen ein bekanntes Kaufhaus und die Galleria Colonna mit ihrer marmornen Pracht. Hier sind wir im Knotenpunkt der Machtstränge. Von hier aus zieht der italienische Regierungschef seine Fäden, leitet den *Consiglio dei*

*Ministri*, den Ministerrat, und bespricht sich mit den Parteiführern der Koalition. Dem italienischen Ministerpräsidenten konzediert die Verfassung nur eine allgemeine Richtlinienkompetenz: »Er sorgt für die einheitliche Führung von Politik und Verwaltung, indem er die Amtstätigkeit der Minister fördert und koordiniert« – eine etwas vage Arbeitsbeschreibung. Im Erdgeschoß des Palazzo Chigi warten meist Journalisten, wie die Jäger im Anschlag, eines Ministers habhaft zu werden. Häufiger als in anderen Ländern suchen sie Antwort auf die Frage: »Steht die nächste Regierungskrise bevor?«

Im Innern des alten Palazzo läuft eine moderne Regierungsmaschinerie. Nicht immer reibungslos – was die italienische Innenpolitik viel interessanter macht. Doch die Turbulenzen des Regierungsgeschäfts entsprechen der aufregenden Baugeschichte des Palastes mit allein fünf berühmten Architekten und zahllosen weniger bekannten und den wechselhaften Besitzverhältnissen. Der 1580 begonnene Palast kam erst 1659 zu jener Familie der Chigi, die ihm seinen heute noch geltenden Namen gab. Man vermutet ganz richtig, daß in jenem Jahr ein Chigi-Papst, Alexander VII. (1655–1667), auf dem höchsten Thron der Kirche saß, ein Mann, der den Ruhm seines Hauses durch den Erwerb dieses Palazzo zu mehren suchte. Der Name Chigi blieb dem Palast, als er 1917 vom Königreich Italien erworben wurde. Von 1923 bis 1959 war er der Amtssitz des Außenministers. Erst seit 1961 amtiert im Palazzo Chigi der italienische Regierungschef. Der faschistische Diktator Mussolini herrschte vom Palazzo Venezia aus, immerhin 21 Jahre lang, während die Hausherren des Palazzo Chigi in der Regel nur knapp ein Jahr bleiben, bis sie die Schlüssel einem anderen übergeben müssen.

Wappen der Chigi
Papst Alexander VII.
1655-1667

Ohrenbetäubend ist der Verkehr auf dem Corso am Regierungssitz. Um den auswärtigen Staatsmännern den Lärm und den Römern die Belästigungen durch dahinbrausende Fahrzeugkolonnen von offiziellen Besuchern zu ersparen, kann der Ministerpräsident die Konsultationen in die erwähnte Villa Madama verlegen oder – ebenso hübsch – in das **Casino der Villa Doria Pamphili** an der alten Via Aurelia im Westen, über das Trastevere-Viertel hinaus, am Gianicolo-Hügel vorbei. Die Bemerkung erscheint fast überflüssig, daß auch hier ein Papst mit seinem Nepoten eine schöpferische Rolle spielte. Innozenz X. aus der römischen Nobelfamilie der Pamphili, dessen Pontifikat von 1644 bis 1655 währte, der also der Vorgänger des Chigi-Papstes war, ließ für den Fürsten Camillo Pamphili einen riesigen Park anlegen, bis heute einer der größten in Rom. An Sonn- und Feiertagen ergehen sich die Römer darin und genießen die Früchte des sonst eher verwerflichen päpstlichen Nepotismus alter Zeiten. Gerade bei schwierigen Regierungskonferenzen kann es nützlich sein, in der Villa zu erwähnen, daß man im »Casino di Allegrezza« tage, im ›Pavillon der Fröhlichkeit‹, daß man sich an den Treppen und Terrassen, an den Statuen, Büsten und Reliefs, den Ornamenten und Malereien erfreuen dürfe, trotz des harten politischen Geschäfts. Über einen Gartenweg hinweg erblickt man, gar nicht weit

*Wappen der Pamphili Papst Innozenz X. 1644-1655*

entfernt, die mächtige Kuppel von Sankt Peter, und wenn es ausländische Regierungschefs klug anstellen, suchen sie sich diesen Hintergrund für wichtige Erklärungen aus. Das verleiht jeder Rede ›Format‹. Wenn die Staatsmänner mit politischem Geschick Lebensfreude verbinden, wünschen sie sich als Lohn für die anstrengenden Verhandlungen eine Trattoria in dem nahen Viertel von Trastevere mit seinen verwinkelten Gassen und malerischen Plätzen. Bei Pasta und Wein gewinnt man Abstand zu den politischen Problemen.

Papst Innozenz X. selbst sollten die Regierungen bei ihren Konferenzen nicht in den Genius loci miteinbeziehen. Denn er scheint kein sehr friedliebender Herr gewesen zu sein. Dem Westfälischen Frieden von 1648, als nach dem Dreißigjährigen Krieg die feindlichen Parteien in Deutschland ausgeblutet waren, verweigerte er seine Anerkennung, obwohl in seinem Wappen eine Taube den Ölzweig hält. Höchstes Symbol des Friedens!? Ja und nein. Die Bibelfesten unter den Heraldikern werden einwenden, daß die ›Taube mit dem Ölbaumblatt‹ im 1. Buch Mose, der Genesis, den Stammvater Noah in der Arche hatte wissen lassen, daß die Wasser sich verlaufen hätten auf Erden, daß nun das Leben wieder beginne. Dasselbe Wappen finden wir auch noch an anderer hervorragender Stelle in Rom: auf dem **Palazzo Pamphili** an der Piazza Navona, der noch 1960 für Brasilien als Botschaft zu haben war und nun diesem südamerikanischen Land eine stattliche Vertretung an einem der schönsten Plätze Roms bietet, und am **Palazzo Doria**, der einen weiten Komplex zwischen Piazza Venezia, Via del Corso und Piazza del Collegio Romano einnimmt und die sehenswerte Kunstsammlung der Galleria Doria Pamphili beherbergt. Für die Erforschung blaublütiger Stammbäume sei vermerkt, daß die Pamphili sich mit den Doria verbanden und später in ihnen aufgingen; daher der Doppelname.

Genug der Vergangenheit! Zurück zu den modernen Machtzentren der italienischen Regierung. Schon beim Außenministerium der »Farnesina« zeigte sich, daß Italien trotz der zweieinhalb Jahrtausende römischer Geschichte ein junges Gebilde ist. Es mußte sich seit der Einigung zum Königreich Italien im Jahr 1870, wenige Monate bevor auch den Deutschen der erste nationale Einheitsstaat gelang, die Stätten der Machtausübung erst schaffen. Deshalb sind die meisten Ministerien in Rom Bauwerke des Königreichs Italien zwischen 1870 und 1946, als der Monarchie durch einen Volksentscheid ein Ende gesetzt wurde. Im Zweiten Weltkrieg mußte man etwa die Arbeiten an den massiven Gebäuden im E.U.R.-Viertel (Esposizione Universale die Roma, eine für 1942 geplante Weltausstellung) im Süden der Stadt einstellen. Ein charakteristisches Beispiel für die damalige prätentiöse Architektur ist der 1920 fertiggestellte **Palazzo del Viminale** auf dem gleichnamigen Hügel, in dem das Innenministerium eingerichtet ist.

Die Baumeister sollten in jenen Jahrzehnten die eher beschauliche Stadt des Papstes am Rande Europas zur Kapitale eines modernen europäischen Staates mit imperialen Ambitionen umgestalten. Das päpstliche Rom war in seiner Ausdehnung um 1870 nicht über die Grenzen der römischen Kaiserzeit, ersichtlich an der Aurelianischen Stadtmauer und dem Tiber, hinausgewachsen; ja es vermochte die Räume des kaiserlichen Rom gar nicht zu füllen. So wurden die Ministerien über das Stadtgebiet innerhalb der Mauern verstreut. Nördlich des Forum Romanum, nördlich von Kapitol und Palatin, dem antiken Zentrum der Macht, und östlich der vom Tiber umflossenen Innenstadt entstanden, anschließend an den Quirinalspalast, die Residenz der Könige, die Schaltstellen der einzelnen Regierungsressorts. An der Achse der Via XX Settembre, hinaus zur Via Nomentana – es war Mussolinis Weg vom Büro im Palazzo Venezia nach Hause zur Villa Torlonia – wurden das Verteidigungsministerium (Heer), das Haushalts- und Schatzministerium, die Ministerien für Landwirtschaft und Forsten sowie Arbeit und die Ministerien für öffentliche Arbeiten und Transport aufgereiht. Im Viertel um die prächtige Via Veneto, an der Stadtmauer im Osten (Verteidigungsministerium – Luftwaffe), am Tiber (Verteidigungsministerium – Kriegsmarine und Justiz), in Trastevere (öffentliche Bildung) und schließlich im E.U.R.-Komplex (Finanzen, Handelsmarine, Post, Außenhandel, Gesundheit) suchte man die Plätze für die neue Macht.

Die gigantischen Gebäude der Nationalbibliothek und des Justizpalastes, der zugleich Respekt und kafkaeske Gefühle der Verlorenheit erweckt, Universität und Kliniken, Nationalbank und Museen verliehen der Mitte des Staatswesens neuen Glanz. Die fieberhafte Bautätigkeit der Herren des Königreichs wirkte auf manche wie die Bemühungen eines Parvenüs, der seinem gerade erworbenen Reichtum Bestand verleihen will. Solche Reserven pflegten in Rom vor allem jene, die dem Papst nahestanden, dem ›Gefangenen im Vatikan‹, der seinen Kirchenstaat 1870 eingebüßt hatte und noch nicht durch die Lateranverträge von 1929 versöhnt war. Ob nun die Bauwerke des Königreichs in Rom vor dem gestrengen Auge des architektonischen und historischen Richters Gnade finden oder nicht – sie wurden in der Stadt zu Kristallisationspunkten der weiteren urbanen Entwicklung.

Das Königreich Italien war von Anfang an konstitutionelle Monarchie. So wurde den Abgeordneten 1871 ein stattlicher Palast zugewiesen, der **Palazzo Montecitorio**, direkt neben dem Palazzo Chigi. Deshalb hat es heute der Ministerpräsident nicht weit, seinen Abstimmungssiegen oder -niederlagen in der Kammer beizuwohnen. Wenn man auf der Piazza di Montecitorio im Süden des Palazzo neben dem ägyptischen Obelisken steht, sieht man sofort, daß an der barocken Palastfassade eine Meisterhand am Werk war, die des Bernini. Er begann den Bau um 1650 im Auftrag – wie könnte es anders sein – eines Papstes, Innozenz X., des Pamphili, der seinen Verwandten aus der Ludovisi-Familie damit Gunst erweisen wollte. Nachdem im Jahr 1871 die Abgeordneten in Berninis Palast eingezogen waren, stellte sich bald heraus, daß er zu klein war und sein Inneres den

*Die Überlieferung leitet den Namen Montecitorio von Monte accettorio, ab acceptandis suffragiis, ab; hier sei man schon im Altertum zur Stimmabgabe gegangen – womit wir uns in schönster Eintracht mit der heutigen Bestimmung befänden.*

Zwecken nicht gerecht werden konnte. So wurde er Anfang dieses Jahrhunderts umgebaut und erweitert. Daher zeigt der Palazzo der Abgeordnetenkammer auf seiner Nordseite an der Piazza del Parlamento nicht mehr die sanften Schwünge des Barock, sondern die imponieren-wollenden Aufbauten der ersten Jahrzehnte dieses Jahrhunderts.

In dem gestrengen Innern bildet der Plenarsaal mit seinen vornehmen Farben, der Holzvertäfelung und den ältlichen Dekorationen eine würdige Bühne für diese gegenüber dem Senat politisch wichtigere Kammer des Parlaments. Die Ränge steigen so steil an, daß man fast fürchtet, die Abgeordneten würden bei lebhaften Debatten aufeinanderfallen. In der Tat sind hier – zwar nicht wegen der Statik, doch wegen ihres Temperaments – die Volksvertreter schon aneinandergeraten, haben sich nicht gescheut, ihren Argumenten mit Ohrfeigen und Fausthieben Nachdruck zu verleihen. Neofaschisten und Kommunisten waren die erbittertsten Kampfhähne – Hähne, denn in den fünfziger und sechziger Jahren gab es noch nicht so viele weibliche *Onorevoli*, Ehrenwerte, wie die Anrede trotz aller politischer Skandale unterschiedslos für alle Abgeordneten lautet. Beängstigend eng wird es, wenn der Präsident der Republik gewählt wird, in einer gemeinsamen Sitzung der beiden Kammern, der 315 Senatoren und der 630 *Deputati*, und dazu der Vertreter der Regionen. Mehr als 1000 Wahlberechtigte im muschelförmigen Plenarsaal, dazu alle Besucherlogen voll – da flieht man gern in den »Transatlantico« davor, eine lange Wandelhalle, so genannt, weil sie an die Gesellschaftsräume der luxuriösen Überseedampfer erinnert.

Doch auch im entgegengesetzten Fall, wenn in der Kammer eine Debatte vor fast leeren Rängen stattfindet, wenn nur ein Dutzend Abgeordnete die Gesetzgebung voranbringt, ist die Versuchung groß, die Aula des Palazzo Montecitorio zu verlassen und eines der vielen

*Der barocke Palazzo Montecitorio dient seit 1871 als Sitz der Abgeordnetenkammer (Stich von Giovanni Battista Piranesi)*

Ristoranti der Umgebung anzusteuern. Ein *Onorevole* stahl sich aus dem Plenarsaal davon, ein anderer gab die Sitzung seiner parlamentarischen Kommission auf, ein dritter ließ seinen Fraktionschef in den nahen Büros für die einzelnen Partei-›Gruppen‹ zurück, der vierte kommt gerade von der Lektüre der Zeitungen mit den neuesten Personal-Spekulationen – da sitzen sie nun, etwa im Ristorante »Fontanella Borghese« gegenüber dem Palazzo Borghese – richtig: von einem Kardinal, Camillo Borghese, dem späteren Paul V. (1605–21), erbaut – und tun nichts anderes als im Plenarsaal auch: sie reden, allerdings essend und ohne Geschäftsordnung. Die Abgeordneten sind keineswegs ›einfarbig‹, sondern gehören verschiedenen Parteien an. Sie haben schon bei der Pasta die Innenpolitik wieder in Ordnung, wissen, wie es der farblos erscheinende Parteichef besser hätte anstellen müssen, wie die Christlichen Demokraten zurückfinden könnten zu früherem Ansehen, wie die anderen sich weiter an führender Stelle des Regierungsbündnisses halten. Jeder entwickelt seine Theorien und Hypothesen, und alle haben das Gefühl, daß Rom noch immer der Nabel der Welt sei.

Dann gehen sie wieder an die Arbeit – das heißt, es war ja ein ›Arbeitsessen‹, bei dem die politische Dialektik geschärft wurde, bei dem man dem anderen ein wenig in die Karten hat schauen dürfen und von dem man in jedem Fall sich klüger erhebt. Der Christliche Demokrat und der Linksdemokrat konnten ein gutes Stück zusammen denselben Weg zu ihren Parteizentralen gehen. Die Democrazia Cristiana (DC) hatte sich in dem etwas verlassen wirkenden Palazzo del Gesù eingerichtet, zumindest mit ihrem Vorstand; ihre Verwaltungszentrale hingegen befand sich draußen im E.U.R.-Viertel, wo im Palazzo Sturzo mehr Platz für die vielen organisatorischen Aufgaben einer Volkspartei war. Von der Direktion des Partito Comunista war es zur Piazza del Gesù, zu den Christlichen Demokraten, viel näher als zur Zentrale der Sozialisten in der Via del Corso. Erklärt das vielleicht den historischen Kompromiß, die alten Bemühungen des Partito Comunista um die Democrazia Cristiana, die lang gesuchte Allianz zwischen zwei so grundverschiedenen Parteien?

Wenige Meter vom linksdemokratischen Palazzo erhebt sich das Kapitol, seit alters als Mitte Roms geheiligt. Auf dem Kapitolinischen Hügel standen in der Antike die Tempel der vornehmsten Götter, des Jupiter und der Juno; recht besehen, existieren sie noch heute dort, denn die Fundamente von damals bieten jetzt einer Kirche und den Palästen den stützenden Untergrund. Rom hat viele Metamorphosen im Lauf seiner Geschichte erlebt. Hier ist eine, ohne daß die Würde des Ortes davon nur im geringsten beeinträchtigt worden ist. Im **Senatorenpalast** auf dem Kapitol residiert der Bürgermeister. Besitzt irgendwo auf der Welt ein Stadtvater einen schöneren Amtssitz? Zwar hat der *Sindaco di Roma* nicht mehr die Macht, irgendeinen vom nahen Tarpejischen Felsen zu Tode stürzen zu lassen, aber für seine Mühen im Amt wird er Tag für Tag, Stunde um Stunde entschädigt, hinten hinaus mit dem Blick über das Forum Romanum, vorn

*Die DC-Führung residierte an dem Platz, an dem die Hauptkirche des Jesuitenordens steht, Il Gesù, die Mutter aller Barockkirchen. Der fromme Name scheint angemessen für die katholischen Politiker, während die Kommunisten viel Spott erdulden mußten, weil ihre ›Direzione‹ ein paar Schritte weiter in der Via delle Botteghe Oscure liegt, in der ›Straße der dunklen Geschäfte‹. Die meisten wissen natürlich, daß nicht Anti-Kommunisten der Straße den Namen gaben, sondern einfach die früher dort eingerichteten und schlecht beleuchteten Läden.*

*Im Palazzo Farnese, einem Meisterwerk der Renaissance-Baukunst, residiert die Französische Botschaft (Stich von Giovanni Battista Piranese).*

mit dem Kapitolsplatz vor der Tür, dessen feinsinnige Linien Michelangelo entworfen hat. Welcher Stadtrat kann sich rühmen, seine Debatten im »Saal des Julius Caesar« unter den wachsamen Augen einer Statue des ersten ›Kaisers‹ zu führen? Natürlich kann die Stadt nicht mit der Rendite aus den Leistungen des Altertums verwaltet werden, auch wenn viele Römer davon leben, doch wegen ihres Amtssitzes sind Roms Bürgermeister und Stadträte zu beneiden.

Noch einmal wird Neid geweckt im politischen Rom, Traurigkeit von Deutschen darüber, daß Deutschland aufgrund der politischen Ereignisse dieses Jahrhunderts seine schönen Gebäude in Rom verlor. Sie wurden konfisziert. So hat die Nation, deren Reich einst römisch war – »Heiliges Römisches Reich (Deutscher Nation)«, mit Karl dem Großen am Weihnachtstag des Jahres 800 beginnend und erst unter Napoleon endend –, keinen repräsentativen Palazzo mehr, und den Deutschen in Rom bleibt nur, mit Anstand die Gebäude der anderen Länder zu bewundern. Das hält sich bei den Botschaften der Vereinigten Staaten und Rußlands in Grenzen; bei den ersten, weil der **Palazzo Margherita** zwar imposant an der Kurve der Pracht-Via Veneto liegt, doch wuchtig auch die architektonischen Schwächen des vorigen Jahrhunderts verrät; bei der zweiten, weil sich die **Villa Abamelek** hinter hohen Mauern an der Via Aurelia Antica versteckt – was sie jedoch nicht vor Dieben geschützt hat. Aber ohne Einschränkung ist unser Beifall für die französische Botschaft, den **Palazzo Farnese**, den triumphalen Abschluß der Renaissance-Baukunst in der Ewigen Stadt. Stolzer kann sich eine Nation in der Fremde nicht präsentieren als Frankreich hier in Rom, auch wenn *Grandezza* und *Gloria, Grandeur et Gloire* nur ausgeborgt sind, von italienischen Baumeistern, einem Antonio da Sangallo dem Jüngeren, einem Michelangelo, einem Giacomo della Porta. Eine kleine Variante ist bei diesem Auftraggeber anzumerken. Mit dem Bau des Palazzo wurde schon 1514 begonnen, als Alessandro Farnese noch Kardinal war; erst 20 Jahre später wurde er Papst, als Paul III. (1534–1549) – ein mutiger Mann, der von der Zukunft viel erwartete und viel erhielt. Nur wenige Schritte sind es von der Piazza Farnese zum **Palazzo Spada** an der Piazza Capo di Ferro, doch mitten durch dichtes römisches Leben. So ist im Gewirr der engen Gassen die Architektur des Palazzo Spada nur schwer zu würdigen, in dem heute der Consiglio di Stato seinen Sitz hat, der Staatsrat, die vereinigte italienische Staatsraison. Außerdem beherbergt der Palazzo Spada die Galleria Spada, eine Gemäldegalerie berühmter Bilder. Glückliche Staatsräte, die es zur Kunst so nahe haben.

*Wappen der Farnese Papst Paul III. 1534-1549*

Fast sind wir am Schluß unseres Ganges durch das politische Rom mit den Palazzi der Macht. Doch zwei Visiten müssen wir als höfliche Ausländer noch abstatten. Die erste führt uns, wie auch jeden Staatsgast bei einem offiziellen Besuch, an die Piazza Venezia, zum ›Altar des Vaterlandes‹ mit dem Grabmal des Unbekannten Soldaten. Viele sprechen mit wenig Respekt von diesem mitten in der Stadt hoch aufragenden **Denkmal für Viktor Emanuel,** den ersten König des geeinten Italiens, nennen es sogar abschätzig wegen seiner ungewöhnlichen Gestalt ›Schreibmaschine‹. Viele wenden ein, sein kalter weißer Kalkstein passe nicht in die warmen Travertinfarben des übrigen Rom, andere meinen, es stehe einfach am falschen Platz. Aber hier ist nun einmal die Mitte der Stadt, und weil sich die patriotischen Politiker damals so sehr über die nationale Einheit freuten, war ihnen der würdigste Boden Roms gerade gut genug, Italien zu feiern.

Einen außergewöhnlichen Rundblick über Rom genießt man auch, wenn man beim Präsidenten der Republik in dessen Amtssitz, den **Quirinalspalast**, eingeladen ist. Ein Frühstück im viereckigen Turmzimmer des Palastes zur Morgenstunde, wenn die Sonne noch unverbraucht die Kuppeln der Kirchen und die Dächer der Paläste aufhellt, bleibt unvergeßlich. Nach vier Seiten öffnet sich die Aussicht, und was für eine! Dem Belvedere kommt zugute, daß wir uns im Quirinal auf einem der höchsten der klassischen sieben Hügel Roms befinden. Die Höhe von 50 m über dem Meer und damit der etwas frischere Wind können kaum der Grund gewesen sein, warum Gregor XIII. (1572–1585) hier der Überlieferung nach die Sommerresidenz der Päpste einrichten wollte; denn der Vatikanische Hügel steigt sogar bis auf 60 m an, und die Nähe zum Tiber mit seinem damals malariafördernden Wasser ist fast gleich. Vielleicht liebte es Gregor XIII. auch nur, eine neue Idee zu verwirklichen. Er war ein unternehmungsfreudiger Papst, mit Weitblick und Scharfsinn begabt. Nicht umsonst haben wir ihm den Gregorianischen Kalender zu verdanken, die Reform, die durch Ausschaltung von zehn Tagen zwischen dem 4. und 15. Oktober 1582 den Kalender der Menschen wieder dem Stand der Sonne anglich. Da jedoch Gregor XIII. auch die von den Protestanten wenig geschätzte Gegenreformation betrieb, nahmen die evangelischen Länder Europas den päpstlichen

*Der Garten des Quirinalspalastes (Stich von G. B. Falda)*

Kalender erst mehr als 100 Jahre später an, Rußland gar erst 1923. Aber der Quirinal heute ist von konfessionellem Zwist gänzlich frei. Wahrscheinlich ging es Gregor XIII. nur um eine Abwechslung zum Vatikanischen Palast, als er eine Residenz auf diesem Hügel aufschlagen wollte. Dort stand zuvor eine Villa des Kardinals Ippolito d'Este, des Sohnes der Lukrezia Borgia, also des Enkels Papst Alexander VI. (1492–1503). Vielleicht schwebte dem Papst vor, was Kardinal Ippolito in der berühmten Villa d'Este zu Tivoli bei Rom durch das heitere Zusammenspiel von Natur und Kunst, von Landschaft, Wasser und Architektur erreicht hatte, mitten in der Stadt hervorzubringen. Die vatikanische Palastanlage wird ihm schon zu alt, zu unpraktisch und unbequem gewesen sein, und seinen Nachfolgern wohl auch, denn schon Klemens VIII. zog 1592 in den Quirinal um, lange bevor der Bau ganz abgeschlossen war (zwischen 1730 und 1740). Als 1870 Papst Pius IX. von den Italienern in den Vatikan zurückgedrängt wurde, fühlte er sich wohl auch wohnungsmäßig strafversetzt. Im Quirinal lebte es sich besser.

Dort durften dann die italienischen Könige residieren und nach ihnen, ab 1947, die Präsidenten der Republik Italien. Etwas von diesem festlich-unbeschwert-repräsentativen Lebensgefühl, das von dem Palazzo del Quirinale ausgeht, teilt sich mit, wenn der Staatspräsident zum Nationalfeiertag Anfang Juni in den Palast bittet. Da drängen sich in den gepflegten Gärten italienische Politiker und ausländische Diplomaten, hohe Militärs und Beamte, berühmte Leute und solche, die es waren oder werden wollen. Der Sekt – der beste Spumante, den Italien hervorbringt, der dem Champagner nicht nachsteht – perlt aus unversiegbaren Quellen, und der reichgedeckten Buffet-Tische vermögen auch die vielen Gäste nicht Herr zu werden. Wenn man dann auf die Terrasse des Parks tritt, hinüberschaut zur Kuppel von Sankt Peter im feurig-gleißenden Abendlicht und unter sich die ›Stadt der Städte‹ liegen sieht, aus der nur sanft der Lärm heraufbrodelt, stellt sich für einen Moment die Ahnung ein, was Könige und Päpste hier einst gefühlt haben.

## Vor den Mauern des Vatikans

Wenn die Ampel am Borgo Pio vor der Porta Sant'Anna Grün zeigt, ist der Weg in den Vatikan noch längst nicht frei. An der Grenze, über die man mitten in Rom in den kleinsten Staat der Welt gelangen will, halten Posten der Schweizergarde – seit 1506, bald einem halben Jahrtausend, die treue Wachmannschaft der Päpste – den Fremden an. Erst wenn man einen triftigen Grund für den Besuch im »Stato della Città del Vaticano« (S. C. V.) genannt hat, die Post etwa, die Redaktion des »Osservatore Romano«, der offiziellen Zeitung des Kirchenstaates, oder die Biblioteca Vaticana, wird man eingelassen. Besser noch, man vermag einen Monsignore oder gar Kardinal als Ziel des Besuches und Garanten für den Eintritt anzugeben. Vom Rang des Erwähnten fällt ein Glanz auf den Einlaßbegehrenden, und der Schweizer gibt seinem ohnehin gestrafften Körper noch mehr ehrerbietige Festigkeit, wenn es sich um eine Exzellenz, einen Bischof, oder gar eine Eminenz, einen Kardinal, handelt.

Mit dem Plazet der Gardisten, die gewöhnlich in einer einfachen dunkelblauen Uniform hier stehen, nicht im gelb-blau-roten Paradegewand, ist der Zugang zum vatikanischen Staat noch nicht gewonnen. Zehn Meter weiter stoppen päpstliche Gendarmen mit derselben Frage nach dem »Wohin« den Eindringling und verweisen ihn, wenn kein ›exzellenter‹ oder ›eminenter‹ Grund vorliegt, in die Wachstube. Dort muß ein Formular ausgefüllt werden: »Name, Beruf, wohnhaft in, Adresse in Rom, Art des Ausweises, ausgestellt von, am soundsovielten mit der Nummer, polizeiliches Kennzeichen des Autos, wünscht den Eintritt zu, aus folgendem Grund, Datum, Uhrzeit, S. C. V.«. Als Lohn für rückhaltloses Offenlegen von Identität und Besuchsmotiv erhält man einen *Permesso di accesso*, eine Zutrittserlaubnis zur Vatikanstadt, anstandslos, ohne Visum im Paß und ohne jede Gebühr.

*Es kann nicht ausbleiben, daß angesichts des vatikanischen Auskunftheischens der Scherz der Römer mit dieser Abkürzung S. C. V. in den Sinn kommt: Se Cristo vedesse, wenn das Christus sähe, und umgekehrt: Vi cacciarebbe subito, würde er euch (alle sofort aus dem Tempel) verjagen.*

Mit dem Passierschein in der Hand besitzt man schriftlich, daß hier ein wirklicher Staat seine Souveränität ausübt, wenn auch nur auf 44 ha, auf jenem hügeligen Gelände, das seit der Antike *Vaticanus ager* heißt, das »vatikanische Feld« zwischen dem Monte Mario im Norden und dem Gianicolo-Hügel im Süden. Ein Staat, dessen Existenz und Legitimität von kaum jemandem ernsthaft in Frage gestellt werden. Der amerikanische Präsident oder der sowjetische Außenminister oder der deutsche Bundeskanzler sind gleich begierig, dieses Gebilde zu betreten und seinem Souverän, dem Papast, ihre Aufwartung zu machen. Die einen meinen, das Oberhaupt der katholischen Kirche müsse kraft seiner Stellung und Würde über einen eigenen Staat verfügen, die anderen treffen sich wenigstens darin, daß der Staat sinnvoll sei, damit der Papst von keiner anderen Macht abhänge. So sind es die meisten zufrieden.

Ein Staat also, mit genau umrissenen Grenzen, der ein eigenes Oberhaupt hat, den Papst, eine Regierung, den *Governatorato* im Gouverneurspalast hinter der Peterskirche, und knapp 1000 Untertanen, die einen vatikanischen Paß besitzen dürfen. Ein Staat, der – zur Freude der Sammler – eigene Briefmarken drucken und Münzen prägen kann, der in der Schweizergarde eine winzige ›Streitmacht‹ und in den päpstlichen Gendarmen eine Wachpolizei unterhält, der auf Steuern verzichtet, so daß vatikanische Bürger und einige beneidet Begünstigte die Waren des täglichen Bedarfs wie Butter und Fleisch in der »Annona«, dem vatikanischen Supermarkt, und vor allem Benzin an besonderen Tankstellen in und außerhalb des Vatikans kaufen können; ein Staat mit Radiosender (Radio Vaticana) und einem Eisenbahnanschluß, der freilich im Vergleich zum Heliport, dem Hubschrauberplatz, für den reisefreudigen Johannes Paul II. wenig Bedeutung hat, mit Elektrizitätswerk, Postamt und vor allem einer umfangreichen Baubehörde, die den größten Teil der Angestellten und Arbeiter des Vatikans für sich beansprucht – was angesichts der vielen jahrhundertealten Gebäude nicht weiter verwunderlich ist. Aber Strom und Post gehören schon zu jenen Dingen, die jede Kleinstadt zu ihren Errungenschaften zählt, ebenso wie Apotheke, Buchhandlung oder Druckerei, zu denen man über die belebte Via del Pellegrino neben der Porta Sant'Anna gelangt.

Jedoch nicht der Kleinstadt mit allen notwendigen technischen Einrichtungen gilt unser Besuch, sondern dem Kirchenstaat (ein paar weitere Kirchen und Gebäude in der Stadt und die Sommerresidenz der Päpste in Castel Gandolfo, etwa 25 km von Rom entfernt, hoch über dem Albaner See, haben exterritorialen Status und gehören ›von außerhalb‹ zum Staat dazu). Diesmal sind wir mit einem Monsignore an der Porta Sant'Anna verabredet, zur Mittags-

Mit der Schweizergarde unterhält der Vatikan eine eigene winzige ›Streitmacht‹.

zeit, wenn in den vatikanischen Amtsstuben schon der größte Teil der Tagesarbeit getan ist. Der Fremde ist pünktlich, eingedenk, daß man ›jenseits des Tibers‹ – so nennt das politische Rom den Vatikan – die üblichen Verspätungen der Politiker ›diesseits‹ des Flusses, in der italienischen Politik-Zentrale, mißbilligt. Zu pünktlich, so bleibt Zeit, den Strom der Passanten zu beobachten, einige der etwa 2000 Angestellten des Vatikans, die ihre Büros oder Werkstätten jetzt zur Mittagspause verlassen, Zivilisten oder Priester. Wenige Frauen sind darunter, ein paar Ordensschwestern, aber sie verlieren sich in dem männlichen Strom. (Daß die zivilen Angestellten des Vatikans in einer Gewerkschaft organisiert sind, wacker für ihre Rechte eintreten, auch mit Streikdrohungen, sei nur am Rande erwähnt.)

Ein paar Schritte von der Porta Sant'Anna, auch Porta Angelica genannt, entfernt, erhebt sich trutzig ein mächtiges Bollwerk, halbkreisrund und gewiß 30 m hoch. Sein martialisches, möglichen Gegnern Respekt einflößendes Aussehen läßt den Schluß zu, daß dieser »Torrione di Nicolò V«, der Gefechtsturm Papst Nikolaus' V. (1447–1455), ebenso wenig zum Spaß errichtet wurde wie die abweisend emporragenden Mauern rings um die 44 ha.

Aus welchem Grund aber mußten hier Bastionen angelegt werden? Da der Prälat noch nicht in Sicht ist, können wir in einem Sauseschritt durch die Geschichte die Antwort darauf suchen – ohne damit die ausführliche Geschichte des Papsttums in einem eigenen Kapitel vorwegzunehmen: Die Bischöfe von Rom hatten in den ersten Jahrhunderten nach den Zeiten der Verfolgung durch die römischen Kaiser und vor allem nach dem Sinneswandel Kaiser Konstantins (312–337) zugunsten des Christentums nicht nur ihre geistliche, sondern auch ihre weltlich-politische Stellung erhöhen können. Die Jahrhunderte der Völkerwanderung boten dann jedoch in Rom noch keine gute Gelegenheit zur Ausübung der steigenden Macht; später bedrängten Adelsfamilien den Papst. Im Mittelalter suchten die Päpste ihre Stadt und ihren Kirchenstaat, das *»Patrimonium Petri«*, vom Lateranpalast aus am anderen Ende der Stadt zu beherrschen oder wenigstens die häufigen Wirren jener dunklen Jahrhunderte zu überstehen. Auf dem Vaticanus gab es neben der ersten Peterskirche aus dem 4. Jh. nur ein bescheidenes Bischofshaus; doch immerhin konnte dort Karl der Große im Jahr 800 zur Kaiserkrönung Wohnung nehmen. Erst nachdem die Päpste aus dem demütigenden Exil in Avignon, aus der babylonischen Gefangenschaft der Kirche von 1309 bis 1377, nach Rom zurückgekehrt waren, schlugen sie ihre Residenz neben Sankt Peter im Vatikan auf. Der Bau ihres Palastes und bald die Wiedererrichtung der zerfallenen Basilika war Ausdruck ihres gestiegenen Machtbewußtseins in der Renaissance und im Barock.

Bis 1870 war das geistliche Oberhaupt der Kirche auch weltlicher Herr über den großen Kirchenstaat, nicht immer zur Zufriedenheit der Untertanen. Da waren schützende Wehrwerke nicht gänzlich unsinnig. Es ist eine Ironie der Geschichte, daß im Jahr 1870 der Papst vom Ersten Vatikanischen Konzil mit der Gloriole des unfehlbaren Summus Pontifex, eines absolutistischen Monarchen, umgeben wurde und noch im selben Jahr seines Staates verlustig ging, da dieser vom neuen Königreich Italien annektiert wurde. In die päpstliche Hauptstadt Rom drangen italienische Truppen ein, doch vor den Mauern des Vatikans machten sie halt. Erst 1929 fand der faschistische Diktator Mussolini die Lösung, um den Papst als ›Gefangenen im Vatikan‹ und die Millionen betrübter Katholiken über den Verlust des stattlichen Territoriums der Kirche zu trösten: Die vatikanische Residenz erhob man zum Staat, der geistliche Herr wurde – wieder – weltlicher Souverän, doch ein absoluter Monarch ohne Land und fast ohne Untertanen; um so leichter konnte er seine moralische Autorität entfalten. – Genug der Geschichte und der Erklärung für das Bollwerk. Der Monsignore kommt.

Wie die meisten vatikanischen Prälaten hat Monsignore C. – C wie ›Cicerone‹ – nichts mit dem Stato della Città del Vaticano zu tun, sondern mit dem »Heiligen Apostolischen Stuhl« als der Zentralregierung der katholischen Kirche unter dem Papst. Denn ›der Vatikan‹ ist für die meisten nicht der kuriose Zwergstaat, 140 mal kleiner als die Mini-Republik San Marino, sondern die unzugängliche Spitze einer Kirche mit mehr als 800 Millionen Katholiken, das geheimnisvolle Innere einer Institution, ›nicht von dieser Welt‹, und dennoch schon zwei Jahrtausende auf Erden.

Unersteigbar, undurchdringbar wirken die Festungs- und Stützmauern des päpstlichen Palastes links von uns, als wir die Via del Belvedere auf die langen Trakte der heutigen Museen zuschreiten. Rechts erstreckt sich ein kleines Viertel relativ flacher Häuser mit vorwiegend ›praktischen‹ Einrichtungen, fast kleinstädtische Gemütlichkeit verbreitend. Die Mauern links mußten nie Kanonenschüssen standhalten, aber sie haben immer Unbefugten den Zugang verwehrt, fremde Neugier zurückgewiesen. Manchmal mögen einen angesichts dieser aufeinandergetürmten Steine, angesichts der Höhe des Palastes Gefühle beschleichen, wie sie Kafka in seinem Roman »Das Schloß« zu wecken versteht – Gefühle der Aussichtslosigkeit, den Geheimnissen dieses ›verschlossenen Schlosses‹ beizukommen. Der begleitende Geistliche lächelt dazu.

Die katholische Kirche wird über und hinter diesen Mauern regiert. Doch nur zum Teil. Die meisten der vatikanischen Kongregationen, Tribunale, Sekretariate, Kommissionen, Räte, Büros und Verwaltungen haben ihren Sitz nicht in den vatikanischen Palastbauten, jenem Komplex rechts des Petersplatzes zwischen der Porta Sant'Anna und der Basilika, der mit den Museumsbauten im Norden durch lange Galerien verbunden ist, der alles in allem 1400 Zimmer, Säle und Kapellen auf 30 000 $m^2$ umfaßt, denen 20 Innenhöfe (25 000 $m^2$) Licht geben. Man sollte meinen, 1400 Räume müßten für die Verwaltung der Kirche ausreichen; aber ein großer Teil wird von den zahlreichen Museen des Vatikans eingenommen. So sind die meisten kirchlichen Ministerien und Ämter außerhalb der Vati-

*Der Papst spendet den Segen vor der im Bau befindlichen Peterskirche (1567; noch ohne die Kolonnaden von Bernini und ohne die Kuppel von Michelangelo).*

kan-Mauern zu finden, etwa im »Palast der Kongregationen« an der Piazza Pio XII direkt vor dem Petersplatz oder an der Piazza San Calisto in Trastevere. Oder sie haben ihren eigenen Palast, wie die »Kongregation für die Glaubenslehre« den Palazzo del Sant'Uffizio links neben den Kolonnaden des Petersplatzes, die »Kongregation für die Evangelisierung der Völker« den Palazzo di Propaganda Fide an der Spanischen Treppe mitten in der Stadt oder die Gerichtsbehörden in dem Palazzo della Cancelleria, einem Meisterwerk der Renaissance-Architektur, in der Nähe der Piazza Navona.

Von dort aus greift ›Rom‹, wie katholische Gläubige den Vatikan auch nennen, immer wieder in den Organismus der Kirche überall in der Welt ein. »*Roma locuta, causa finita*« – Rom hat gesprochen, der Fall ist abgeschlossen –, dieses Wort gilt heutzutage, wie wir noch in der Papstgeschichte erfahren werden, mehr als in jenen ersten nachchristlichen Jahrhunderten, da es erfunden wurde. Wie ›Rom‹ freilich hinter den Mauern der Palazzi zu seiner Weisheit kommt, in welcher Erleuchtung es die Bischöfe für Lateinamerika oder Ozeanien ernennt, mit welcher theologischen Erkenntnis vor jenen Theologen gewarnt wird, welchen römischen Einsichten dieses Projekt in den Ländern der dritten Welt seine Förderung verdankt, welchen katholischen Ehen die Nichtigkeit zuerkannt wird, das findet nicht immer eine leichte Erklärung.

In letzter Instanz wird die katholische Kirche vom Apostolischen Palast im Vatikan her regiert. Hoch über dem Petersplatz, gegenüber den päpstlichen Gemächern, auf der anderen Seite des Damasus-Hofes, haben das Staatssekretariat und der »Rat für die öffentlichen Angelegenheiten der Kirche« ihren Sitz. Sie sind die Schaltzentrale der römischen Kurie, allen Kongregationen und Kommissionen, Räten und Sekretariaten vorangestellt, das Staatssekretariat mit dem

Kardinalstaatssekretär an der Spitze und dem Substituten, dem »Innenminister«, an der zweiten Stelle und der »Rat« unter dem Kardinalstaatssekretär als Präfekt und dem Sekretär, dem »Außenminister« des Vatikans. Einen von diesen dreien – der Kardinal wacht also in Personalunion über Sekretariat und »Rat« – als Besuchsgrund »vor den Mauern« anzugeben verschafft bei jedem Wachposten, Türsteher oder Fahrstuhlführer noch tieferen Respekt. Da wird man im Wagen freundlich durchgewunken, darf im Cortile del Belvedere das Auto parken wo man will und sich seinen Weg unter den Hinweisen, nicht Befehlen, des Personals bahnen, bis man zu den Loggien hoch über dem Damasus-Hof in die Vorzimmer der vatikanischen Mächtigen gelangt ist. Staatssekretariat und »Rat« spiegeln direkt den Willen des Papstes wider, verkörpern am deutlichsten, was der »Heilige« oder »Apostolische Stuhl« ist: Als souveräner Staat mit einem unbedeutenden Territorium die Leitung der katholischen Kirche, das ausführende Organ für den Primat des Papstes über die Katholiken in aller Welt, ein Völkerrechtssubjekt, das von Staat zu Staat Beziehungen mit anderen Ländern pflegt und seine Stimme in internationalen Organisationen erhebt, das diplomatische Vertreter entsendet und akkreditiert, eine absolutistische Monokratie, die ohne Macht Herrschaft ausübt, die mit ihrem geistlichen und moralischen Anspruch auch auf Widerrede stößt und doch in diesem Gegensatz Bestand hat. In dieser Verbindung – oder in diesem Paradox – von höchster Prätention, die Gewissen von Millionen von Menschen zu bestimmen, und zwergenhafter Machtbasis, die, von den Steinmauern eindrucksvoll drapiert, mehr verborgen als offenbart wird, liegt das Geheimnis des Vatikans. Und in seinem Alter von zwei Millennien, selbst wenn es ein weiter, von Unebenheiten und Abweichungen nicht freier Weg war von jenen Steinmauern unter der Petersbasilika, die nach Ansicht von Archäologen das Grab des heiligen Petrus markieren, bis zu jenem Anspruch eines unfehlbaren Primats, der aus den Vatikanischen Mauern hinaus in alle Welt getragen wird.

Der Weg zum Papst selbst beginnt am Portone di Bronzo, dem Bronzetor rechts am Petersplatz unter den Kolonnaden, den Säulenreihen des Bernini, die wie Arme nach den Pilgern und Besuchern zu greifen scheinen. Da stehen erwartungsvoll die Bischöfe aus der Weltkirche, die bei dem vom Kanonischen Recht vorgeschriebenen »Ad-limina«-Besuch – ›an den Schwellen‹ der Gräber der Apostel Petrus und Paulus in Rom – vor den vatikanischen Behörden und dem ›Stellvertreter Christi‹ Rechenschaft über ihre Bistumsleitung ablegen müssen, und jene, die beim Papast zu einer Privataudienz vorgelassen sind. Auch hier gilt es zunächst, das dienstliche Mißtrauen der Schweizergardisten zu zerstreuen; am besten, man ist nachdrücklich angemeldet oder vermag ein vertrauenswürdiges Dokument vorzuzeigen. Der langsam ansteigende Corridore del Bernini, der Aufgang des Bernini, zwingt zu bedächtigem, fast schon andächtigem Schreiten, das auf der Scala Pia geradezu fromm zu werden droht, nicht wegen des Namens der Treppe (*pia* bedeutet auch fromm) – der geht auf Pius IX. zurück –, sondern wegen der ›steigenden‹ Pracht. In der Tat tragen die Höhenunterschiede nicht wenig zur Ehrfurcht bei, je näher man dem Papst, das heißt dem Niveau seiner Räume kommt. Denn jetzt am Ende der Scala Pia vor dem Damasus-Hof befinden wir uns schon 19 m über dem Petersplatz.

Wir vertrauen uns wieder einer Wache an und müssen noch einmal so hoch steigen, diesmal jedoch mit dem Fahrstuhl, bevor wir am Anfang jener Saalflucht stehen, die schon seit Jahrhunderten die Besucher des Papstes im beabsichtigten Abstand hält: Sala Clementina, del Concistorio, dei Sediari, del Gendarme, d'Angolo (dem Ecksaal, aus dem manche voll Ehrfurcht »Engelssaal« machen, weil *Angelo* so ähnlich und viel frömmer klingt), degli Arazzi (der Wandteppiche), Guarda Nobile (der Nobelgarde), del Trono (des Thrones), Anticamera Segreta, dei Papi, di San Giovanni, del Tronetto; erst dann befindet man sich vor der Bibliothek, dem Arbeitszimmer des Papstes. Diese Säle, die auf vier Seiten um einen Innenhof angelegt sind, erfüllen bei den vielen Audienzen des Papstes eine wichtige Funktion; die Besucher können voneinander getrennt werden, und dem Papst bleibt jederzeit ein freier Zu- und Abgang gewahrt. Besonders eindrucksvoll ist bei diesem Rundgang durch so feierliche Hallen – ich gestehe es – der Blick aus dem Südfenster auf die Piazza San Pietro und ganz Rom, der wohl schönste Logenplatz 50 m über der Stadt.

Die meisten, die den Papst sehen wollen, müssen sich jedoch mit Geringerem bescheiden: am Sonntag mit einem Blick vom Petersplatz, wenn der Papst von einem Fenster des obersten Stockwerks des Palastes aus den traditionellen »Angelus« betet und danach seinen Segen erteilt; am Mittwoch mit der Teilnahme an einer Gene-

*Jeden Mittwoch gewährt der Papst Audienz in der nüchternen, vom italienischen Architekten Pier Luigi Nervi 1971 erbauten Halle*

ralaudienz in der großen Halle, die nach Plänen des italienischen Architekten Nervi im Auftrag Pauls VI. 1971 fertiggestellt wurde. Dieser Papst hatte während seines Pontifikats von 1963 bis 1978 Freude am Bauen; die neue Audienzhalle, Konstruktionen in den Museen und Restaurationen zeugen davon. Paul VI. kannte den Vatikan genau, da er schon als Monsignor Montini mehr als 30 Jahre darin gedient hatte, und wußte, was den Palästen nottat: Modernisierung und Sanierung – zeitgemäße Beleuchtung in den Sälen, funktionierende Aufzüge, Heizung, Klimaanlagen. Bei der Audienzhalle machte der päpstliche Eifer nicht einmal an den Vatikan-Grenzen halt. Die Aula mußte zum größten Teil auf italienischem Territorium errichtet werden, so daß nur die Bühne für den Papst zum Vatikan-Gebiet gehört. Dennoch sehen sich die Pilger vor der Audienz zunächst wieder mit Schweizergardisten konfrontiert, die sich aber hier ohne Rückfragen mit der Eintrittskarte zufriedengeben; anderes wäre freilich bei Tausenden auch nur schwer möglich. Die Wachhabenden mustern mit kritischen Blicken die Menschenströme, und oft wird auch der Inhalt der Taschen kontrolliert, seitdem im Mai 1981 ein Attentäter bei der Generalaudienz auf dem Petersplatz mit einer Pistole auf den Papst schoß und ihn lebensgefährlich verletzte.

Am leichtesten ist der Eintritt in die Basilika des hl. Petrus, in die majestätischste Kirche der Christenheit, den Hohen Tempel des Katholizismus, die Apotheose des Papsttums; besonders zur Winterszeit, wenn die Versuchung gering ist, nur leicht bekleidet Sankt Peter zu besichtigen. Dem Allerheiligsten der katholischen Kirche soll man sich züchtig nahen, zumindest den kirchlichen Anstandsregeln des Landes entsprechend; darauf achten hier die päpstlichen Türhüter. Fast ebenso leicht gelangt man in die Vatikanischen Museen – nur ist hier, im Norden der Vatikanischen Mauer, ein Eintrittsgeld zu entrichten. Kunst und Geschichte der Päpste, die sich hier enthüllen, sind nicht tote Fossilien, getrennt von der Gegenwart, gesammelt allein zum Ergötzen der Nachfahren. Die Sixtinische Kapelle oder die Stanzen des Raffael ›leben‹, weil der Leitstern des Papsttums die Auftraggeber von damals mit dem Herrn von heute verbindet, der übrigens eifersüchtig über seine Schätze wacht und kein Stück veräußern läßt, weil der Glaube und die Überzeugung der Künstler von einst noch heute in der vatikanisch-katholischen Kirche lebendig sind. Wer von dem eigentlichen Museumstrakt im Norden (mit dem achteckigen Belvedere-Hof) durch die langen Galerien am Hof »des Pinienzapfens«, an der Bibliothek und dem Geheimarchiv, am großen Belvedere-Hof vorbeiwandert, begibt sich durch Jahrhunderte und endet in den verschachtelten Sälen und Kapellen, die in der Vergangenheit entstanden, deren Geist jedoch beständig von Papst und Kardinälen in die Gegenwart übersetzt wird.

In früheren Zeiten, als der Vatikan vor allem weltlich-herrscherliche Residenz war, begaben sich die Päpste zur Entspannung in die Vatikanischen Gärten. Seitdem Autos und Touristen vom Vatikan Besitz ergriffen haben, ist das nicht mehr ratsam. Viele Gründe gibt

*Die Größe des Petersdomes, in dem etwa 60 000 Besucher Platz finden, ist auch im Innern eindrucksvoll, doch trotz der gewaltigen Ausmaße fühlt man sich in Sankt Peter nicht winzig klein und verloren. Die architektonischen Leitideen und die klaren Ordnungen, der Grundriß eines lateinischen Kreuzes und die Harmonie der Proportionen respektieren menschliches Maß.*

*Die Verliese des Vatikans existieren vornehmlich in der Phantasie der Schriftsteller. Folterkammern und verborgene Geheimarchive scheinen zu jener Institution zu passen, die ihren Einfluß in der Welt nicht nur auf den Glauben gründet, sondern auch auf Strukturen der Macht, seien sie auch ohne Divisionen.*

es, durch den Arco delle Campane, links von der Peterskirche, oder unmittelbar daneben an der Kirche Santa Maria di Pietà am Camposanto Teutonico in den Vatikan zu fahren. Ein einziger triftiger genügt, der den Wachpolizisten zufriedenstellt. Dann ist man gleich an der Sakristei von Sankt Peter vorbei hinter der Basilika. Hier kann man am besten die Stärke der Mauern begutachten, auf denen sich die ›Kuppel aller Kuppeln‹ erhebt. Atemberaubend ist der Anblick dieser Kirchenkrönung, wenn man sich etwas höher hinauf in die Vatikanischen Gärten begibt, den Palazzo San Carlo (mit der »Kommission für die Sozialen Kommunikationen«, der vatikanischen ›PR-Abteilung‹), das Gebäude mit dem päpstlichen Gericht und dem Wachkorps und den Bahnhof links liegen läßt, ebenso wie den Gouverneurspalast, das Äthiopische Kolleg, das Funkzentrum, den Johannes-Turm, den Johannes XXIII. als – nie benutzte – Alternativ-Wohnung restaurieren ließ, und die Gebäude von Radio Vatikan. Von den Gärten aus, etwa in der Höhe des Casino Pius IV., des Sitzes der Päpstlichen Akademie, gehen dem Besucher die Größe und Höhe von Kirche und Palast erst ganz auf und dazu die Weite der Museen mit ihren vielen Abteilungen, von denen jede zahlreiche Räume und Magazine hat. Von der Zecca, der ehemaligen Münzstätte – heute Wohnung einflußreicher Prälaten –, wirkt die zinnenbewehrte Sixtinische Kapelle zwischen Basilika und Palazzo wie eine kleine Arche Noah, die sich dorthin verirrt hat. Wenn man sich nicht einer Gruppenführung oder -fahrt durch die Gärten angeschlossen hat, geht man am besten hier in Begleitung eines Bischofs spazieren, der im Vatikan bekannt ist oder der wenigstens eine violette Schärpe trägt. Das gibt in den Augen der Wachhabenden Kredit und gestattet ungestörtes Schauen – zumal wenn der Geistliche gerade Brevier betet, die den katholischen Priestern für die einzelnen Tageszeiten vorgeschriebenen Psalmen und Orationen.

## Heiliges Jahr – Als Pilger in Rom

Heiliges Jahr in der Ewigen Stadt Rom – im 20. Jh. wurde schon sechsmal ein solches *Giubileo* in Rom begangen: 1900 – 1925 – 1933 – 1950 – 1975 – 1983. Und nun steht im Jahr 2000 ein weiteres Jubeljahr an, bei der vierfachen Wende, wenn das Jahr, das Jahrzehnt das Jahrhundert und vor allem das Jahrtausend wechselt. Alle 25 Jahre feiert die Katholische Kirche normalerweise ein Heiliges Jahr – ausgerichtet nach der Geburt des Jesus von Nazareth; in Erinnerung an seine Auferstehung wurden 1933 und 1983 zusätzliche Jubeljahre ausgerichtet. Unwichtig, wie immer nun die Wissenschaft das Erdenleben des Jesus Christus datieren mag.

Millionen von Neugierigen, Touristen und Pilger, begeben sich während des *Giubileo* auf den Weg, um das römische *Spectaculum mundi*, das ›geistliche Welttheater‹, zu schauen. Wer es miterleben will, kann sich etwa einem der nun noch zahlreicheren Pilgerzüge anschließen, an der Spitze oft ein katholischer Bischof. Wenn diese Gruppen dann in Rom ungeniert die Kirchenlieder ihrer Heimat singen, wird sich kein Römer mißbilligend nach einem »Großer Gott, wir loben Dich« umdrehen. Auch wer sich etwa profaneren Unternehmen anvertraut oder gar mit dem Auto anreist, merkt bald, daß im Heiligen Jahr die Pilger den Ton in Rom angeben.

Für die anrückenden Massen im Heiligen Jahr 2000 sind die Römer mit jener Gleichgültigkeit gerüstet, die in der Geschichte schon viele Wogen über der Stadt zusammenbrechen und wieder abfließen sah. Einiges wurde getan, doch lange nicht genug zur Bändigung des stärkeren Verkehrs. Mit Vorliebe trifft die römische Stadtverwaltung Verbote, ähnlich jener Regelungen, von der Italiens größter Dichter, Dante Alighieri, in der »Göttlichen Komödie« für das erste Heilige Jahr 1300 berichtet. Die damals noch viel schmalere Brücke zum Mausoleum des Kaisers Aelius Hadrian, der alte Ponte Elio, wurde zur Einbahnstraße erklärt. Dieses System ist in Rom ausgebaut worden und im Zeitalter des Automobils durch die Erfindung der Fußgängerzonen ergänzt. Da werden beträchtliche Fußmärsche erzwungen und moderne Touristen wieder zu wandernden Pilgern.

*»So haben auch im Jubeljahr die Römer den großen Zugang nach der Brücke hin derart geregelt, daß auf einer Seite, die Stirn nach der Engelsburg gerichtet, die Leute gehen, die zu Sankt Peter pilgern, und auf der anderen Seite die zum Hügel.« (Dante Alighieri, Göttliche Komödie, Inferno, 18. Gesang)*

Doch warum sollte es dem Besucher Roms heute besser ergehen als vor 1000 Jahren oder vor 500? Immer nahmen die Christen die Mißhelligkeiten einer Reise in die Stadt des Papstes auf sich. Sie waren weniger sicher als heute, heil oder überhaupt in ihre nordische Heimat zurückzukehren. Gefahren in den Alpen, Wegelagerer hinter dem Brenner, Räuber – und Schlimmeres – in den Gasthöfen der Städte, Betrüger vor den Kirchen warteten auf sie. Die Reiseberichte aus allen Jahrhunderten sind voll solcher Schrecken. Und dennoch: wie ein Magnet zieht die Stadt Rom die Völker und vornehmlich die germanischen an. Selbst Goethe blieb von dem »Genius des katholischen äußeren Gottesdienstes« nicht unberührt.

So machen sich die Deutschen seit Jahrhunderten auf, den *Genius loci*, das Faszinierende auch des ›Heiligen Rom‹ aufzuspüren. Der Drang der Germanen nach Süden hat Geschichte gemacht; die südliche Halbinsel lockte immer wieder, verführte selbst die Nüchternen. Das galt noch mehr für die Frommen. Die Gläubigen ersehnten die römischen Apostelgräber. Was der Papst zu bieten hatte, inmitten der prächtigen Kirchen und der unermeßlichen Reliquienschätze als Statthalter Christi, Nachfolger Petri und Besitzer der Schlüssel, als Inhaber der geistlich maßlosen Macht, im Himmel und auf Erden zu binden und zu lösen, das konnte ihnen der Krummstab zu Mainz und Magdeburg nicht verschaffen. Daran glaubten die Christen fest, das ließ sie die Unbill der weiten Reise ertragen. Da war man außerdem dem Einerlei des gewohnten Lebens, auch der Sorge um das tägliche Brot enthoben – Klöster am Wege gab es genug –, und am Ende winkte das ewige Leben.

Anno Domini 1300: Scharen von Pilgern sind zur Jahrhundertwende in Rom. Deshalb verkündet Bonifaz VIII. als erster Papst am 23. Februar den gläubigen Fremden für das Jahr 1300 und für jedes folgende 100. Jahr »nicht nur volle und ganze, sondern übergroße Verzeihung«, wenn sie in den Basiliken der heiligen Apostelfürsten Petrus und Paulus mit Andacht beteten. die kann ein jeder für seine Sünden gebrauchen. Zwei Jahrhunderte später bot Alexander VI., der berüchtigte Renaissance-Fürst aus dem Haus der Borgia, ein anderes Bild des Papsttums. Dennoch waren die Pilger auch im »Heiligen Jahr« 1500 wieder da, um an den Gräbern der Apostel zu beten. Sankt Peter sahen sie als riesigen Bauplatz. Die alte Basilika war verfallen. Gelder aus aller Welt ermöglichten den Neubau. Ein paar Jahre später (1510/11) zog auch Martin Luther, halb als Pilger, halb ›geschäftlich‹, nach Rom. Er war entsetzt sowohl über Papst Julius II., dem Kunst und Kriege mehr bedeuteten als die notwendige Erneuerung der Kirche, als auch über die Stadt Rom und die Römer, die sich wenig darum scherten, Zentrum der noch ungeteilten abendländischen Christenheit zu sein, und das schon gar nicht als moralische Verpflichtung nahmen. Das Jubeljahr 1600 wurde anders gefeiert. Inmitten herrlicher Neubauten stand ein Scheiterhaufen, der des Philosophen und Theologen Giordano Bruno, der als Ketzer auf dem

*Papst Bonifaz VIII. verkündet das Heilige Jahr 1300 (Fragment eines Giotto zugeschriebenen Freskos in der Basilika S. Giovanni in Laterano)*

Campo de' Fiori verbrannt wurde. Die Gegenreformation war entflammt. Drei Jahrhunderte später, anno 1900, errichtete man in der Stadt, deren Herr nicht mehr der Papst war, sondern das liberal-bürgerliche Königreich Italien – Giordano Bruno ein Denkmal.

Gläubige und Nichtgläubige anzuziehen ist der Sinn des Heiligen Jahres, die Absicht der Päpste durch die Jahrhunderte. So wie schon das Buch Mose den Frommen im Jubeljahr gute Taten, etwa Schuldenerlaß oder Freilasung von Sklaven, empfahl. Jeden Sonntag um 12 Uhr scharen sich die Pilger zu Zehntausenden um den Obelisken auf der Piazza San Pietro und erwarten den Segen des Papstes oder wollen nur die weiße Gestalt im Fenster des Vatikanischen Palastes hoch über der Menge sehen: Nonnen aus Indien, Prälaten aus den Vereinigten Staaten, Maroniten aus dem Libanon, Indios aus Lateinamerika, Arbeiter aus dem Ruhrgebiet, Bauern aus Polen, Italienerinnen aus dem Süden. Die ihn am Sonntag erleben, gehen oft auch am Mittwoch zur Papstaudienz, in der Halle dicht neben Sankt Peter oder auf dem Platz davor. Ihn noch einmal zu erblicken ist stundenlanges Warten und Stehen wert. Gebannt schauen auch die zu ihm auf, die Italienisch nicht verstehen, freuen sich um so mehr, wenn der Papst sich in ihrer Sprache an sie wendet. Rollstühle werden freundlich geschoben, junge feurige Italiener umwerben deutsche Mädchen, amerikanische Damen hauchen begeistert *wonderful,* Blitzlichter zucken, die weiße Gestalt entschwindet.

Der Fremde sucht das Tor des Petersdomes, mit dessen Öffnung am Weihnachtstag durch den römischen Bischof das Heilige Jahr begonnen hat. Rechts in der Vorhalle beugen sich Pilger nieder, um das Gemäuer zu küssen. Gleich hinter dem Tor die »Pietà« des Michelangelo, liebliches Madonnengesicht. Die Hallen von Sankt Peter sind am Morgen rasch gefüllt. Gedränge und Gewoge der Massen, Schrittescharren, wehende Gewänder, vielsprachiges Getuschel in den Beichtstühlen, rasche Kniebeugen, von irgendwo ein Kirchenlied, heftiges Gebimmel. In der Mitte unter der Kuppel die großen Worte, mit denen nach römischem Verständnis das Papsttum begonnen hat: »TV ES PETRVS – Du bist Petrus, und auf diesen Felsen will ich meine Kirche bauen, dir will ich die Schlüssel des Himmelreiches geben.« In der Erde versteckt, weit unter dem Boden, zeigt man das Grab des Petrus. Welch ein Schrein für ein einfaches Grab!

Weiter zieht es den Besucher zu den Heiligen Pforten der drei anderen Patriarchalbasiliken: **San Giovanni in Laterano, San Paolo fuori le Mura** und **Santa Maria Maggiore**. Die Bischofskirche des Papstes beim Lateranpalast wirkt kahl, riesig – ohne Maß. Für ein Trinkgeld beleuchtet der Custode die Köpfe der Apostelfürsten über dem Altar. Silbern fordern die Reliquien Verehrung. Treten wir in die Kirche des Paulus, so umgibt uns feierliches Dunkel. In der unter der Kirche liegenden Nekropole hat man noch nicht nach dem Grab des Völkerapostels geforscht. Seine Kirche ist manchem lieb als Stätte ökumenischer Begegnungen. Kanoniker aus vielen Ländern prägen das internationale Bild der altehrwürdigen Basilika von Santa Maria

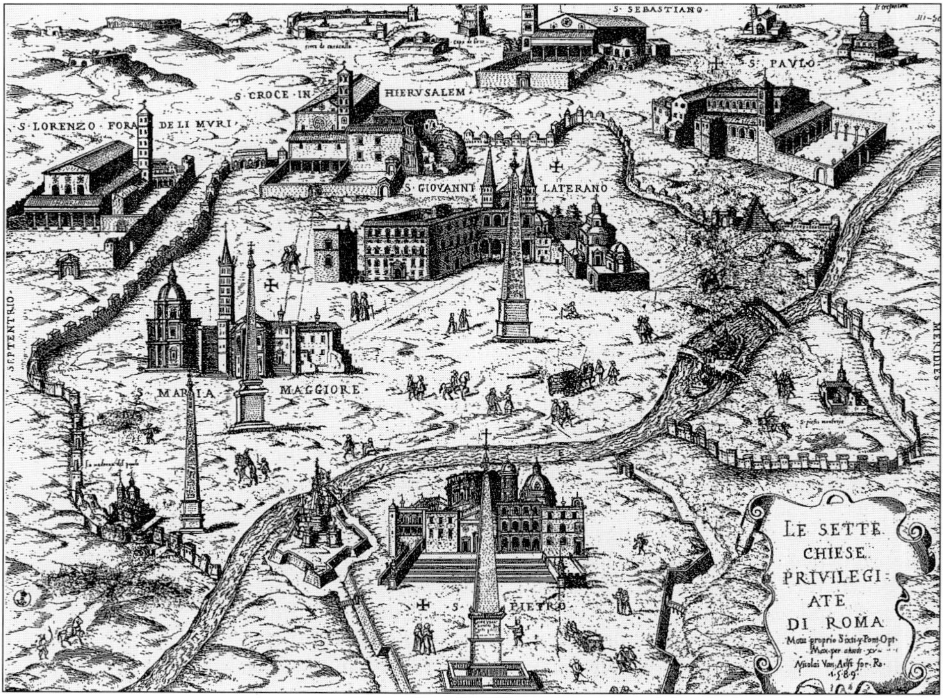


*Die sieben Pilgerkirchen und die unter Papst Sixtus V. aufgestellten Obelisken (Stich von Nicolai van Aelst, 1589)*

Maggiore. Wenn sie am Sonntagnachmittag die Vesper singen, hat man genügend Muße, das strahlend erleuchtete Apsismosaik zu betrachten. Die Schönheit des mittelalterlichen Marienbildes versöhne selbst hartnäckige Protestanten, heißt es in Rom. Mit dem Besuch der vier Patriarchalbasiliken wäre nun der Ablaßpflicht Genüge getan. Wer mehr für sein Seelenheil tun will, kann – am frömmsten zu Fuß – noch zu den drei weiteren stets hochverehrten Pilgerkirchen gehen: **San Lorenzo fuori le Mura** am Hauptfriedhof des Campo Verano, **Santa Croce in Gerusalemme** nicht weit von San Giovanni in Laterano, und **San Sebastiano fuori le Mura** an der Via Appia.

Die Bewohner der Stadt geben sich bei allem gleichgültig. Aber ihr häufig zur Schau gestellter *Indifferentismo* ist nur die halbe Wahrheit. Nicht allein die Hoteliers und die vielen, die vom Tourismus leben, stört es empfindlich, wenn die Fremden nicht so zahlreich kommen wie erhofft. Jeder fühlt sich getroffen, wenn Rom besonders im Heiligen Jahr nicht anziehend erscheint. Kriminalität, die ›kleine‹ der Taschendiebe und Straßenräuber, ist lästig, aber nicht lebensgefährlich. Kritische Stimmen warnen regelmäßig, der vernachlässigte römische Stadtorganismus sei den Millionen Pilgern und Besuchern nicht gewachsen. Weitplanende Organisation ist jedoch schwierig in einer Stadt, in der selbst das Ausheben einer Sickergrube für ein Zeltlager jugendlicher Wallfahrer weit vor den Toren der Stadt an der Via Appia Antica im Heiligen Jahr 1983 zu einem Zerwürfnis zwischen Vatikan, Stadtverwaltung, Justiz und Archäologen führte. Der Grund: Katakomben liegen darunter. Pessimisten malen dann stets ein düsteres Bild: Schmutz, schlechtes Wasser, mangelhafte Kanalisation, fehlende Krankenhausbetten gefährdeten die Gesundheit; Katastrophen, Seuchen, Zusammenbruch des gesamten Verkehrswesens seien unvermeidlich. Von all diesen Schwierigkeiten wird man in der Begeisterung des »Anno Santo« vielleicht wenig merken, oder sie großzügig übersehen. Da erliegt man dem römischen Paradox, daß die Stadt, die am stärksten das Religiöse veräußerlicht hat, in vielen Menschen das Innerste zu rühren vermag, daß in der Spannung zwischen zum Äußersten gesteigerter Pracht und dem einfachen Ursprung des Glaubens sich das Erlebnis ›Rom‹ vollzieht. Der Papst erteilt »*Urbi et Orbi*«, der Stadt und dem Erdkreis, seinen Segen. Wenn dann die bunten Luftballons aufsteigen, kann Rom für Hunderttausende von Pilgern, für Millionen überall der glückliche Nabel der Welt sein.

## Deutsche in Rom

›Blonde Germanen‹ gehen seit mehr als zwei Jahrtausenden über die römischen Foren. Zu den Zeiten Caesars und der Imperatoren sind es die Angehörigen unterworfener Stämme im Norden des Reiches; in den Jahrzehnten der Völkerwanderung herrschen sie über die Römer, im Jahr 410 Alarich und seine Westgoten, 455 Geiserich und die Vandalen, im Jahr 500 Theoderich und die Ostgoten. Die Krönung des Frankenkönigs Karl durch Papst Leo III. im Jahr 800 stellt die Beziehungen zwischen Deutschen und Römern auf eine friedlichere Grundlage, auf die des »Heiligen Römischen Reiches Deutscher Nation«, auch wenn es bei den damit anhebenden Besuchen deutscher Könige in Rom oft nicht ohne Waffengewalt und Verwicklungen abgeht. Erst 1452 endet die Serie dieser imperialen Zeremonien mit Kaiser Friedrich III. und Papst Nikolaus V. Deutsche Könige wollen in Rom nicht nur gekrönt, sondern manche auch begraben sein, wie Otto II., der 983, erst 28 Jahre alt, in Rom stirbt und in der Peterskirche bestattet wird.

Auch die Päpste deutscher Abstammung: der erste – Gregor V. (996–999), der Sachse Bruno, der als Vierundzwanzigjähriger seinen sechzehnjährigen Vetter Otto III. zum Kaiser krönt – und der letzte – Hadrian VI., Hadrian Florensz aus Utrecht (1522/23), der Lehrer Kaiser Karl V. – finden ihre letzte Ruhestätte in der Ewigen Stadt. An Hadrians Grabmal in der deutschen Nationalkirche Santa Maria dell'Anima stehen die Worte des lateinischen Schriftstellers Plinius: PROH DOLOR QUANTUM REFERT IN QUAE TEMPORA VEL OPTIMI CUIUSQ(ue) VIRTUS INCIDAT (Wehe, wieviel hängt da-

›Galerie der Ansichten des antiken Rom‹ von dem Maler Giovanni Paolo Pannini, der im 18. Jh. selbst fleißig Stadtansichten produzierte, wie sie hier als Gemälde im Gemälde dargestellt werden. Solche Veduten des klassischen Rom fanden unter Adligen auf großer Europatour oder Bildungsbürgern auf Italienreise begeisterte Kundschaft.

von ab, in welche Zeit auch des besten Mannes Wirken fällt), ein resigniertes Resümee dieses Papstes, dessen Bemühen um eine Reform der Kirche in der Zeit der Reformation scheitert.

Daß eine Reise nach Rom oder gar ein Aufenthalt in der Heiligen Stadt bis in die jüngste Zeit ein Abenteuer sein kann, schreckt weder Könige noch Künstler, weder Handwerksgesellen noch -meister aus deutschen Landen. Deutsche Zünfte, Schuster und Buchdrucker etwa, sind im Rom des 15. und 16. Jh. vertreten. Im 18. Jh. beginnt ein wahrer Pilgerstrom deutscher Künstler nach Rom: Dichter und Schriftsteller, Kunstgeschichtler und Komponisten, Historiker und Philosophen. Lessing, Herder, Winckelmann, Goethe, Angelika Kauffmann, August von Platen, Theodor Mommsen und Ferdinand Gregorovius, Schopenhauer und Nietzsche, Mendelssohn, Liszt und Wagner. Das Caffé Greco in der Via Condotti ist mehr unter dem Namen ›deutsches Café‹ bekannt. Auf preußische Generäle und Diplomaten wie Helmuth von Moltke, Bartholdy oder Wilhelm von Humboldt übt Rom eine besondere Anziehungskraft aus. Gedenktafeln erinnern noch heute an diese Deutschen: Via del Corso Nr. 18 an Goethe, Via del Babuino Nr. 79 an Richard Wagner, Via Sistina Nr. 56 an Nietzsche. Für den Ruhm Goethes schenkt Kaiser Wilhelm II., der 1888, im Jahr seiner Thronbesteigung, selbst in Rom weilt, An-

fang dieses Jahrhunderts (1904) der Stadt Rom sogar ein gewaltiges Denkmal (von Eberlein, in der Villa Borghese). Die Malerschule der Nazarener vereint in Rom bedeutende Künstler aus Deutschland.

Wir müssen uns versagen, ins Detail zu gehen oder dem Ehrgeiz der Vollständigkeit nachzugeben. Deshalb nur ein paar Schlaglichter auf die Geschichten von Deutschen in Rom: Unter dem Protektorat des deutschen Kardinals Schönberg hält Nikolaus Kopernikus im Jahr 1500 Vorlesungen an der Universität Sapienza. Im Jahr 1707 gibt Georg Friedrich Händel ein Orgelkonzert in der Lateranbasilika. Von April bis Juli 1770 wohnen Leopold und Wolfgang Amadeus Mozart an der Piazza Nicosia; der junge Komponist und Virtuose Wolfgang spielt zum Entzücken der Römer eigene Konzerte, auch im Pontificium Collegium Germanicum et Hungaricum, dem deutsch-ungarischen Theologenkonvikt. Wilhelm von Humboldt residiert als preußischer Vertreter bis 1808 in der Villa Malta in der Nähe der Porta Pinciana bei der Via Sistina; zwei seiner Kinder liegen auf dem römischen Friedhof der Nicht-Katholiken begraben, ebenso wie »Goethe Filius«, Goethes Sohn August. Im Jahr 1818 schließt der preußische Gesandte beim Papst, der Historiker Niebuhr, ein Konkordat mit der Kirche ab; ein Jahr später, zur 300-Jahr-Feier der Reformation, wird in seiner Residenz, dem Palazzo Orsini a Monte Sa-

*Panninis zweites Gemälde ›Galerie der Ansichten des modernen Rom‹ von 1759 vervollständigt die Sammlung von Eindrücken und Erinnerungen der großen Italien-Bildungsreise um römische Palazzi und Kirchen aus Renaissance und Barock.*

vello im Marcellus-Theater, der erste protestantische Gottesdienst in Rom gefeiert. Richard Strauss beeindrucken besonders die Caracalla-Thermen für seine Sinfonische Fantasie »aus Italien«, 1887.

Keine andere Sprach-Nation entfaltet in Rom auch in der Gegenwart ein so reiches geistiges Leben wie die deutsche, mit den Institutionen der drei Staaten, Bundesrepublik, Österreich und Schweiz, damit anknüpfend an die Zeit, die keine so scharfen politischen Grenzen kannte. Dem dienen in erster Linie die traditionsreichen Kulturinstitute: das »Deutsche Historische«, jetzt draußen in der Via Aurelia, das »Archäologische« in der Via Sardegna, das »Kunsthistorische«, die »Biblioteca Hertziana« im Palazzo Zuccari in der Via Gregoriana an der Spanischen Treppe, die Künstlerakademie der »Villa Massimo«, die römische »Görres-Gesellschaft« mit Sitz im Vatikan und die verschiedenen Schulen deutscher Sprache. Die beiden deutschen Nationalkirchen, die katholische Santa Maria dell' Anima und die protestantische »Erlöserkirche« in der Via Toscana, sammeln die Christen verschiedener Konfessionen. Drei Kollegien, Collegio Teutonico (mit dem Camposanto neben Sankt Peter), Santa Maria dell'Anima (mit der Gemeindekirche) und das Collegium Germanicum et Hungaricum, ziehen Priester und Priesteramtskandidaten zur Ausbildung oder zu weiteren Studien aus Deutschland und den umliegenden Ländern nach Rom. Die deutsche Buchhandlung »Herder« an der Piazza Montecitorio gegenüber der Abgeordnetenkammer hält ein reiches Sortiment mit Büchern deutscher Sprache, aber auch theologische und kunstgeschichtliche Fachliteratur bereit. Deutsche Journalisten bilden in Rom das zahlenmäßig stärkste Kontingent einer Nation unter der Auslandspresse.

## Antico Caffè Greco

Das ›Alte Griechische Café‹ in der Via dei Condotti, nur ein paar Schritte vom ›Spanischen Platz‹ entfernt, ist nicht das größte, nicht das typischste, aber sicher das an Geschichte und Geschichten reichste Kaffeehaus Roms. In die großen Bars am Corso geht man, wenn man Hunger und Durst schnell loswerden will; in die Straßencafés an der Via Veneto setzt man sich, um zu sehen und gesehen zu werden. Das Caffè Greco hingegen betreten jene, die miteinander plaudern oder allein Zeitung lesen wollen, andere, die erschöpft sind und bei einem Cappuccino oder Campari, einem Vermouth und einem Tramezzino, wie hier ein mit Käse, Salami, Schinken, Fisch und Tomaten pikant gefülltes Sandwich-Dreieck genannt wird, neue Kraft schöpfen wollen.

Keine Frage, in den umliegenden Straßen kann man leicht Geld ausgeben, in der noblen Via dei Condotti, in der lebhaften Via Frattina oder der modischen Via Borgognona, wo man elegante Handtaschen, exklusive Pelze und viele andere schicke Sachen kaufen, an der nächsten Straßenecke aber gelungene Imitationen mancher nobler Marken für die Hälfte oder gar ein Drittel erhandeln kann, im

Corso ebenso wie an der Piazza di Spagna. Aber jene, die der Zufall vom Einkaufsbummel hierherweht, schaffen nicht die unverwechselbare Atmosphäre des ›Griechischen Cafés‹. Die ist schon da, seit über 200 Jahren, als 1760 der Grieche Nicola della Maddalena einen Steuerbefehl vom Rechnungshof des päpstlichen Kirchenstaates bekam, unwillig zahlte und auf diese Weise der Nachwelt einen schriftlichen Beweis der Existenz des »Greco« hinterließ. Schon Goethe besuchte bei seinen Aufenthalten in Rom den gastlichen Griechen. Viel Phantasie braucht es nicht, ihn sich beim Rendezvous hier vorzustellen, etwa mit dem »bräunlichen Mädchen«, das der »eilende Barbare« in einer der »Römischen Elegien« besang: »lieblich – gab sie Umarmung und Kuß bald mir gelehrig zurück«, oder mit der »guten Angelika«, wie der Dichterfürst etwas herablassend in seiner »Italienischen Reise« notiert; unter den vielen Gemälden, die an den Wänden des Cafés hängen, ist die Schweizer Malerin Angelika Kauffmann würdig vertreten.

Die Liste der berühmten Gäste ist lang. Grundsätzlich darf man annehmen, daß Deutsche, die nach Rom reisten, ihren Kaffee auch einmal im »Greco« tranken, ob Ludwig I. von Bayern oder Richard Wagner, Arthur Schopenhauer oder Franz Liszt, den es immer wieder hierher zog. So sehr wurde das Café zum Treffpunkt deutscher Künstler, daß der Dichter Wilhelm Heinse vorschlug, aus dem ›griechischen‹ ein ›deutsches‹ zu machen: Caffè Tedesco? Der Plan drang nicht durch. Es wäre auch schade gewesen, wenn sich die Dichter und Denker, die Maler und Musiker, die Historiker und Schriftsteller aus anderen Ländern hier nicht mehr hätten heimisch fühlen können. Amerikaner und Engländer, Franzosen und – natürlich – Italie-

*Geselligkeit im berühmten Caffè Greco gehörte einst zu den Freuden eines Bohemien, zu den Vergnügungen des Künstlerlebens in Rom*

ner blieben dem Caffè Greco treu. Auch als Mitte des vorigen Jahrhunderts das immer noch ›griechische‹ Café eine deutsche Besitzerin bekam. Eva von Stauting, eine resolute und ungemein tüchtige Dame aus Bayern, kaufte das Ganze und heiratete in die römische Gesellschaft ein. Das Innere der *Bottega di Caffè* mußte sein Äußeres ändern. Der erste Saal, die heutige Stehbar, wo die Römer rasch einen Espresso, dazu am Morgen noch ein Cornetto, ein Blätterteighörnchen, im Vorübergehen nehmen, wurde mit Ansichten von Venedig ausgemalt. Die weiteren Säle schmückte die fleißige Adlige mit Gemälden, Landschaften, Stadtveduten und Portraits, die im Lauf der Zeit zusammengekommen waren, nicht selten zum Begleichen einer lang gestundeten Rechnung. Bilder, Medaillons, ein paar Bücher und Urkunden hinter Glas, Erinnerungszeichen an große Namen, so sieht es heute noch aus in den hintereinanderliegenden Räumen, von denen jeder wie ein Separee in dunkelrot gedämpften Farben zum vertraulichen Plausch einlädt. Hier kann man sich wohlfühlen, wird in Ruhe gelassen, sieht kleine Schwärme von Touristen herein- und hinausziehen, hört Journalisten die neuesten Meldungen austauschen, Intellektuelle erregt die Mißstände in Süditalien anprangern. Wenn man das Vertrauen des Kellners gewonnen hat, erzählt der zwischen zwei Cappuccini, daß der Herr dort drüben etwas schwierig sei und die Dame drei Tische weiter jeden Tag zur selben Stunde, doch immer mit verschiedenen Pelzmänteln komme, mal Zobel, mal Breitschwanz, daß der im November 1980 verstorbene italienische Maler De Chirico Stammgast und im Grunde ein herzensguter, furchtsamer Mensch gewesen sei, daß … Aber da kann er die hübsche Signorina, die zahlen möchte, nicht länger übersehen.

## Johann Wolfgang von Goethe – Karneval und Elegien

Kein deutscher Rom-Führer kommt ohne die Worte aus, die Johann Wolfgang von Goethe 1828 seinem Sekretär Eckermann diktierte: »Ich kann sagen, daß ich nur in Rom empfunden habe, was eigentlich ein Mensch sei. Zu dieser Höhe, zu diesem Glück der Empfindung bin ich später nie wieder gekommen, ich bin, mit meinem Zustand in Rom verglichen, eigentlich nachher nie wieder froh geworden.« Sie können schon gar nicht fehlen, nachdem sich das Goethische Erlebnis zum 200. Mal gejährt hat. Vom 29. Oktober 1786 bis zum 22. Februar 1787 und vom 7. Juni 1787 bis zum 23. April 1788 – zwischendurch trieb es den knapp 40 Jahre alten Dichter nach Süditalien –, also fast 15 Monate lang weilte Goethe in Rom, der »Hauptstadt der Welt«, wie er in der »Italienischen Reise«, der persönlichen autobiographischen Beschreibung des insgesamt fast zwei Jahre währenden Aufenthalts in Italien, anmerkt. Eine Tafel am Haus Nummer 18 in der Via del Corso, der zentralen Hauptstraße Roms, und ein kleines Museum in diesem Palazzo weisen neben dem Goethe-Denkmal im Park der Villa Borghese auf die römische Hoch-Zeit des deutschen Dichterfürsten hin.

Den Tagebuchnotizen Goethes und seinen Briefen verdanken wir anregende Gedanken, kluge Einsichten und treffende Bemerkungen über Rom und die Römer, über römische Kunstwerke und das Alltagsleben, die noch heute Geltung haben und durch ihre präzise Schilderung fesseln. Es scheint, daß sich Goethe während des ersten Aufenthalts vor Begeisterung kaum fassen konnte, als ob ihm Rom den Atem nehme und zugleich neues Leben gebe: »Denn es geht, man darf wohl sagen, ein neues Leben an ...«; so notiert, gleich nach der Ankunft am 1. November 1786. Die Stadt überwältigt den aus Deutschland Geflohenen, und der Dichter gibt sich diesem Glück hin, so vollständig, daß er darüber zuweilen sogar das Schreiben vergißt oder hintanstellt.

Goethes Ansichten über Kunstwerke und Kunstepochen werden wir nicht in allen Punkten teilen können. Wir haben in den zwei Jahrhunderten seither durch die Kunstgeschichte gelernt, unsere Aufmerksamkeit allen Stilperioden zuzuwenden und danach unsere Vorliebe zu verteilen, ohne deshalb die Gegenstände unseres geringeren Interesses zu verachten. So verschloß sich Goethe der Kunst ganzer Jahrhunderte, anderes würdigte er erst gar nicht eines Blickes. Das antike Rom ging ihm über alles. Mittelalter, Renaissance und Barock galten ihm wenig oder gar nichts: »Gestehen wir jedoch, es ist ein saures und trauriges Geschäft, das alte Rom aus dem neuen herauszuklauben, aber man muß es denn doch tun und zuletzt eine unschätzbare Befriedigung hoffen. Man trifft auf Spuren einer Herrlichkeit und einer Zerstörung, die beide über unsere Begriffe gehen. Was die Barbaren stehen ließen, haben die Baumeister des neuen Rom verwüstet.« Für die Symbiose der Jahrhunderte, die alles in Rom nebeneinander gelten läßt, war Goethe noch nicht offen genug.

Während seines zweiten Aufenthalts, vom 7. Juni 1787 bis zum 23. April 1788, nach dem Erlebnis Süditaliens, vertieft sich Goethe in die Einzelheiten – Roms, der Römer und der Römerinnen, des römischen Lebens. Er beschäftigt sich zudem auch mehr mit eigenen schriftstellerischen Projekten und pflegt die Kontakte zur deutschen Künstlerkolonie in der Ewigen Stadt. Am originellsten sind seine Beobachtungen des Karnevalstreibens, das ihm in der Abhandlung »Das Römische Karneval« zur Allegorie des römischen Lebens, ja des Lebens überhaupt wird. Nur einige Sätze aus dem Kapitel »Aschermittwoch« seien zitiert, weil sie uns das Treiben auf den Straßen und Plätzen Roms wie einen Spiegel des menschlichen Lebens vorhalten: »Wenn uns während des Laufs dieser Torheiten der rohe Pulcinell ungebührlich an die Freuden der Liebe erinnert, denen wir unser Dasein zu danken haben, wenn ein Baubo auf öffentlichem Platze die Geheimnisse der Gebärerin entweiht, wenn so viele nächtlich angezündete Kerzen uns an die letzte Feierlichkeit erinnern, so werden wir mitten unter dem Unsinne auf die wichtigsten Szenen unsers Lebens aufmerksam gemacht. Noch mehr erinnert uns die schmale, lange, gedrängt volle Straße an die Wege des Weltlebens, wo jeder Zuschauer und Teilnehmer mit freiem Gesicht oder

*»Wenn man so eine Existenz ansieht, die zweitausend Jahre und darüber alt ist, durch den Wechsel der Zeiten so mannigfaltig und vom Grund aus verändert, und doch noch derselbe Boden, derselbe Berg, ja oft dieselbe Säule und Mauer, und im Volk noch die Spuren des alten Charakters, so wird man ein Mitgenosse der großen Ratschlüsse des Schicksals ... Und dieses Ungeheuere wirkt ganz ruhig auf uns ein, wenn wir in Rom hin und her eilen, um zu den höchsten Gegenständen zu gelangen. Anderer Orten muß man das Bedeutende aufsuchen, hier werden wir davon überdrängt und überfüllt. Wie man geht und steht, zeigt sich ein landschaftliches Bild aller Art und Weise, Paläste und Ruinen, Gärten und Wildnis, Fernen und Engen, Häuschen, Ställe, Triumphbögen und Säulen, oft alles zusammen so nah, daß es auf ein (Zeichen-)Blatt gebracht werden könnte. Man müßte mit tausend Griffeln schreiben, was soll hier eine Feder!« (J. W. Goethe am 5. November 1786)*

unter der Maske ..., mehr geschoben wird als geht, mehr aufgehalten wird als willig stille steht, nur eifriger dahin zu gelangen sucht, wo es besser und froher zugeht, und dann auch da wieder in die Enge kommt und zuletzt verdrängt wird. Dürfen wir fortfahren, ernsthafter zu sprechen ..., so bemerken wir... daß Freiheit und Gleichheit nur in dem Taumel des Wahnsinns genossen werden können, und daß die größte Lust nur dann am höchsten reizt, wenn sie sich ganz nahe an die Gefahr drängt und lüstern ängstlich-süße Empfindungen in ihrer Nähe genießt. Und so hätten wir, ohne selbst daran zu denken, auch unser Karneval mit einer Aschermittwochsbetrachtung geschlossen, wodurch wir keinen unsrer Leser traurig zu machen fürchten. Vielmehr wünschen wir, daß jeder mit uns, da das Leben im ganzen, wie das Römische Karneval, unübersehlich, ungenießbar, ja bedenklich bleibt, durch diese unbekümmerte Maskengesellschaft an die Wichtigkeit jedes augenblicklichen, oft gering scheinenden Lebensgenusses erinnert werden möge.«

Am vollkommensten, wie mir scheint, hat Goethe sein Lebensgefühl in Rom in den »Römischen Elegien« ausgedrückt. Die fünfte und der Anfang der siebten seien hier wiedergegeben, weil nur die

*Johann Heinrich Wilhelm Tischbeins Gemälde ›Goethe in der Campagna‹ entstand im Jahre 1787. Der Maler ging 1779 nach Rom, um die Werke der Antike, Michelangelos und Raffaels zu studieren, und reiste 1787 mit Goethe nach Neapel*

Dichterworte jene Heiterkeit des Glücks zurückrufen, die zuweilen auch flüchtigere Besucher Roms empfinden.

Froh empfind' ich mich nun auf klassischem Boden begeistert,
Vor- und Mitwelt spricht lauter und reizender mir.
Hier befolg' ich den Rat, durchblättre die Werke der Alten
Mit geschäftiger Hand, täglich mit neuem Genuß.
Aber die Nächte hindurch hält Amor mich anders beschäftigt;
Werd' ich auch halb nur gelehrt, bin ich doch doppelt beglückt.
Und belehr' ich mich nicht, indem ich des lieblichen Busens
Formen spähe, die Hand leite die Hüften hinab?
Dann versteh' ich den Marmor erst recht: ich denk' und vergleiche,
Sehe mit fühlendem Aug', fühle mit sehender Hand.
Raubt die Liebste denn gleich mir einige Stunden des Tages,
Gibt sie Stunden der Nacht mir zur Entschädigung hin.
Wird doch nicht immer geküßt, es wird vernünftig gesprochen;
Überfällt sie der Schlaf, lieg' ich und denke mir viel.
Oftmals hab' ich auch schon in ihren Armen gedichtet
Und des Hexameters Maß leise mit fingernder Hand
Ihr auf den Rücken gezählt. Sie atmet in lieblichem Schlummer,
Und es durchglühet ihr Hauch mir bis ins Tiefste die Brust.
Amor schüret die Lamp' indes und denket der Zeiten,
Da er den nämlichen Dienst seinen Triumvirn getan.

O wie fühl' ich in Rom mich so froh! gedenk' ich der Zeiten,
Da mich ein graulicher Tag hinten im Norden umfing.
Trübe der Himmel und schwer auf meine Scheitel sich senkte,
Farb- und gestaltlos die Welt um den Ermatteten lag,
Und ich über mein Ich, des unbefriedigten Geistes
Düstre Wege zu spähn, still in Betrachtung versank.
Nun umleuchtet der Glanz des helleren Äthers die Stirne;
Phöbus rufet, der Gott, Formen und Farben hervor.
Sternhell glänzet die Nacht, sie klingt von weichen Gesängen,
Und mir leuchtet der Mond heller als nordischer Tag.

## Der kranke Marmor

Der Anblick der marmornen Triumphsäulen in Rom bedrückt. Wo früher das hochgemute Gesicht eines Feldherrn und die stolzen Mienen seiner Offiziere überlegenen Sieg ausdrückten, starren nun ausgehöhlte, totenhafte Masken. Wo einst die kraftvollen Körper der Soldaten, die bebenden Nüstern der Pferde Kampfeslust verbreiteten, siechen nun lepröse Marmorleiber zu Skeletten dahin. Was in Marmor gehauen für die Ewigkeit zu sein schien, zeigt nicht mehr nur die Spuren der Vergänglichkeit. Vieles ist bereits vergangen, verloren für immer. Das sei das Ergebnis einer langwierigen Stein-Krankheit, sagen die Experten, leicht zu erklären: $SO_2SO_3$ – $H_2SO_4$ –

$CaCO_3$ – $CaSO_4$; so werde aus Marmor mit Hilfe schwefliger Umwelteinflüsse Gips, ganz einfach Gips, der in Rom langsam von Säulen und Tempeln, von Triumphbögen und Palastfassaden abfällt und sich mit dem Staub der Gosse mischt.

Ein Gang durch das historische Zentrum Roms, von der Piazza del Popolo im Norden die Via del Corso hinunter über die Piazza Venezia, vorbei an den Kaiserforen und dem Forum Romanum bis zum Kolosseum und den Triumphbögen des Titus und des Konstantin, stimmt besorgt. Um viele Monumente stehen eiserne Gerüste; grüne Schutzplanen verbergen Marmorreliefs. Ein genauer Blick lehrt, daß es nicht um Schönheitskorrekturen geht, sondern um Substanz-Operationen, darum, den weiteren Verfall aufzuhalten, zu retten, was noch gerettet werden kann. Die Kunsthistoriker und Gesteinsexperten hatten seit langem gewarnt. Jetzt, da der Schaden so weit fortgeschritten ist, nimmt man erschrocken wahr, daß dringende Hilfe fast schon zu spät kommt. Sonst können unsere Kinder und Enkel auf den Reliefbändern zu Ehren des Trajan und des Mark Aurel statt kämpfender Krieger und schnaubender Pferde nur noch Gerippe sehen.

Nicht allein der Zahn der Zeit hat an den jahrhundertealten Meisterwerken römischer Bildhauerkunst aus dem Marmor von Paros und Carrara genagt. Gewiß, er hatte an den 30 m hohen Triumphsäulen, die heute statt der Kaiser die Apostel Petrus und Paulus auf ihre Spitze tragen, reiche Beute. Aber seit einigen Jahrzehnten sind schärfere und gewalttätigere Feinde hinzugekommen: die Abgase des Millionenheeres der römischen Autos, die Vibrationen, hervorgerufen von schweren Motoren und vorbeirüttelnden Bussen, die feine tödliche Risse im Gestein bewirken, dazu die jetzt überall verbreiteten Heizungen, die im Winter die Bauwerke oft mit einer öligen Rußschicht zudecken. Die Schwefel- und Stickstoffverbindungen, die das moderne Leben in einer Millionenstadt begleiten, führen ihren eigenen Kampf mit den Legionen der römischen Kaiser und den feindlichen Barbaren, den Dakern und Markomannen, den Quaden und Sarmaten. Die Siegesaussichten der steinernen Imperatoren scheinen gegenwärtig nicht günstig.

*»Die Feinheit des Werkes ist verloren. Es bleiben nur geringe Spuren der ursprünglichen Oberfläche. Wenn man die Oberfläche berührt, behält man in den Händen Stückchen von Marmor, der wie Zucker scheint. Der Prozeß, der den Stein zu Gips und Mehl werden läßt, ist nach wissenschaftlichen Erkenntnissen in einem weit fortgeschrittenen Stadium irreversibel. Was man machen kann, ist allein, diesen Verfall mit vorsichtigen Eingriffen zu bremsen; in der Zwischenzeit muß sich die Stadt in Ordnung bringen.« Adriano La Regina*

Der verantwortliche Denkmalpfleger für Rom und Latium, Adriano La Regina, sprach Anfang der achtziger Jahre ohne Schonung von den Schäden der Marmorplastiken. Der fast ohnmächtige Herrscher über die Altertümer zählte viele Objekte in Rom auf, die akut gefährdet seien oder an denen schon Gerüste stehen. Da finden sich fast alle Tempel, an der Spitze der des Saturn auf dem Forum Romanum, die Triumphbögen, besonders der des Septimius Severus und der des Konstantin, die Obelisken, zahlreiche Statuen, Inschriften und Gemälde, die alten Tiberübergänge des Ponte Milvio und des Ponte Fabricio, das Kolosseum ebenso wie der kleine Elefant des Bernini vor der Kirche Santa Maria sopra Minerva. In seiner Sorgenliste ganz vorn rangierte das bronzene Reiterstandbild des Kaisers Mark Aurel. Es stand auf dem Kapitolsplatz, bevor es in die Werkstatt zu den Restauratoren kam. Anders war der Zerfall der Bronze nicht aufzuhalten.

Doch was mit einem Standbild möglich ist, versagt bei einer ganzen Stadt. Denn rings um das alte Rom herum mit seinen Säulen und Tempeln lebt es und quirlt es, brodelt unverbannbar der Verkehr. Man kann eine einzelne Straße schließen, wie die Via della Consolazione, die zu Füßen des Kapitolinischen Hügels zwischen den Tempeln hindurchführte. Aber man kann nicht alle Monumente Roms mit Friedhofsstille umgeben oder ins Museum sperren. Etwas anderes kommt hinzu. Die Römer haben immer mit ihren Altertümern gelebt, zwanglos, selbstverständlich, mit einer gewissen Nachlässigkeit. Wären sonst Ruinen entstanden und stehengeblieben? Vieles Neue hat nur deshalb gebaut werden können, weil man Altes einfach überging. Rom wäre nicht Rom geworden, wenn die Römer und ihre Bauherren übertriebene Rücksicht auf die Vergangenheit gezeigt hätten. Manchen mag es respektlos erscheinen, daß sie Steine und Marmorplatten aus dem Kolosseum brachen und etwa in neuen Gebäuden, dem Palazzo Venezia, dem Palazzo Farnese oder dem der Cancelleria wieder-, manchmal vielleicht sogar besser verwendeten.

Ein allgemein gültiges Konzept, ein Patentrezept für das ›Aufheben‹ der gestalteten Kultur Roms ist noch nicht gefunden. Bloße Konservierung – ganz Rom in einen luftdichten Plastikbeutel verpackt – kann weder wünschenswerte noch realisierbare Maxime zur Rettung der überkommenen Kulturgüter sein. Jeden Tag will hier das Problem gelöst sein, wie die »Ewige Stadt« mit den Bedürfnissen einer Millionenbevölkerung und den Schätzen ihrer Geschichte leben kann, ohne dabei die Zukunft zu verlieren und die Vergangenheit einzubüßen. Der langjährige Bau der »Metropolitana«, der Untergrundbahn, durch die Innenstadt, mitten durch den an klassischem Schutt reichen Boden – mit der Möglichkeit, archäologisch kostbare Schätze zu finden, freilich auch mit der Gefahr, daß Vasen und Statuen von gierigen Baggern zermalmt werden könnten –, deckte die tausend Schwierigkeiten des römischen Lebens zwischen gestern und morgen auf.

Mit den vom italienischen Staat bereitgestellten Mitteln sind die notwendigen Arbeiten in Rom kaum auszuführen. Doch die Probleme sind nicht allein finanzieller Art. Die Zahl aller mit der Pflege der Denkmäler betrauten Experten müßte um ein Vielfaches wachsen. Das würde langfristige Planung verlangen bei gleichbleibender Bereitschaft und Fähigkeit, sich Denkmalpflege etwas kosten zu lassen, und zwar in gewaltigen Dimensionen. Dies könnte die römischen Kräfte, vielleicht gar die des italienischen Staates überfordern. Nicht umsonst bat der ehemalige Bürgermeister von Rom, der Kunsthistoriker Giulio Carlo Argan, die UNESCO um Hilfe, mit dem betrüblichen Eingeständnis über den Zustand der Denkmäler: »Obwohl einige Erfolge in der Forschung zu verzeichnen sind, muß man sagen, daß gegenwärtig keine vorbeugende und heilende Therapie gefunden worden ist und daß, wenn auch einige Restaurierungseingriffe ermutigende Ergebnisse erbracht haben, diese so langsam, kostspielig und schwierig sind, daß sie nicht auf so ausgedehnten Flächen angewandt werden können wie denen von Rom, die schon von dem Übel angegriffen sind.« Es läßt sich wohl nicht verhindern, daß die Kunstschätze Roms ›alt‹ werden, daß sie immer mehr Spuren der Vergänglichkeit aufweisen. Aber rasch muß man Vorsorge treffen, daß der Zerfall, den der Mensch und die modernen Lebensumstände heute beschleunigen, nicht weiter um sich greift.

Doch das sind nicht die einzigen römischen Sorgen mit alten Bauten. Das historische Zentrum, das *centro storico* in der Tiberschleife, ist zwar nicht der älteste Teil der Hauptstadt, hat vielleicht auch nicht die berühmtesten *monumenti*, aber seine Bausubstanz versetzte die Urbanisten in Alarm. Es ist malerisch, gewiß, was man halt so malerisch nennt, wenn man an enge Gassen ohne Bürgersteig denkt, an deren Ende Kirchenkuppeln schweben; an Häuser mit abblätterndem Putz, zwischen denen plötzlich die Fassade eines stolzen Adelspalastes aufsteigt; an Plätze mit Brunnen und alten Standbildern, an kleine Handwerksläden und praktische Geschäfte. Aber die Bewohner in diesen vom Tiber umarmten Vierteln, in den Rioni Ponte und Parione, sind voller Sorge. Ihre Häuser mögen vielleicht für den Touristen beneidenswerte Plätze sein, wären als Kulisse einer italienischen Oper noch immer unübertroffen, doch mitten im Denkmalschutz wohnt es sich schlecht. ›Sanierung‹ heißt das Wort, mit dem man diesen Römern Hoffnung macht und Schrecken einjagt. Denn sie wohnen dort seit Generationen. Ohne daß sie es so recht merkten – südliche Gleichgültigkeit hat diese Entwicklung begünstigt –, begannen ihre Häuser zu zerfallen. Die Besitzer hatten auch nicht das Geld für größere Reparaturen. Die Mieten waren und sind zudem bescheiden. Einige Gewitzte haben ihre Häuser an italienische oder ausländische Firmen verkauft, die dann in den alten Gebäuden Luxuswohnungen oder Büros einrichteten und an begüterte Italiener oder ›Romantiker‹ aus dem Ausland vermieteten. So bleiben die Bauten erhalten, doch die Römer fühlen sich von den reichen Fremden in ihrer angestammten Heimat gestört und bedroht.

Guter Rat ist teuer. Von den Mieten, die dort seit Jahren gezahlt werden, läßt sich eine Sanierung nicht finanzieren. Aber kann der Staat oder die Stadt Rom den Alteingesessenen mit öffentlichen Geldern aus den dunklen Behausungen, die oft ohne ausreichende sanitäre Anlagen sind, begehrte Luxusappartements schaffen? Was gilt mehr: das Recht auf Heimat seit Generationen oder das Geld der Reichen, die darauf warten, daß die Häuser am Farnese-Platz oder am Campo de' Fiori frei werden und sie dort ›sanieren‹ können? Soll man die römische Altstadt verfallen lassen, bis man eine sozialpolitisch und wirtschaftlich befriedigende Antwort gefunden hat, um ein nicht unumstrittenes Ideal von sozialer Wohnungsgerechtigkeit durchzufechten? Denn die öffentliche Hand kann nicht alle Wohltaten in der Innenstadt verteilen, wo draußen in den Außenbezirken noch Baracken stehen und Tausende auf eine Wohnung warten.

Solche Überlegungen lasten auf den Römern links und rechts des Corso Vittorio Emanuele. Mut macht es ihnen, wenn ein Sanierungsprojekt von der Stadt in Angriff genommen wird, wie das am Tor di Nona im Norden des inneren Tiberbogens. Dann beunruhigen wieder Fragen, welche Auswirkungen das geplante Mietrahmengesetz hier haben werde. Müssen die alten Händler, die geschickten Handwerker dann wegen der neuen Regelung weichen? Ein »Komitee von Handwerkern und Händlern des historischen Zentrums« hat sich gebildet, damit die kunstvollen Restauratoren, die fleißigen Schuster, die Schreiner und Schmiede, die Lieferanten von Öl und Wein, Käse und Wurst nicht aus dem Schatten des Pantheons, aus dem Umkreis der Piazza Navona durch höhere Abgaben vertrieben werden. Aber zwischen den Schleifen des Tibers hat man im Laufe der Geschichte schon größere Sorgen erlebt. So wird man wohl auch diesmal in Rom keine ›sauberen Lösungen‹ treffen, die das Unterste zuoberst kehren und den Charakter dieses Rom zerstören. Viele Alteingesessene halten sich hartnäckig und bewahren ›das Römische‹ des historischen Zentrums, auch wenn manche weichen müssen. Hier und da sieht man sorgfältig erneuerte Fassaden oder Baugerüste, die auf gründliche Restaurierung schließen lassen. Einiges verändert sich, was für die Betroffenen zuweilen mit Opfern verbunden ist. Doch andererseits ist zu begrüßen, daß man nicht tatenlos dem Verfall wertvoller Bausubstanz zusieht. Es wird viel restauriert, doch nicht ›saniert‹. Man vergreift sich nicht gewaltsam blind an ganzen Straßenzügen – das würde auch die wirtschaftlichen und finanziellen Mittel der Römer übersteigen –, sondern stärkt vereinzelt dem Alten die gebrechlichen Mauern. Das ist nicht wenig und bewahrt Rom vor schlimmerem Schaden.

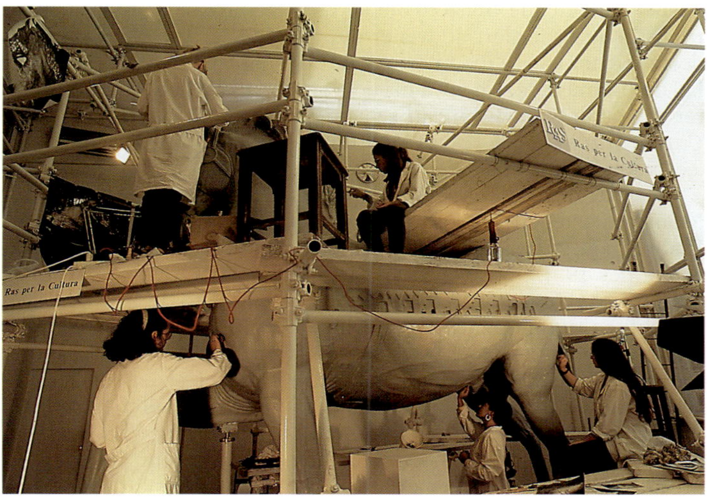


*Korrodiert, vom sauren Regen zerfressen und von Grünspan überzogen war das Reiterstandbild des Kaisers Mark Aurel vom Kapitol. Restauratoren bemühen sich um die Rettung vor dem totalen Zerfall.*

# STORIE DI ROMA – GESCHICHTEN ROMS

## Die Ewige Stadt

Es gibt keine ›Geschichte Roms‹. Noch niemandem ist gelungen, eine vollständige Geschichte jener Stadt zu schreiben, welche zu Recht die »Ewige« heißt, *Caput mundi*, Haupt der Welt, genannt, Mittelpunkt des Imperium Romanum, eine exemplarische Geschichte der Stadt, die das Zentrum der abendländischen Christenheit war und noch immer das der katholischen Kirche ist, die lange die Mitte der europäischen Kunst blieb. Keiner vermochte alles zu berichten, was sich in dieser Stadt seit mehr als zweieinhalb Jahrtausenden an Großem ereignet hat, was an Kunst geschaffen wurde, wie Rom gewachsen ist und sich in allen Jahrhunderten durch die Kraft des Aufnehmens und Angleichens behauptet hat wie keine andere Stadt dieser Welt – was Rom gewesen ist, was es für die Welt bewirkte und noch bedeutet.

Der eine hat dies herausgegriffen, der andere jenes, und es entstanden bewundernswerte Geschichtswerke. Das fing schon früh an. Bereits im Altertum verspürte man das Bedürfnis, die Geschichte dieser einzigartigen Stadt aufzuschreiben. Caesar, Sallust und Livius, Vergil und Horaz, Ovid und Tacitus, römische Schriftsteller also der beiden Jahrhunderte vor und nach Christus, stillten nicht nur den Wissensdurst ihrer Zeitgenossen an der römischen Geschichte vom Mythos bis in die jeweilige Gegenwart, sondern auch den künftiger Geschlechter. In den folgenden Jahrhunderten fühlten sich immer wieder bedeutende Geister von der Geschichte Roms und des Imperiums herausgefordert. Je weiter die Geschichte Roms voranschritt, desto reicher wurde die Literatur, desto mehr variierte der Blickwinkel der Betrachter, wie etwa bei dem großen christlichen Kirchenlehrer Augustinus (354–430) in seinem »Gottesstaat«. Denn aus dem *Caput mundi*, dem Haupt des Römischen Reiches, erwuchs das Zentrum der Christenheit, die Stadt der Päpste.

Bedeutende Historiker, gerade deutscher Sprache, ein Theodor Mommsen oder Ferdinand Gregorovius, Leopold von Ranke oder Ludwig von Pastor etwa, alle vom ursprünglichen historischen Wagemut des 19. Jh. getragen, wandten ihre ganze Gelehrsamkeit verschiedenen Geschichten Roms zu, der antiken »Römischen Geschichte« (Mommsen), der »Geschichte der Stadt Rom im Mittelalter« (Gregorovius), jener der Päpste und des Papsttums (Ranke und Pastor). Umfangreiche grandiose Werke verfaßten sie, die noch heute durch ihr immenses Wissensmaterial und die gestalterische Kraft, ihre Übersichten und Ordnungslinien beeindrucken. Und dennoch können sie nicht mehr als eben Geschichten Roms sein. Nicht Anekdoten, beileibe nicht, aber doch nur einzelne Stämme und Zweige dieses riesigen Baumes ›Rom‹. So wollen auch wir nichts anderes, als einige ›Geschichten‹ der römischen Geschichte kennenlernen, jene großen Kapitel, welche die Antike, das Christentum und das Papsttum auf römischem Boden geschrieben haben, jene Geschichten von den Ursprüngen der in Mythen getauchten Stadtgründung bis an die Schwelle zum Weltreich, dann die des Imperium Romanum und der Kaiser, die des christlichen Rom und schließlich die besondere des Papsttums, seiner Idee und seiner Träger.

Unsere Aufgabe ist freilich nicht die abstrakte Geschichtsbetrachtung, sondern besteht immer im Besehen der Zeugnisse, die uns in Stein und Farbe überliefert sind und uns in der Stadt vor Augen liegen. Deshalb findet jeder Blick in die historische Vergangenheit, auf die Folge der Ereignisse seine Entsprechung in dem, was Künstler geschaffen haben, was man in seinen vielfachen Beziehungen ›Kunstgeschichte‹ nennt, wie Architekten, Bildhauer und Maler und, nicht zu vergessen, Dichter, Schriftsteller und Handwerker ein Stück ihrer Zeit durch ihre Werke festgehalten, für die Nachwelt ›aufgehoben‹ haben.

Dann wird uns das antike Rom beschäftigen, das christliche der ersten Jahrhunderte, das mittelalterliche, die Stadt der Renaissance und des Barock in besonderer Weise. Das bringt mit sich, daß wir unsere Aufmerksamkeit nicht nur einzelnen Kunstwerken schenken, den Foren und Tempeln, den Säulen und Triumphbögen, den Kirchen und Palästen, Brunnen und Plätzen, sondern auch der Stadt insgesamt, ihrer urbanistischen Entwicklung, ihrem Wachsen und Abnehmen, der allgemeinen Bautätigkeit und Bevölkerungsentwicklung. Überschneidungen, Überlappungen, auch Wiederholungen, freilich unter einem neuen Licht, werden sich dabei nicht vermeiden lassen, wenn unser Gang von der profanen in die ›heilige‹ Geschichte der Ewigen Stadt führt. Und schließlich werden wir immer wieder in einzelnen ›Porträts‹ von der unpersönlichen Geschichte der Epochen zu den lebendigen Geschichten der Kaiser und Päpste, der mythischen Gestalten und der Heiligen, der Künstler und Politiker übergehen, werden die Brücke schlagen von den die Weltgeschichte bestimmenden Geschehnissen am Unterlauf des Tibers bei den sieben Hügeln zu den die Kultur des Abendlandes prägenden Kunstwerken in Rom.

## Vom Mythos in die Geschichte

So will es das Merkwort, so wollte es der Lateinlehrer, und so bleibt es erst einmal: »Sieben, fünf, drei – Rom kroch aus dem Ei«, genau am 21. April 753 v. Chr., wie es der altrömische Schriftsteller Varro errechnete und wie es heute die Römer Jahr für Jahr feiern. Dazu erzählen sie, die Gründer der Stadt seien Romulus und Remus gewesen. Romulus habe die erste Siedlung auf dem Palatin umgrenzt und den Bewohnern Regeln für das Zusammenleben und eine militärische Ordnung gegeben. Dann habe er die Römer auf dem Palatin mit den Sabinern auf dem Quirinal zu einer Gemeinde zusammengeführt. Auch die Herkunft der beiden Brüder ist von Legenden umwoben: Romulus und Remus seien Söhne des Gottes Mars und der Rhea Silvia, der Tochter des Königs Numitor von Alba Longa in der Nähe. Ein Bruder des Numitor, Amulius mit Namen, habe jedoch diesen König vom Thron vertrieben und dessen Tochter Rhea Silvia zur Vestalin bestimmt, ihr damit das Keuschheitsgebot auferlegt, um legitime Nachkommen und eine Gefährdung seiner usurpierten Stellung zu verhindern. Nach einer anderen Version wurde Rhea Silvia in den Tiber gestürzt. Um seine Macht weiter zu sichern, ließ Amulius die beiden unbequemen Neffen gleich nach ihrer Geburt aussetzen, angeblich, weil ihm ein Orakel geweissagt hatte, Romulus werde König einer berühmten Stadt. Wie das Glück Roms es jedoch wollte, wurden die Zwillinge von einer Wölfin gesäugt, weshalb man dieses Tier in das Wappen der Stadt aufnahm. Später fand die beiden Brüder ein Hirte, Faustulus, und zog sie groß.

Und die Römer erzählen seit Jahrtausenden weiter: Als Romulus und Remus kräftige Männer waren, rächten sie, wie nicht anders der Gerechtigkeit halber zu erwarten war, ihren entmachteten Großvater, töteten den Onkel. Sie gründeten, dem Orakel und der Pflicht entsprechend, Rom. Romulus geriet mit Remus jedoch in Streit, weil dieser die von Romulus errichtete Mauer spöttisch übersprang und damit die vom Bruder gezogenen Grenzen mißachtete; so tötete Romulus den Remus. Ein bißchen später raubten sich die Römer die Sabinerinnen, Mädchen aus den nahe gelegenen Bergen, zum Zwecke einer zahlreichen Nachkommenschaft. Kriege mit den Nachbarn blieben nicht aus. Doch es sind im Mythos immer wieder die Frauen, die versöhnungstiftend eingreifen. Auch der Tod des Stadtgründers Romulus ist von Sagen umgeben. Die eine meldet, er sei einem

*Die bronzene Wölfin im Kapitolinischen Museum, das Wahrzeichen Roms, stammt aus dem 6. Jh. v. Chr. und stand bis zum Jahre 65. v. Chr. auf dem Kapitol. Bei den Figuren der legendären Stadtgründer Romulus und Remus handelt es sich um Ergänzungen aus der Renaissance.*

Mordanschlag zum Opfer gefallen, die andere, er sei mit seinem Pferd in einer Erdspalte verschwunden oder nach einem Unwetter zu den Göttern erhoben worden. In der Tat wurde Romulus in der Antike von den Römern als Gott verehrt. Die Abstammung vom Kriegsgott Mars mag dabei in den ersten Jahrhunderten der besondere Stolz der Römer, der Leitfaden der Geschichte gewesen sein.

Was es auch immer mit den Sagen um Romulus und Remus, der göttlichen Herkunft und dem bösen Onkel, mit der Wölfin und dem gnädigen Hirten auf sich hat – und das sind längst nicht alle Mythen, die sich um die Anfänge Roms ranken –, aus dem Dunkel des Mythos entsteht geschichtlich greifbar Anfang des ersten Jahrtausends v. Chr. am Unterlauf des Tiber-Flusses auf jenen Hügeln, deren Namen und Siebenzahl klassisch werden – Kapitol, Palatin, Aventin, Caelius, Esquilin, Viminal und Quirinal –, vornehmlich jedoch auf dem Palatin eine Siedlung, die um 650 v. Chr. Gestalt und Namen annimmt. Die Bewohner dieser Hügelstadt richten sich zwar nach den kulturell überlegenen, von außerhalb Italiens eingewanderten Etruskern des Umlands aus, übernehmen wohl auch von dem etruskischen Geschlecht »Rumlna« den Namen, bleiben aber in ihrer Sprache und in der Ordnung ihres Gemeinwesens latinisch, den hier seit Vorzeiten wohnenden Italikern verwandt.

Da die Hügel durch ihre geringe Höhe und flache Gestalt militärisch keinen Schutz gewähren, sind die Römer gezwungen, sich durch kriegerische Tüchtigkeit verteidigungsbereit zu halten, eine Tugend, die dann auch für Angriffsunternehmen taugt. Die Siedlung wird größer und schafft sich ihre religiöse, politische und militärische Mitte auf dem Kapitol. Könige aus dem Etruskerland im Norden regieren die Stadt, bis die Römer um 510 v. Chr. den König Tarquinius vertreiben, damit die etruskische Vorherrschaft abwerfen und eine Republik errichten. Patrizier übernehmen die politische und religiöse Führung in der Verwaltung der *Res publica*, der öffentlichen Sache, und bilden für Jahrhunderte eine Schicht verantwortungsbewußter Bürger, die sich in den verschiedenen Ämtern dem Staat zur Verfügung stellen. Die Vornehmen sehen jedoch ihre Stellung durch die Plebejer, das arme Volk, bedrängt und entwickeln daher ein wirksames staatliches System für den Ausgleich der sozialen Spannungen und wirtschaftlichen Interessen, zur Befriedung der Plebs und zum Gedeihen der Republik. Deshalb kann Rom trotz der inneren Auseinandersetzungen in einem sich kräftig erweiternden Stadtstaat, trotz der Bedrohungen durch die Nachbarstämme und des überraschenden Einfalls der Gallier – 387 v. Chr., so sehr lag Rom am Boden, daß es seine Rettung allein dem Geschnatter der wachsamen Gänse auf dem damals allein befestigten Kapitol verdankte – im vierten vorchristlichen Jahrhundert seine Macht in Latium erweitern. Ungefähr seit 270 ist die Römische Republik Herrin von ganz Mittel- und Süditalien. So fühlt sie sich militärisch und wirtschaftlich stark genug, den Kampf um die Vorherrschaft im Mittelmeerraum aufzunehmen. Am Ende der drei Punischen Kriege

*Cicero beschuldigt Catilina im Senat der Verschwörung (Fresko von Cesare Maccari im Palazzo Madama, 1889)*

*Die Inschrift SPQR (Senatus Populusque Romanus = Der Senat und das Volk von Rom) findet sich an vielen Gebäuden, Brunnen, Trittsteinen*

(264–241, 218–201, 149–146 v. Chr.) sind die Karthager, die mächtigsten und heftigsten Konkurrenten, besiegt. Rom kann von keiner Macht mehr gehindert werden, sich alle Länder an den Küsten des Mittelmeeres zu unterwerfen.

Je weiter die Macht Roms sich ausdehnt, je mehr Völker des Mittelmeeres die militärische Überlegenheit Roms und den unbedingten römischen Herrscherwillen in einem immer größeren Staatsverband kennenlernen, desto heftigere Spannungen und Erschütterungen treten im Innern auf. Bauern, Soldaten und Beamte, Patrizier und Plebejer geraten aneinander. Bürgerkriege sind die Folge. Revolutionäre Bewegungen, wie die der Gracchen (133–121 v. Chr.), Sklavenaufstände, wie der des Spartakus (73–71 v. Chr.), Kämpfe zwischen Marius und Sulla (120–70 v. Chr.), zwischen Pompejus und Caesar (70–44 v. Chr.), Verschwörungen und der Machtehrgeiz einzelner, wie der des Catilina (62 v. Chr.), rufen tiefe innere Unruhen hervor und bringen die Ordnung der *Res publica* durcheinander. Doch all dies erscheint im zusammenfassenden Rückblick wie die Gärungszeit, aus der etwas Neues entsteht. Der Übergang von der alten zur neuen Epoche ist mit der Ermordung Caesars durch Brutus (»Auch du, mein Sohn«) und andere Verschwörer an den Iden des März im Jahr 44 v. Chr. markiert.

Je mehr die Macht Roms gegenüber den nahen und fernen Nachbarn steigt, desto mehr Mittel wendet man dem Bauen zu. Schon früh werden in Rom Abwasserleitungen gezogen, zum Beispiel das zuerst offene, dann geschlossene Kanalsystem der Cloaca Maxima, werden

Straßen in alle Himmelsrichtungen nicht nur gestampft, sondern mit schweren Steinplatten gelegt, um Soldaten und Händlern den Verkehr zu erleichtern und die wirtschaftliche wie militärische Macht in die eroberten Gebiete Italiens zu tragen, werden zur Versorgung der Stadt mit Wasser kilometerlange Aquädukte konstruiert. Darin zeigt sich im Unterschied zu den Griechen der mehr praktisch orientierte Bausinn der Römer. An Kanälen, Straßen, Aquädukten und stützenden Untermauern können die Konstruktionsprinzipien, einmal erdacht, beliebig oft wiederholt werden. Es bildet sich eine ›Massenarchitektur‹, die bald durch die konsequente Verwendung von neuem Material, einem betonartigen Gußmauerwerk, durch neuartig gefertigte Backsteine und in Massen produzierte Werksteine überall eingesetzt werden kann. Der Marmor bleibt meist der Dekoration und der Verblendung des Mauerwerks vorbehalten. So können starke, tragfähige Mauern errichtet werden, Bögen und Wölbungen wie Kuppeln, Tonnen- und Kreuzgewölbe. Schwierig ist da zu entscheiden, was die Römer den Etruskern verdanken, was den Griechen, was sie selbst erfunden und was sie übernommen haben. Wir wissen es nicht genau und dürfen nicht vergessen, daß die großen Beispiele der römischen Baukunst einer späteren Zeit angehören.

Der Palatin-Hügel spielt für die Ursprünge Roms die erste Rolle. Dort wohnten in der sogenannten *Roma quadrata*, dem quadratischen Rom, Latiner, dann auf den gegenüberliegenden Höhen, dem Kapitol, Quirinal und Esquilin, Sabiner, die sich – wie erwähnt – unter etruskischer Vormundschaft zusammenschlossen. Nach dem Einfall der Gallier (387 v. Chr.) mit der Servianischen Mauer umgeben, wurden die sieben Hügel, deren Verlauf an einigen Punkten der heutigen Stadt noch aufzuspüren und auf einem Plan zu verfolgen ist.

Von dem Stadtbild Roms in der Zeit der Könige und der Republik können wir uns nur eine ungefähre Vorstellung machen. Bei diesem allgemeinen Urteil der Wissenschaftler muß es bleiben, auch wenn in den Werken römischer Schriftsteller von einer Vielzahl öffentlicher Bauten in dieser Zeit die Rede ist. Für das erste vorchristliche Jahrhundert sind wir in einer besseren Lage. Da sind uns das Tabularium am Kapitol unter dem heutigen Senatorenpalast, der Vesta-Tempel und der Tempel der Fortuna Virilis (an der Piazza della Bocca della Verità am Tiber) und die vier Tempel des Republikanischen Forums (am Largo Argentina) erhalten. Von jener Zeit an finden wir dann in Rom deutlicher sichtbare Zeugnisse aus allen Jahrhunderten.

Schon unter Sulla (138–78 v. Chr.) begann sich Rom über die Servianische Mauer auszudehnen. Vor allem nach dem Zuzug von Italikern, den Alteingesessenen der Apennin-Halbinsel, wurden Mietskasernen gebaut, mußten ganze Vorstädte neu angelegt werden. Die Stadt sah sich einer Fülle von wirtschaftlichen und sozialen Problemen gegenüber. Großkapital und Sklavenarbeit, Großgrundbesitz und Latifundienwirtschaft, kleine Handwerker und große Manufakturen, Landflucht und Überbevölkerung in der Stadt, Bodenspekulation und Mietwucher, Großstadtproletariat und privilegierte Schichten waren gesellschaftliche Faktoren, die stets miteinander ausgeglichen werden mußten, nicht nur in der Republikanischen Zeit, sondern auch und noch stärker in der Kaiserzeit. Die Wohnviertel bildeten meist ein unansehnliches Gewirr, enger, winkliger Gassen. Das Stadtbild Roms entsprach nicht seiner politischen Bedeutung.

*Wie die Kaiser der Zeit ihr Siegel aufdrücken, die Imperatoren dem Imperium, so gibt ein einzelner, der selbst noch nicht Kaiser ist, seinen Namen her, um den alleinigen Inhaber der politischen Gewalt zu bezeichnen, um in den germanischen und slawischen Sprachen das Wort ›Kaiser‹ und ›Zar‹ zu bilden: Gaius Julius Caesar.*

## Das Imperium Romanum – Die Kaiser des Reiches und ihre Bauwerke in Rom

Das sollte sich ändern. Denn im Jahr 44 v. Chr. kündet sich eine neue Epoche an: die des imperialen Rom, die Kaiserzeit. Die Imperatoren, die Kaiser also sind es, die der Ära ihren Namen geben, da ihre Stellung so beherrschend und ihre Befugnisse so allmächtig sind, daß sie jede andere Person oder Institution des Staates in den Schatten stellen. So eindrucksvoll führt Caesar als Feldherr seine Kriege, als Sieger entschieden, doch großdenkend, daß er für die Germanen der Herrscher schlechthin wurde. Die Namen ›Caesar‹, ›Kaiser‹, ›Zar‹ waren künftig dem Träger der höchsten politischen Macht reserviert.

## Caesar

*Julius Caesar*

Im Jahr 100 v. Chr. geboren, nach einigen am 13. Juli, war Gaius Julius Caesar, aus einer vornehmen römischen Familie, den Juliern, stammend, vielleicht für ein Priesteramt vorgesehen. Als Sechzehnjähriger heiratete er Cornelia, die Tochter des damaligen Machthabers Cinna, und hatte nur zwei Jahre später trotz seiner Jugend schon die Festigkeit, die von dem Diktator Sulla aus Rivalität zu Cinna verlangte Scheidung von ihr zu verweigern; später freilich folgten der ersten Gemahlin weitere. Mit 16 Jahren begann Caesar eine militärische Laufbahn, studierte von 75 bis 73 in Rhodos, lernte dort die griechische Kultur kennen und wurde 63 in Rom zum Pontifex Maximus, zum Vorsitzenden des politisch wichtigen Priesterkollegiums, gewählt. Drei Jahre später (60) gelang es ihm, die damals mächtigsten Männer, Pompejus und Crassus, miteinander zu versöhnen und für ein Bündnis zu dritt zu gewinnen, das Triumvirat. Diese ›kollektive Diktatur‹ legte fest, daß in der Politik nichts unternommen werden sollte, was einem von den dreien mißfalle. So konnte Caesar seine politischen und sozialen Gesetze auch gegen den Willen des Senats durchbringen. Als ihm vom Senat die zwei gallischen Provinzen für fünf Jahre übertragen wurden und dazu vier Legionen, war ihm der Schlüssel für eine Herrschaft gegeben, den er bis zu seinem Tod nicht mehr aus der Hand legen sollte. Selten hatte zuvor ein römischer Politiker der Republik so viel Macht in einer Hand vereint. Caesar vermehrte sie ständig. Von 58 bis 51 v. Chr. führte er den »Gallischen Krieg«, zuerst gegen die Helvetier, dann zwang er bis 53 Gallien unter das römische Joch. 55 überschritt er zum erstenmal den Rhein nach Germanien und zog noch im selben Jahr nach Britannien. 49 überquerte er, von Norden kommend, den Rubikon-Fluß (in der heutigen Romagna bei Rimini) und trat so mit seinem erprobten und ihm treuergebenen Heer unerlaubt in das Hoheitsgebiet des römischen Senats ein. Es begann ein Bürgerkrieg, den Caesar dank seiner überlegenen Feldherrenkunst gegen Pompejus und dessen Anhänger gewann. Nach Kämpfen auch in Spanien, Griechenland und Ägypten, einem halbjährigen Aufenthalt in der ägyptischen Metropole Alexandrien – die Königin Kleopatra gebar ihm den Sohn Kaisarion –, weiteren Kriegen gegen seine Gegner in Afrika und nochmals in Spanien wurde er 47 zum Diktator für ein Jahr, 46 für zehn Jahre und 44 auf Lebenszeit ernannt. Durch diese Ämter und Ehren vermehrte er jedesmal die Zahl seiner Gegner, die er durch seine Siege in den Feldzügen vermindert hatte. Der machtbewußte Politiker war nun Alleinherrscher im Imperium. Den Ausgang der Republikanischen Zeit hat er allein durch seine überragende Persönlichkeit geprägt. Den Schlußpunkt setzte er, als er sich am 15. Februar 44 als Diktator in altrömischer Königstracht huldigen ließ. Damit war für die Republikaner das Zeichen zur Rebellion gegeben. Einen Monat später wurde er an den Iden des März von Verschwörern, darunter sein Vertrauter Brutus, ermordet. Aber die Zeit war offenbar reif für die absolute Monarchie, das Reich ohne Maßen verlangte nach einem maßlosen Alleinherrscher, und das Volk verehrte willig den Machthaber, so wie es den ›vergöttlichten Caesar‹ in dem von diesem erbauten Caesar-Forum beim Kapitol verehrte und ihm auf dem Forum Romanum einen Kult erwies.

*Wie schon in Gallien (»De bello Gallico«), fand Caesar auch jetzt Zeit, seine militärischen Operationen mit literarischem Ehrgeiz (»De bello civile« – Über den Bürgerkrieg) zu beschreiben.*

## Augustus

Theoretisch war die Machtstellung vorhanden. Nun fehlte der Mann, der sie schaffen und ausfüllen konnte. Es war Gaius Octavianus Augustus, am 23. September 63 v. Chr. geboren, als Großneffe und Adoptivsohn Caesars dessen – auch selbst ernannter – Erbe. Er konnte die Herrschaft nur nach schweren Kämpfen, endlosen Feldzügen, Racheaktionen – nach der Schlacht bei Philippi (41) ließ er das Haupt des Brutus vor Caesars Statue in Rom niederlegen – und Rivalitäten mit Konkurrenten erringen. Doch es war ihm anders als Caesar vergönnt, sich in der gewonnenen Position zu behaupten. Mit 20 Jahren verband er sich mit Antonius und Lepidus im 2. Triumvirat gegen die Mörder Caesars, Brutus und Cassius. Sie teilten das Imperium in drei Machtsphären auf: Augustus nahm den Westen, Antonius den Osten und Lepidus Afrika. Mit seinem Sieg in der Seeschlacht von Aktium (31 v. Chr.) und dem Tod von Antonius und Kleopatra in Ägypten wurde Augustus faktisch Alleinherrscher, auch wenn sich in den folgenden Jahren immer wieder Gegner erhoben. Unter ihm schien aus dem Prinzipat ein Dominat geworden zu sein, an der Spitze des Reiches stand nicht mehr ein von Gleichberechtigten Gewählter, sondern ein einziger Herr. Im »Augusteischen Zeitalter« befriedete er das aufgewühlte Reich und gab dem Frieden eine

*Augustus*

*Heute erinnern an Augustus, diesen ersten und strahlendsten Kaiser der römischen Geschichte, vor allem das große Mausoleum neben dem Tiber mit der Ara Pacis, dem Altar des Friedens, und sein Hauspalast auf dem Palatin.*

politische Ordnung; die Grenzen ließ er militärisch ausbauen, die bedrohten Provinzen sichern. Großzügig förderte er Kunst und Wissenschaft. Die Dichter Vergil, Horaz und Ovid verherrlichten ihn in ihren Gedichten. Eine Volkszählung, die Augustus um jene Zeit durchführen ließ, als Jesus von Nazareth in Galiläa geboren wurde, ergab 4 233 000 römische Bürger in dem von Rom beherrschten Imperium. In hohem Alter, mit knapp 77 Jahren, starb Augustus am 19. August 14 n. Chr. im süditalienischen Nola. Büsten und Marmorstandbilder, etwa die im Vatikanischen Museum (Augustus von Prima Porta), gaben eine verklärte Idee von seinem Aussehen: So erschien Augustus den Bürgern des Römischen Weltreiches als der Kaiser des – wenn auch nicht gänzlich ungestörten – Friedens.

## Nero

*Nero*

Mußte sich Augustus die imperiale Macht erst erkämpfen, so wurde sie seinem vierten Nachfolger (nach Tiberius, Caligula und Claudius), Claudius Germanicus Nero, in den Schoß gelegt. Der 37 n. Chr. in Antium, dem in der Nähe Roms am Meer gelegenen heutigen Anzio, geborene Nero wurde 54 n. Chr. als 17 Jahre alter Jüngling von den Prätorianern, der von ihm dann gehätschelten Truppe, zum Kaiser proklamiert und vom Senat bestätigt – was diesem Gremium kein gutes Zeugnis ausstellt. Oder hofften die Senatoren, daß sich der Einfluß des philosophischen Erziehers Seneca bei Nero durchsetzen würde? Jedenfalls waren die ersten fünf Jahre seiner Regierung in der Tat ein – nach dem Urteil der Historiker – durch maßvolles Herrschen glückliches *Quinquennium*. Dann jedoch übte Nero ein Schreckensregiment aus. Er betrieb die Ermordung seiner Mutter Agrippina, weil diese sein Verhältnis mit der Poppäa Sabina zu hintertreiben suchte, und nach Scheidung und Verbannung die Vergiftung seiner Frau Octavia, die der Poppäa also unterlag. Er verschuldete durch Rohheit den Tod der von ihm geheirateten, schwangeren Poppäa, tröstete sich jedoch mit anderen Frauen und der neuen Gemahlin Statilia Messalina, die, zuvor schon viermal verheiratet, das moralische Niveau am Kaiserhof nicht eben hob. Messalina muß immerhin faszinierend gewesen sein. Denn auch nach Neros Tod wurde sie von dem Soldatenkaiser Otho zur Frau begehrt (69). Otho war freilich ein Draufgänger, der früher schon die Poppäa aus einer Ehe entführt und sie geheiratet hatte, sie dann jedoch Nero überlassen mußte. Noch unter den flavischen Kaisern Vespasian und Titus spielte Messalina in der römischen Gesellschaft eine Rolle. – Zurück zu Nero. Seine Neigung zu Dilettantentum als Dichter, Musiker und Maler und sein Hang zum Zügellosen rissen ihn immer mehr fort. So hieß es, der Kaiser selbst habe die Zerstörung einiger übervölkerter römischer Wohnviertel durch Brand angeordnet (64); er wollte freien Platz für großartige Bauten schaffen. Nero verfolgte jedoch die Christen als Schuldige. Als nach 66 in vielen Provinzen des Reiches Unruhen aufflackerten und in Judäa der Krieg ausbrach, Nero sich je-

*Zu den neuen Bauwerken gehörte die Domus Aurea, das »Goldene Haus«, eine prächtige, riesige Palastanlage auf dem Mons Oppius, welche Maler und Bildhauer der Renaissance tief beeindruckte, als sie Anfang des 16. Jh. freigelegt wurde.*

doch davon unberührt mit Messalina auf eine Künstler-Tournee nach Griechenland begab, war es genug. Der Kaiser wurde zum Staatsfeind erklärt, floh, nach Rom zurückgekehrt, wieder aus seiner Hauptstadt und beging am 9. Juni 68 Selbstmord – mit 31 Jahren.

## Trajan

*Trajan*

Marcus Ulpius Traianus war der erste römische Kaiser, der aus einer der Provinzen des Reiches, der spanischen, stammte. 53 geboren, ein Jahr vor dem Regierungsantritt Neros, wurde er schon früh wegen seiner Leistungen als Soldat ausgezeichnet und im Jahr 97 wegen seiner militärischen Erfolge und hervorragenden politischen Eigenschaften von Kaiser Nerva adoptiert. Hier bewährte sich das System, daß der Kaiser den Tüchtigsten an Sohnes Statt nahm und damit den Besten zum Nachfolger bestimmte, nicht den leiblichen Sohn. Trajan wurde dann zum Mitregenten ernannt, da das Reich durch die Germanen bedroht war. Nach dem Tod Nervas im Jahr 98 – diesem waren nach Nero die Soldatenkaiser Galba, Otho und Vitellius und die flavischen Imperatoren Vespasian, Titus und Domitian vorausgegangen – wurde Trajan zum Alleinherrscher ausgerufen. In seiner Regierungszeit erreichte das Römische Imperium seine größte Ausdehnung: von Schottland bis Mesopotamien, von der Donau bis nach Marokko. In zwei schwierigen Kriegen besiegte er die Daker und konnte das Goldreich Dakien im Nordosten dem Imperium einverleiben. Darstellungen dieser Feldzüge finden wir auf der Trajanssäule in den Kaiserforen. Thronstreitigkeiten um Armenien lieferten den Vorwand für den darauffolgenden Krieg gegen die Parther. Dabei drang Trajan bis nach Mesopotamien und Assyrien vor, was eine weitere Vergrößerung des Römischen Reiches zur Folge hatte. Doch die Parther wehrten sich lange Jahre gegen die römische Herrschaft; so blieb Trajan im Feld. Schwer erkrankt, gab er nach erbitterten Kämpfen in Mesopotamien weitere Eroberungspläne auf und trat die Rückreise nach Rom an. Er kam nicht weit. In der kleinasiatischen Stadt Selinus am Schwarzen Meer starb er am 8. August 117. Zeit seines Lebens führte der energische und einfallsreiche Trajan Kriege; so war er als Kaiser und Soldat gleich tüchtig.

*Das Trajansforum in Rom mit Speichern und Läden für preiswerte Lebensmittel erinnert an die sozialpolitische Fürsorge Trajans für das Volk und die ausgedehnte Bautätigkeit, seine Triumphsäule, auf der sich in alter Zeit das Standbild des Kaisers erhob (heute das des Petrus), an die siegreichen Feldzüge und den Eroberungswillen des Imperators.*

## Hadrian

*Hadrian*

Unmittelbar nach dem Tod Trajans wurde Hadrian, Publius Aelius Hadrianus, vom syrischen Heer zum Kaiser ausgerufen, als vermutlicher Adoptivsohn des Imperators Trajan – und wie dieser in der spanischen Provinz Italica im Jahr 76 geboren, zudem mit einer Großnichte Trajans verheiratet. Der 41 Jahre alte Hadrian begann eine entscheidungsreiche, fruchtbare Regierung. Die Eroberungspolitik seines Vorgängers schränkte er wegen der zu hohen finanziellen Belastungen ein. Seine 22 Jahre dauernde Herrschaft richtete er vor allem auf die Festigung des Reiches aus, auf die Wiederherstellung des Augu-

*Athen schien Hadrian mehr ans Herz gewachsen als Rom, die Hauptstadt seines Imperiums. Dennoch sind die Spuren der Baufreudigkeit dieses Kaisers auch hier unübersehbar: sein Mausoleum (die heutige Engelsburg), das Pantheon und im nahen Städtchen Tibur (Tivoli) die Villa Adriana, eine ausgedehnte Palastanlage ›im Grünen‹.*

steischen Friedens. Er befahl, den »Hadrianswall« in Britannien und den »Limes« in Germanien als bewehrte Grenzwälle zu errichten; umfangreiche Reste davon bestehen noch heute. In seiner Regierungszeit wagten die Juden unter der Führung Bar Kochbars einen verzweifelten Aufstand (132–135), weil an der Stelle des Tempels in Jerusalem ein Jupiter-Tempel errichtet werden sollte und man ein Beschneidungsverbot einführen wollte. Die Revolte wurde blutig niedergeschlagen und endete in einem furchtbaren Massaker. Hadrian reiste gern und viel. Es scheint, daß er fast alle Provinzen und interessanten Gegenden seines Reiches besucht hat. Für Natur und landschaftliche Schönheit konnte er sich so begeistern, daß er den 3323 m hohen Ätna-Vulkan auf Sizilien bestieg. Die ägyptischen Altertümer faszinierten ihn; noch heute findet man im fernen Luxor am Nil seinen Namen in einen der Memnon-Kolosse eingeritzt. Der Kaiser mit dem Philosophenbart bevorzugte die griechische Kultur und förderte das Eindringen hellenistischer Geistesart in die römische Welt, eine erste Renaissance des Griechentums. Hadrian starb im 63. Lebensjahr am 10. Juli 138 in Baiae zwischen Rom und Neapel, ein halbes Jahr später wurde er in seinem Mausoleum am Tiber beigesetzt.

## Mark Aurel

*Mark Aurel*

Marcus Aurelius Antoninus ist der direkte Nachfolger des Kaisers Antoninus Pius, der lange, von 138 bis 161, unauffällig doch wirksam regierte und dessen Reichsverwaltung allgemein als hervorragend gelobt wurde, weil er sich um ausgeglichene öffentliche Finanzen und um die Pflege des Rechts kümmerte. Mark Aurel, 121 in Rom geboren, weckte schon früh das Interesse Kaiser Hadrians, wurde auf dessen Wunsch von Antoninus Pius adoptiert und an der Regierung beteiligt. Von diesem übernahm er gut vorbereitet ein intaktes, relativ ruhiges Reich. Doch just mit seinem Regierungsantritt brachen an allen Fronten Kriege aus, und vielerlei Unheil, Naturkatastrophen, Hungersnöte und Epidemien, suchten die Bürger des Imperiums heim. Während seiner Regierungszeit von 161 bis 180 mußte er immer bedrohlichere äußere Gefahren abwehren und innere Krisen dämmen. Die Kaledonier in Britannien, die Parther in Syrien, die Chatten in Germanien rüttelten an der römischen Herrschaft. Quaden, Jazygen, Rinderhirten im Nildelta, Mauren in Spanien bedrohten mit Aufständen den Frieden und den Zusammenhalt des riesigen Imperiums. Vor allem jedoch machten die Markomannen im Norden dem Kaiser zu schaffen. Wie schon dem Kaiser Trajan wurde Mark Aurel zu Ehren die auf der Piazza Colonna stehende, nach ihm benannte Triumphsäule mit Darstellungen aus den Schlachten gegen die Markomannen errichtet. Auf einem dieser Feldzüge starb der Kaiser 180 in Wien (Vindobona) an der Pest. Trotz der vielen Kriege gilt Mark Aurel als der Philosoph auf dem römischen Kaiserthron. Seine Weltanschauung und Lebensauffassung hinterließ er uns in dem literarischen Werk der »Selbstbetrachtungen«.

*Mark Aurels freundliches, nachdenkliches Gesicht begegnet uns in seinem Reiterstandbild, der einzigen erhaltenen Bronzestatue der Antike in Rom.*

## Konstantin

Konstantin

Waren die 95 Jahre zwischen 98 und 193 n. Chr. mit fünf Kaisern ausgekommen, so wurden zwischen 193 und 306, in 113 Jahren – also wenig mehr – 29 Imperatoren ›verschlissen‹. Dann brachte Konstantin I., der Große, wieder Ruhe in das Amt an der Spitze des Reiches. Er steht jedoch schon am Übergang zwischen der ausgehenden Kaiserzeit und der anbrechenden Ära des Christentums. Dieser Flavius Valerius Constantinus, geboren um 285 als Sohn des Mitkaisers Constantius, lebte als Jüngling am Hof Kaiser Diokletians. Dadurch gewann er früh Einblick in die Regierungsgeschäfte und wurde Zeuge der von Diokletian angeordneten Christenverfolgungen, ihrer Gründe und Auswirkungen. 306, mit 21 Jahren, wurde Konstantin Mitkaiser im gevierteilten Römischen Reich. Sechs Jahre später (312) besiegte er seinen ›Kollegen‹ und Rivalen Maxentius an der Milvischen Brücke, im Norden vor Rom am Tiber. Sein unerwarteter Triumph wurde von den Christen mit dem Eingreifen ihres Gottes erklärt: Dem Feldherrn sei vor der Schlacht eine Erscheinung zuteil geworden, die ihm von dem Kreuz mit Christus-Monogramm »XP« (Chi-Rho, Anfangsbuchstaben des griechischen Wortes »Christos«) versprach: »In diesem Zeichen wirst du siegen.« 324 entmachtete Konstantin auch seinen Mitregenten Licinius, so daß er ab 325 als Alleinherrscher regierte. Mit dem Toleranzedikt von Mailand im Jahre 313 wurden der christlichen Kirche Rechtsfähigkeit und ihre erworbenen Güter gesichert und dem Christentum der Weg zur Staatsreligion bereitet. Einschneidend für Rom war, daß Konstantin 330 die Kaiserresidenz von Rom nach Byzantion (umbenannt in Konstantinopel, später Byzanz und Istanbul) verlegte und zur Hauptstadt des Reiches erhob. Erst kurz vor seinem Tod 337 ließ er sich taufen; dennoch wird er von der armenischen, russischen und griechischen Kirche als Heiliger verehrt. Vielleicht deshalb nicht ohne Berechtigung, weil er dem christlichen Glauben den Durchbruch in die rechtlich gesicherte Öffentlichkeit verschaffte, in der Erkenntnis, daß die weitere Unterdrückung der christlichen Minderheit dem Reich größere Schwierigkeiten bereiten würde als die Tolerierung dieser neuen Religion mit ihren staatspolitisch auch nützlichen Besonderheiten.

*In Rom erinnern an Konstantins Regierungszeit die Basilika des Maxentius am Forum Romanum, die er vollenden ließ, so daß sie auch seinen Namen trägt, die Kirche Santa Costanza an der Via Nomentana als Grabstätte seiner Tochter, Teile seiner Kolossalstatue im Kapitolinischen Museum und vor allem die frühchristlichen Basiliken von Sankt Johannes im Lateran und Sankt Peter auf dem Vatikan-Hügel, die zu seiner Zeit dank der für die Christen verbesserten Rechtslage begonnen werden konnten.*

Es heißt, Kaiser Augustus habe eine Stadt aus Lehm vorgefunden und eine aus Marmor hinterlassen. Zwar hatte man schon in der Republikanischen Zeit unter den Konsuln große Bauprojekte wie Fernstraßen und Aquädukte, Brücken und Hallen, Tempel und andere Staatsgebäude ins Werk gesetzt, zwar waren die letzten bedeutenden Politiker jener Zeit, Pompejus (das erste steinerne Theater Roms) und Caesar (Forum Julium, Basilika) als ehrgeizige Bauherrn hervorgetreten, doch der erste Imperator Roms ging mit anderen, weiter gespannten Maßstäben ans Werk. Augustus ordnete die Stadtviertel neu (in 14 Regionen, die als *Rioni* bis ins 20. Jh. bestanden), ließ zer-

*Römisches Leben auf dem Forum Romanum zu Beginn des 3. Jh. (Farbdruck von 1901 nach Joseph Bühlmann und Friedrich von Thiersch)*

störte oder verfallene Tempel wiederherstellen, wobei er statt der bisherigen ärmlichen Baustoffe wie Holz, Tuff und Peperino (fester, granitähnlicher Stein) kostbarere und haltbarere Materialien wie Travertin und Marmor zu verwenden gebot. An neuerrichtete Tempel wurden Bibliotheken angefügt, aus Ägypten herbeigeschaffte hohe Obelisken setzten Akzente im Stadtbild, das Mausoleum des Kaisers und die ihm gewidmete Ara Pacis, das von Agrippa begonnene Pantheon und die erste Thermenanlage zeigten, welche architektonischen Fähigkeiten in den Römern steckten.

Das war nur der Anfang. Denn von nun an wetteiferte jeder Kaiser mit seinem Vorgänger darin, die Stadt zu verändern, zu verschönern, ihr seinen untilgbaren Stempel aufzudrücken, fürchtend, daß der Nachfolger ihn zu übertrumpfen suche, hoffend, daß es diesem nicht gelingen werde. Bis zur Tollheit wie bei Nero geht diese zuweilen maßlose Baulust der Imperatoren. Tempel und Thermen, Siegessäulen und Trimphbögen, Theater, Paläste und Grabstätten, die noch heute die Stadt prägen, verleihen dem Rom der Kaiserzeit wahre imperiale Bedeutung und Würde. Und immer wieder kreist das Bemühen der Herrscher um das Forum Romanum, dort selbst etwas verändernd oder auf dem darüberliegenden Palatin stattliche Paläste errichtend oder das zentrale Forum durch neue Foren, die sogenannten Kaiserforen, erweiternd. Unzählige Standbilder, Büsten und Reiterstatuen kamen weniger aus rein ästhetischen Gründen wie bei den Griechen, sondern vor allem zur Ehrung jener hinzu, die sich um den immer mächtigeren, seinesgleichen auf Erden nicht mehr findenden Staat verdient gemacht hatten. Auch das Motiv, Rom schöner zu gestalten, einfach »zur Zierde der Stadt« zu bauen, gewinnt an Kraft.

Das Forum Romanum im 18. Jh., im Vordergrund der im Erdreich stehende Septimus-Severus-Bogen, im Hintergrund das Kolosseum (Kupferstich von Giovanni Battista Piranesi, um 1750). Durch Schutt und Schlamm stieg das Bodenniveau Roms – wie hier deutlich sichtbar – um mehrere Meter an. Links steht noch eine Häuserzeile, die Mussolini im 20. Jh. für die Via dei Fori Imperiali abreißen ließ.

Die Baulust erprobt sich an den unterschiedlichsten Aufgaben:
- an Wohnhäusern in der Stadt und Villen auf dem Land; an kaiserlichen Palästen und Stadthäusern der vornehmen Bürger;
- an öffentlichen Gebäuden wie der Basilika, die als Markthalle und Gerichtssaal, als Bankgebäude und Börse, als allgemeiner Treffpunkt und Festraum dienen kann, die schon in der Kaiserzeit manche bauliche Variation und Erweiterung erfährt – erst recht dann im Christentum als Kirche;
- an Thermen, die zum Erholungszentrum für die ganze städtische Bevölkerung werden, für Sport und Spiel, für Badefreuden und geselliges Treiben – schon zur Zeit des Augustus gibt es 170 öffentliche Bäder, von Privatleuten geführt, bald übernimmt der Staat diesen wichtigen Teil des öffentlichen Lebens und steigert den architektonischen Aufwand ins Riesenhafte;
- an Theatern und Amphitheatern, nach den Vorbildern des Pompejus- und des Marcellus-Theaters aus Republikanischer Zeit, doch in gigantischen Ausmaßen am flavischen Kolosseum;
- an Gebäuden für Handel und Gewerbe, für industrielle Produktion und Handwerk wie den Trajansmärkten – in denen vielleicht zum erstenmal in der Baugeschichte genau bedacht die Übereinstimmung von kommerzieller Funktion, einer wegen des Höhenunterschieds gewagten Konstruktion und der Form gefunden wird, industrielle Bauten weit späterer Zeiten vorwegnehmend;
- an Ingenieurbauten wie Straßen und Kanälen, Hafenanlagen und Brücken, Wasserleitungen (Aquädukten) und Kanalisationen;
- an Heiligtümern für die Götter des Staates, die olympischen und kaiserlichen, deren Grundmuster durch eine rechteckige Cella oder einen runden Zentralraum vorgegeben sind.

***An dem Streit, ob die römische Baukunst gegenüber der griechischen ein bedauernswerter Abstieg ob des überladenen Prunks und der ins Riesenhafte gesteigerten Dimensionen ist oder die dem Zentrum eines Weltreichs entsprechende ›imperiale‹ Weiterführung, wollen wir uns nicht beteiligen. Dem Auge offenbart Rom seinen eigenen Wert, ohne Vergleich.***

So wurde nicht nur Rom schöner und prächtiger, sondern es werden auch Marksteine für die Baukunst und Kunstgeschichte des Abendlandes gesetzt: Der Friedensaltar des Augustus, die Ara Pacis, das von Agrippa 27 v. Chr. begonnene und unter Hadrian (117–125 n. Chr.) neukonstruierte Pantheon, das Forum Romanum selbst und die Kaiserforen (vor allem das des Trajan), die Domus Aurea des Nero, die Kaiserpaläste auf dem Palatin, das Amphitheater der Flavier (Kolosseum), das Mausoleum des Hadrian (die »Engelsburg«), die Thermen des Caracalla (212–223) und die des Diokletian (284–305), die Basilika des Maxentius und des Konstantin, die Triumphbögen des Titus, des Septimius Severus und des Konstantin und außerhalb der Stadt die Palastanlage des Hadrian, die Villa Adriana bei Tivoli, werden zu Vorbildern für die gesamte europäische Architektur, überdies mit ihren Skulpturen und Gemälden beispielgebend für Plastik und Malerei.

Schon am Ende der Republikanischen Zeit war die Stadt über die Servianische Mauer hinausgewuchert. Nun gingen die Kaiser planmäßig daran, jenseits dieser Grenze öffentliche Bauten zu errichten. Das Marsfeld, das weite Areal im Tiberbogen, das heutige Stadtzentrum, wurde in die Urbs miteinbezogen, ebenso die Gebiete südlich von Aventin und Caelius, westlich von Esquilin und Viminal und nördlich des Quirinal. Rom ging in die Breite und in die Höhe, denn die Mietskasernen des Volkes, ohnehin schon eng in winkligen Gassen gedrängt, wurden aufgestockt.

Die über die Mauer des 4. Jh. v. Chr. längst hinausgewachsene Stadt durch eine neue Befestigung zu sichern, kam lange Zeit niemanden in den Sinn. Das Imperium war so stark, daß man sein Zentrum nicht zu schützen brauchte. Man stelle sich vor, das »*Caput mundi*«, das Haupt der Welt, in einschnürenden Bandagen! Doch die Zeiten änderten sich. Die Gegner standen nicht mehr nur an den Grenzen, sondern drangen in die äußeren Provinzen des Reiches ein.

In der Mitte des 3. Jh. war es soweit. Kaiser Aurelianus begann im Jahre 271 mit dem Bau der nach ihm benannten Mauer. Sie umschloß die 14 Bezirke der Stadt, war etwa 18 km lang, wies 14 Tore und 380 Türme auf und erschien abwehrend genug (noch heute ist die Aurelianische Mauer auf weite Strecken hin eindrucksvoll erhalten). Der Machtverfall im Reich, die Verlegung der kaiserlichen Hauptstadt von Rom nach Konstantinopel und wirtschaftliche Krisen beschleunigten den Niedergang der Stadt. Die Bautätigkeit erlahmte, ja, die Römer waren nicht mehr imstande, die bestehenden öffentlichen Gebäude und Denkmäler zu erhalten. Besonders deutlich wurde diese Dekadenz an den heidnischen Tempeln. Zum einen fehlten die finanziellen Mittel zu ihrer Pflege, zum anderen wurden sie wegen des Zurückdrängens der altrömischen Religionen und ›neuer‹ orientalischer Kulte nicht mehr gebraucht; das Leben entfernte sich aus ihnen und sproß anderswo. Denn nun begann in Rom eine neue Ära: die des Christentums.

## Das vorchristliche Rom

Bevor wir diese neue Seite im Geschichtenbuch Roms aufschlagen, sei ein kurzer Exkurs in das Rom der vorchristlichen Jahrhunderte bis zur Zeit Konstantins unternommen, das offen daliegt oder auch häufig noch im Erdreich verborgen ist. Keine Stadt der Welt kann es mit dem archäologischen ›Angebot‹ Roms aufnehmen. Nirgendwo sind auf einer so weiten Fläche Bauten der Antike zu finden. Doch Rom ist ja keine tote Stadt, die man den Archäologen zum Ausgraben je ganz freigeben könnte, wie Pompeji oder Ostia Antica. Auch im Niedergang des Römischen Reiches lebten weiter Römer in ihrer Stadt, wenn auch in immer geringerer Zahl, doch inmitten der Bauwerke einer besseren Zeit. Die Einfälle der ›barbarischen‹ Germanen richteten weniger Schaden an, als das Wort vom ›Vandalismus‹ der ›Vandalen‹ besagen will. Die wandernden Völker konnten auf ihren Zügen auch schwerlich Marmorplatten, die Trommeln der Säulen oder Wagenladungen mit Ziegeln mitschleppen. Es war zudem nicht leicht, die mit aufwendigen technischen Mitteln errichteten Bauwerke der Kaiserzeit mit den Möglichkeiten wandernder Stämme zu zerstören. Die Römer benutzten jedoch als Baumaterial Marmor, Steine, Metalle aus jenen Gebäuden, deren Benutzung aus vielerlei Gründen nachgelassen hatte. Im übrigen gaben sie die Bauwerke, deren Erhalt sie nicht länger sichern konnten oder wollten, dem Verfall und Einsturz anheim. Vieles in Rom sank so in sich zusammen, wurde von Erde und Geröll bedeckt, vergessen, wieder überbaut. Der ›Zahn der Zeit‹ war wirksamer und zäher als die Germanen. Durch den Schutt stieg das Bodenniveau Roms – wie an einigen Stellen der Stadt, etwa am Pantheon, deutlich sichtbar – um mehrere Meter an. Manches mußten die Archäologen freilegen, aus der Erde holen. Manchmal ging das einfach, zuweilen war es nur mit großen Schwierigkeiten zu bewerkstelligen. Einiges blieb wegen seiner Höhe und Monumentalität auch einfach stehen und erinnerte die Römer und ihre Besucher in allen Jahrhunderten an die einstige Größe. Doch was zählte oft für die Römer der Ruhm der Vergangenheit, wenn bald neue Gebäude und prächtigere Kunstwerke die Antike vergessen machten!

## Das frühchristliche Rom

Es ist eine gänzlich andere Ära, die mit dem Christentum in Rom beginnt: Nach der imperialen Idee transformiert die geistliche Herrschaft die Stadt. Ihr Anfang im ersten Jahrhundert wird wohl mit der Ankunft des Petrus, des ersten Apostels des Jesus Christus von Nazareth, gesetzt. Doch erst drei Jahrhunderte später zeigt sie sich offen, nachdem die Christen ihre Religion seit dem Toleranzedikt von Mailand im Jahr 313 gleichberechtigt mit anderen Konfessionen und Kulten ausüben dürfen. Vorsichtig nehmen die Christen ihre neuen Rechte und Pflichten wahr. Sie empfinden sich als verschieden von den Heiden, ihr Gott ist anders als die heidnischen Götter mit ihren mannigfachen Forderungen; so müssen auch die Stätten für ihren Gottesdienst anders beschaffen sein als die Tempel und Kultstätten für jene Olympischen, über die der Gott des gekreuzigten und auferstandenen Jesus Christus seinen Sieg, bald den endgültigen, davonträgt. So wie im Politischen vollzieht sich auch im Äußeren, in der Architektur neuer Bauwerke, der Übergang vom Heidentum zum Christentum – langsam, fast ohne Gewalt. Kaiser Konstantin regt noch die ersten christlichen Bauten beim Lateran (Sankt Johannes) und beim Vatikan (Sankt Peter) an, doch dann gilt sein Interesse mehr der neuen Residenz von Konstantinopel, der jungen Hauptstadt des sich entfremdenden, konkurrierenden Oströmischen Reiches, dem fernen Gegenpol zum alten heidnischen Rom.

Offenbar ist es für die römischen Christen keine ernsthafte Versuchung, es den Heiden gleichzutun oder sie gar zu übertreffen, indem man größere und prächtigere Tempel baut. Der heidnische Sakralbau, der vor allem nach außen seine Bestimmung kundtut, im Innern jedoch in seiner funktionalen Ausgestaltung blaß bleibt, ist für die Christen kein Modell. Sie denken von innen nach außen. Sie brauchen zuallererst einen Versammlungsraum, und sei es auch nur eine Scheune oder ein Speicher, ein einfaches Wohnhaus, eine Halle, in denen sie in der Gemeinschaft Mahl und Opfer begehen, den Lobpreis des Schöpfers und das Gedächtnis ihres Erlösers feiern. Deshalb suchen sie die Vorbilder für ihre Kirchen in den Profanbauten der Antike, in den Basiliken und Thermen, die durch Einfachheit und Klarheit, durch weite Flächen und große Räume sich anbieten. So werden Gemeindehäuser und Hauskirchen, Memorien, Martyrien und Mausoleen, Gedächtnisstätten für verehrte Personen, Bauten zur Erinnerung an ein Martyrium und Grabanlagen, errichtet.

Zwei Modelle werden dabei immer wieder variiert: die Basilika, wie sie überall im antiken Rom zu finden war und wie sie an der Wende vom heidnischen zum christlichen Rom in dem riesigen Komplex des Maxentius und des Konstantin noch vollendet wird, und der Zentralbau des Pantheons. Der ersten Form, der Basilika, nähert man sich schon, wenn man einen kastenförmig einfachen Raum baut und daran Zusätze anfügt: an der Stirnseite das Querschiff und eine Apsis, später mehrere Apsiden, hinten eine Vorhalle, an den Seiten zwei oder vier Seitenschiffe, oben sich entweder mit einer flachen Decke oder einem offenen Dachstuhl begnügt oder den Schritt zu Gewölben in ihren zahlreichen Formen wagt. Auch die Urform des Pantheons mit Zylinder und Kuppel wird einfallsreich abgewandelt; mit Säulen und Pfeilern spart man nicht. Hier orientiert sich die frühchristliche Architektur für Tauf- und Gedenkkirchen stärker an antiken Vorbildern, so für das Baptisterium neben dem Lateran, Santa Costanza an der Via Nomentana oder Santo Stefano Rotondo neben dem Caelius.

Der Aufschwung des Christentums im 4. Jh. in Rom ist – wie schon angedeutet – von politischem und wirtschaftlichem Niedergang begleitet. Doch der entweichenden Macht, die in den vergangenen Jahrhunderten Zeichen ihrer Gegenwart in Fülle gesetzt hat, rücken in Rom andere Kräfte nach. Aus der weltlichen Hauptstadt des Imperium Romanum wird langsam, langsam ein Zentrum der Christenheit. Die großen Basiliken, die im 4. und 5. Jh. entstehen und heute noch nach dem alten Grundriß Bestand haben, bezeugen es, aber auch die Titelkirchen (herausgehobene Gotteshäuser für besondere Geistliche, später für Kardinäle) als Pfarreien und die Diakonien als kleinere kirchliche Stätten der Seelsorge. Sankt Johannes im Lateran (San Giovanni in Laterano) und Sankt Peter (San Pietro in Vaticano), Sankt Paul vor den Mauern (San Paolo fuori le Mura), Sankt Laurentius (San Lorenzo fuori le Mura), Sankt Sebastian (San Sebastiano) und Sankt Stephan (Santo Stefano Rotondo), die Kirche der hl. Kosmas und Damian am Forum (Santi Cosma e Damiano) und Sankt Klemens (San Clemente), die Marienkirche Santa Maria Maggiore und die Heiligkreuzkirche (Santa Croce in Gerusalemme) werden neben die heidnischen Heiligtümer gestellt.

*Die Krypta der Päpste in den Kalixtus-Katakomben, einer weitläufigen unterirdischen Anlage mit einer komplizierten Folge von Gängen in mehreren Stockwerken und etwa 170000 Grabstellen*

Die Stürme der Völkerwanderung zerzausen diese erste christliche Blüte. Rom wird 410 durch die Westgoten unter Alarich, 455 durch die Vandalen unter Geiserich, 546 durch die Ostgoten unter Totila erobert und jeweils geplündert, mit bedrückenden Folgen für die Bevölkerung, doch ohne die berüchtigten barbarischen Zerstörungen, die man gewöhnlich und für das flache Land wohl nicht ohne Berechtigung den »Vandalen« nachsagt. Seit der Mitte des 6. Jh. ist Rom eine Provinzstadt des Byzantinischen Reiches, die Ravenna den politischen Primat in Italien überlassen muß. Die Spannung der Machtkonzentration ist aus Rom gewichen, und so schrumpft die Stadt in der zweiten Hälfte des 6. Jh. auf unter 50 000 Einwohner, in einem Stadtorganismus für eine Million. Das Stadtzentrum wandert von den Foren und dem Palatin nach Südosten zum Lateran, dem Sitz des Bischofs, der bald allgemein Papst, Vater, genannt wird. Die Päpste, wie Leo der Große (440–461) und Gregor der Große (590–604), hatten die Stadt zu schützen gesucht, ohne dauerhaften Erfolg.

## Die römisch-deutschen Kaiser

Erst als Papst Stephan II. im Jahr 754 den fränkischen König Pippin gegen die Langobarden zu Hilfe ruft, von diesem als Gegengabe für die Legitimierung des karolingischen Geschlechts in der sogenannten Pippinischen Schenkung den Grundstock für den Kirchenstaat erhält, als diese Verbindung zwischen den fränkisch-deutschen Königen und dem Papsttum im »Heiligen Römischen Reich Deutscher Nation« mit der Kaiserkrönung Karls des Großen am Weihnachtstag des Jahres 800 in der Peterskirche durch Papst Leo III. bekräftigt wird, geht es aufwärts mit Rom. Entscheidend ist, daß der geistlichen Macht des Papstes die weltliche des deutschen Königs und Kaisers zur Seite steht. Freilich ist sie nicht immer zur Stelle. Denn wenn die Deutschen fern sind, liefern sich römische Stadtgeschlechter, die Colonna, Frangipani, Pierleoni oder Orsini und die Grafen aus der Umgebung untereinander und mit dem Papst blutige Fehden. Auch vom Meer her drohen Gefahren. Die Sarazenen kommen immer wieder mit ihren Schiffen und ziehen plündernd durch die Campagna und die Stadt. Dunkel und oft schmerzlich ist die Geschichte im 9., 10. und 11. Jh. für die Römer, die wenigen Zehntausend, die im Verfall einer einst glänzenden Stadt zu leben vermögen, die nur mit Mühe inmitten von weiten Trümmerfeldern einige Häuser-Ansammlungen bevölkern. Um die Jahrtausendwende gewinnen die päpstlichen Stadtherren wieder mehr Macht, können sich gegen die Rivalen auf lokaler Ebene durchsetzen und damit der Bevölkerung etwas Sicherheit geben. Doch durch die Einfälle der Normannen unter Robert Guiscard (1084), durch gewaltige Brände, Überschwemmungen des Tibers und andere Zerstörungen erleidet die Stadt neue Rückschläge.

Im 12. Jh. stehen die Zeitläufe günstiger für Rom. Das bedeutet für die Stadt Erholung, Ruhe und Frieden, ja sogar einen zaghaft wachsenden Wohlstand der Bevölkerung. Ihren neuen Reichtum zeigen die Römer auch durch den Bau und die Verschönerung von Kirchen. Die zwei Marienkirchen Santa Maria in Cosmedin und Santa Maria in Trastevere stehen als Beispiele für viele. Innozenz III. (1198–1216), der Herr von Kaisern und Königen, führt das Papsttum auf einen Gipfel, auf dem es sich ein Jahrhundert hält, mit erfreulichen Folgen für seine Bischofsstadt. Auf dem 4. Laterankonzil (1215), einer Versammlung von mehr als 400 Bischöfen und 800 Äbten in San Giovanni in Laterano, kann der Papst eine eindrucksvolle Bilanz seiner Macht und des neuen Glanzes seiner Stadt ziehen.

## Exil und Rückkehr der Päpste

Doch die Päpste sind in ihrer eigenen Stadt nicht unangefochten. Der Widerstand gegen den Bischof von Rom als politischen Herrn findet seinen Ausdruck in den Erhebungen des Arnold von Brescia, der 1155 hingerichtet wird, und des Cola di Rienzi, der 1354 in Rom ermordet wird. So wie der Verfall des Römischen Reiches, die Unruhen der Völkerwanderung, die Wirren des dunklen Frühmittelalters vor dem helleren Hochmittelalter Rom und die Römer niedergeworfen haben, so gerät die Ewige Stadt wieder an den Rand, als die Päp-

*Ansicht von Rom als Idealbild einer Stadt im Mittelalter (Miniaturmalerei um 1415/1416 von den Gebrüdern Limburg)*

ste auf Druck des französischen Königs im Exil zu Avignon in der Provence residieren, als die »Babylonische Gefangenschaft der Kirche« die Christen allgemein, die Römer jedoch ganz besonders drückt. Wieder geht die Zahl der Bevölkerung auf einige Zehntausend zurück. Straßen und Plätze, Kirchen und Paläste, kaum hergerichtet, veröden aufs neue. Das ändert sich auch nicht wesentlich, als 1377/78 die Päpste zwar wieder in ihre Bischofsstadt zurückkehren, doch von 1378 bis 1417 das »Große Schisma« die abendländische Christenheit spaltet, weil mehrere die Tiara des Papstes tragen wollen. Rom kennt nun seit langem keinen anderen Herrn mehr als den Papst, doch die Römer wissen nicht, wer es von den vielen ist, der die Cathedra Petri zu Recht beanspruchen darf.

Nun hätte es mit Rom endgültig bergab gehen können. Die machtpolitischen und wirtschaftlichen Entwicklungen in Europa im 14. und 15. Jh. standen gegen die Stadt am Tiber. Die wirklichen Machtzentren bildeten sich viel weiter nördlich, in Gesamteuropa und

*Nach dem 14. Jh., geprägt vom Exil der Päpste in Avignon, dem großen abendländischen Schisma und heftigen Kämpfen der Adelsparteien in Rom verfiel die Stadt. Erst seit die Päpste wieder dauerhaft in Rom residierten, erhielt die Ewige Stadt in ihrer urbanen Entwicklung wieder entscheidende Anstöße.*

auch in Italien. Und im Süden drohte stets der Islam, warteten Kalifen und Wesire auf die Schwächen der abendländischen Herrscher, lauerten im Mittelmeer muslimische Piraten. Doch es kommt anders für Rom. Im 15. Jh. sind die meisten Päpste bedeutende Persönlichkeiten. Durch den Humanismus und die aufkommende Renaissance geprägt, wuchern sie mit dem römischen Erbe und geben Rom langsam seine Weltgeltung als Zentrum der Christenheit und der Kunst des Okzidents zurück. In einem Ruinengelände richten die Päpste die größte Baustelle Europas ein. Der Römer Martin V. (1417–1431), ein Colonna, setzt einen ersten Wendepunkt; mit voller Kraft beginnt Nikolaus V. (1447–1455) diese neue Zeit. Die Päpste wollen – koste es, was es wolle (nicht nur im übertragenen Sinn) – aus Verfall und Elend der Stadt wieder einen Glanz verleihen, den sie zu lange schon entbehren mußte und der ihr doch zukommt. Rom läuft dem im 15. Jh. noch führenden Florenz den Rang der ersten Kunststadt Europas ab. Es ist dabei wohl kein Zufall, daß es wie in Florenz auch

*Die Belagerung der Engelsburg im Jahre 1527 beim »Sacco di Roma«, der beträchtliche Zerstörungen anrichtete, Tausende von Toten forderte und für die Römer ein unvergessener Schrecken blieb*

in Rom Medici sind, dort als Stadtherren, hier als Päpste, Leo X. (1513–1521) und Klemens VII. (1523–1534), die an diesem Wechsel mitbeteiligt sind. Der »Sacco di Roma«, die Plünderung Roms durch die spanischen Landsknechte Kaiser Karls V. im Jahre 1527, veranlaßt durch eine törichte Schaukelpolitik Papst Klemens' VII. zwischen dem deutschen Kaiser und dem französischen König Franz I. in der Zeit der Reformation, bedeutet für diese ununterbrochene Baulust eine Störung, wirkt jedoch noch mehr als Anreiz zu neuen architektonischen Darbietungen. Für die Römer freilich bleibt der »Sacco« ein unvergessener Schrecken, der in der Stadt beträchtliche Zerstörungen anrichtet und die Bevölkerung nach – sicher übertreibenden – Berichten von Zeitgenossen von 90 000 auf 30 000 herunterdrückt, wovon sich Rom freilich sehr schnell erholt.

## Humanismus – Renaissance – Barock

Für drei Jahrhunderte, von 1417 bis zum Ende des 17. Jh., nehmen die Herren des Kirchenstaats die Ewige Stadt als Schaubühne für ihre äußere Prachtentfaltung, und es entsteht der Welt schönste Stadtanlage: ein Zaubergarten von Kirchen und Palästen, Plätzen und Straßen, Brunnen und Brücken, der alle Möglichkeiten der Renaissance und des Barock zu eindrucksvoller Entfaltung bringt, der die Architektur, Malerei und Bildhauerkunst in ihren strahlendsten Ausprägungen zeigt. Die größten Künstler wetteifern miteinander. Was wären die Päpste ohne Bramante, Raffael, Michelangelo, Bernini und Borromini – doch was wären diese ohne die Fürsten auf dem Papstthron? Ohne den drängenden Julius II. (della Rovere), ohne den kunstsinnigen Leo X., ohne die Farnese, die Boncompagni, die Borghese. Die drei Bienen aus dem Wappen der Barberini, das heraldische Gütezeichen eines päpstlichen Bauherrn, Urbans VIII.

(1623–1644), schwärmen über die ganze Stadt, lassen sich am Baldachin über dem Altar von Sankt Peter nieder, an der Sakramentskapelle dort, auf Brunnen und auf Kirchen – Zierde der Bauten neben den Blumen und Tieren, Sternen und Hügeln aus den Wappen anderer Päpste.

Die 200 Jahre von der zweiten Hälfte des 15. bis zu der des 17. Jh. sind reich an überragenden Persönlichkeiten in allen Bereichen. Einer oder mehreren von ihnen besonderes Augenmerk zu schenken bedeutet, andere zu Unrecht hintanzusetzen. Wenn man jedoch in Rom den Künstlern Bramante, Raffael, Michelangelo, Bernini und Borromini Aufmerksamkeit widmet, ist der Tort für andere geringer. Daß diese Männer allesamt keine Römer sind, sei nur am Rande hervorgehoben, als Hinweis auf die Anziehungskraft des »Neuen Rom«.

## Bramante

Der italienische Baumeister und Maler Donato d'Angelo Lazzari, genannt Bramante, 1444 in Fermignano bei Urbino in den Marken geboren, 1514 in Rom gestorben, schlägt in Rom den ersten großen Akkord in der Architektur der Hochrenaissance. Zuerst arbeitet er als Baumeister in Mailand, dort auch schon als Maler, dann ab 1499 in Rom. Hier entwickelt er unter dem Eindruck der Antike seinen Baustil, der zum Kanon der Zeit wird. Von ihm stammt der Plan für den Neubau von Sankt Peter, der auf klassische Vorbilder des alten Rom – vor allem auf das Pantheon und die Maxentius-Konstantins-Basilika – zurückgeht, doch nach seinem Tod von Raffael und Michelangelo geändert wird. Andere Werke Bramantes in Rom sind der Klosterhof von Santa Maria della Pace und vor allem der Rundtempel (»Tempietto«) im Hof von San Pietro in Montorio auf dem Gianicolo-Hügel, ein architektonischer Kosmos der Renaissance im kleinen.

## Raffael

Wie Bramante stammt auch Raffaello Santi (Sanzio; Raffael oder Raphael) aus den Marken. Dort wird er in dem Städtchen Urbino, der Residenz der Herzöge von Urbino, am 6. April 1483 geboren. Er ist ein universeller Künstler, als Maler, Bildhauer und Architekt gleich begabt, doch haben vor allem seine Gemälde ihm unsterblichen Ruhm gesichert. Als Gehilfe seines Vaters, des Malers Giovanni Santi, beginnt er seine Karriere, wird anschließend Schüler des Perugino (aus Perugia), des umbrischen Malers, geht 1504 nach Florenz und 1508 nach Rom. Mit 32 Jahren wird er von Papst Leo X. mit der Bauleitung von Sankt Peter beauftragt, Nachfolger des gestorbenen Bramante, und zugleich zum Konservator der antiken Denkmäler ernannt. Der jugendliche Künstler gewinnt die Zuneigung der römischen Gesellschaft und erhält dadurch als Maler und Architekt viele Aufträge. Das Volk beeindruckt er durch die Innigkeit und Frömmigkeit seiner Madonnenbilder, die an naiver reiner Schönheit unüber-

*Raffael, Selbstbildnis (um 1506)*

trefflich erscheinen. Sein Meisterwerk schafft er in den nach ihm benannten Stanzen im Vatikanischen Palast – die malerische Krönung der Renaissance, wieder ein Mikrokosmos aus der Hand eines Künstlers. Seine letzten Gemälde wie die Verklärung Christi (Vatikanische Pinakothek) weisen voraus zu Manierismus und Barock. Als Raffael schon mit 37 Jahren, am 6. April 1520, seinem Geburtstag, stirbt, betrauert ihn ganz Rom. Ausdruck dieser Verehrung ist, daß man ihm im Pantheon die Grabstätte bereitet.

## Michelangelo

*Jacopino del Conte, Michelangelo*

Michelangelo Buonarroti (1475–1564) verdient mehr als nur Aufmerksamkeit. Es ist schwer, von ihm in Rom nicht gebannt, nicht geblendet zu sein. So hell strahlt sein Stern, als Maler, Bildhauer und Architekt, sogar als Dichter und Forscher, nicht nur heute, sondern schon zu seinen Lebzeiten im 16. Jh. In Architektur, Malerei und Plastik hat er Unvergleichliches, von anderen nicht Erreichtes geschaffen und so die Kunst der Renaissance zur höchsten Vollendung geführt. Am 6. März 1475 in Caprese (das Städtchen gibt sich später zu Ehren des Künstlers den Zusatznamen: Caprese Michelangelo) in der Toskana als Sohn des Bürgermeisters geboren, tritt er mit 13 Jahren in die Werkstatt des Malers Ghirlandaio in Florenz ein. Lorenzo dem Prächtigen, dem Herrn dieser Stadt, fällt auf, daß der Knabe noch mehr Leidenschaft für die Bildhauerkunst entwickelt. So läßt er ihm eine gediegene Ausbildung in dieser Kunstgattung zuteil werden. 1494, mit 19 Jahren, verläßt Michelangelo Florenz. Nach einem kurzen Aufenthalt in Venedig arbeitet er in Bologna, dann wieder in Florenz und schließlich, ab 1496 bis 1501, in der Stadt der Päpste. In dieser Zeit entsteht in Rom die »Pietà« (Sankt Peter). Sein unruhiger Geist und verschiedene Aufträge lassen ihn zwischen 1501 und 1534 ein unstetes Wanderleben zwischen Rom, Florenz und Bologna führen. Wir müssen uns auf Rom konzentrieren, müssen uns mit den Werken in dieser Stadt bescheiden. 1505 ruft ihn der machtvolle Papst Julius II. della Rovere in den Vatikan und beauftragt ihn mit dem Entwurf für sein Grabmal. Fast ein ganzes Leben lang drückt Michelangelo dieser Auftrag; immer wieder sucht er sich mit neuen Werken dieser Last zu entledigen. Nach dem Tod Julius' II. (1513) werden die Streitigkeiten mit den Erben weitergeführt. Von 1508 bis 1512 malt Michelangelo in mühevoller Arbeit die Fresken der Schöpfungsgeschichte in das Gewölbe der Sixtinischen Kapelle, zwischen 1513 und 1516 meißelt er für das Juliusgrab zwei Sklavenfiguren (heute im Louvre in Paris) und anschließend den berühmten Moses (in San Pietro in Vincoli). Durch immer neue Veränderungen der Pläne für das Grabmal des Rovere-Papstes verzögert sich die Fertigstellung dieses Werkes. Letztlich wird es nie vollendet, das 1545 in San Pietro in Vincoli aufgestellte Grabmal bleibt weit hinter dem ursprünglichen Projekt zurück. 1534 übersiedelt Michelangelo ganz nach Rom und lebt dort mit kurzen Intervallen bis zu seinem Tod im

Jahr 1564. Von 1534 bis 1541 wirkt er wieder in der Sixtinischen Kapelle, nun an der Altarwand, und ›erschafft‹ das Jüngste Gericht, das gewaltigste Fresko von Rom, vielleicht der Welt. Von 1542 bis 1550 ist er, mehrfach unterbrochen von Krankheiten, in der Cappella Paolina des Vatikans beschäftigt, an den zwei Fresken der »Bekehrung des Saulus« und der »Kreuzigung des Petrus«. Während seines langen Lebens hatte Michelangelo auch immer wieder Neigung und Eignung zur Baukunst entwickelt, zuerst in Florenz, nun in Rom. Der Palazzo Farnese, der Kapitolsplatz, die Peterskirche, deren Riesenkuppel seine größte architektonische Leistung bildet, Santa Maria degli Angeli, die Porta Pia, die Treppe des Belvedere-Hofs im Vatikan entstehen oder verdanken Plänen Michelangelos ihre Gestalt. Sein Leben – bewundernswert schaffensreich, oft schwierig, doch von Erfolg gekrönt – beschließt er in Rom. Sein Leichnam jedoch wird nach Florenz überführt und dort in der Kirche Santa Croce bestattet. Der größte Künstler Roms bleibt nicht in der Stadt, die ihm die machtvollste Entfaltung seiner Kunst ermöglichte, sondern kehrt in die Heimat zurück.

## Bernini

*Gian Lorenzo Bernini, Selbstporträt (Galleria Borghese)*

Ohne Giovanni Lorenzo Bernini, geboren am 7. Dezember 1598 in Neapel, gestorben am 28. November 1680 in Rom, den Sohn und Schüler des Bildhauers Pietro Bernini, wäre das barocke Rom nicht vorstellbar. Bernini hat als Baumeister und Bildhauer das Stadtbild entscheidend geprägt. Es sind nun, zwei Menschenalter nach Michelangelos Tod, Päpste und Kardinäle des 17. Jh., die Bernini mit unzähligen Aufträgen bedenken; der Künstler dankt es ihnen über sein Werk hinaus, indem er ihre Wappen anbringt, an Palästen, Kirchen und Bildwerken. So schafft Bernini unter den Päpsten Urban VIII. (1623–1644, einem Barberini, im Wappen drei Bienen), Innozenz X. (1644–1655, aus der Familie der Pamphili, im Wappen eine Taube mit Zweig und Lilien), Alexander VII. (1655–1667, einem Chigi, im Wappen Baum, Sterne und Hügelkuppen) eine Fülle von Meisterwerken, nicht zuletzt im Wettstreit mit dem Rivalen Borromini. Der Bronzebaldachin und das Grabmal Urbans VIII. in Sankt Peter, die Statuengruppe »Verzückung der hl. Theresa von Avila« in Santa Maria della Vittoria, der Vier-Ströme-Brunnen auf der Piazza Navona, die Kolonnaden des Petersplatzes, der Petersplatz selbst, die Kirche Sant'Andrea al Quirinale, die Scala Regia im Vatikan und großartige Statuen, heute im Museum der Villa Borghese, sind Ergebnisse seiner gewaltigen künstlerischen Schaffenskraft.

## Borromini

Francesco Borromini, 1599 bei Lugano im Tessin geboren, 1667 in Rom gestorben, ebenfalls Architekt unter den eben genannten baufreudigen Päpsten, ist im barocken Rom der große Konkurrent Berninis. Es scheint, daß er eine unüberwindliche Abneigung gegen gerade Linien hat; es müssen konkav- oder konvexgeschwungene Fassaden sein, gebrochene Giebel, ovale Kuppeln, stets unterbrochene Mauern. Als Erfinder von rhythmisch gekurvten Grundrissen, über die er beschwingte Raumgebilde setzt, gibt er auch dem deutschen Spätbarock manche Anregungen. Gegenüber dem Vier-Ströme-Brunnen seines Rivalen Bernini auf der Piazza Navona erbaut er die Kirche Sant'Agnese in Agone. Seine Kirche San Carlo alle Quattro Fontane, von den Römern liebevoll San Carlino genannt, zeigt besonders eindrucksvoll den Stil Borrominis. Die Kapelle Sant'Ivo mit ihrem hübschen Kuppelaufbau und der Laterne bei der ehemaligen Päpstlichen Universität »Sapienza« ist ebenfalls sein Werk.

Die Päpste verschreiben sich in den Jahrhunderten von Renaissance und Barock fast ganz dem kunstvollen Ausbau ihrer Stadt, die Römer profitieren davon. Doch die weltliche Macht des Oberhaupts – nicht mehr der Christenheit, sondern nur noch der katholischen Kirche – sinkt, die Bedeutung Roms als Herrschaftszentrum geht zurück. Haben die Päpste früher Heere in Gang gesetzt, um ihre Ziele zu erreichen, so verlassen sie sich nun auf die Klugheit ihrer Diplomaten. Bald ist der Kirchenstaat nur noch einer unter vielen in Italien, neben Königreichen und Republiken, Herzogtümern und Grafschaften. Die Französische Revolution und der Wirbelwind, mit dem Napoleon die europäische Staatenwelt durcheinanderbringt, treffen auch Rom. 1798 ist Rom Hauptstadt der Römischen Republik, von 1809 bis 1811 Teil des französischen Kaiserreiches – Napoleons einziger Sohn erhält den Titel »König von Rom« –, 1814 durch den Wiener Kongreß wieder Hauptstadt des Kirchenstaates mit dem Papst als Souverän. Nicht lange. Die Revolutionen und die nationale Einigungsbewegung des 19. Jh. erfassen auch das päpstliche Patrimonium. Als 1870 wegen des Deutsch-Französischen Krieges die französischen Schutztruppen aus Rom abgezogen werden, rücken die Italiener durch die Porta Pia ein. Rom wird Hauptstadt des Königreiches Italien (1870/71); die Päpste ziehen sich aus Protest gegen den Raub des Kirchenstaates hinter die Mauern des Vatikans zurück.

Das neue Königreich will regiert werden. Die dazu notwendigen Verwaltungsbauten entstehen überall in der Stadt und mischen den Stil des 19. Jh. in den der vergangenen Epochen. Die Bautätigkeit wird nochmals geschürt, als Mussolini 1922 die Macht in Italien übernimmt. Rom vergrößert sich zur volkreichsten Stadt im Mittelmeerraum. Mussolini gelingt es, 1929 mit dem Papst Frieden zu schließen durch die Lateranverträge zwischen dem Heiligen Stuhl und dem italienischen Staat. Die Päpste erhalten den winzigen Vatikanstaat mit einer Reihe von exterritorialen Bezirken als souveränes Hoheitsgebiet.

Im 19. und 20. Jh. fördern die italienischen Regierungen und einige Päpste moderne Architektur und Kunst (Bauten in der E.U.R.-

Ausstellungsstadt südlich von Rom und anläßlich der Olympischen Spiele 1960, Audienzhalle im Vatikan unter Paul VI.); sie unterstützen historische Forschungen und betreiben immer eifriger archäologische Unternehmen. In den beiden Weltkriegen erleidet die Stadt Rom keine nennenswerten Schäden. Erhebliche Schwierigkeiten bereitet jedoch, daß nach dem Zweiten Weltkrieg Hunderttausende von Süditalienern in die Stadt integriert werden müssen; für die Zuwanderer werden rings um Rom neue Satellitenstädte angelegt. Die Bevölkerung der Stadt steigt auf 3,6 Millionen. Rom ändert sich in wenigen Jahren mehr als in Jahrhunderten zuvor und bleibt doch dieselbe Ewige Stadt, nicht zuletzt auch deshalb, weil das historische Zentrum und alle Kunstwerke den Römern und der Welt unantastbar geworden sind.

## Das Papsttum

*»Rom wollte immer herrschen, und als seine Legionen fielen, sandte es Dogmen in die Provinzen.« Heinrich Heine*

Rom ist ohne das Papsttum nicht denkbar. Aber was ist das Papsttum? Jener Anspruch, auf den mehr als 800 Millionen Katholiken in aller Welt heute ausgerichtet sind, der seine Kraft in der Geschichte immer und immer wieder noch im schärfsten Widerspruch bewiesen hat, der die Welt seit zwei Jahrtausenden anruft und herausfordert? Versuchen wir, ihm nachzugehen, um Rom besser zu verstehen.

Die Ära der Päpste wird in Rom auf wenige Meter zusammengedrängt: zwischen dem grauen Grab des Petrus im unterirdischen Totenreich der Peterskirche und dem Altar in der Mitte der Basilika, doppelt überhöht vom Baldachin des Bernini und der Kuppel des Michelangelo. Doch diese kurze Strecke beschwört den langen Weg des Papsttums, von den armseligen Anfängen bis zur Gegenwart, Glied für Glied einer ununterbrochenen Kette, welche die europäische Geschichte und die Historie der römischen Stadt begleitete. Die Träger des Papsttums sind Menschen, die noch in ihrem Versagen die wohl faszinierendste, zweifellos jedoch dauerhafteste Institution aller Kulturen schufen. Die Reihe der 266 römischen Bischöfe konfrontiert uns, in Bewunderung oder Ablehnung, mit Gestalten, wert höchsten Respekts ebenso wie skeptischer Distanz. Das Geheimnis des Papsttums erschließt sich nicht leicht. Denn nie erhoben im Abendland Menschen einen höheren Anspruch: Nachfolger des Petrus zu sein, des ersten Christus-Jüngers, mehr noch: Stellvertreter des Gottessohnes selbst. Die Geschichte wird daran gemessen.

Schon in der Nekropole unter Sankt Peter erhebt sich Streit. War Petrus, der Fischer vom See Galiläa, überhaupt in Rom? War er Bischof? Ist er an dieser Stelle, beim Zirkus des Kaisers Nero am Vatikanischen Hügel, beigesetzt worden? Bibelkundige Exegeten, findige Historiker, penible Archäologen suchen nach gültigen Antworten, und viele sehen trotz mancher Gegenrede hier die letzte Ruhestätte des Fischers aus Galiläa, da man in Rom häufig über den Gräbern der Märtyrer kleine Kirchen errichtete und das Ortsgedächtnis der

Römer über Jahrhunderte erstaunlich verläßlich war. Aufschluß über den Zusammenhang von einst und jetzt bekommt der Besucher des Vatikans, wenn er hoch in die Basilika schaut: TV ES PETRVS ET SVPER HANC PETRAM AEDIFICABO ECCLESIAM MEAM ET TIBI DABO CLAVES REGNI CAELORUM – »Du bist Petrus, und auf diesen Felsen werde ich meine Kirche erbauen, und die Mächte der Hölle werden sie nicht überwältigen. Dir gebe ich die Schlüssel des Himmelreiches.« Im Tambour der Michelangelo-Kuppel stehen diese Worte. Und ringsherum, oben in den Hallen, die anderen: wie Hammerschläge der dreimalige Ruf Jesu an Petrus: »Weide meine Schafe, weide meine Lämmer!«; und dazu noch: »Simon, wenn du dich einst bekehrt hast, stärke deine Brüder.« Wie Jesus Christus, der Nazarener, diese Worte meinte? Die Dispute zwischen Katholiken und Protestanten lassen den Schluß zu, daß man es vorerst zu Einstimmigkeit nicht bringen wird. Wichtiger ist der Geschichte, wie man es tatsächlich verstanden hat.

Von hohen Ansprüchen wissen die Leiter der römischen Gemeinde in den ersten beiden Jahrhunderten wenig. Ihr Selbstbewußtsein festigt sich erst langsam. Allmählich nur glauben die Gemeindevorsteher, Nachfolger des Petrus zu sein – und deshalb war es auch angemessen, daß sich die Gräber der Apostelfürsten Petrus und Paulus in Rom befanden. Wir können vieles nur vermuten. Die christliche Begleitmusik zu den Spektakeln der ersten römischen Kaiser (Caligula, Nero, Domitian oder Trajan) ist zu leise; schrill klingen nur die Schreie der Verfolgten. Im Jahre 70 – das apostolische Zeitalter, die Zeit jener, die Jesus von Nazareth noch leibhaftig erlebt hatten, neigt sich dem Ende zu – wird Jerusalem, der Todesort des Gekreuzigten und Auferstandenen, durch den römischen Feldherrn Titus, den späteren, unglücklich und nur ein Jahr regierenden Kaiser, eingenommen und zerstört. Sein Verbot für die Juden, dort je wieder zu siedeln, wirft die erste Heilige Stadt der Christenheit für lange Zeit in die Geschichtslosigkeit. Ihr bis dahin unbestritten erster Rang unter den Christengemeinden fällt an Rom.

Die Zeit vom Jahr 69 n. Chr., als Kaiser Vespasian nach den Neronischen Wirren die Regierung antritt, bis zum Jahr 312, als Konstantin sich die Weltbühne erkämpft, erscheint für das ›Papsttum‹ wie ein Ausheben der Fundamente, auf denen einst Größeres sich erheben soll. Eindeutige geschichtliche Belege für den Primat des Papstes, wie er heute in der katholischen Kirche verstanden wird, kann man an diesen Dezennien nicht ablesen. Die Rekonstruktionen der Historiker weisen auf, daß dem römischen Bischof schon bald ein besonderer Rang zukommt, daß seine Bedeutung im Westen des Römischen Reiches zunimmt, bis eines Tages der Satz des Kirchenlehrers Augustinus (354–430): *Roma locuta, causa finita* (Rom hat gesprochen, die Sache ist damit abgeschlossen) als geflügeltes Wort unter den Christen der Provinz allgemeine Verbreitung und Anerkennung findet. Wir wollen uns an den Auseinandersetzungen um den päpstlichen Primat nicht beteiligen – er hat mit seinen Glaubenskämpfen

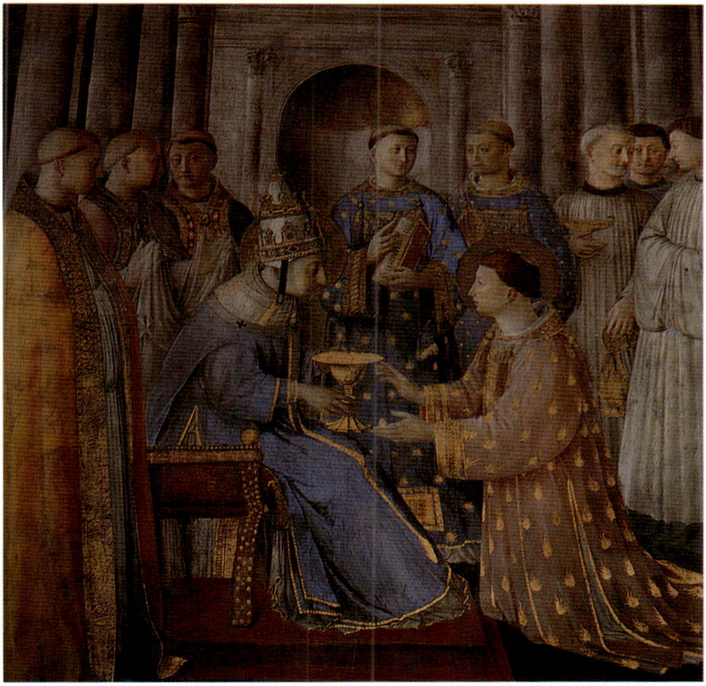

*Die Kapelle von Papst Nikolaus V. im Vatikan malte Fra Beato Angelico 1447-1449 mit Fresken im Stil der Florentiner Frührenaissance aus. Hier weiht Papst Sixtus II. (257-258) – mit den Zügen des Auftraggebers – den hl. Laurentius zum Diakon.*

Jahrhunderte der europäischen Geschichte bestimmt – und halten uns an die sichtbaren Zeugnisse des Papsttums in Rom.

Da finden wir sie schon. Kaiser Konstantin gestattet den Christen neben dem Riesenbau der Basilika des Erlösers am Lateran (später San Giovanni) einen weiteren, den der ersten Petrus-Kirche. Wo die letztere errichtet wird, ist bedeutsam: Den halben Vatikanischen Hügel muß man abtragen, den Abhang auffüllen, 12 m hohe Stützmauern einziehen. Ein ungünstiger Platz, zudem draußen vor der Stadt. Die Erinnerung an Petrus, der fortan weißgelockt auf allen Mosaiken erscheint – die Darstellung in den »Grotten« unter Sankt Peter ist die berühmteste –, läßt offenbar keinen anderen Platz zu. Das Gedächtnis der Römer weist zur Totenstadt »ad Vaticanum«, beim Zirkus und den Gärten des Nero. San Paolo fuori le Mura heißt die später gebaute Basilika an der Straße nach Ostia. Dort hat sich die Überlieferung für Paulus, den zweiten Apostelfürsten, festgesetzt.

## Sylvester I.

Sylvester I. (314–335), der 33. in der Reihe der Nachfolger des Petrus, tritt als erster Papst in die Geschichte – und in das allgemeine Bewußtsein, weil sein Fest die Jahreswende markiert. Mit ihm zeigt sich zaghaft das römische Papsttum. Er wird dem Dunkel aus Unkenntnis und Fabeln entrissen, das fast alle seine Vorgänger auf dem römischen Bischofsstuhl umgibt; dazu auserkoren, den Aufstieg des Christentums nach Jahrzehnten der Verfolgung zu begleiten. In seiner Amtszeit ist der Handelnde Kaiser Konstantin. An Machtfülle kann Sylvester als Bischof von Rom nicht denken. Zu sehr ist er in Auseinandersetzungen mit Feinden und Konkurrenten verwickelt. Böse Zungen behaupten gar, er habe in der Zeit der Verfolgung den heidnischen Göttern geopfert. Schwankender Glaube, geschickte Anpassungsfähigkeit oder nur Fama? Die Legende schweigt darüber, schreibt ihm lieber Freundliches zu. Er habe den Kaiser vom Aussatz geheilt, ihn auf dem Sterbebett getauft. Wenn dies auch der Obelisk vor dem Lateranpalast verkündet, die Historiker wissen davon wenig.

Daß Kaiser Konstantin dem Sylvester in einer Schenkung die Hoheit über Geistliches und Irdisches gab, den römischen Bischof damit über alle anderen Bistumsleiter des Reiches erhob, ist jener Zeit nicht bekannt. Die »Konstantinische Schenkung« ist eine um 750 entstandene urkundliche Bestätigung einer bereits vollzogenen Erhöhung, kühne Fälschung, folgerichtige Konstruktion zur Festigung päpstlicher Prätentionen.

*Konstantin, getauft und vom Aussatz genesen, reicht die Tiara dem hl. Sylvester. Darstellung der Legende in der römischen Kirche SS. Quattro Coronati*

Im 4. Jh. profitierte die Gemeinde des westlichen Reichszentrums noch in besonderer Weise vom Aufschwung des Christentums, und mit ihr der Bischof von Rom. Das römische Weltreich verband sich mit dem einst verachteten Christentum. Von nun an war die Kirche Verbündete des Staates, erfreute sie sich kaiserlicher Förderung, um die weltliche Macht zu stützen. Die Kirche ging diese Liaison von Thron und Altar nicht ohne Gefährdung ein, für die Amtsfülle des römischen Bischofs jedoch mit günstigen Folgen. Dieser tritt, ohne es noch zu ahnen, die Nachfolge der römischen Kaiser an. Das Imperium Romanum setzt sich geistlich im Sacerdotium, dem Priestertum, fort, erst recht, als es der deutschen Nation übergeben wird.

Im 4. Jh. erwuchs Rom in Konstantinopel eine mächtige Nebenbuhlerin. Tatsächlich wird der Streit zwischen Rom und Konstantinopel um die Priorität von der östlichen Hauptstadtgemeinde und ihrem Bischof mit Selbstbewußtsein und Unbefangenheit geführt, als sei noch längst nicht ausgemacht, wem der Primat gebühre. Die Rivalität dauert die nächsten Jahrhunderte an, bis sie in die große abendländische Kirchenspaltung, das Schisma von 1054, treibt. Die tragische Trennung der lateinischen und griechischen Kirche entsteht, zum Schaden des Christlichen, zum Nutzen der römischen Vorzugsstellung. Erstaunlich ist, daß im politischen Niedergang Roms, in den Wirren der über Italien flutenden Völkermassen der römische Bischof seine Stellung als ›Primus‹ festigen kann. Ist es die Größe der einzelnen Bischofspäpste? Oder bietet im zusammenbrechenden Reich nur noch die kirchliche Hierarchie mit der Ausrichtung nach Rom Halt und Würde? Seit dem 5. Jh. jedenfalls scheint der Vorrang der römischen Bischöfe in Verwaltung, Rechtsprechung und im Lehramt (Konzil von Chalkedon 451) gesichert.

## Leo I. der Große

Nur zwei Päpsten kommt allgemein der Beiname »der Große« zu, dem ersten Leo und Gregor I. Den ehemaligen Administrator Leo aus Tuszien (Toskana) beseelt als Papst (440–461) der Wille zu herrschen, die Möglichkeiten des römischen Bischofsamtes auszuschöpfen und auszuweiten. Er begreift als erster ganz, welches Instrument ihm in der Cathedra Petri zur Verfügung steht. Den Stolz des Adligen, dessen weltliche Macht mit dem weströmischen Reich schwindet, projiziert er ins Geistliche. Bei ihm entsteht der römische Primat für die Kirche, wächst unter Leos eindrucksvoller Formulierungskunst und seiner kühnen Theologie vom Petrusamt, wirkt in die praktische Kirchenverwaltung hinein und siegt im ›rechtgläubigen‹ Glaubensbekenntnis. Seinen Mut beweist er in den Wirren der Völkerwanderung. Der römische Bischof operiert freilich auch mit überirdischer Hilfe. Das zeigt ein Marmorrelief in Sankt Peter: Leo I. (440–461) wehrt, unterstützt von den Apostelfürsten Petrus und Paul, den Hunnenkönig Attila ab. Der Maler Raffael noch hat es ihm in den Stanzen (1512–1514) gedankt.

*›Leo I. der Große gebietet Attila Halt‹ (Stanza dell'Eliodoro im Vatikan, 1512 bis 1514 von Raffael ausgeführt). Petrus und Paulus eilen als himmlische Helfer Leo I. zur Seite, der die Züge Papst Leos X. trägt.*

## Gregor I. der Große

*Tizian, Gregor I. der Große*

Aus römischem Senatsadel hingegen stammt Gregor I. (590–604). Eineinhalb Jahrhunderte später als Leo I. übernimmt er als erster Mönch, aus dem Orden des hl. Benedikt, das Amt. Aus dem ersten Gregor wird man nicht recht klug. Die Urteile der Zeitgenossen und der Kirchengeschichte schwanken zwischen Bewunderung und kritischem Tadel. Er ist ein Mann der Gegensätze – offenbar von polarisierendem Charakter, vielleicht von unterschiedlichen Qualitäten. Die ersten Missionare schickt er nach England, ohne sich recht der Bedeutung dieser Saat bewußt zu sein. Er ist so reich, daß er die Klöster selbst gründet, in denen er als Benediktinermönch wirkt. Er hat sich die Niedrigkeit freiwillig gewählt; eine unverbogene Demut scheint das aber nicht zu sein, dafür streitet Gregor zu gern um die Ehren der Römer. In dem Titel ›Diener der Diener Gottes‹, den er sich und allen künftigen obersten Pontifices zulegt, schwingt viel mit von sich selbst erhöhender Bescheidenheit. Gregor ist Mönch. Darin liegt bei ihm, dem Großen, auch etwas Enges, Kleinliches. Indes wird dadurch die religiöse Dimension des Papsttums gestärkt. Noch als alter, kranker Mann, von der Gicht schmerzhaft gequält, schreibt er erbauliche Literatur, die sich freilich mit den hohen Werken der lateinischen und griechischen Kirchenväter nicht immer messen kann. Ob er besonders musikalisch war und wir ihm – wie es die Tradition will – einige Gregorianische Choräle zu verdanken haben, wissen wir nicht genau. Sein Handbuch der Seelsorge wird vom Klerus des Mittelalters fleißig benutzt, es eignete sich zur Popularisierung. Gregor der Große, der Heilige, nimmt dennoch einen hohen Rang in der Papstgeschichte ein.

In dieser Zeit begann die Hinwendung der römischen Kirche zu den Germanen. Durch die neuen bekehrten Völker des Nordens erweiterte sich die Jurisdiktionsgewalt des »*Servus servorum Dei*«, des

Dieners der Diener Gottes, beträchtlich. Vertrauen und Gehorsam, Treue und Gefolgschaft richteten sich auf den Himmelspförtner, der die Tore des Paradieses aufschließen und versperren konnte. Es war, als ob Franken und Angelsachsen auf den höchsten Herrn gewartet hätten, dem sie sich als Vasallen willig unterwerfen konnten. Sie suchten in Rom weniger den obersten Verwalter der Kirche als vielmehr den Schlüsselträger, der die Gewalt zu binden und zu lösen auf Erden und im Himmel hatte. In der Ferne stieg das Ansehen des römischen Bischofs ins Überirdische, daheim geriet er in mancherlei Bedrängnisse. Die Übergriffe der oströmischen Kaiser, die Eroberungsgelüste der muslimischen Araber, der Sarazenen, die Wildheit der Langobarden, der Übermut der römischen Adelsfamilien, der den Papst oft aus dem Lateran vertrieb, machten zu schaffen. Dennoch erwarben sich die Päpste allmählich ein »*Patrimonium Petri*«, den Kirchenstaat in Italien. Aber allein konnten sie sich nicht gegen alle Widerstände behaupten; sie mußten Schutz suchen, für sich und ihre Kirche.

Im Hauptschiff der Petersbasilika, beim Eingang, ist eine Porphyrplatte in den Boden eingelassen. An dieser Stelle soll Leo III. am Weihnachtstag des Jahres 800 dem Frankenkönig Karl die römische Kaiserwürde übertragen haben. Ein schicksalhafter Bund war geschlossen, für Italien und Deutschland, für die romanischen und fränkisch-germanischen Völker. Doch der als Schutzherr gegen weltliche Gefahren angerufen war, wollte bei der Leitung der Kirche mitbestimmen. Hier war ein Konflikt angelegt, der lange dahinschwelte, bis es im Investiturstreit, dem Streit um die Einsetzung der Bischöfe, zwischen Kaiser und Papst zum offenen Kampf kam. Karolinger, Sachsen, Salier und Staufer wechselten sich in der deutschen Königswürde ab; um Kaiser zu werden, mußten sie nach Rom. Mußten sie? Die Geschichte des »Heiligen Römischen Reiches Deutscher Nation«, des Zusammenwirkens und Gegeneinanders von päpstlichem Priestertum und kaiserlicher Herrschaft, bewegt sich machtvoll und beklagenswert zugleich auf den verschlungenen Pfaden von nüchterner Realpolitik und unberechenbarem Glaubenstrieb. Zwischendurch aber, im 9. und 10. Jh., taucht das Papsttum in seine dunkelste Epoche, in Habsucht, Verbrechen, Mord, in endlose Geschlechterfehden; in Terror und brutaler Kriminalität droht es unterzugehen. ›Römer‹ war ein Schimpfwort, Rom eine sterbende Stadt, in die sich nur mutige Pilger wagten. Kaum jemals klafften Idee und Wirklichkeit des römisch-universalen Bischofsamts spannungsvoller auseinander.

Das Papsttum ging nicht unter. Hilfe kam von außen. Die deutschen Könige, voran die Ottonen – Otto II. findet als einziger deutscher Kaiser sein Grab in den Grotten von Sankt Peter –, erinnerten sich ihrer Ordnungsfunktion – Recht und Last zugleich. Deutsche Päpste förderten die Besinnung auf das geistliche Amt. Im Innern wurden Kräfte wach, die mit Nachdruck die Erneuerung der Kirche und die Freiheit der Päpste von weltlichen Übergriffen forderten. Die

Reformbewegung des 11. Jh., vom burgundischen Kloster Cluny ausgehend, durchdrang die Kirche, entfachte aber auch mit der Investitur, der Besetzung kirchlicher Ämter, den Streit zwischen den beiden Gewalten.

## Gregor VII.

Gregor VII. (1073–1085) spricht dem König, dem weltlichen Herrn, das Recht ab, Bischofsstühle und Abteien zu vergeben. Eine größere Herausforderung für die Verwaltung des Reiches ist kaum denkbar. Kaiser Heinrich IV. muß sich 1077 in Canossa unterwerfen, um über Gregor zu siegen. Doch dessen Forderung nach Oberhoheit triumphiert schließlich doch – im Wormser Konkordat von 1122. Dieser Gregor ist Mönch, durch und durch »vom Mutterschoß an«, wie es in der Bibel heißt, fanatisch dem Geistlichen ergeben, das Irdische verachtend, kompromißlos bis zur Selbstaufgabe. Er reißt das Papsttum nach Jahrhunderten jämmerlichen Niedergangs wieder empor. Der »Mönch Hildebrand«, den Kaiser und Könige verfluchen und fürchten, den die Kirche heiligspricht, will die Reinheit in die Kirche zurückzwingen, mit aller geistlichen Gewalt. Klein von Gestalt, wenig ansehnlich, indes von unbeugsamem Willen erfüllt, selten liebenswürdig, meist scharf und herausfordernd, hat er nichts anderes im Sinn als die Erhöhung des Papsttums, die Erneuerung der Kirche, darin bestärkt durch die Gewißheit seiner überirdischen Sendung. Dazu sind ihm viele Mittel recht: heilsame, wie Verbot von Simonie (des Kaufs geistlicher Ämter) und Priesterehe; gefährlicher schon: der Bannstrahl gegen den deutschen König und Kreuzzüge. Bedenkenlos verficht er die Ansprüche der Kirche mit dem Schwert. Aus seiner Herrschgier macht er keinen Hehl; er verlangt Gehorsam, sonst nichts. Wenig liebend und kaum geliebt, glühend hassend und gehaßt, treibt er die Geschichte voran. Maßlos ist das alles. Dennoch: Hätte dieser Gregor nicht hochmütig-klar seine übersteigerten Ziele aufgestellt, das Papsttum wäre in Mittelmäßigkeit versunken, die Kirche von den Mächten der Welt verschluckt worden.

Triumph nicht nur im Geistlichen. Die Stellung des Papstes wirkte auf Könige und Völker. Die verwaltende Tätigkeit des »Patriarchen des Abendlandes« wurde durch die römische Kurie immer mehr erweitert – und vom »Erdkreis« hingenommen. Machtvoll drang der *Pontifex maximus* in die politische Welt ein: Kämpfe mit den Normannen und anderen Gruppen um den Kirchenstaat, Waffengänge mit den erstarkten deutschen Kaisern, mit Friedrich Barbarossa und Heinrich VI. scheute er nicht. Die Kreuzzüge verstrickten den Papst in die Händel der Welt, erhoben ihn indes zugleich darüber, dank des geistlichen Ursprungs seiner Herrschaft. Doch wo die Spitze nach Gregor VII. erreicht ist, in Innozenz III. (1198–1216), dem Richter der Gewissen und der Könige, drohte der Abstieg. Rettendes für die Kirche zeigte sich woanders: in der Gründung der Bettelorden.

*Papst Innozenz III. (Lando von Sezze, 1179-1180) zeigt die Schenkungsurkunde des Klosters (byzantinisierendes Fresko des 13. Jh. im Kloster Sacro Speco in Subiaco in Latium)*

## Innozenz III.

Der dritte Innozenz ist es, der die Früchte Gregors VII. reich erntet. Schon als der Adlige aus der Lombardei mit 37 Jahren den Thron besteigt, geht ihm der Ruf einer genialen Persönlichkeit voraus. Machtwillig und herrschfähig, wirkt er dennoch versöhnlich. Er kann beides sein: stolz gebietend und sanft mitfühlend, gewinnend-humorvoll und unnahbar-hoheitsvoll. Er hält die Welt – Königreiche und Völker – für wert genug, über sie zu herrschen. Er sieht gut aus, an Intelligenz ist er allen überlegen. Er ist ein kluger Politiker, wenn auch nicht so weise, zuweilen die Politik sein zu lassen, zu sehr Politiker, um immer fromm zu sein. Innozenz ist der vollkommenste Mann auf dem Papstthron, das Papsttum unter ihm in seiner mächtigsten Gestalt. Dennoch versagt ihm die Geschichte den Beinamen »der Große«. Doch während die Krone funkelt, wankt die Kirche. Ketzer, Katharer, Waldenser, Albigenser machen zu schaffen, die Kreuzzüge bleiben erfolglos. Wenn in seine Amtszeit nicht die beiden Ordensgründer, Franziskus aus Assisi in Umbrien und der Spanier Dominikus, hineinragten, würde seinem Pontifikat viel fehlen.

## Bonifaz VIII.

Ein Jahrhundert später, an der Wende vom 13. zum 14., ist alles ganz anders. Das Ringen mit Kaiser Friedrich II. (1212–1250), die Überwindung des deutschen Imperiums, hat das Papsttum erschöpft und Italien gespalten in Guelfen und Ghibellinen: erstere Anhänger des Papstes (Guelfi nach den mit dem staufischen Herrscherhaus rivalisierenden Welfen), letztere kaiserliche Parteigänger (Ghibellini nach der italienischen Lautumschreibung für den Herkunftsort der Stau-

*Bonifaz VIII. (Benedetto Caetani, 1294-1303), eine Arbeit von Arnolfo di Cambio, den der Papst aus der Toskana nach Rom berief*

fer, Waiblingen). Bei Bonifaz VIII. (1294–1303) reichen deshalb die Mittel nicht mehr aus, den von Innozenz III. gestürmten Gipfel zu behaupten. Er übertrifft seine großen Vorgänger zwar in Worten, an Fähigkeiten bleibt er hinter ihnen jedoch zurück. Seine Schwächen beeinträchtigen seine bedeutenden Anlagen. Ihm werden Bildung und Verstand, Erfahrung und Mut, eine vornehme, eindrucksvolle Statur bescheinigt, aber zugleich gilt er als reizbar, töricht-verletzend und unbeherrscht. Die Juden in Rom haben unter ihm zu leiden. Der große Dichter Dante mag ihn nicht. Streit entsteht mit Frankreich, mit dem skrupellosen König Philipp IV. dem Schönen. Gedemütigt muß der Papst klein beigeben; die Zeit päpstlicher Weltherrschaft ist vorbei. Seine Nachfolger bekommen es in Avignon, die Christenheit im Schisma zu spüren. Noch einmal erhebt Bonifaz in der Bulle »Unam sanctam« den stolzesten Anspruch, der je erhoben wurde: Alle Gewalt, die geistliche und die weltliche, gebühre dem Papst; von ihm werde sie verliehen. Deshalb: »Dem römischen Pontifex untertan sein ist für jedes menschliche Geschöpf unbedingt zum Heil notwendig.« Ruft Bonifaz deshalb als erster Papst ein Heiliges Jahr (1300) aus (s. Abb. S. 56) und die Pilger des ganzen Abendlandes nach Rom?

Der französische König hatte wenig darauf gegeben und sich nicht unterworfen. Er riß das Papsttum in die Erniedrigung, zwang die Päpste in die Verbannung nach Avignon (1309–1377), wo sie sich in den Mauern ihres Palastes vornehmlich Hofintrigen und der Verschwendung hingaben – und der Kirche zur Last wurden. Ebenso trostlos wie das Papsttum war in dieser Zeit der Anblick der verfallenden Konstantinischen Petersbasilika. Die Rückkehr des Papstes nach Rom setzte ein erstes Zeichen, der endgültige Umzug vom Lateran in den Vatikanischen Palast änderte mehr. Religiös jedoch schien es immer tiefer hinabzugehen, durch schismatische Wirren, durch die ehrgeizigen Ansprüche illegitimer Päpste. Die Bischöfe sammelten ihre Kräfte, um gemeinsam, zusammengeschlossen im Konzil, die Päpste in die Schranken zu weisen. Doch die fundamentale Frage, wer über dem anderen steht, Konzil oder Papst, hielten die römischen Pontifices so lange offen, bis sie die Entscheidung in ihrem Sinn treffen konnten.

## Alexander VI.

Dann ist es, als sollte das Papsttum verenden, als könnte einem Alexander VI. aus der Borgia-Familie nichts anderes als »Halt« zugerufen werden, als sollte der Reformator Martin Luther dem geistlichen »Popanz« von Pontifikat den Todesstoß versetzen. Der Nachwelt hat sich Alexander VI. (1492–1503) als der Wüstling auf dem Papstthron eingeprägt. Die Kirche schämt sich seiner, aber sie verschweigt ihn nicht. An der Mauer des Vatikanischen Palastes, rechts bei den Kolonnaden, dicht neben der heutigen Poststelle, kann man ein kleines Wappen entdecken, das bescheiden an diese Ausgeburt der Renaissance erinnert. Man möchte wissen – wenn nicht die moralische Entrüstung die historische Neugier gänzlich vertreibt –, wie dieser »Stellvertreter Christi« und »Nachfolger des Apostelfürsten« seine skrupellosen Taten ausgehalten hat. Die Macht seiner Familie, der Borgia, zu mehren scheint bei ihm die oberste Maxime, offenbar wichtiger als die Zehn Gebote; das Papsttum ist nur Instrument, als beerbbarer Monarch eines ansehnlichen Staates zu herrschen. Dieses ›Ideal‹, den sich aufs Geistliche gründenden Kirchenstaat vollends zu säkularisieren, verdrängt bei ihm alles andere. Darin ist er nicht einmal originell. Mit 26 Jahren schon Kardinal, lernt er in der italienischen Renaissancewelt, Skrupel zu vergessen. Daß Alexander, kunstverständig und energisch, den Sinnesfreuden völlig erliegt, ist ein persönliches Laster, allerdings ein hervorstechendes. Der Bußprediger Savonarola endet der Borgia wegen auf dem Scheiterhaufen. Das Papsttum überlebt.

*Alexander VI. (Rodrigo de Borgia, 1492-1503) auf einem edelsteinverzierten Porträt aus dem Besitz der Vatikanischen Pinakothek*

Und wie! Humanismus und Renaissance hatten die Päpste ergriffen und ließen sie nicht mehr los. Ebenso förderten gerade die geistlichen Statthalter Christi die weltliche Kultur. Das lenkte sie von ihren religiösen Aufgaben ab, erfüllte sie jedoch mit Kraft, nahm ihnen vor allem die verderbliche Schwächlichkeit, das tatenlose Zusehen. Neues Selbstbewußtsein demonstrierten Julius II. (Giuliano della Rovere; 1503–1513), Leo X. (Giovanni de' Medici; 1513–1521) und Klemens VII. (Giulio de' Medici; 1523–1534). Die Päpste begannen in der zweiten Hälfte des 15. Jh. den Umbau des Vatikanischen Palastes und den Neubau der Peterskirche. Gelder dafür nach Rom zu bringen war Grund einer Reise Martin Luthers, 1510/11. Vatikan und Sankt Peter – und das war ihnen noch nicht genug –, welch ein Unterfangen in einer weithin noch armseligen Stadt, deren Herren jedoch darauf brannten, das glänzende Florenz in den Schatten zu stellen und Rom zum bestimmenden Zentrum von Kunst und Kultur in Europa zu machen. Zum geistlichen Neubau der Kirche reichten die Kräfte noch nicht, dazu bedurfte es des Tridentinischen Konzils (1545–1563), der Gegenreformation. Die kleine Episode des letzten deutschen Papstes, Hadrian VI. (1522/23) aus Utrecht, beweist es; in Gram und Resignation, voll des besten Willens zur Erneuerung, starb er, verlacht von den Römern. Für machtpolitische Tollheiten, wie sie noch einem Alexander VI. oder einem Julius II. einfallen konnten, schien die Zeit vorbei. Mit dem deutschen Kaiser Karl V. probierte es Klemens VII. dennoch. Den rüstigsten Verteidiger des katholischen Glaubens spielte er gegen den französischen König aus. Die machtpolitische Torheit ihres Herrn mußten die Römer mit dem Sacco di Roma, der Verwüstung ihrer Stadt durch kaiserliche Truppen, bezahlen. Doch die Päpste lernten daraus, und bald setzen sie nicht mehr auf Heere, sondern nur noch auf ihre Diplomaten. Aber noch wichtiger als die Politik erschien den Päpsten, ihre Stadt zu verschönern und mit unvergänglichen Kunstwerken zu schmücken. Fast drei Jahrhunderte trieb sie rastlos dieser Ehrgeiz. Rom selbst brachte wenige Künstler hervor. So riefen die Päpste sie aus anderen Städten und Staaten Italiens herbei. Die besten Baumeister, Maler und Bildhauer suchten sich darin zu überbieten, dem Papst als dem Herrn des Kirchenstaats und der katholischen Kirche ein Zentrum zu schaffen, das es mit den anderen Kapitalen Europas an Pracht und Schönheit aufnehmen konnte. Es gelang ihnen. In der Hauptstadt der katholischen Kirche schien die Religion in Kunst und Darstellung aufzugehen, während im Norden Europas die Angehörigen protestantischer Bekenntnisse im ernsthaften Betreiben ihrer Geschäfte eine besondere Ethik des wirtschaftlichen Erfolges entwickelten.

## Paul V.

Paul V. (Camillo Borghese; 1605-1621)

Einen Papst aus der Zeit des Barock herauszustellen grenzt an Willkür. Denn die großen Gestalten drängen sich geradezu auf. Einer sei dennoch ausgewählt, weil er sich selbst unübersehbar präsentiert. Mit den größten Lettern oben auf der Fassade der Peterskirche, nach der Vollendung der Basilika: PAVLVS V. BVRGHESIVS ROMANVS (1605–1621), mit Greif und Adler im Wappen. Der bedauerliche Nepotismus belastet auch ihn, dem sonst ein bescheidener Lebenswandel attestiert wird, auch Frömmigkeit und milde Beherrschtheit. Die Welt dreht sich bei ihm längst nicht mehr um Rom (sondern um die Sonne – den ersten Prozeß gegen Galilei läßt Paul V. führen). Politisch ist der Kirchenstaat eine europäische Randmacht geworden. Die anderen wissen das; der streitlustige, gebildete Jurist Paul noch nicht ganz. Er überschätzt seinen Einfluß auf die Großmächte und kann dem Ausbruch des Dreißigjährigen Kriegs nur hilflos zusehen. Doch der freigebige Mäzen macht Rom zur grandiosen Bühne der Kunst.

Nun stand der ideelle Bau des Papsttums längst. Aber die Christenheit hatte sich – nicht zuletzt deshalb – wieder geteilt; Papst und Konzil hatten in Trient (1545–1563) den Protestanten das ›Anathema‹, Verdammung, nachgerufen. An der Stellung des römischen Bischofs war in der katholischen Kirche nicht mehr zu rütteln. Die römische Kurie macht sich dies zunutze; der meist unwidersprochene Primat wurde in den folgenden Jahrhunderten routiniert in die Verwaltung der Kirche übersetzt. Fehlentscheidungen, wie das Urteil der Inquisition im Fall Galilei, die Direktiven für die Mission in China oder Südamerika, die Einschätzung der ›Sklaven‹ in Afrika oder die Aufhebung des Jesuitenordens 1773, konnten die innerkirchliche Position des Papstes nur wenig beeinträchtigen. Die Schläge kamen von außen: Joseph II. von Österreich, im Bann der Aufklärung, stritt mit Pius VI. um die Kerzen am Altar – und nicht nur darum –, er demütigte den nach Wien Eilenden. Die Französische Revolution setzte in ihrer politischen Konsequenz nicht nur umstürzende Ideen von Freiheit, Gleichheit und Brüderlichkeit in die Welt, sondern brachte auch die Enteignung von Kirchen und Klöstern und die Ermordung von Priestern, Mönchen und Nonnen mit sich. Und es kam zu der noch tieferen Demütigung Pius' VII. durch Napoleon.

## Pius VII.

*Pius VII. (Barnabà Chiaramonti, 1800-1823) auf einem Porträt von Jacques-Louis David*

Der Kontrast ist unübersehbar: Nach den auf ihren Denkmälern apotheotisch thronenden Päpsten des Barock gemahnt die kniende Thorwaldsen-Gestalt dieses von dem französischen Kaiser kujonierten Pius VII. (links am Ende des Seitenschiffs der Peterskirche) abrupt an Schmerz und Leid. Der böse Dämon dieses Chiaramonti-Papstes ist Napoleon; noch auf dem Totenbett verfolgt ihn der Franzose, der ihm nicht nur 1804 die Kaiserkrone aus der Hand nimmt und sich selbst krönt, sondern fünf Jahre später überdies noch den Kirchenstaat mit Frankreich vereinigt und den Papst gefangensetzt. Die schmerzhaften Bosheiten, die ihm der Korse mit der Verbannung nach Savona und der Verschleppung nach Fontainebleau zufügt, gelten der Kirche, die Napoleon jedoch dank der Weitsicht des Papstes und des Kardinalstaatssekretärs Consalvi nicht ganz zu unterwerfen vermag. Mut und Charakterstärke zeichnen den gelehrten Benediktinermönch auf der Cathedra Petri aus, Furchtlosigkeit, an der die Gewalt selbst eines Napoleon zerschellt. Ergeben nimmt er hin, daß die Kirche zu seiner Zeit der Revolution und ihren kriegerischen Folgen ausgesetzt ist, fest davon überzeugt, daß sie auch in und nach dieser Sturzflut Bestand hat. Der Ausgang des Wiener Kongresses gewährt Pius VII. ein leichtes Aufatmen.

## Pius IX.

*Pius IX. (Giovanni Maria Mastai-Ferretti, 1846-1878)*

Dann erleben auch die Päpste die Rebellion ihrer Untertanen. Die von 1848 erschreckt den anfangs liberalen Pius IX. (1846–1878) so tief, daß er auf Gegenmittel sinnt. Denn im Anfang seines Pontifikats galt der Graf als der modernen Zeit geöffnet. Ein Amnestiedekret und kleinere Reformen hatten nicht nur in dem politisch und sozial zurückgebliebenen Kirchenstaat Hoffnungen geweckt. Beliebtheit schmeichelt seiner Eitelkeit. Damit ist es sofort vorbei, als der Aufruhr der revolutionären Massen 1848/49 in Rom auch über ihn hinwegströmt. Jetzt stellt er sich gegen alles Neue, gegen seine Untertanen, gegen Italien, gegen die ganze Welt. Solcher Widerstand – ein nüchternerer Charakter wäre dazu kaum imstande – hat Größe, auch wenn er die Kirche in vermeidbare Gegnerschaften führt. Bei Giovanni Mastai Ferretti setzt das Gefühl dem Verstand Grenzen. Aufwallungen des Gemüts reißen die sichernden Schranken der klaren Vernunft ein. Die großen Fähigkeiten werden zuweilen durch kleine Schwächen entwertet. 1854 stellt Pius IX. die Lehre von der ›Unbefleckten Empfängnis Mariens‹ als Dogma auf – in den Vatikanischen Museen erinnert ein großes Fresko daran: Hier wird die Verbindung des Glaubens mit dem Papst als dem Brennpunkt der Kirche in einprägsamer Form zelebriert; das alte Glaubensgut von

Jahrhunderten soll, zum Dogma erhärtet, den Obersten Hirten adeln. Das Mariendogma und die folgende Verurteilung aller modernen Ideen sind nur die Vorbereitung für den Rückzug in die höchste spirituale Autokratie: im Unfehlbarkeitsdogma. Den untergehenden, zum Teil feindlichen Monarchen kann Pius die perfekte Zentralorganisation der katholischen Kirche triumphierend entgegenhalten, bevor er seines Staates durch die Einigung Italiens 1870 verlustig geht. Die Konzentration des Papsttums ins Geistliche ist dem bescheiden lebenden, manchmal fehlgreifenden und versagenden Mann gelungen. Jetzt muß sie nur richtig ausgeübt werden.

Die Geschichte war grausam. Zwei Monate nach dem Ersten Vatikanischen Konzil (1869/70), – die 642 Prälaten hatten damals noch im rechten Seitenschiff der Basilika Platz, 92 Jahre später müssen die über 2000 Bischöfe des Zweiten Vaticanums in die Haupthalle ziehen – rückten italienische Soldaten in den Kirchenstaat ein, besetzten die Ewige Stadt. Die französischen Schutztruppen des Papstes waren zuvor wegen des Krieges zwischen Deutschland und Frankreich abberufen worden. Pius IX. zog sich, seines Staates beraubt, schmollend in den Vatikanischen Palast zurück; mit dem italienischen Staat, mit der modernen Welt war er zerfallen. Erst in den Lateranverträgen 1929, unter Pius XI., gelang die Versöhnung mit Italien, später, beim Zweiten Vatikanischen Konzil, wohl auch mit der Welt. Der Papst wurde Souverän der Vatikanstadt, eines arg zusammengeschmolzenen Kirchenstaates. Aber zunehmende moralische Autorität entschädigt ihn für die verlorene weltliche Macht. Wenn der »Heilige Vater« aus dem Fenster seines Palasts Neugierigen und Ergriffenen den Segen erteilt, wenn er auf dem Petersplatz oder in der Audienzhalle zu Fragen der Kirche und der Welt Stellung nimmt, spüren Tausende etwas von der mächtigen Faszination, die von den Päpsten und dem Papsttum ausgeht. Einige gehen danach hinunter zu dem einfachen Grab des Petrus unter der Basilika. Die Rückkehr zu den Anfängen, vorbei an den toten Päpsten, ist ein langer Weg.

## Daten zur Geschichte: römische Kaiser und Päpste

Gegenkaiser und Mitkaiser sind nur zum Teil aufgeführt. Die Zeitangaben für die Päpste vor Pontianus (230–235), beruhen auf späteren Rekonstruktionen. In einigen Fällen gibt es Unsicherheiten und Widersprüche im Hinblick auf Regierungsdaten bzw. die Frage, ob es sich um Päpste oder Gegenpäpste handelt. Die Tabelle dient daher lediglich zur schnellen Orientierung.

| | **Kaiser** | **Päpste** |
|---|---|---|
| **44 v. Chr.** | Ermordung Caesars | |
| **27 v. Chr.** | Octavianus | |
| **14** | Tiberius | |
| **37** | Caligula | |
| **41** | Claudius | |
| **54** | Nero | |
| **63/67** | | Martyrium des Petrus |
| **64/67** | | Linus |
| **68** | Galba | |
| **69** | Otho | |
| | Vitellius | |
| | Vespasian | |
| **79** | Titus | Anencletus (Anaklet I.) |
| **81** | Domitian | |
| **90/92** | | Klemens I. |
| **96** | Nerva | |
| **98** | Trajan | |
| **99/101** | | Evaristus |
| **107** | | Alexander I. |
| **117** | Hadrian | Xystus (Sixtus I.) |
| **125** | | Telesphorus |
| **136/8** | Antoninus Pius | Hyginus |
| **140/42** | | Pius I. |
| **154/55** | | Anicetus |
| **161** | Mark Aurel mit Lucius | |
| **166** | Verus | Soter |
| **174** | | Eleutherus |
| **180** | Commodus | |
| **189** | | Victor I. |
| **193** | Pertinax | |
| | Didius Iulianus | |
| | Septimius Severus | Zephrinus |
| **211** | Caracalla mit Geta | |
| **217** | Macrinus | Calixtus I. |
| **218** | Elagabalus | |
| **222** | Alexander Severus | Urban I. |
| **230** | Pontianus | |
| **235** | Maximinus I. | Anterus |
| **236** | | Fabianus |
| **238** | Gordian I. und II. | |
| | Pupienus | |
| | Balbinus | |

| | | |
|---|---|---|
| **238** | Gordian III. | |
| **244** | Philippus Arabs | |
| **249** | Decius | |
| **251** | Hostilianus | |
| | Trebonianus Gallus | Cornelius |
| **253** | Aemilian | Lucius I. |
| | Valerian | Stephanus I. |
| **257** | Gallienus | Sixtus II. |
| **259** | | Dionysius |
| **268** | Claudius II. | |
| **270** | Aurelian | Felix I. |
| **275** | Tacitus | Eytychianus |
| **276** | Probus | |
| **282** | Carus | |
| **283** | Carinus und Numerianus | Caius |
| **284** | Diokletian | |
| **286** | Maximian (Mitkaiser bis 305) | |
| **296** | | Marcellinus<br>Vier Jahre Sedesvakanz während der diokletanischen Verfolgung. |
| **305** | Constantius I. und Galerius | |
| **306** | Konstantin I. (Alleinherrscher 324–337)<br>Severus | |
| **308** | Licinius | Marcellus |
| **309** | Maximinus II. | Eusebius |
| **311** | | Miltiades |
| **314** | | Sylvester I. |
| **336** | | Marcus |
| **337** | Konstantin II.<br>Constantius II. (Alleinherrscher 350–360)<br>Constans | Julius I. |
| **352** | | Liberius (325–355, 358–366, dazwischen Felix II.) |
| **361** | | Iulianus |
| **363** | Iovianus | |
| **364** | Valentinian I. und Valens | |
| **366** | | Damasus I. |
| **375** | Gratian<br>Valentinian II. | |
| **379** | Theodosius I. (Alleinherrscher 392–395) | |
| **383** | Arcadius | |
| **384** | | Siricius |
| | **Weströmisches Reich** | |
| **395** | Honorius (Herrscher im Westen 393–423) | |
| **399** | | Anastasius I. |

| | | |
|---|---|---|
| **401** | | Innozenz I. |
| **417** | | Zosimus |
| **418** | | Bonifaz I. |
| **422** | | Coelestin I. |
| **425** | Valentinian III. | |
| **432** | | Sixtus III. |
| **440** | | Leo I. der Große |
| **455** | Petronius Maximus | |
| **455** | Avitus | |
| **457** | Maiorianus | |
| **461** | Libius Severus | Hilarus |
| **467** | Anthemius | |
| **468** | | Simplicius |
| **472** | Olybrius | |
| **473** | Glycerius | |
| **474** | Iulius Nepos | |
| **475** | Romulus (Augustulus) | |
| **476** | **Untergang des weströmischen Reiches** | |
| **483** | | Felix III. |
| **492** | | Gelasius I. |
| **496** | | Anastasius II. |
| **498** | | Symmachus |
| **514** | | Hormisdas |
| **523** | | Johannes I. |
| **526** | | Felix IV. |
| **530** | | Bonifaz II. |
| **533** | | Johannes II. |
| **535** | | Agapetus I. |
| **536** | | Silverius |
| **537** | | Vigilius |
| **556** | | Pelagius I. |
| **561** | | Johannes III. |
| **575** | | Benedikt I. |
| **579** | | Pelagius II. |
| **590** | | Gregor I. der Große |
| **604** | | Sabinianus |
| **607** | | Bonifaz III. |
| **608** | | Bonifaz IV. |
| **615** | | Deusdedit (Adeodatus i.) |
| **619** | | Bonifaz V. |
| **625** | | Honorius I. |
| **640** | | Severin |
| **640** | | Johannes IV. |
| **642** | | Theodorus I. |
| **649** | | Martin I. |
| **654** | | Eugen I. |
| **657** | | Vitalianus |
| **672** | | Adeodatus II. |
| **676** | | Do(m)nus |
| **678** | | Agatho |
| **682** | | Leo II. |
| **684** | | Benedikt II. |

| | | |
|---|---|---|
| **685** | | Johannes V. |
| **686** | | Conon |
| **687** | | Sergius I. |
| **701** | | Johannes VI. |
| **705** | | Johannes VII. |
| **708** | | Sisinnius |
| **708** | | Konstantin I. |
| **715** | | Gregor II. |
| **731** | | Gregor III. |
| **741** | | Zacharias |
| **752** | | Stephan II. |
| **752** | | Stephan III. |
| **757** | | Paul I. |
| **767** | | Konstantin II. |
| **768** | | Philipp |
| **768** | | Stephan IV. |
| **772** | | Hadrian I. |
| **795** | | Leo III. |
| | **Erneuerung des westlichen Kaisertums** | |
| **800** | Karl der Große | |
| **814** | Ludwig der Fromme | |
| **816** | | Stephan V. |
| **817** | | Paschalis I. |
| **824** | | Eugen II. |
| **827** | | Valentin |
| | | Gregor IV. |
| **843** | Lothar | |
| **844** | | Sergius II. |
| **847** | | Leo IV. |
| **855** | Ludwig II. | Benedikt III. |
| **858** | | Nikolaus I. |
| **867** | | Hadrian II. |
| **872** | | Johannes VIII. |
| **875** | Karl der Kahle | |
| **881** | Karl der Dicke | |
| **882** | | Marinus I. |
| **884** | | Hadrian III. |
| **885** | | Stephan VI. |
| **887** | Arnulf | |
| **891** | | Formosus |
| **896** | | Stephan VII. |
| **897** | | Romanus |
| | | Theodorus II. |
| **898** | | Johannes IX. |
| **900** | Ludwig das Kind (Dt. König) | Benedikt IV. |
| **903** | | Leo V. |
| | | Christophorus |
| **904** | | Sergius III. |
| **911** | Konrad I. (Dt. König) | Anastasius III. |
| **913** | | Lando |
| **914** | | Johannes X. |

| | | |
|---|---|---|
| **919** | Heinrich I. (Dt. König) | |
| **928** | | Leo VI. |
| | | Stephan VIII. |
| **931** | | Johannes XI. |
| **936** | Otto I. | Leo VII. |
| **939** | | Stephan IX. |
| **942** | | Marinus II. |
| **946** | | Agapetus II. |
| **955** | | Johannes XII. |
| **963** | | Leo VIII. |
| **962** | **Hl. Römisches Reich Deutscher Nation** | |
| **964** | | Benedikt V. |
| **965** | | Johannes XIII. |
| **973** | Otto II. | Benedikt VI. |
| **974** | | Benedikt VII. |
| **983** | Otto III. | Johannes XIV. |
| **985** | | Johannes XV. |
| **996** | | Johannes XVI. |
| | | Gregor V. |
| **999** | | Sylvester II. |
| **1002** | Heinrich II. | |
| **1003** | | Johannes XVII. |
| | | Johannes XVIII. |
| **1009** | | Sergius IV. |
| **1012** | | Benedikt VIII. |
| **1024** | Konrad II. | Johannes XIX. |
| **1032** | | Benedikt IX. |
| **1039** | Heinrich III. | |
| **1045** | | Gregor VI. |
| **1046** | | Clemens II. |
| **1048** | | Damasus II. |
| **1049** | | Leo IX. |
| **1055** | | Viktor II. |
| **1056** | Heinrich IV. | |
| **1057** | | Stephan X. |
| **1059** | | Nikolaus II. |
| **1061** | | Alexander II. |
| **1073/85** | | Gregor VII. (Hildebrand) |
| **1086** | | Viktor III. |
| **1088** | | Urban II. |
| **1099** | | Paschalis II. |
| **1106** | Heinrich V. | |
| **1118** | | Gelasius II. |
| **1119** | | Calixtus II. |
| **1124** | | Honorius II. |
| **1125** | | Lothar |
| **1130** | | Innocenz II. |
| **1138** | Konrad III. v. Hohenstaufen (Dt. König) | |
| **1143** | | Cölestin II. |
| **1144** | | Lucius II. |
| **1145** | | Eugen III. |

| | | |
|---|---|---|
| **1152** | Friedrich I. Barbarossa | |
| **1153** | | Anastasius IV. |
| **1154** | | Hadrian IV. |
| **1159** | | Alexander III. |
| **1181** | | Lucius III. |
| **1185** | | Urban III. |
| **1187** | | Gregor VIII. |
| | | Clemens III. |
| **1190** | Heinrich VI. | |
| **1191** | | Cölestin III. |
| **1198** | Philipp von Schwaben (Dt. König) | Innozenz III. |
| | Otto IV. | |
| **1212** | Friedrich II. | |
| **1216** | | Honorius III. |
| **1227** | | Gregor IX. |
| **1241** | | Cölestin IV. |
| **1243** | | Innozenz IV. |
| **1250** | Konrad IV. (Dt. König) | |
| **1254** | **Interregnum** | Alexander IV. |
| **1261–64** | | Urban IV. |
| **1265–68** | | Clemens IV. |
| **1271** | | Gregor X. |
| **1273** | Rudolf von Habsburg (Dt. König) | |
| **1276** | | Innozenz V. |
| | | Hadrian V. |
| | | Johannes XX. oder XXI. |
| **1277–80** | | Nikolaus III. |
| **1281** | | Martin IV. |
| **1285–87** | | Honorius IV. |
| **1288–92** | | Nikolaus IV. |
| **1292** | Adolf von Nassau (Dt. König) | |
| **1294** | | Cölestin V. |
| | | Bonifaz VIII. |
| **1298** | Albrecht I. (Dt. König) | |
| **1303–04** | | Benedikt XI. |
| **1305–14** | | Clemens V. |
| **1308** | Heinrich VII. von Luxemburg | |
| **1314** | Ludwig der Bayer | |
| **1316** | | Johannes XXII. |
| **1334** | | Benedikt XII. |
| **1342** | | Clemens VI. |
| **1346** | Karl IV. v. Luxemburg | |
| **1352** | | Innozenz VI. |
| **1362** | | Urban V. |
| **1370** | | Gregor XI. |
| **1378** | Wenzel (Dt. König) | Urban VI. |
| **1389** | | Bonifaz IX. |
| **1400** | Ruprecht von der Pfalz (Dt. König) | |

| | | |
|---|---|---|
| **1404** | | Innozenz VII. |
| **1406** | | Gregor XII. (dankt ab 1415) |
| **1409** | | Alexander V. |
| **1410** | Sigismund | Johannes XXIII. (abgesetzt 1415) |
| **1417** | | Martin V. |
| **1431** | | Eugen IV. |
| **1438** | Albrecht II. (Dt. König) | |
| **1440** | Friedrich III. | |
| **1447** | | Nikolaus V. |
| **1455** | | Calixtus III. |
| **1458** | | Pius II. (Aeneas Sylvius Piccolomini) |
| **1464** | | Paul II. (Pietro Barbo) |
| **1471** | | Sixtus IV. (Francesco della Rovere) |
| **1484** | | Innozenz VIII. (Giovanni Battista Cibo) |
| **1492** | | Alexander VI. (Rodrigo Borgia) |
| **1493** | Maximilian I. | |
| **1503** | | Pius III. (Francesco Todeschini Piccolomini) |
| | | Julius II. (Giuliano della Rovere) |
| **1513** | | Leo X. (Giovanni de'Medici) |
| **1519** | Karl V. (1530) **Letzte Kaiserkrönung in Italien** | |
| **1522** | | Hadrian VI. (Adriaen Dedal) |
| **1523** | | Clemens VII. (Giulio de'Medici) |
| **1534** | | Paul III. (Alessandro Farnese) |
| **1550** | | Jlius III. (Giovanni Maria del Monte) |
| **1555** | | Marcellus II. (Marcello Cervino) |
| | | Paul IV. (Gian Pietro Carafa) |
| **1556** | Ferdinand I. | |
| **1559** | | Pius IV. (Giovanni Angelo Medici) |
| **1564** | Maximilian II. | |
| **1566** | | S. Pius V. (Michele Ghislieri) |
| **1572** | | Gregor XIII. (Ugo Boncompagni) |
| **1576** | Rudolf II. | |
| **1586** | | Sixtus V. (Felice Peretti) |
| **1590** | | Urban VII. (Giovanni Battista Castagna) |
| | | Gregor XIV. (Nicolò Sfondrati) |
| **1591** | | Innozenz IX. (Giovan Antonio Facchinetti) |
| **1592** | | Clemens VIII. (Ippolito Aldobrandini) |
| **1605** | | Leo XI. (Alessandro de'Medici) |
| | | Paul V. (Camillo Borghese) |
| **1612** | Matthias | |
| **1619** | Ferdinand II. | |
| **1621** | | Gregor XV. (Alessandro Ludovisi) |
| **1623** | | Urban VIII. (Maffeo Barberini) |
| **1637** | Ferdinand III. | |
| **1644** | | Innozenz X. (Giovanni Battista Pamphili) |

| | | |
|---|---|---|
| **1655** | | Alexander VII. (Fabio Chigi) |
| **1658** | Leopold I. | |
| **1667** | | Clemens IX. (Giulio Rospigliosi) |
| **1670** | | Clemens X. (Emilio Altieri) |
| **1676** | | Innozenz XI. (Benedetto Odescalchi) |
| **1689** | | Alexander VIII. (Pietro Ottoboni) |
| **1691** | | Innozenz XII. (Antonio Pignatelli) |
| **1700** | | Clemens XI. (Giovanni F. Albani) |
| **1705** | Joseph I. | |
| **1711** | Karl VI. | |
| **1721** | | Innozenz XIII. (Michelangelo de Conti) |
| **1724** | | Benedikt XIII. (Vincenzo M. Orsini) |
| **1730** | | Clemens XII. (Lorenzo Corsini) |
| **1740** | | Benedikt XIV. (Prospero Lambertini) |
| **1742** | Karl VII. | |
| **1745** | Franz I. | |
| **1758** | | Clemens XIII. (Carlo Rezzonico) |
| **1765** | Joseph II. | |
| **1769** | | Clemens XIV. (Giovanni Antonio Ganganelli) |
| **1775** | | Pius VI. (Giovanni Angelo Braschi) |
| **1790** | Leopold II. | |
| **1792** | Franz II. | |
| **1800** | | Pius VII. (Gregorio Chiaramonti) |
| **1806** | **Franz II. dankt ab. Das Hl. Römische Reich Deutscher Nation ist aufgehoben** | |
| **1823** | | Leo XII. (Annibale della Genga) |
| **1829** | | Pius VIII. (Francesco Saverio Castiglioni) |
| **1831** | | Gregor XVI. (Mauro Capellari) |
| **1846** | | Pius IX. (Giov. Maria Mastai-Feretti) |
| | **Königreich Italien** | |
| **1861** | Viktor Emanuel II. | |
| **1878** | Umberto I. | Leo XIII. (Giaocchino Pecci) |
| **1900** | Viktor Emanuel III. | |
| **1903** | | Pius X. (Giuseppe Sarto) |
| **1914** | | Benedikt XV. (Giacomo della Chiesa) |
| **1922** | | Pius XI. (Achille Ratti) |
| **1939** | | Pius XII. (Eugenio Pacelli) |
| **1946** | Umberto II. | |
| **1958** | | Johannes XXIII. (Angelo Giuseppe Roncalli) |
| **1963** | | Paul VI. (Giovanni Battista Montini) |
| **1978** | | Johannes Paul I. (Albino Luciani) |
| **1978** | | Johannes Paul II. (Karol Wojtyla) |

# Vedute di Roma – Ansichten von Rom

## Sonnenaufgang – Sonnenuntergang: Die Hügel

Zumindest einmal sollte man früh aufstehen, um den Sonnenaufgang über Rom vom Gianicolo-Hügel aus zu erleben, sollte man von der Piazza Garibaldi mit dem Denkmal des italienischen Patrioten aus mitansehen, wie sich der Stadt von Osten her der Tag nähert, wie allmählich die dunklen Schatten, die unten in der Stadt zwischen den Mauern lagern, weichen und langsam, zögernd eine zuerst schwache, doch wachsende Helle das Übergewicht gewinnt, wie ein sanftes, dann kräftiger werdendes Rot sich vom Horizont heraufschiebt, wie die ersten Strahlen der Sonne die Spitzen der Türme, die Schalen der Kuppeln berühren, wie die ›rosenfingrige Morgenröte‹, die *Eos* der Griechen, die *Aurora* der Römer, die Stadt leise küßt. Selten ist zwischen März und November die Wolkendecke über der Ewigen Stadt so dick, daß die Sonne sich gar nicht zur Geltung bringen und mit ihrem Schein von Kirchen und Palästen, Straßen und Plätzen Besitz ergreifen kann. Es ist, als ob der neue Tag alle Kunstwerke Roms einzeln zum morgendlichen Appell beim Namen rufen wollte: Sankt Peter und die Engelsburg, den riesigen Justizpalast und den langgestreckten Quirinal, die Kirchen Santa Maria Maggiore und San Giovanni in Laterano – der Turm der ersten und die Figuren auf der Fassade der zweiten heben sich deutlich gegen den blassen Himmel ab. Von unserem Standpunkt in 81 m Höhe – der Tiber fließt bei 12 m über dem Meeresspiegel – ist die Stadt am besten zu überblicken, und man lobt die Stadtväter, daß sie in all den Jahren der modernen Zeit den Versuchungen weitgehend widerstanden haben und die einzigartige Silhouette Roms nicht durch Wolkenkratzer verderben ließen.

Der **Gianicolo**, die geographische Erhebung des Gottes Janus, gehört nicht zu den sieben klassischen Hügeln. In der Schule mußten wir diese auswendig lernen, was zuweilen nur bis fünf oder sechs gelang. Bei einer morgendlichen Rundfahrt – bei geringerem Verkehr zu früher Stunde – merkt man sich die Namen leichter. Anfangen könnte man mit dem **Kapitol**, dem heiligsten Hügel Roms. Seine Höhe von 38 m genügte den Römern nicht, man setzte ihm schon im Altertum Tempel drauf, und heute sind der Turm des Senatorenpalastes, das Nationaldenkmal und die nackte Fassade von Santa Maria in Aracoeli weithin sichtbar. Auf den **Palatin** (51 m), den eingezäunten Hügel der Nobiles, der Oberen Zehntausend des antiken Rom, kommen wir so früh nicht. Wir merken ihn uns für einen nachmittäglichen Spaziergang vor und fahren statt dessen am Circus Maximus entlang, so daß wir links die höhlenartigen Abhänge des Palatins sehen und rechts zum **Aventin** hinaufgelangen, dem dritten in der Reihe, 47 m hoch. Er verweigert uns auch zu dieser Stunde nicht

*»Was soll jemand von der Stadt Rom erwarten, der so viel schon über ihre Hügel vernommen hat? Du glaubst, ich würde etwas Großes zu schreiben haben, sobald ich nach Rom gekommen wäre. Vielleicht ist mir für späterhin ein ungeheurer Stoff zum Schreiben geboten, im Augenblick gibt es nichts, wo ich wagte anzufangen, überschüttet von dem Wunder so großer Dinge und von der Wucht des Staunens.« Francesco Petrarca an den Kardinal Colonna in Avignon (1337)*

*»Die Villa Medici [...] liegt auf dem Teil des Monte Pincio, welcher die Stadt beherrscht und von welchem man eine der schönsten Aussichten der Welt genießt. Rechts erstreckt sich die Pincio-Promenade: Sie ist die Avenue des Champs-Elysées von Rom.«*
*Hector Berlioz*

das Vergnügen, auf der Piazza dei Cavalieri di Malta durch das berühmte Schlüsselloch nach Sankt Peter hinüberzuschauen und der hl. Sabina in ihrer nahen Kirche den Morgengruß zu entbieten. Über die Porta Capena mit dem Obelisken von Axum, am Kolosseum vorbei, in die Via Claudia – und schon sind wir bei Santa Maria in Domnica (51 m) und durch den Arco di Dolabella bei der Kirche Santi Giovanni e Paolo (41 m) auf dem **Caelius**, gegenüber dem Palatin. Die Villa Celimontana, ein die Hügellage elegant nutzender Park, lädt zum Spazieren ein. Vom Kolosseum sieht man deutlich, wie nach Norden der Colle Oppio als Teil des **Esquilin-Hügels** ansteigt. Hier ließ sich Kaiser Nero die Palastanlage der Domus Aurea bauen, etwas weiter im Norden wurde eine Hügelkuppe (55 m) zum Standort für die Kirche Santa Maria Maggiore erkoren. Deutlich fällt das Gelände auf der Apsisseite dieser Basilika nach Norden ab und steigt empor zum nächsten Hügel, dem **Viminal** (49 m), einer kleinflächigen Erhebung, die vom Innenministerium in Beschlag genommen wird. Wie auf einer Achterbahn führt die Straße, die Via delle Quattro Fontane, vom Viminal nun in eine Senke hinunter und wieder hinauf zum siebten und letzten Hügel, dem **Quirinal** (50 m), den heute fast ganz der Amtssitz des Staatspräsidenten einnimmt.

Da haben wir sie schon alle beieinander und könnten uns jetzt für den Abend einen Besuch auf der Terrasse des **Pincio** vornehmen. Natürlich bei Sonnenuntergang, um den Rundblick über alle unsere Stationen in der richtigen Stimmung bei wechselnder Beleuchtung zu genießen. Finden wir sie noch alle von der schönsten Terrasse der Welt aus? Sankt Peter und der Gianicolo sind nicht zu übersehen. Aber die zählen nicht. Gefragt sind: Kapitol, Palatin, Aventin, Caelius, Esquilin, Viminal und Quirinal. Sehr gut, hätte jetzt der Lateinlehrer gesagt.

## Mauern und Stadttore

Wahrscheinlich hätte man die Stadtmauern in Rom gar nicht bauen müssen. Den ersten, engen Verteidigungsring aus der Republikanischen Zeit, die **Servianische Mauer** *(Mura Serviane)* errichtete man, nachdem die Gallier im Jahr 397 v. Chr. in Rom eingefallen waren. Danach galt für diesen Wall, dessen Überreste wir noch heute am Aventin, am Kapitolinischen Hügel und in der Gegend der Stazione Termini sehen können, was sich allgemein von Defensivwaffen sagen läßt: Hat man sie, braucht man sie nicht, hat man sie nicht, benötigt man sie. Die bereits im Jahr 203 v. Chr. auf 214 000, im Jahr 125 v. Chr. auf 394 000 angewachsene Bevölkerung schreckte im Altertum viele Feinde allein schon durch ihre Zahl ab. In der Zwischenzeit, von Anfang des 4. bis Ende des 3. Jh., bewahrte wohl, wenn wir den lateinischen Schriftstellern glauben dürfen, mehr die altrömische *Virtus* – Tugend, Tapferkeit, Disziplin und Ordnung –, kurz, Machtwille und Staatsräson die Stadt vor Schaden als die Mauer.

*Die Terrassen und Treppen des Pincio oberhalb der Piazza del Popolo, gestaltet von dem Architekten Giuseppe Valadier, der auch den Park auf dem Hügel angelegt hatte, bieten schöne Aussichtspunkte.*

Der zweite, weiter gezogene Befestigungsring, die **Aurelianische Mauer**, 271 n. Chr. von Kaiser Aurelianus begonnen und von seinem Nachfolger Probus (276–282) beendet, war 18 800 m lang und 7,80 m im Durchschnitt hoch. Sie hätte in den kommenden Jahrzehnten und Jahrhunderten nützlich sein können gegen die von Norden anbrandenden germanischen Völker, wenn man genügend Truppen gehabt hätte, um eine so ausgedehnte Verteidigungsanlage rings um eine so riesige Stadt zu besetzen. Aber es fehlte bald sowohl an Militär als auch an Bevölkerung. Unter militärischem Gesichtspunkt wären die aurelianischen Befestigungen ein gelungenes Werk gewesen, mit ihren 380 Türmen und 16 Stadttoren, mit der Stellung ihrer Bastionen und Schanzen. Sie dienten als Vorbild für spätere Fortifikationen in der Baugeschichte des Abendlandes. Von ihrer imposanten und in früheren Zeiten sicher abschreckenden Wirkung kann man sich noch heute überzeugen. Aber wenn es darauf ankam, bei den Germanen in den Zeiten der Völkerwanderung, bei den Truppen Kaiser Karls V. im verheerenden »Sacco di Roma« von 1527 oder den französischen Soldaten Napoleons etwa, bildeten die Mauern kein ernsthaftes Hindernis.

Den Verlauf des Aurelianischen Rings können wir heute in den wesentlichen Teilen gut verfolgen. Besonders eindrucksvoll sind dabei die Stadttore, umfangreiche Festungswerke, denen es nicht an bemerkenswert architektonischer Gestaltung – manchmal nach dem Vorbild antiker Triumphbögen – mangelt. Die **Porta Flaminia** im Norden, an der Piazza del Popolo (daher auch Porta del Popolo), empfing vormals die Besucher aus dem Norden, die über die Via Cassia oder Via Flaminia und die Milvische Brücke zur Stadt kamen. Wie wichtig den päpstlichen Stadtherren der erste Eindruck war, zeigen die Namen der Architekten: Vignola errichtete 1561 nach einem

*Die unter Kaiser Aurelian (270-275) angelegte Stadtmauer ist rund 4 m dick und erhielt etwa alle 30 m einen Wachturm.*

Entwurf Michelangelos die äußere Schauseite, die innere Fassade schuf Bernini 1655 aus Anlaß des Einzugs der Königin Christine aus Schweden. Sie verzichtete auf ihren Thron, weil sie zum katholischen Glauben konvertierte, und nahm Wohnung im Zentrum der päpstlichen Kirche.

Fahren wir von der Porta Flaminia nach Osten die Straße des »*Muro Torto*«, der gewundenen Mauer, entlang, sind wir bald an der **Porta Pinciana**, einem ganz asymmetrisch gebauten Tor, das heute in die prächtige Via Veneto führt. Deshalb ist sie wohl der am besten bekannte und am meisten fotografierte Teil der Stadtmauer. Weiter über die Schnellstraße des Muro Torto, treffen wir auf die **Porta Pia**, die frühere Porta Nomentana an der gleichnamigen Konsularstraße. Diese Porta Pia, die Michelangelo 1561–64 als letztes architektonisches Werk im Übergang von den Formen der Renaissance zu denen des Barock im Auftrag des Medici-Papstes Pius IV. schuf, ist italienischen Patrioten besonders wert, weil hier am 20. September 1870 italienische Truppen in die Stadt des Papstes eindrangen. »Porta Pia« und »Venti Settembre« (20. September) sind daher in Italien zugleich die Synonyme für die nationale Einigung, den Sieg des liberalen Staates über Papst und Kirche.

Die **Porta Tiburtina** neben dem Hauptbahnhof, das Stadttor der Via Tiburtina hinaus nach Tivoli, dem antiken Tibur, wurde zunächst, unter Kaiser Augustus im Jahr 5 v. Chr., als Bogen für die Wasserleitungen der Aqua Marcia, Tepula und Julia errichtet. Davor setzte man Anfang des 5. Jh. n. Chr. unter Kaiser Honorius ein von Türmen flankiertes Tor. Nicht weit davon entfernt erhebt sich die **Porta Maggiore**, heute vom Verkehr umtost, eines der feierlichsten Bauwerke des Römischen Reiches, das unter Kaiser Claudius im Jahr 52 n. Chr. an der Gabelung der Straßen nach Preneste, dem heutigen Palestrina (Via Prenestina), und nach Labici (Via Labicana oder Via Casilina) erbaut wurde. Der Zweck war praktischer Natur: es sollte ein Durchgang unter den zwei Aquädukten der Aqua Claudia und des Anio Novus, des Aniene-Flusses, geschaffen werden. Erst unter Kaiser Aurelianus wurde der Bau als Tor in die Stadtmauer einbezogen. Daneben befindet sich das berühmte Grabmal für den Bäcker und Brotfabrikanten Eurysakes und seine Frau.

Die nächsten Tore, **Porta San Giovanni, Porta Metronia** und **Porta Latina**, sind eher schön verkleidete Mauerdurchbrüche als herausgehobene Ein- und Ausgänge der Stadt. Dafür beeindruckt die **Porta San Sebastiano** an der Via Appia Antica – daher auch Porta Appia – um so mehr. Dieses Stadttor wurde Ende des 4. Jh. wegen der wachsenden Gefährdung Roms unter Kaiser Honorius wieder bewehrt und im 6. Jh. nochmals von den oströmischen Feldherrn Belisar und Narses erneuert. Die Porta Appia, die erst später nach der Kirche des in Rom getöteten, hochverehrten christlichen Märtyrers Sebastian an der Via Appia ihren Namen wechselte, war einer der wichtigsten Zugänge nach Rom. Der im Innern vor der Porta San Sebastiano stehende sogenannte **Drusus-Bogen** geht vermutlich auf

*Das Stadttor an der Via Appia Antica, die Porta San Sebastiano, ursprünglich niedriger und zweitorig, wurde unter Kaiser Honorius (395-423) auf einen Durchlaß verengt, auf drei Geschosse erhöht und mit Zinnen bewehrt.*

die Zeit Trajans zurück und wurde unter Kaiser Septimus Severus als Stütze für den Aquädukt der Aqua Marcia errichtet, der das Wasser in die nahen Caracalla-Thermen führte. Nicht weit davon entfernt, über die Via Cristoforo Colombo mit der Porta Ardeatina hinüber, befindet sich der **Bastione del Sangallo**, eine von dem Baumeister Antonio Sangallo dem Jüngeren im Auftrag Papst Paul III. (1534–1549) wenige Jahre nach dem »Sacco di Roma« angelegte Festung.

Die **Porta San Paolo**, früher auch Porta Ostiense genannt, wegen der durch sie hindurchführenden Straße nach Ostia, wird von der in Rom erratisch-fremd wirkenden, mit weißen Travertinsteinen bedeckten Cestius-Pyramide flankiert. Das Stadttor bewahrt mit seinen mächtigen Türmen und einigen Gedenktafeln die Erinnerung an militärische Ereignisse, die sich hier im Süden der Stadt beim Aventin abspielten, zuletzt den Einzug der alliierten Truppen während des Zweiten Weltkriegs im Juni 1944. Fahren wir nun stadteinwärts, zwischen dem Aventin zur Linken und dem »Kleinen Aventin« zur Rechten, so sind wir nach einigen hundert Metern an der **Porta Capena**, dem belebtesten Stadttor der Servianischen Mauer. Der Kreis schließt sich.

## Der Tiber und die Brücken

Rom liegt am Tiber. Dennoch wird die Stadt nicht durch den Fluß geprägt wie andere Metropolen. Rom verdankt dem Wasserlauf nicht seine Existenz. Den Lebensunterhalt gewannen die Römer nie vom Tiber, ernährt wurden sie stets vom Umland. Dazu gehörten auch die Ackerflächen bis zum Meer. Die Waren von dort wurden jahrhundertelang bis in die Neuzeit mit Lastkähnen auf dem Tiber bis in die Stadthäfen gebracht, den ersten unterhalb des Aventin, den zweiten

*Der einstige Stadthafen von Rom, der Porto di Ripetta, am heutigen Ponte Cavour auf einem Stich von Giovanni Batt. Piranesi*

an der »Ripetta« in der Nähe des Mausoleo di Augusto, am heutigen Ponte Cavour. Sehr belebt werden die Häfen nicht gewesen sein. Auf alten zeitgenössischen Stichen des 17. und 18. Jh. liegen immer nur wenige Boote an der Mole. Im Altertum war es anders; doch auch da übernahm Ostia die Hauptfunktionen der Hafenstadt. Was damals vom Meer nach Rom kam, war nicht selten nur Luxus und zuweilen, wie bei der Einfuhr von billigem Getreide aus Sizilien oder Ägypten, eher störend für die Bauern rings um die Stadt. Der Fluß bot sich als bequemer Verkehrsweg, doch da er zugleich viele Windungen vollführte, kam man auf den Straßen meist besser voran. Nur in einem Punkt diente er unermüdlich und lange Zeit unverzichtbar den Römern: er trieb jahrhundertelang unter den Brücken Mühlen zum Mahlen des Korns an.

Der Tiber war auch nicht besonders freundlich zu den Römern. Er bedrohte zu allen Zeiten mit seinen häufigen Überschwemmungen die Existenz der Städter. Die Hügel links und rechts des Tibers dienten den ersten Bewohnern der alten Siedlung zunächst als Zufluchtsort vor den ungebärdigen und bis in die neuste Zeit ungebändigten Fluten des Flusses. Erst im letzten Jahrhundert begriff man, daß zur Abwehr des Flußwassers nicht Menschenopfer wie in der Antike und nicht fromme Gaben oder Segenssprüche wie unter den Päpsten ausreichten. Erst nach 1870, nachdem Rom ›italienisch‹ geworden war, zähmte man den Tiber und sperrte ihn zwischen hohe Mauern ein.

Diese Maßnahme trennte die Römer endgültig vom Tiber. Sie waren zwar Überschwemmungen und Schlamm in den Straßen ein für allemal los, aber damit geriet ihnen auch der Fluß abhanden. Er floß jetzt so tief unter ihnen, daß sie ihn gut ignorieren konnten. In den ersten Jahrzehnten dieses Jahrhunderts konnte man zwar immer noch im Tiber baden, aber das ist seit geraumer Zeit wegen der zunehmenden Abwässer wenig ratsam und gilt heute als lebensgefährlich. Daß einige Römer einen Verein »Amici del Tevere« (Freunde des Tibers) gründeten und während der Sommermonate einen kleinen Schiffsdienst für Interessierte und Touristen einrichteten, half wenig gegen die Vernachlässigung. Die »Amici« hofften, man würde wie in den Booten auf der Seine in Paris die Stadt bewundern, und vergaßen, daß die Uferbefestigungen so hoch hatten gebaut werden müssen, daß man von den Kunstwerken der Stadt nur noch wenig sieht.

Ein römisches Viertel trägt den Namen des Flusses, Trastevere – jenseits des Tibers –, und die Bewohner dieses ein wenig, doch in malerischer Schönheit heruntergekommenen Viertels sind stolz darauf. Die Bezeichnung besagt zugleich, daß die Stadt Rom mit ihren klassischen sieben Hügeln ganz auf der linken Flußseite lag. Freilich ist »Trastevere« uralt, ja die Bewohner dieses Quartiers behaupten sogar bei guter Laune, sie seien älter als die Römer ›auf der anderen Seite‹. Von der Aurelianischen Stadtmauer wurden die Trasteverini jedenfalls eingeschlossen; davon kann man sich überzeugen. ›Jenseits des Tibers‹ verwendet man darüber hinaus im politischen Rom für den Vatikan, die kleine Stadt des päpstlichen Kirchenstaates mit der Zentralregierung der katholischen Kirche. Je nachdem wie die Beziehungen zwischen dem Papst und der italienischen Staatsführung, zwischen Kirche und Gesellschaft in Italien stehen, spricht man auch davon, der Tiber sei schmaler oder breiter geworden.

Sei's drum. Uns geht es jetzt mehr um den wirklichen Fluß, und deshalb begeben wir uns auf eine hypothetische Bootsfahrt von Norden nach Süden dem Lauf entsprechend, die man leider wegen der Dämme und Untiefen nur auf dem Papier unternehmen kann, die jedoch einen interessanten, gänzlich ungewohnten Aspekt von Rom zeigt. Solch eine Tour müßte auf dem Nebenfluß Aniene beginnen, der, von Tivoli kommend, sich windungsreich durch die Campagna schiebt. Denn bei den Brücken des Aniene – **Ponte Nomentano, Ponte Tazio, Via delle Valli** und **Ponte Salario** – sind wir nicht nur im modernen Rom, das sich hier weit im Norden der Stadt in modern-monotonen Mietskasernen präsentiert, sondern auch unter Bauwerken, die schon in der Antike als Flußübergänge eine Rolle spielten.

Lassen wir, nun auf dem Tiber, die ersten (modernen) drei Brükken – **Tor di Quinto, Bailey** und die großräumige und zugleich längste, 1951 fertiggestellte **Flaminio** – hinter uns, so haben wir vor uns den **Ponte Milvio** oder **Ponte Molle**. Diese Brücke begrüßte seit alters die Ankömmlinge aus dem Norden, da hier die Via Cassia und die Via Flaminia gemeinsam auf das linke Ufer wechseln. Bereits in der Republikanischen Zeit wurde hier im Norden der Stadt, in der geraden Verlängerung der Via Flaminia vom Forum und der Piazza del Popolo, eine Brücke über den Tiber geschlagen. An dieser Milvischen Brücke endete am 28. Oktober 312 die geschichtlich bedeutsame Schlacht zwischen Kaiser Konstantin und seinem Mitkaiser

Maxentius, mit einem dem Christengott zugeschriebenen und den Christen gedankten Sieg des ersten. – Einer, der hier nur schwer Abschied von Rom nahm, war Goethe, dem das Wort zugeschrieben wird: »Euch darf ich's wohl gestehen, seit ich über den Ponte Molle heimwärts fuhr, habe ich keinen rein glücklichen Tag mehr gehabt.«

Die nächste und drittnächste Brücke, den **Ponte Duca d'Aosta** und den **Ponte Matteotti**, verdanken die Römer Mussolini, weil der faschistische Diktator ein weites Sportgelände, Foro Italico mit dem heutigen Olympiastadion, errichten ließ und eine notwendige Verbindung zwischen den neuen Vierteln Parioli und Prati schaffen wollte. Die Brücken **Risorgimento, Regina Margherita, Cavour** und **Umberto I.** hatte schon das Königreich Italien nach 1870 für die Bedürfnisse der sich ausdehnenden lebhafteren Hauptstadt bauen lassen, die U-Bahn-Überführung dazwischen, den **Ponte Metropolitana**, erst die Republik Anfang der achtziger Jahre. Da sind wir auch schon, an Wohnbooten vorbei, die im Sommer auch als Bar oder Ristorante dienen, an der Engelsbrücke, dem **Ponte Sant'Angelo**. Sie ist die schönste der römischen Brücken. Kaiser Hadrian ließ sie im Jahr 136 n. Chr. als Zugang zu seinem Mausoleum über den Tiber schlagen, deshalb wird sie auch *Pons Aelius* genannt, nach einem der Vornamen des Kaisers. Die Engelsstatuen der Brücke wurden nach Zeichnungen des großen Bernini von seinen Schülern zwischen 1660 und 1667 geschaffen.

Den folgenden zwei Brücken, **Vittorio Emanuele** und **Principe Amedeo**, gelingt es tagsüber nie, ihrer Bestimmung gemäß, der Flußüberquerer Herr zu werden. Der Andrang in die Stadt und umgekehrt nach Sankt Peter ist zu groß, die Autos in Ost-West-Richtung prallen hier am heftigsten auf jene in der Nord-Süd-Passage. Der fol-

*Der im 2. Jh. n. Chr. erbaute Pons Aelius wurde zur Engelsbrücke, als im 17. Jh. die Engelsstatuen hinzukamen.*

*Der Ponte Sisto, eine für Fußgänger vorbehaltene Brücke, verbindet das linke Tiber-Ufer mit Trastevere und dem Gianicolo, über dessen Parkanlagen die Kuppel des Petersdoms schwebt*

gende **Ponte Mazzini** erleichtert zwar den Zugang zum Gefängnis »Regina Coeli« auf dem rechten Ufer, doch für den Verkehr ist es unerheblich, was – ohne den Kerker, doch statt dessen zum Nutzen der zu Fuß gehenden Touristen – auch für den nächsten **Ponte Sisto** gilt, nicht jedoch für den **Ponte Garibaldi**, der den Verkehr zwischen ›diesseits des Tibers‹ und Trastevere bewältigen muß.

Dahinter sind wir an der schönsten Stelle des Flusses, an der Tiberinsel, die sich wie ein großes, leicht gebogenes Schiff in den Strom legt, den Campanile von San Bartolomeo stolz als Mast präsentierend. Hier könnte man einmal die Ruhe eines Sonntagvormittags nutzen und auf den Molen entlangspazieren, dabei die verschiedenen Ansichten aus der Tiberperspektive in sich aufnehmend: Die beiden Brücken aus dem 1. Jh. v. Chr., den **Ponte Fabricio** und den **Ponte Cestio**, die eindrucksvollen Überreste des **Ponte Rotto**, der ›kaputten‹ Brücke, aus der Antike; den Einfluß der Cloaca Maxima, des Hauptkanalisationssystems der Antike, in den Tiber hinter dem **Ponte Palatino** und das, was sich an Gebäuden und Glockentürmen jeweils über der Uferbefestigung zeigt. Niemand würde uns dann schelten, wenn wir unsere Fahrt schon hier beendeten und die übrigen Brücken (**Sublicio, Testaccio, Industria, Marconi, Magliana** und **Scafa**) als moderne Konstruktionen inmitten eintöniger Vorstadtsiedlungen auf sich beruhen lassen und dem Strömen des römischen Wassers nachsinnen.

## Die Plätze – Bühnen für ein menschliches Welttheater

Eine Stadt ist reich, wenn sie einen einzigen schönen Platz besitzt. So selten sind im Zeitalter der Autos Plätze geworden, die hier nicht nur dem Straßenverkehr ›Platz machen‹, sondern dem Menschen eine Bühne des Lebens bieten, einen Rahmen, in dem Politik und Religion, Handel und Wandel ihren gemäßen Platz finden. Rom hat von solchen Plätzen einige, und diese bilden nicht den einzigen kunstarchitektonischen Reichtum der Stadt. Doch unter diesen ragt ein Dreigestirn hervor, dem am Himmel der urbanistischen Baukunst nichts gleichkommt: die Piazza del Campidoglio, des Kapitolinischen Hügels, der Petersplatz und die Piazza Navona.

Diese drei wurden zum Glück weitestgehend von Autos freigehalten; viele andere Plätze Roms sind leider zu Parkflächen degradiert. Aber zu den schönsten Plätzen Roms wird man – trotz des Verkehrs – auch die Piazza della Bocca della Verità, die Piazza Colonna, Farnese, del Popolo, del Quirinale, della Rotonda (vor dem Pantheon), San Giovanni in Laterano, Sant'Ignazio, Santa Maria in Trastevere, di Spagna und Venezia rechnen – die alphabetische Reihenfolge soll jede Rangordnung vermeiden –, selbst wenn man ihre ganze Schönheit und Eigenart nur in einer ruhigen Sonntagsstunde ohne Autos erfahren kann.

Selten wird ein Platz fix und fertig gebaut. In den meisten Fällen entsteht er erst im Lauf von Jahrzehnten oder gar Jahrhunderten. Goethes Ratschläge an die Architekten aus dem Roman »Wilhelm Meisters Wanderjahre« gelten daher in besonderer Weise: »Der Bauende soll nicht herumtasten und versuchen; was stehenbleiben soll, muß recht stehen, und wo nicht für die Ewigkeit, doch für geraume Zeit genügen. Mag man doch immer Fehler begehen, bauen darf man keine.« Diese Mahnung ist jedoch bei einem Platz noch schwieriger zu beherzigen, weil hier mehrere Architekten keine Fehler bauen dürfen, sich schon Vorhandenem anpassen, das alte Gegebene in eine neu gewollte Form umgestalten müssen. Da Plätze aber nicht das Experimentierfeld architektonischer Technik sind – von Aufmarschplätzen für Massenveranstaltungen oder Parkhalden zu schweigen, die als Einwegkonstruktionen ihr wahres Gesicht in trostloser Leere enthüllen –, sondern Kristallisierungen des städtischen Lebens, müssen sie von den Bürgern angenommen, also gern bevölkert werden.

Über den **Kapitolsplatz** mit den Palästen der Senatoren, der Konservatoren und des Kapitolinischen Museums, dem trapezförmigen Grundriß und dem linearen Muster im Pflaster, der zur Mitte hin ansteigenden, durch die weißen Linien bewegten Fläche, dem damals dort aufgestellten Reiterstandbild des Kaisers Mark Aurel schreibt der Kunsthistoriker Heinrich Lützeler: »Dieser Ort war im Altertum, durch Tempel, Opfer und Staatsakte geheiligt, Inbegriff Roms und des Imperium Romanum. Wenn die Renaissance die inzwischen verfallene Stätte neu formte, so wollte sie sich damit zugleich den alten Sinn neu aneignen: sie empfand die eigene Gegenwart als Fortsetzung römischer Größe. Im Mittelalter wurde der Platz zur Aufstellung städtischer Rechtssymbolik benutzt, 1143 der Sitz der Stadtverwaltung dorthin verlegt. Damit war er im Hinblick auf die städtischen, der Autokratie des Papstes gegengestellten Freiheiten wieder im höchsten Grade symbolmächtig. Michelangelo orientierte den in der Antike zum Forum hin geöffneten Platz auf Sankt Peter zu – aus verkehrstechnischen, aber auch aus inneren Gründen: die weltliche Roma mit ihrer reichen Geschichte war so durch die Ausdruckskraft städtebaulicher Planung der geistlichen Roma zugeordnet. Im Kapitolsplatz stellte sich verdichtet die Aufgabe der Städtebaukunst dar: die Eingrenzung des Freiraums durch Treppe, Turm und Wand, die Schaffung räumlicher Bezüge zum Teil über große Entfernungen hinweg, die Einschmelzung aller Einzelteile, besonders der plastischen Monumente, in den räumlichen Zusammenhang.«

Und der **Petersplatz**? Die Piazza des Bernini, Roms gewaltigster Platz, ist eine vollkommene Schöpfung – mit Menschen und menschenleer: die vier Reihen der Kolonnaden, weit ausladenden Armen vergleichbar, die aufnehmen, umspannen und sich wieder öffnen, in deren durch die Säulen gebildeten Nischen man sich jedoch zugleich verbergen und bergen kann, die Prozession der Heiligen darüber, Zeichen der triumphierenden Kirche, das Oval des ersten Platzes mit dem Obelisken in der Mitte und den beiden Brunnen (von Bernini geplant, von anderen geschaffen) in der Nähe der Brennpunkte der Ellipse – so daß man von zwei im Pflaster eingelassenen Scheiben die vier Säulenreihen wie eine sieht –, das zur Kirche sich öffnende Trapez des zweiten Platzes mit den beiden Apostelfiguren des Petrus und des Paulus, über den man auf weiten Stufen langsam zur Basilika hinaufsteigt und auf dem an Festtagen der Papstaltar steht. Eine geniale architektonische Leistung ist in diesem Platz konzentriert. Man sieht ihm erst, wenn man es weiß, an, daß der ovalförmige Platz in den Ausmaßen von 196 × 142 m in sich einen Höhenunterschied von 2,46 m aufweist, daß er von der Nullmarke des linken Brennpunktes zu den Kolonnaden auf 2,20 m ansteigt, nach rechts hingegen zunächst auf minus 0,26 m abfällt und dann ganz langsam bis zu den rechten Kolonnaden eine Höhe von 1,57 m erreicht. Bernini schuf den Platz nicht ›im Nichts‹. Der Weg zur Kirche und der Blick von weither auf Fassade und Kuppel mußten gewährleistet werden. Der Zugang zum Vatikanischen Palast durch das Bronzetor rechts sollte bestehen bleiben, sogar mit einem überdachten Gang für wichtige Besucher bei Regen – im Mittelgang unter den Kolonnaden sieht man auf dem Boden noch die Basaltsteine zum Schutz der Säulenbasen gegen die Karossen der Gäste. Der Anstieg zur Kirche, die Sicht für eine große Menschenmenge auf die Benediktionsloggia über dem Mittelportal, der Standort des Obelisken wollten berücksichtigt und gesichert sein. Ein Ort heiliger Feiern sollte geschaffen werden, wo

*Der Petersplatz mit den Kolonnaden und der Basilika di San Pietro (Radierung von Giovanni Batt. Piranesi aus der Folge ›Vedute di Roma‹ von 1775)*

die göttliche Botschaft Christi durch seinen Stellvertreter dem Menschen und der Menschheit verkündet, der einzelne zum Göttlichen erhoben werden konnte. Papst Alexander VII. und dem Künstler Bernini gelang hier die architektonische Krönung eines universalen Anspruchs: Theoretisch kann der Papst die katholische Kirche auch von New York, Lagos oder Tokio leiten, aber sein eigentlicher Platz ist der von Sankt Peter in Rom.

Der Volksplatz der Römer ist nicht, wie der Name nahelegt, die Piazza del Popolo – diese ist kunstvoll konstruierter Schluß der Innenstadt im Norden –, sondern die **Piazza Navona**. Das merkt man an Sommerabenden, wenn Feuerschlucker ihr Geschick, Tiere ihre Kunststücke, Maler ihre Bilder zeigen, ebenso wie im Winter, wenn auf dem Weihnachtsmarkt Kinder um Naschwerk betteln und der Duft der gerösteten Kastanien alles erfüllt. Dann nehmen die Römer gern in Kauf, daß sie ihre Autos nicht auf dem Platz abstellen dürfen – wie auf der Piazza del Popolo –, sondern irgendwo in den Straßen und Gassen daneben lassen müssen. An der Piazza Navona erscheint alles so einfach. Ihre Form ist die eines Stadions, jenes des Kaisers Domitian aus dem 1. Jh., statt der Zuschauerränge finden wir Kirchen und Wohnhäuser, und Schluß. Aber da fing Papst Innozenz X. (1644–1655) erst an, ließ den Palast seiner Familie Pamphili an der Piazza umbauen und daneben von Borromini neu die Kirche Sant'Agnese errichten. Zuvor schon war Bernini am Vier-Ströme-Brunnen in der Mitte am Werk, zwei weitere Brunnen in den Kurven kamen hinzu. Daß man im Barock den Platz unter Wasser setzte – wahrscheinlich nutzte man zumeist die ›natürlichen‹ Überschwemmungen des Tibers – und dann zum Vergnügen des Volkes Wagenrennen abhielt, ist nur der tollste Ausdruck des lustigen Treibens hier. Auf dieser Bühne – leicht zu erreichen und zu verlassen durch sechs Straßen, zugleich von geschlossener Intimität durch die festen

›Die Piazza Navona unter Wasser gesetzt‹ zeigt ein Gemälde aus dem Jahr 1756 von Giov. Paolo Pannini. Zum Vergnügen der Zuschauer wie Teilnehmer wurden im nassen Element Wagenrennen veranstaltet.

Fronten der Häuser – fühlt sich das römische Volk wohl – die Fremden auch.

Rom stellt den Bewohnern und Besuchern noch andere Bühnen bereit, etwa den **Vorplatz der Kirche von Santa Maria della Pace** in seinem heiteren Spiel von konkaven und konvexen Formen. Oder die **Piazza von Sant'Ignazio** mit den virtuos gesetzten Kulissen der Häuser und Zugänge auf engstem Raum, ein- und ausschwingenden Fassaden des Spätbarock, fast des Rokoko. Oder der Spanische Platz, die **Piazza di Spagna**, die man nicht ohne die grandiose Treppe erwähnen kann. Beide erscheinen wie eine Doppelbühne: Die auf der Treppe beobachten die Menschen auf dem Platz und in der abgehenden Via Condotti; wer auf dem Platz, etwa am Brunnen, sitzt, sieht das lebhafte Treiben auf den Stufen bis hinauf zum Obelisken vor der Kirche Trinità dei Monti. Eine ähnliche Wechselbeziehung ergibt sich zwischen der **Piazza del Popolo**, dem weiten Oval mit dem Obelisken in der Mitte, den drei Marienkirchen, zweien am Ausgang des Corso, der dritten wichtigeren neben der Porta Flaminia, und den Terrassen des Pincio hoch darüber.

Man sollte es sich auch nicht nehmen lassen, mit der Kraft der Phantasie die ehemalige Schönheit mancher Plätze wiederherzustellen, die heute durch Autos oder architektonische Zusätze verdorben sind. So die der **Piazza Venezia**; der schroffe Akzent, den das Nationaldenkmal setzt, wird am besten aufgehoben, wenn man es besteigt und dann das Herumgelegene zu seinen Füßen hat, da kann dieses »Monumento« nicht mehr stören. Die **Piazza Farnese** lebt ganz von der Fassade des gleichnamigen Palastes, der **Campo de' Fiori** von den leuchtenden Farben der angebotenen Blumen, auf der **Piazza del Quirinale** und der von **San Giovanni in Laterano** sind es die Obelisken, auf der **Piazza Colonna** hingegen die Triumphsäule des Mark Aurel, die den Platz prägen, auf der **Piazza della Bocca della Verità** die ihn eher zufällig umgebenden Werke der Baukunst: Tempel, Kirchen, Brunnen und Bögen.

## Straßen

Ein starker politischer Wille und eine umsichtige architektonische Gestaltungskraft sind Anfang und Ende des geplanten Städtebaus, der überlegten Urbanistik. Rom hingegen ist nach seiner Gründung jahrhundertelang wild gewachsen, je nach den Bedürfnissen seiner Bewohner, nach den Ansprüchen der Mächtigen und Reichen, nach den wenig koordinierten Ambitionen der alten Republik. Dann griffen die Herrscher ein: Caesar, die Kaiser Augustus und Nero etwa. Wir finden deutliche Spuren von ihnen, doch ein deutliches Konzept, dessen Grundrisse und Bauwerke sich im gesamten Stadtbild noch heute ablesen lassen, sehen wir nicht. Erst die Renaissance zwang der verwachsenen, verwinkelten Wirklichkeit von engen Gassen eine geradlinige Ordnung auf. Die Bauherren und Architekten des Barock und einer ganz anderen Zeit, der des Faschismus, gehen mit dem Lineal über die Stadt. Was sie neu schaffen, findet nicht immer Beifall, doch erleichtert es das Leben der Römer.

So sinnvoll erscheint die **Via del Corso** als Nord-Süd-Achse der Innenstadt, daß man annehmen könnte, es habe sie schon immer in Rom gegeben. Zwar verlief hier schon in der Antike das Stadtstück der Via Flaminia, im Mittelalter die Via Lata – ›breite Straße‹, was auf urbanistische Hervorhebung schließen läßt –, doch erst Papst Paul II. (1464–1471) besorgte die geradlinige Ausrichtung der 1500 m langen Straße zwischen der Piazza del Popolo und der Piazza Venezia – unter anderem, um Pferderennen (Corse dei cavalli, daher der Name Corso) dort abzuhalten. Die Palazzi links und rechts in verschiedenen Stilrichtungen von der späten Renaissance bis zum Rokoko bezeugen, daß es am Corso erst nach dem 15. Jh. lebendig wurde – und besonders während des römischen Karnevals, wovon Goethe eine höchst anschauliche Schilderung gibt (s. S. 65/66).

Anfang des 16. Jh. bildete die **Via Giulia** eine Zeitlang die Hauptstraße der Stadt. Papst Julius II. (1503–1513) hatte sie als erste geradlinige Straße Roms von der Kirche San Giovanni dei Fiorentini am linken Tiberufer gegenüber von Sankt Peter 1000 m lang bis zum Ponte Sisto anlegen lassen. Die adligen Familien schmückten in den folgenden kunstreichen Jahrzehnten die Via Giulia mit stattlichen

Palästen und schmucken Kirchen links und rechts, die noch heute diese Straße zu einer der vornehmsten Roms machen.

Vom Obelisken der Piazza del Popolo blickt man nicht nur in die Via del Corso, sondern nach rechts auch in die **Via di Ripetta** und die anschließende **Via della Scrofa**, die 1518 von Papst Leo X. (als Via Leonina) eröffnet wurde, um den Hauptzugang zur Stadt, die Porta Flaminia, und das neu aufstrebende Viertel, das heute das Zentrum Roms ist, mit dem Hafen der Ripetta und dem Vatikan zu verbinden. Diese Entwicklung war vorbereitet durch die Entscheidung Papst Nikolaus' V. (1447–1455), die Papstresidenz vom Lateran endgültig nach Sankt Peter im Vatikan zu verlegen und damit aus der Stadt auszuziehen, womit er sich zugleich in den Schutz der einzigen intakten Festung Roms, der Engelsburg, begab. Dieser urbanistische Prozeß wurde bekräftigt durch den Beschluß Gregors XIII., einen zweiten Papstpalast auf dem Quirinal zu bauen. Zwischen Vatikan und Quirinal, zwischen Tiber und Pincio entstand das neue Rom, nördlich des antiken. So gewinnt Sinn, daß Klemens VII. (1523–1534) die **Via del Babuino** (als Via Clemenzia) zog, Paul III. (1534–1549) die **Via della Trinità** (heute Via Condotti – weil Gregor XIII. eine neue Wasserleitung, Condotte d'Acqua, legte), **Via Fontanella Borghese, Clementino** und **Monte Brianzo**.

Sixtus V. (1585–1590) legte dann endgültig den Plan des *centro storico*, des historischen Zentrums, fest, das – wie wir wissen – nicht der älteste Teil, nicht das antike Rom ist. Er hatte bis zum Bau der Ei-

*Via Giulia*

senbahn in der Stadt (1856, also noch unter päpstlicher Herrschaft) Gültigkeit. So trägt die **Via Sistina** zu Recht den Namen des fünften Sixtus (die Capella Sistina im Vatikan den des vierten). Sie verläuft 1500 m lang vom Obelisken der Spanischen Treppe über den Hügel des Quirinal bis zur Apsis von Santa Maria Maggiore, wegen der parallel, wenn auch in wechselnden Höhen gezogenen Wasserleitung der Acqua Felice schnurgerade, allerdings unterwegs ihren Namen ändernd – **Via delle Quattro Fontane** und **Via Depretis**.

*Kirchen und Palazzi wurden versetzt, Häuser abgerissen, um die Via della Conciliazione als Schneise vom Petersplatz bis zum Tiber durch das Viertel zu schlagen.*

Es bedurfte wohl des rücksichtslosen Willens eines Diktators, um in den Borgo, das Viertel vor Sankt Peter, eine riesige Schneise zu schlagen. Geplant war dies seit Mitte des 15. Jh. schon von Papst Nikolaus V., nicht nur um den freien Blick auf die größte Kirche der Christenheit zu gewinnen, sondern auch, damit sich die Gläubigen – und ebenso die Skeptiker – in feierlichem Gehen, die Basilika vor Augen, auf das Machtzentrum des Papstes einstimmen konnten. So begann man im Jahr 1936 die alten Häuser des päpstlichen Viertels niederzureißen und Kirchen und Paläste zu versetzen; 1950, zum Heiligen Jahr, waren die Arbeiten beendet, nicht jedoch die Diskussionen um das Projekt und die Ästhetik der **Via della Conciliazione**.

Im Gerede ist und wird für lange Zeit wohl bleiben die **Via dei Fori Imperiali**, die breite, 850 m lange Allee zwischen der Piazza Venezia und dem Kolosseum, die in faschistischer Zeit (1932) als Parade-, Triumph- und »Reichs«-Straße des neuen *Impero* über die Foren gelegt wurde – über, nicht nur zwischen Forum Romanum und Kaiserforen. War es ein Akt barbarischer Denkmalsschändung? Oder eine Entscheidung weit vorausschauender Planung, die den Bedürfnissen des modernen Verkehrs zur richtigen Zeit gerecht zu werden suchte? Kann man die Asphaltierung des antiken Ruinengeländes wieder rückgängig machen und das gesamte Areal der Foren zu einem archäologischen Park umgestalten? Kaum jemand würde etwas dagegen haben, die Via dei Fori Imperiali und die weiteren modernen Bebauungen zu opfern, um das darunter liegende Erbe der Antike freizulegen, wenn zugleich das Verkehrsproblem gelöst würde. Doch tröstlich ist, daß man – ganz nach römischer Art – die Lösung des großen Problems aufgeschoben und in der Zwischenzeit zu graben begonnen hat.

## Unten und oben – Die Treppen

Bedürfen die Treppen Roms einer eigenen Erwähnung und Hervorhebung? Treppen scheinen doch zu nichts anderem gut, als Höhenunterschiede zu überwinden, unten und oben miteinander zu verbinden. Doch von unten nach oben, von oben nach unten zu bringen, das ist ein besonders kunstvolles ›Leit‹-Motiv der Architektur in Rom. Es geschieht oft so selbstverständlich, daß man die Kunst und die raffinierte Technik dabei kaum merkt. Aber gerade dann stellt sich ein besonderes Gefühl ein, ein spezifisch römisches ›Treppengefühl‹, ohne daß man sich dessen so recht bewußt wird. Nur von diesem Empfinden ist hier die Rede. Denn von Kunst und Technik, der Spanischen Treppe etwa und aller anderen römischen *Scale* und *Scalinate,* wird im Zusammenhang mit dem durch sie erschlossenen Bauwerk gesprochen.

Wie ist das ›Treppengefühl‹ der Antike? Wir müssen uns mühen, die Stufen zu erklimmen, sei es im Kolosseum, einem öffentlichen Gebäude, sei es in den Privathäusern von Ostia Antica. Es sind mehr Stufen als Treppen, nur dazu bestimmt, ohne viel Aufwand praktischen Zwecken zu dienen, von einem Stockwerk ins andere zu gelangen, ohne Raum zu verschwenden, von einem Zuschauerrang in den nächsten zu kommen, ohne durch breite Treppenhäuser wertvollen Platz zu schmälern. Wenn es feierlich zugehen soll, benutzt man Rampen zum Anstieg auf einen Hügel, wie den Palatin oder das Kapitol. Da können auch festliche Prozessionen in getragenem Schritt einher- und aufwärtsziehen, wie beim Triumph der siegreichen Feldherrn auf der Via Sacra vom Forum hinauf zum Kapitolinischen Hügel.

Eine andere Funktion haben in der Antike die Freitreppen, an deren Ende ein Tempel steht, wie etwa der Tempel der Fortuna Virilis in Rom am Tiber oder jener der Roma und des Augustus in Ostia. Da steigt man in eine andere Welt hinauf, in einen heiligen Bezirk, der über den Bereich des Profanen erhoben ist und erhaben wirkt, was etwa die Kirche San Gregorio Magno gegenüber dem Palatin nachvollzieht, ebenso wie viele andere Kirchen, die nur mit zwei oder drei Stufen leicht erhöht sind. Daß man heute zu einigen Kirchen in Rom hinuntergeht, zum Pantheon etwa oder zu Santa Pudenziana, hat einen praktischen Grund: Das umliegende Bodenniveau ist durch Schutt und Schlamm gestiegen, während die ›kostbaren‹ Bauwerke bewahrt blieben.

Enge Stufenstiegen gilt es in den Katakomben zu bewältigen. Die Mühe, die mit dem Treppensteigen verbunden ist, wird vor allem bewußt, wenn man sich auf Knien die Stufen der Scala Santa in der Kirche der heiligen Stiege, gegenüber der Lateranbasilika, hinaufbegibt. Es seien die Stufen des Gerichtsgebäudes zu Jerusalem gewesen, welche die Kaiserin Helena Anfang des 4. Jh. nach Rom gebracht habe, berichten fromme Pilgerbücher des Mittelalters, auf denen Jesus Christus dem Leiden entgegenging, und sie so demütig nachzusteigen, bringe ewigen Gewinn und reichen Ablaß. Ganz anders hingegen die Treppen in unzähligen römischen Palazzi, die das Aufwärts- und Abwärtssteigen so angenehm wie möglich zu gestalten suchen, indem sie das Verhältnis der Schrittlänge auf ebenem Boden zur Höhe großzügig auslegen. Das erfordert Platz, doch es gewährt dem Menschen bei anstrengender Bewegung mehr Würde.

Bequem hin, bequem her. Bei Santa Maria in Aracoeli galt es, sich Vorgegebenem anzupassen und der hoch auf dem Kapitolinischen Hügel gelegenen Kirche einen Eingang zur Stadt auf dem Marsfeld, zu der dem Forum abgewandten Seite zu schaffen. Da dies zur Zeit des Exils der Päpste in Avignon geschah (1348), erklärte man die steilen 122 Marmorstufen flugs zur Himmelsleiter – in den Himmel hinauf geht es ja auch schwer –, sah in ihr die Hoffnung auf eine bes-

*In Rom empfiehlt man diese Treppe verliebten Paaren; wenn sie die Anstrengung beim Aufstieg nicht merkten, stehe es gut mit ihnen. Im übrigen wird man für die Mühe des Aufstiegs vor Santa Maria in Aracoeli durch ein schönes Panorama über Rom entschädigt.*

*Piranesis Stich zeigt beide Treppen, den Aufgang zu Santa Maria in Aracoeli und den zum Kapitol.*

sere Zeit ausgedrückt und war mit diesem einzigen Bauwerk in jenen für die Römer schwierigen Jahrzehnten höchst zufrieden. Zu einer gänzlich anderen Lösung kam Michelangelo, vom selben Ausgangspunkt, der Piazza d'Aracoeli, direkt daneben. Gemäß seinem Entwurf wird der Besucher zuerst auf einer breiten Rampentreppe auf die Piazza del Campidoglio geleitet, von dort auf einer doppelten Freitreppe hinauf zum Senatorenpalast. Feierlicher kann man kaum emporschreiten.

Oder doch. Ein ähnliches Gefühl beherrscht den Besucher, der vom Petersplatz hinauf zur Basilika oder in den Vatikanischen Palästen hinter dem Bronzetor die Scala Regia des Bernini ebenfalls emporschreitet – man kann gar nicht anders, die Treppen zwingen zu gemessenem, feierlichem Gang, bereiten auf große Begegnungen vor. Zu den römischen Treppen-Erlebnissen gehört auch die Stiege im Innern der Peterskuppel zwischen den beiden Schalen, in der man sich langsam der Wölbung der Kuppel anpassen muß. Wer zu Kapitol und Vatikan – in den Museen dort hat man für die vielen Besucher als kuriose Treppe zwei Rampen wie Spindeln in sich gedreht – einen Gegensatz erdenken will, der käme der Spanischen Treppe wohl sehr nahe. Ihre Schwünge haben etwas Tänzelndes. Feierlichen Ernst kann man da abstreifen. Oder, wie der Kunsthistoriker Wolfgang Lotz schreibt: »Jeder Absatz führt zu neuen, einige zu überraschenden Bildern. Die Form der Stufen ändert sich; ihre Mitte ist bald

*Die ›Himmelsleiter‹ und die von Michelangelo entworfene Treppe zum Kapitol gehören zu den eindrucksvollsten römischen ›Treppen-Erlebnissen‹.*

*In den Vatikanischen Museen hat man, um den Besucherstrom zu bewältigen, eine Treppe, deren Rampe wie eine Spindel in sich gedreht ist, erbaut.*

konvex, bald konkav, bald gerade; die Läufe trennen und vereinigen sich; ging man zunächst auf die Kirche zu, so hat man sich im obersten Lauf scheinbar von ihr zu entfernen. Es ist wohl mehr der kontinuierliche Wechsel von Formen und Aussichten als die bequeme Form der Stufen, der den Anstieg so mühelos macht. Die Aufmerksamkeit wird so sehr von dem, was das Auge erlebt, in Anspruch genommen, daß die physische Anstrengung kaum empfunden wird ... Aber auch das Ausweiten und die Verengung der seitlichen Grenzen, der verschiedenen Absätze und selbst der einzelnen Treppenläufe hält das Auge ununterbrochen wach; die Füße finden gleichsam keine Zeit, sich zu beklagen.«

Gegenüber diesem Höhepunkt der Treppenarchitektur, nicht in Rom, sondern der ganzen Welt, der im Frühling noch durch Azaleensträucher über dem gesamten Aufgang akzentuiert wird, fällt anderes ab. Deshalb nur zwei Eindrücke noch: Die gewaltige Freitreppe, welche die Apsis von Santa Maria Maggiore umschließt, dient dem ungehinderten Zugang zur Kirche auch von dieser Seite und erscheint zugleich als grandiose Hügelverkleidung des Esquilin. Hier ist die Versuchung besonders groß, sich auf die Stufen zu setzen und die Menschen und den Autoverkehr auf der davorliegenden Piazza zu beobachten.

Und die gewaltigste Treppe Roms? Ohne am italienischen Patriotismus freveln zu wollen, scheint mir das Denkmal für Viktor Emanuel an der Piazza Venezia eigentlich nur aus Treppen zu bestehen, es lehnt sich ja auch an einen Hügel, den des Kapitols, und man macht – wie schon empfohlen – nicht den schlechtesten Gebrauch davon, wenn man hinaufsteigt und aus der Mitte Roms die Stadt betrachtet.

Der Najadenbrunnen auf der Piazza della Repubblica zeigt mit dem Wasser spielende Nymphen.

## Römische Brunnen

Ein Brunnen ist Lebensgefühl und Weltanschauung zugleich. Das Wasser, für die Antike eines der vier Elemente der Welt, ist dem Menschen unentbehrlich, ohne Wasser kann er nicht leben. Solche Existenzgrundlage drückte sich darin aus, daß Wasser für göttlich gehalten wurde, daß die Menschen das Meer und die Seen, Flüsse und Bäche, Quellen und Brunnen mit unzähligen Gottheiten bevölkerten. Aber im Brunnen ist aus der Not des Menschen eine Kunst geworden. Der schöpferische Vorgang, daß die Erde in ihren Quellen Leben hergibt, wird wiederholt.

Brunnen scheinen Luxus. Aber vielleicht verdanken sie ihre Entstehung dem Ungeschick des Menschen, dem Unvermögen – das erst später die Entwicklung der Technik aufheben sollte –, Wasser dauerhaft zu speichern. So mußte das gewonnene, gesammelte, über weite Strecken beförderte Wasser fließen, fließen, fließen. Wollten die Alten – die des Mittelmeerraums, wo Wasser kostbar war und ist, nicht wie im Norden im Übermaß vorhanden – das Wasser vor Augen haben und leiteten es deshalb in Strahlen und Schalen? Wie auch immer. Das Wasser als notwendige Basis des Lebens wurde transformiert zu Freude, Vergnügen, Genuß. Den Meisterwerken der römischen Baukunst, den Aquädukten, entsprechen am Ende oft Kunstwerke, die das Wasser vor dem Gebrauch und Verbrauch ein letztes Mal heiligen und feiern, bis es wieder dem ewigen Kreislauf des Lebens anvertraut wird. Die großen Traditionen der Antike nahmen die Päpste im 16. Jh. wieder auf, als es den Römern gelang, mit dem Wohlstand wieder an alte Zeiten des Imperium Romanum anzuknüpfen und Gelder für Wasserleitungen ›flüssigzumachen‹. Jedes Jahrhundert leistete dann seinen Beitrag, die göttliche Verbindung

*Fontana del Moro auf der Piazza Navona*

von Wasser und Stein menschlich zu variieren, das 17., das ›goldene Jahrhundert‹ des Barock, ebenso wie das 18., 19. und 20. Besonders erfindungsreich war man in Rom dann darin, Kunstelemente der Antike, einen Marmorkopf, eine Travertindekoration, zu verwenden.

Römischen Brunnen zu huldigen heißt deshalb, sich einer Kunstwelt hingeben, die, auf dem Grund des Daseins aufgebaut, den Menschen froh und heiter stimmen soll, munter und vergnügt, ausgelassen und lustig, selten nur besinnlich und ernst, die Abwechslung und Erholung, Entspannung und Zerstreuung, Spaß und Genuß, Behagen und Ergötzen bereitet. Niemand hat bisher alle Brunnen in Rom gezählt. Berechnungen über die Brunnen in der Hauptstadt des Römischen Reiches zur Kaiserzeit schwanken, kommen manchmal auf 212, manchmal auf mehr als 300, die von elf Aquädukten gespeist wurden, welche in 247 Wasserreservoiren etwa eine Milliarde Liter pro Tag vornehmlich für den öffentlichen Gebrauch bereitstellten.

Den römischen Brunnen als Lebensgleichnis haben zwei deutsche Dichter beschrieben:

## Der römische Brunnen

Aufsteigt der Strahl und fallend gießt
er voll der Marmorschale Rund,
die, sich verschleiernd, überfließt
in einer zweiten Schale Grund;
die zweite gibt, sie wird zu reich,
der dritten wallend ihre Flut,
und jede nimmt und gibt zugleich
und strömt und ruht.

*Conrad Ferdinand Meyer*

## Römische Fontäne – Borghese

Zwei Becken, eins das andre übersteigend
aus einem alten runden Marmorrand,
und aus dem oberen Wasser leis' sich neigend
zum Wasser, welches unten wartend stand,

dem leise redenden entgegenschweigend
und heimlich, gleichsam in der hohlen Hand,
ihm Himmel hinter Grün und Dunkel zeigend
wie einen unbekannten Gegenstand;

sich selber ruhig in der schönen Schale
verbreitend ohne Heimweh, Kreis aus Kreis,
nur manchmal träumerisch und tropfenweis

sich niederlassend an den Moosbehängen
zum letzten Spiegel, der sein Becken leis'
von unten lächeln macht mit Übergängen.

*Rainer Maria Rilke*

Ist damit den römischen Brunnen zuviel Schwere gegeben? Vielleicht war es nur ein launiger Einfall Papst Leos X., im Jahr 1515 ein kleines Schiffchen auf einen Brunnen vor der Kirche Santa Maria in Domnica auf dem Caelius zu setzen, oder verpflichtete ihn dazu ein Gelübde aus Anlaß einer schwierigen Seefahrt? Andere Päpste begnügten sich mit Marmorwannen aus dem Altertum, ließen, wie Julius III. (1550–1555) in der Via Flaminia, kuriose Formen – Delphine waren sehr beliebt – dazu meißeln und vor allem ihr Wappen. Oder sie spielten gekonnt, wie der berühmte Brunnenarchitekt Giacomo della Porta (1540–1602), mit Becken und Schalen: so auf der Piazza Nicosia, der Piazza Colonna, Piazza Rotonda vor dem Pantheon, so bei der entzückenden Fontana delle Tartarughe, dem Schildkrötenbrunnen, auf der Piazza dei Mattei mit Muscheln, Epheben und Schildkröten auf der Piazza d'Aracoeli, der Piazza della Madonna dei Monti, Piazza Campitelli mit merkwürdigen, eselsohrigen Masken, der Piazza della Chiesa Nuova in der Form einer vornehmen Suppenterrine – beim Brunnen auf dem Campo de' Fiori vom Anfang dieses Jahrhunderts hat man der Terrine den Deckel abgenommen –, so bei den Fontanelle am Aufgang zum Kapitol mit den beiden ägyptischen Löwen oder in der Via del Progresso. Die Brunnenszene belebt sich Ende des 16. Jh. mit gewaltigen Figuren, so dem Meeresgott im Hof des Kapitolinischen Museums oder der gigantischen, ungeschlachten Gestalt des Moses und der grimmigen Löwen bei der Acqua Felice an der Piazza San Bernardo oder dem »Babuino« (Tölpel) in der gleichnamigen Straße. Der Architekt Domenico Fontana (1543–1607) machte nun seinem Namen (»Brunnen«) alle Ehre, so im Hof des Palazzo Colonna.

Brunnen auf der Piazza della Rotonda

Im ›goldenen‹ 17. Jh. lassen die Päpste die Brunnen mit besonderer Liebe vor allem mit ihren Wappentieren schmücken: Der Borghese Paul V. mit Adler und Drachen, der Barberini Urban VIII. mit Bienen. Die großen Plätze, wie der von San Pietro, die Piazza Farnese oder der Belvedere-Hof des Vatikans, waren den Bauherren und Architekten gerade recht, um großartigen und feierlichen Wasserspielen zu frönen. Gianlorenzo Bernini (1598–1680) zeigte, wie man dem alten Thema von Stein und Wasser neue künstlerische Formen abgewinnen könnte, an der »Barcaccia« vor der Spanischen Treppe, dem kunstvollen »Tritonen« auf der Piazza Barberini, den »Bienen« am Beginn der Via Veneto (Ecke Piazza Barberini) und vor allem im Vier-Ströme-Brunnen auf der Piazza Navona, wie auch in dem des »Moro«, ebenfalls auf der Piazza Navona. Die Lebensfreude des Barock will sich eben auch in den Brunnen ausdrücken, auf der Piazza Santa Maria in Trastevere, im Nymphäum des Palazzo Borghese oder im Hof des Palazzo Colonna. Der Barockbaumeister Francesco Borromini (1599–1667) fügt seiner Kirche San Carlo an der Straßenkreuzung Via Pia (heute Via XX Settembre) und Via Felice (Via delle Quattro Fontane) vier Brunnen an, mit – jetzt stark gedunkelten – Figuren der Flußgötter Tiber und Nil, des »Glaubens« und der »Festigkeit«. Die Flußgötter Nil und Tiber brauchte man auch für die Brunnenanlage der »Roma« vor dem Senatorenpalast auf dem Kapitol.

Dann wurden antikisierende Brunnen ›modern‹; die Verwendung alter Steinteile und Formen, Masken, Wannen, Sarkophage, Säulen oder Architrave gefiel. Aber das war nur ein Zwischenspiel. Die Kräfte sammelten sich neu, um nach der Fontana dei Tritoni an der Piazza della Bocca della Verità die großartigste, prachtvollste und figurenreichste Anlage der römischen Brunnenarchitektur hervorzubringen: die Fontana di Trevi. Sie ist viel zu berühmt, als daß man sie lang beschreiben müßte. Wer davor steht, kann nicht leugnen, daß sich da ein Stück römischen Lebensgefühls vermittelt.

Was danach noch kommt, ist nicht geringzuschätzen, bleibt jedoch im Vergleich zu dem Bisherigen zurück. Manchmal ist es nur artistische Spielerei wie die wassergetriebene Uhr in den Gärten des Pincio oder die in der Via del Gesù, oder es sind nur bemühte Konstruktionen, denen man das Fehlen eines genialen Einfalls zu sehr anmerkt. Zuweilen beschränkt man sich auf einfache Formen, wie in einigen Brunnen der Villa Borghese, auf der Piazza del Quirinale oder im Hof des Palazzo Barberini, oder wagt sich doch an große Anlagen wie beim Neptunsbrunnen auf der Piazza Navona oder dem der Najaden auf der Piazza della Repubblica. In wenigen Worten faßt die Inschrift eines Brunnens in der Villa Borghese das Leitmotiv aller römischen Brunnen zusammen: *Murmure suo fons canit vitae laudem* (mit dem Strömen und Rauschen, dem Fließen und Plätschern, dem Murmeln und Glucksen singt der Quell das Lob des Lebens). Wer möchte vor den römischen Brunnen da nicht mit einstimmen!

## Mosaiken

*Es ist nicht einfach, sich den römischen Mosaiken zu nähern. Die farbenreichen Steinchen-Bilder in den Apsiden oder an den Triumphbögen der Kirchen scheinen einer anderen, fremden Welt über uns anzugehören. Vorn und hoch oben sind sie in den Gotteshäusern angebracht, das schafft Distanz, fordert Respekt und Ehrfurcht. Sie nehmen den Ehrenplatz in den Basiliken ein, eine räumliche Steigerung ist nicht möglich. Der Betrachter bleibt immer fern, es sei denn, er überbrückt mit einem profanen Hilfsmittel wie dem Fernglas die Unerreichbarkeit. Nur in kleinen intimen Kapellen ist ihm vergönnt, näher zu rücken, und er fühlt sich sofort wie in einem ›Paradiesgärtlein‹, wie etwa mittelalterliche Pilgerbücher sagen.*

Gerade weil es schwierig ist, in Rom die Mosaiken zu ›be-greifen‹, weil man ihnen oft unter all dem Bestaunenswerten in einer Kirche nicht die ihnen gemäße Beachtung schenkt, sei hier daran erinnert, daß die römischen Mosaiken ein eigenes, selbständiges Thema sind. Man kann leicht einige Tage, der begeisterte Liebhaber wohl auch mehr damit füllen, diesen Kirchenbildern nach ihrer Entstehungszeit in den einzelnen Jahrhunderten, nach ihren Darstellungen der Heiligen und der frommen Symbole nachzugehen, selbst wenn man dazu kreuz und quer durch Rom und den römischen Verkehr fahren muß. Sinn, Aufgabe und Bedeutung der Mosaiken zu erforschen und sie als ein symphonisches Meisterwerk der römischen Kunst in vielen Tönen und Akkorden aufzunehmen ist lohnend.

Die kunstgeschichtlich höchst interessanten Fragen nach der Originalität und Echtheit sowie nach den verschiedenen Einflüssen der Mosaikkunst und der Mosaizisten von Ravenna oder Byzanz müssen allerdings außer Betracht bleiben. Auch bei den Mosaiken geht eine punktuelle Kunstbetrachtung in die Irre, die einer Zeit, einem Künstler, einem Auftraggeber das Werk zuschreibt. Wie bei allem in Rom, so haben auch hier fast immer mehrere Jahrhunderte ihren Beitrag geleistet. In ein und derselben Kirche sind Mosaiken zu verschiedenen Zeiten entstanden, wurden an schon bestehenden Veränderungen vorgenommen, griff man bei Restaurierungen mehr oder weniger kräftig in die Substanz ein. Uns soll und kann nur das ›Überwiegende‹ einer Epoche, eines Kunstherrn, eines Mosaizisten beschäftigen.

Können wir uns aber in einen mittelalterlichen Menschen, einen Römer des ausgehenden Imperium Romanum zurückversetzen und uns von der modernen Übersättigung mit Bildern ›gesund hungern‹, um jenen Moment in seiner Ursprünglichkeit zu erleben, wenn in einer dunklen Kirche auf dem Gold- oder Blaugrund der Apsis die Heiligen und die Symbole von Erlösung und ewigem Leben oft in unzureichender Beleuchtung auftauchen? Die innere Wölbung der Halbrundschale, die Mauern des Triumphbogens, also das Ende des basilikalen Gotteshauses, sollten ausgeschmückt werden, das war die materiale Aufgabe. Dem Gläubigen sollte die himmlische Welt als Ziel und Vollendung vorgestellt werden, das war die religiöse Pädagogik. Da der Christ früher des Lesens gewöhnlich unkundig war, wurde ihm der überirdische Kosmos in Bildern gezeigt, in dem angebeteten Allherrscher Christus, dem Erlöser durch Kreuz und Auferstehung, in den Heiligen mit Maria, den Aposteln und den in Rom bekannten Märtyrern, in reichen Symbolen, einer ausführlichen Zahlenmystik und vielsagenden Ornamenten. Darüber konnten die Priester der Kirchen leicht und lang predigen, die Blicke ihrer Gemeinde ›nach droben‹ lenkend.

Die Mosaiken selbst sollten ebenso der Vergänglichkeit standhalten, wie es die Bestimmung des Dargestellten war. Auf das Gemäuer der Apsiswölbung trug man meist zuerst groben Mörtel auf, auf diesen Belag kamen von Tag zu Tag, je nach dem Fortschreiten der Arbeit, ein oder zwei weitere feine Mörtelschichten, auf die man leicht Skizzen als Vorzeichnung auftragen konnte und in die dann die *Tesserae* eingesetzt wurden: würfelähnliche grob geschnittene Quaderchen, die kleinsten etwa drei Millimeter im Durchmesser, weder alle gleich groß noch gleich geformt, aus Naturstein, farbigem Marmor oder undurchsichtigem Glas. Die Rundung des Mauerwerks zwang zu kleinem Werkstoff, große Platten zur Verkleidung hätte man nicht anbringen können. Zu den Farben der Darstellung – weiß, schwarz, grün, gelb, blau, rot und purpur – und denen des Hintergrundes – weiß, braungelb, grau und schwarzbraun – kam als dominierendes Element das Gold, Zeichen einer anderen, über dem irdischen Dasein sich erhebenden Welt. Daß sich in der Apsiswölbung handwerkliche Kunst und künstlerische Intuition verbinden mußten, versteht sich von selbst. Die Rundung stellte vor erhebliche perspektivische Probleme, damit sich das Heilige dem schauenden Gläubigen nicht verzerrt darbot.

*Das Mosaik aus der alten Basilika von Sankt Peter (im Museo Barracco), ein Werk venezianischer Künstler, stammt aus dem 13. Jh.*

Nichts bei einem Mosaik ist zufällig, nichts entspringt der Laune eines Augenblicks. Alles ist durch eine jahrhundertelang bewährte und geheiligte Ordnung festgelegt; alles, das Einzelne und das Ganze, hat seinen festen Platz nicht nach menschlichem Belieben, sondern nach dem ewigen Plan Gottes. Das Zentrum ist dem zentralen Geheimnis reserviert, Jesus Christus mit dem Kreuz im Heiligenschein, dem Allherrscher (Pantokrator), dem Erlöser, dem Offenbarer, dem Sohn Gottes in der Einheit der Dreifaltigkeit (mit der Hand Gottvaters und der Taube des Heiligen Geistes), oder den Symbolen, die ihn vergegenwärtigen, wie Kreuz oder Lamm. Die Mitte überragt an Größe alle anderen Heiligen, die wiederum in hieratischer, heilig-feierlicher Strenge entsprechend ihrer Würde unterschiedliche Maße

*Das Apsismosaik von Santa Pudenziana vom Ende des 4. Jh. gehört, obwohl stark restauriert und durch architektonische Veränderungen beeinträchtigt, zu den kostbarsten in Rom. Der inmitten der Apostel wie ein antiker Philosoph lehrende Christus sitzt frontal vor einem Arkadenbau, dahinter das himmlische Jerusalem und die Symbole der vier Evangelisten.*

*Im Apsismosaik der Kirche San Clemente (erste Hälfte des 12. Jh.) durchdringen Lebensbaum und Kreuz, Heilige und Symbole, Tiere und Pflanzen einander zu einer himmlischen Bilderwelt auf leuchtendem Goldgrund.*

haben und in ihrem Abstand zur Mitte und ihrer Beziehung untereinander eine geheiligte Rangordnung, eine ewige Hierarchie ausdrücken. Die Gewänder, mit denen die Heiligen bekleidet sind, Schriftrollen, Bücher, Kirchenmodelle, Heiligenscheine, die sie tragen – ein eckiger Nimbus für den lebenden Stifter des Mosaiks –, der Untergrund, auf dem sie stehen, der Thron, auf dem Christus und Maria sitzen – all das wird nicht nur kunstvoll und prächtig dargestellt, sondern deutet in seiner Symbolik auf geheimnisvolle Zusammenhänge und heilsgeschichtliche Verbindungen.

Der Reichtum der Ornamente und Dekorationen in der Antike, wie wir sie etwa noch in Santa Costanza finden (s. Abb. vordere Umschlaginnenklappe), wird im Mittelalter durch eine Symbolik und Zahlenmystik ergänzt, die auf den ersten Blick nur schmückende und füllende Funktionen zu haben scheint, doch nach dem Sinnreichtum der himmlischen Wirklichkeit mit ihren allegorischen Bedeutungen die Gegenwart Gottes und das göttliche Wirken auf Erden heraushebt. Ein Lamm ist dann nicht nur ein Lamm, sondern Sinnbild Jesu Christi und seines Opfertodes. Die Zwölferzahl ist das Symbol der zwölf Stämme Israels, der Apostelschar, des Volkes Gottes, das seinem Hirten nachfolgt, die heilige Zahl der für alle Ewigkeit Erretteten, wie die Zahl ›12‹ in der Bibel des Alten und Neuen Testaments immer wieder erscheint. Ein Baum besagt die Fülle des Lebens, mehr noch die des übernatürlichen, das aus dem Kreuzesholz entsprießt. Wolken sind nicht Wetterboten, sondern Verhüllung und Veranschaulichung der Macht und Herrlichkeit Gottes, der Kraft des Überirdischen. Eine Fingerstellung wird zum Symbol der Dreifaltigkeit, eine Taube zum Zeichen des Heiligen Geistes, auch des Friedens. Weinreben und Früchte, Zweige und Blätter, Blumen und Gräser, Vögel, Federvieh und Kriechtiere bilden nun Flora und

*Das Apsismosaik von Santa Maria in Trastevere (um 1140) stellt zum ersten Mal das Thema ›Thronender Christus mit Maria‹ dar, ein Hinweis auf die hohe, fast gleichberechtigte Stellung der „gekrönten Gottesmutter".*

Fauna des Paradieses. Das Wasser der Flüsse wird zum Quell des ewigen Lebens, nach dem die Seele des Menschen wie der dürstende Hirsch verlangt – auch ihn finden wir. Eine Stadt mit Mauern, Burgen, Kirchen und Häusern wird zum himmlischen Jerusalem der Seligkeit, in der die Bürger des Himmels nie endende Freuden genießen werden. Krüge und Füllhörner, Kronen und kleine Kästchen bergen nicht Reichtümer, die Rost und Motten zerstören, die irdische Vergänglichkeit und menschliche Vergeblichkeit zunichte machen können, sondern Schätze, die nicht von dieser Welt sind. In den fast unendlich sich drehenden Blättervoluten des Akanthusgewächses schlagen Pfauen symbolträchtig (Schönheit und Vollkommenheit) ihr Rad, Pelikane (mittelalterliches Symbol für Christus) breiten ihre Flügel aus, Engel schweben hinauf und hernieder. Die Blicke der Heiligen übermitteln eine Botschaft, die jeder, der sich in sie versenkt, vielfältig deuten kann.

Nur bei wenigen römischen Mosaiken kennen wir den Namen des Künstlers. Stellvertretend für die vielen mag daher jener der Kosmaten stehen. Er bezeichnet eine Gruppe von geschickten Marmordekorateuren, die zwischen dem 12. und 14. Jh. vor allem in Rom in der Kirchenarchitektur arbeitete und an der Ausschmückung des Kircheninneren mit Kanzeln, Chorschranken, Bischofsstühlen, Altären und Altaraufbauten, Fußböden und Wandpartien ihre hohe handwerkliche Kunst entfaltete. Ihre Mosaikornamente aus Steinen oder Glasfluß sind von der Antike angeregt und von den arabischen Ziermustern jener Zeit in Süditalien bestimmt. Da das Gewerbe häufig vom Vater auf den Sohn überging und auffällig oft der Name Kosmas (nach dem frühchristlichen Märtyrer) vorkam, gilt ›Kosmaten‹ fast als Familienname und ›Kosmaten-Arbeit‹ als Gütesiegel der Marmordekoration.

Das frühchristliche Mosaik am Triumphbogen in Santa Maria Maggiore greift Themen des Neuen Testaments auf: Verkündigung an Maria und Josef, Huldigung der Könige und der Kindermord in Bethlehem.

Eine Rangordnung oder Präzedenzliste unter den römischen Mosaiken aufzustellen erscheint bei der Vielfalt unmöglich und angesichts der Schönheit eines jeden einzelnen ungerecht. Halten wir uns zuerst an die chronologische Folge, dabei den Forschungsergebnissen des Engländers Walter Oakeshott folgend. Oakeshott unterscheidet sechs Mosaiken-Epochen in Rom vom 4. bis zum 14. Jh.

*Wenn ich selbst eine Auswahl wagen müßte, würde ich mich für folgende Kirchen entscheiden: Santa Maria Maggiore wird mit den frühen (5. Jh.) Mosaiken des Langhauses, denen des Triumphbogens, der Apsishalbkuppel und der Apsisrundung (Ende des 13. Jh.) stets Ausgangs- und Endpunkt sein. Weitere Stationen: Santa Prassede und Santa Pudenziana, weil sie zeitlich ziemlich am Anfang stehen und ganz in der Nähe liegen, Santa Costanza als Beispiel des Übergangs von der Antike zum Christentum, Sant'Agnese (neben Santa Costanza), Santi Cosma e Damiano (am Forum Romanum), San Marco (neben der Piazza Venezia), San Clemente (in der Nähe des Kolosseums) und schließlich Santa Maria in Trastevere.*

**Die Antike oder klassische Periode (4. bis 6. Jh.).**
Alt-Sankt Peter: Das Grabmosaik im Friedhof unter der Basilika; Santa Costanza; Santa Pudenziana; Alt-Sankt Peter: die konstantinischen Fragmente in der Basilika; San Giovanni in Laterano: der Christuskopf im Apsismosaik; San Paolo fuori le Mura: der Christuskopf im Mosaik des Triumphbogens; Santa Maria Maggiore: die Mosaiken des 5. Jh. (oben im Hauptschiff); Santa Sabina: das Mosaik des Hauptschiffes; Santi Cosma e Damiano.

**Arbeiten des 6., 7. und 8. Jh. im byzantinischen Stil**
San Lorenzo fuori le Mura; Sant'Agnese fuori le Mura; die Kapelle des hl. Venantius im Baptisterium von San Giovanni in Laterano; Santo Stefano Rotondo; San Pietro in Vincoli; Vatikanische Grotten: Mosaikenfragmente aus der Privatkapelle Papst Johannes VII.; Confessio zu Sankt Peter: der Christuskopf.

**Spätes 8. und frühes 9. Jh. – Das sogenannte Paschalische Zeitalter (Papst Paschalis I., 817–824)**
Santi Nereo ed Achilleo; die Tribuna Benedikts XIV. in ihrer ursprünglichen Form; Santa Maria in Domnica; Santa Prassede; Santa Cecilia in Trastevere; San Marco.

**Romanische Kunst in den römischen Mosaiken**
Santa Maria in Trastevere: das Fassadenmosaik; San Clemente: das Apsismosaik; Santa Francesca Romana und Santa Maria in Trastevere: die Mosaiken in den Apsiden; San Clemente und Santa Maria in Trastevere: die Triumphbogenmosaiken.

**Mosaiken im byzantinischen Stil aus der ersten Hälfte des 13. Jh.**
San Paolo fuori le Mura; Cappella Sancta Sanctorum im Lateran; Santa Maria in Aracoeli: das Capoceische Mosaik.

**Die römische ›Renaissance‹ und ihre Mosaiken**
San Giovanni in Laterano und Santa Maria Maggiore: die Hauptmosaiken der Apsiden; Santa Maria Maggiore und Santa Maria in Trastevere: die Szenen aus dem Marienleben; Santa Maria Maggiore: das Fassadenmosaik; Sankt Peter: Giottos Navicella.

*Piazza di Spagna (Stich von G.B. Piranesi* ▷

# *Visità di Roma – Besichtigungsgänge*

# Kapitol und Piazza Venezia

# Kapitol und Piazza Venezia

## Das Kapitol

Viele Besucher Roms beginnen ihren Rundgang durch die Stadt mit dem Kapitol, dem ›erhabensten‹, wenn auch an Ausdehnung kleinsten der sieben klassischen Hügel. Sie tun recht daran. Denn das Kapitol *(Campidoglio)* ist das Herz der Stadt. Schon im Altertum war der *Mons Capitolinus* mit seinen zwei Hügelkuppen das religiös-politische Zentrum Roms. Das Kapitol des Imperium Romanum wurde vorbildlich für viele ähnliche Anlagen in der zivilisierten Welt. Auf der nördlichen Hügelkuppe, wo sich heute die Kirche Santa Maria in Aracoeli erhebt, stand einst die Fluchtburg *(arx)*, auf der südlichen der wichtigste Tempel, jener der Göttertrias, des Jupiter Optimus Maximus Capitolinus, der Juno Moneta und der Minerva (an der Stelle des Konservatorenpalastes). Die Weihe dieses Tempels für die drei Götter im Jahre 509 v. Chr. ist das erste gesicherte Datum der römischen Baugeschichte; erst von da an wissen wir Genaues. Die Talsenke zwischen den Tempel-Hügeln füllt jetzt der Kapitolsplatz aus. Auch im päpstlich bestimmten Rom, von 213 bis 1870, blieb das Kapitol die politische Mitte der Stadt ›diesseits des Tiber‹, gegenüber dem geistlich-religiösen Zentrum im Vatikan ›jenseits‹ des Flusses.

*»Capitolium heißt es deshalb, weil es das Haupt der ganzen Welt (caput mundi) war, weil die Konsuln und Senatoren dort wohnten, die Stadt und die Welt regierten. Sein Antlitz war mit hohen und festen Mauern bedeckt, die überall mit Glas und Gold und wundervoll getäfelten Werken bekleidet waren. Innerhalb der Burg war ein Palast, größtenteils aus Gold und mit Edelsteinen geschmückt, welcher den dritten Teil der Welt wert gewesen sein soll …« (›Mirabilia Urbus Romae‹, 12. Jh.)*

Die Gesamtanlage des Kapitol mit Piazza und Palästen, Kirchen und Nationaldenkmal, mit der Rampentreppe für das langsame, feierliche Emporgehen zum Platz und dem steilen Aufstieg der ›Himmelsleiter‹ zu Santa Maria in Aracoeli oder den Zugängen vom Forum Romanum auf der Via Sacra bezeugt eindringlich jene Größe und Würde, die der Stadt Rom stets eigen war (s. Abb. S. 139/140). Die Konzeption des von Michelangelo entworfenen Platzes übertrifft nach dem Urteil von Kunsthistorikern als Kunstwerk alle anderen Plätze: ein »persönliches politisches Bekenntnis, eine Festkulisse, die Verwandlung von Architektur als politischer Utopie in eine Architektur als theatralischer Allegorese« (W. Braunfels). Die Bedeutung des Kapitol zeigt sich in allen Jahrhunderten, auch dann, wenn wie im Mittelalter dem Herrschaftsanspruch der Stadt Rom keine reale Macht mehr entsprach. Im Römischen Reich führt der Triumphzug der siegreichen Imperatoren über die Via Sacra, den Heiligen Weg, vom Forum Romanum hinauf aufs Kapitol; im Mittelalter krönt das Volk hier Dichter mit dem Lorbeerkranz und zollt seinen Tribunen Respekt; im Jahr 1957 bildete das Kapitol den feierlichen Rahmen für die Unterzeichnung der ›Römischen Verträge‹ zur Gründung der Europäischen Wirtschaftsgemeinschaft durch die europäischen Staats- und Regierungschefs. Hier im Senatorenpalast, dem Amtssitz des römischen Bürgermeisters, werden die aus aller Welt anreisenden berühmten Gäste empfangen; der ›*Genius loci*‹, der Glanz des Ortes, fällt auf sie und nimmt jeden gefangen.

**Kapitol ☆☆**
**Mark-Aurel-Reiterstandbild ☆**

◁ *Blick vom Senatorenpalast über den Kapitolsplatz auf Rom*

*Kapitol und Piazza Venezia*

*1 Kapitolsplatz*
*2 Senatorenpalast*
*3 Konservatorenpalast*
*4 Palazzo Nuovo (Kapitolinisches Museum*
*5 S. Maria in Aracoeli*
*6 Nationaldenkmal für Viktor Emanuel II.*
*7 Palazzo Venezia*
*8 S. Marco*

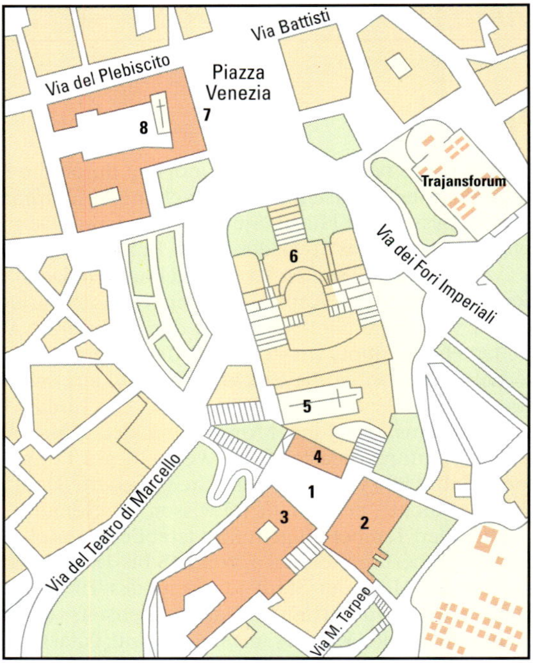


Man spürt das ›Erhebende‹ im Rhythmus des langsamen Aufwärtsgehens, wenn man auf der von Michelangelo entworfenen, feierlichen Rampentreppe von der Piazza d'Aracoeli und der Via del Teatro di Marcello zum **Kapitolsplatz** (Piazza del Campidoglio) hinaufsteigt. Ganz anders empfindet man die steile Treppe links davon hinauf zur Kirche Santa Maria in Aracoeli, neben dem Nationaldenkmal, oder die kurvige Straßenrampe rechts, die Via delle Tre Pile. Die grandiose Treppe in der Mitte, die ›Cordonata‹ des Michelangelo, flankieren unten zwei ägyptische Löwen aus Basalt, links auf halber Höhe ein Bronzedenkmal für den Volkstribun Cola di Rienzo (1354 ermordet), oben Statuen der Dioskuren Kastor und Pollux, Standbilder des Kaisers Konstantin und seines Sohnes Konstantin II. und zwei Meilensteine der Via Appia. Der Platz, nicht groß, doch durch den Entwurf Michelangelos ins Grandiose gesteigert, wird von drei Palazzi beherrscht: dem Senatorenpalast an der Stirnseite, dem Konservatorenpalast rechts und dem Neuen Palast des Kapitolinischen Museums links. Diese Paläste dominieren die Piazza, ohne sie einzuengen, da zwischen den prächtigen Renaissancebauten Raum gelassen ist und Zugänge vom und zum Forum Romanum offen blieben. Durch die trapezförmige Anordnung der Bauwerke zueinander (sie stehen nicht genau rechtwinklig, sondern leicht nach innen verscho-

ben) wird andererseits Geschlossenheit gewahrt. In diese unregelmäßige geometrische Form fügte Michelangelo ein stufenförmig markiertes Oval ein. In seinem Mittelpunkt befindet sich ein Stern, dessen kreisende Bewegung durch helle Ornamente im Pflaster angedeutet ist. So strebt das Auge zur Mitte des Platzes, die zudem durch Aufschüttung leicht erhöht ist, gleitet die Schwerkraft deutlich ins Zentrum – ein Effekt, der gut von der Höhe der Freitreppe des Senatorenpalastes aufzunehmen ist.

In diese architektonisch-geometrische Zentrierung eines ›Trapez-Ovals‹ war das ehemals vergoldete **Reiterstandbild des Kaisers Mark Aurel** gestellt, bevor die Statue vor einigen Jahren wegen starker Gefährdung durch Luftverschmutzung von ihrem Platz genommen und Restauratoren anvertraut wurde. Im Mittelalter stand die Bronzeskulptur auf dem Lateranplatz vor der römischen Bischofskirche San Giovanni, noch früher vielleicht sogar auf dem Kapitol selbst. Die Römer hielten sie irrtümlich für die Statue des Kaisers Konstantin, der den Christen freundlich gesinnt war; Pilger meinten gar, den sagenumwobenen Ostgotenkönig Theoderich zu erkennen. So wurde sie trotz ihrer heidnischen Herkunft nicht eingeschmolzen. Im Jahr 1538 ordnete Papst Paul III. die Umstellung an, gegen Michelangelos Ansicht. Immer rühmte man dieses »mit bewun-

*Zum Kapitolsplatz führt die feierliche, von Michelangelo entworfene Rampentreppe hinauf*

*Reiterstandbild des Mark Aurel (noch auf dem Kapitolsplatz, vor der Restauration)*

dernswerter Kunst gefertigte Werk«, so schon ein Magister Gregorius im 12. Jh. Der Kaiser strahlt Ruhe aus, die des Stoikers, des Philosophen auf dem Thron des Römischen Reiches; die Friedensgeste dessen, der lange Jahre seines Lebens Kriege führte, die drängende Kraft des schweren Pferdes bestimmen die Statue. Auch wegen des gewaltigen, kraftvollen Ausdrucks gilt das Standbild als eines der großartigsten, unversehrt erhaltenen Bildhauerwerke der Antike. Für die Reiterdenkmäler der Renaissance diente es als Vorbild. Unter dem rechten Vorderhuf des Pferdes befand sich einst die Figur eines Königs mit gebundenen Händen, ein Besiegter aus den Kriegen des Kaisers. Eine Legende mit zwei Versionen heftet sich an die ehemals intakte Vergoldung der Reiterstatue: Die eine besagt, wenn alles Gold von der Bronze verschwunden sein werde, stehe das Ende der Welt mit dem Jüngsten Gericht bevor; die andere meint, wenn Pferd und Reiter wieder ganz vergoldet seien, werde Rom wieder Herr der Welt sein. Warten wir ab.

Steigt man zum Kapitolsplatz über die Rampentreppe empor, steht man dem **Senatorenpalast** gegenüber, der im 16. Jh. auf dem Unterbau des antiken Tabularium, des römischen Staatsarchivs, anstelle eines mittelalterlichen Vorgängerbaus errichtet wurde. Die Fassade stammt von Giacomo della Porta und Girolamo Rainaldi (1582–1605); die Rückfront weist hinunter zum Forum Romanum. Michelangelo entwarf die Freitreppe mit zwei Aufgängen (errichtet zwischen 1541 und 1554). Die Mitte unter den beiden Freitreppen nimmt ein Brunnen mit einer antiken Statue der ›Sitzenden Minerva‹ ein, der große Verehrung als Standbild der Roma zuteil wurde, dazu die Statuen der Flußgötter Nil und Tiber. Den mächtigen Glockenturm, nach mittelalterlichem Vorbild erbaut, fügte Martino Longhi d. Ä. 1582 hinzu. Der größte Saal im Innern ist die Aula Consiliare, wegen einer Statue Cäsars auch ›Sala Giulio Cesare‹ genannt; dort tagt der Stadtrat. Die Protomoteca Capitolina umfaßt eine Sammlung von Büsten berühmter Männer.

Der **Palazzo dei Conservatori** (rechts) und der gegenüberliegende **Palazzo Nuovo** (del Museo Capitolino) bilden eine Einheit, von der Konzeption Michelangelos und ihrer Bestimmung für das Kapitolinische Museum her. Der Konservatorenpalast an der rechten Seite des Platzes wurde noch vor dem Senatorenpalast 1563 von Giacomo della Porta nach Entwürfen des damals schon 88jährigen Michelangelo begonnen (ein Jahr vor dessen Tod) und 1575 fertiggestellt. Über die Kunstwerke hinaus weist der Palazzo repräsentative Säle auf, etwa die Sala degli Orazi e Curazi, den Saal der Horatier und Kuriatier, mit den Statuen Papst Urbans VIII. von Bernini (1635–1639) und Innozenz' X. von Algardi (1645–1650). Der Neue Palast des Kapitolinischen Museums wurde um 1650 von Rainaldi nach dem Vorbild des Konservatorenpalastes errichtet.

Schon im Jahr 1471, kurz nach seinem Regierungsantritt, gründete Sixtus IV., kein sehr sittenstrenger Papst, eine Kunstsammlung. So bildet das **Kapitolinische Museum** (Museo Capitolino), verteilt auf

*Das Kapitolinische Museum: Im Hof des Konservatorenpalastes sind antike Skulpturen aufgestellt, darunter die Reste einer kolossalen Statue von Konstatin dem Großen, die aus der Maxentius-Basilika stammt und auf das 4. Jh. datiert wird*

*Die ›Kapitolinische Venus‹*

den Palazzo dei Conservatori und den Palazzo Nuovo, die älteste öffentliche Kunstsammlung des Abendlands und eine der schönsten, hervorragend durch die Schätze und zugleich in einem unvergleichlichen Ambiente gelegen. Spätere Päpste bereicherten immer wieder das Museum, das nach 1870 in die Hände des italienischen Staates überging.

Im Konservatorenpalast finden wir unter anderem: im Hof riesige Fragmente einer Kolossalstatue des Kaisers Konstantin (4. Jh.); in der Sala dei Trionfi ein Bronzebildnis, für das des Brutus gehalten, aus dem 3. Jh. v. Chr., und eine aus der hellenistischen Epoche stammende Bronzekopie des ›Dornausziehers‹ nach dem griechischen Original aus dem 5. Jh. v. Chr.; in der Sala della Lupa das im 6. Jh. v. Chr. geschaffene bronzene Wahrzeichen Roms, die ›Kapitolinische Wölfin‹, die bis 65 v. Chr. auf dem Kapitol stand, in jenem Jahr von einem Blitz beschädigt und durch eine neue Skulptur ersetzt wurde (die kleinen Figuren der Zwillings-Stadtgründer Romulus und Remus sind eine Ergänzung des 15. Jh.; s. Abb. S. 74), und Bruchstücke eines Verzeichnisses der Konsuln und ihrer Triumphe, der ›Fasti consulares et triumphales‹. Die Sala delle Oche (Saal der Gänse) ist den geflügelten Rettern Roms gewidmet, die der Sage nach durch ihr Geschnatter die Römer weckten und so die Eroberung der Stadt durch die Gallier (390 v. Chr.) vereitelten.

Nach den Sale dei Conservatori setzt sich die Kunstsammlung fort im Museo del Palazzo dei Conservatori (antike Skulpturen, Vasen), im Braccio Nuovo (›Apollo saettante‹), im Museo Nuovo des Palazzo Caffarelli mit dem Antiquarium Comunale (archäologische Fundstücke), in der Pinacoteca Capitolina mit Werken von Tizian, Tintoretto, Rubens, Caravaggio, van Dyck und Velázquez, sowie im Tabularium unter dem Senatoren-Palast.

Unter den Kunstwerken im Neuen Palast des Kapitolinischen Museums ragen hervor: zunächst im Hof das sorgfältig restaurierte Reiterstandbild des Kaisers Mark Aurel, das früher in der Platzmitte des

*›Sterbender Gallier‹, die römische Kopie eines sterbenden Kriegers oder Gladiators vom Siegesdenkmal, das König Attalos I. von Pergamon im 3. Jh. v. Chr. nach dem Sieg über die Galater (mißverständlicher Bezug auf die Gallier) errichten ließ*

Kapitols stand, dann großartige Sarkophage, die einen Überblick über die Entwicklung der römischen Bildhauerkunst der Antike erlauben; die ›Kapitolinische Venus‹, römische Kopie der Aphrodite von Knidos des Praxiteles; die Porträtbüsten-Sammlungen, die 79 Köpfe griechischer und römischer Dichter und Gelehrter sowie 64 Köpfe römischer Kaiser und deren Angehöriger enthalten; die ›Verwundete Amazone‹, eine um 440 entstandene Kopie eines Werkes des Kresilas aus dem 5. vorchr. Jh.; der ›Lachende Satyr‹ mit einer Weintraube (2. Jh. n. Chr.); der ›Sterbende Gallier‹, die römische Kopie eines sterbenden Kriegers oder Gladiators vom Siegesdenkmal, das König Attalos I. von Pergamon im 3. Jh. v. Chr. nach dem Sieg über die Galater (mißverständlicher Bezug auf die Gallier) errichten ließ; ›Amor und Psyche‹ (3. oder 2. Jh. v. Chr.); ›Trunkene Alte‹ (Ende 3. Jh. v. Chr.).

## Santa Maria in Aracoeli

Der Name ›Sankt Marien zum Himmelsaltar‹, eine uralte Legende, die Lage auf dem vornehmsten Hügel Roms, zudem auf den Fundamenten des Tempels der altrömischen Göttin Juno Moneta und am Ende einer ›himmelsstürmenden‹ Treppe sowie die geschichtliche Bedeutung im Mittelalter geben der Kirche Santa Maria in Aracoeli eine besondere Würde und Weihe. Es heißt, hier, am höchsten Punkt des Kapitolinischen Hügels und an der Stelle der alten Burg, wurde dem Kaiser Augustus durch eine Sibylle geweissagt, ein göttliches Kind – von einer Jungfrau geboren – werde die Altäre der Götter stürzen; daraufhin ließ Augustus am Ort dieser Offenbarung einen Altar weihen – den Himmelsaltar *(ara coeli)* –, der die Inschrift trug ›*Ecce Ara Primogeniti Dei*‹ (Hier ist der Altar des Erstgeborenen Gottes). So die Legende. Eine erste Kirche wurde wohl schon im 7. Jh. errichtet; im 10. Jh. übernahmen Benediktiner, im 13. Jh. Franziskaner (bis heute) die Stätte. Diese errichteten bis 1320 den jetzigen Bau im romanisch-gotischen Stil der Bettelorden-Architektur. 1348, im Jahr der Großen Pest in Europa, wurde durch die aus 124 schlichten Marmorstufen gefügte, steil aufwärts führende Treppe der Zugang zur Stadt im Norden geöffnet; es war das einzige größere Bauwerk in Rom während des Exils der Päpste in Avignon (1309–1377). Wohl in der Hoffnung auf ein besseres ›Heiliges Jahr‹ 1350 erbaut, wurde die Treppe **›Himmelsleiter‹** genannt (S. Abb. S. 139). Die Kirche stand, ihrer Bedeutung als Zentrum des politischen Geschehens im mittelalterlichen Rom gemäß, dem Stadtparlament als Versammlungsort zur Verfügung; 1571 dankte hier Marcantonio Colonna für das siegreiche Ende der Seeschlacht von Lepanto (gegen die Türken).

Der Himmelsleiter, dieser über ihre Funktion sinnbildlich weit hinausweisenden majestätischen Treppe, steht die gewaltige, doch schlichte Backsteinfassade der Kirche gegenüber. Prachtvoll und kostbar ist die Innenausstattung der dreischiffigen Säulenbasilika, deren Nebenkapellen erst in nachfolgenden Zeiten errichtet wurden. Besonders eindrucksvoll: die schon erwähnte Holz-Kassettendecke aus dem 16. Jh.; die antiken Vorbildern nachempfundenen Säulen; die zahlreichen in den Boden eingelassenen Grabplatten und die Epitaphe an den Wänden, dazu die Statuen von Päpsten des 16. Jh., Leos X., Pauls III. und Gregors XIII. Die reichen Geistlichen, Bürger und Adligen wollten sich in der Kirche ›verewigen‹. Sehr schön die Fresken von Pinturicchio (1485) in der Cappella Bufalini, oder des hl. Bernardino, der ersten Seitenkapelle rechts neben dem Eingang, und die zwei Kanzeln vor dem Hochaltar. Eine Ädikula, ein Aufbau auf acht kleinen Säulen, in der Mitte des linken Querhausarmes (links vorne), erinnert an die Verheißung der Sibylle und den legendenhaften Ursprung der Kirche (Inschrift oben am Triumphbogen). Unter dem Tempelchen ruhen die Gebeine der hl. Helena, der Mutter des Kaisers Konstantin. Sie ließ im Heiligen Land nach den Lebensspuren des Jesu von Nazareth suchen und die Zeugnisse seiner Passion nach Rom führen.

## Piazza und Palazzo Venezia

*Die Madonna d'Acuto aus dem Museo Venezia, eine farbige, vergoldete und mit Edelsteinen besetzte Holzskulptur aus dem 12./13. Jh., gilt als ein Meisterwerk romanischer Bildhauerkunst in Latium*

Die Piazza Venezia ist die geographische Mitte der Stadt, zugleich einer der verkehrsreichsten Plätze der Welt. Nach allen Himmelsrichtungen gehen die Straßen von ihm aus, die Via del Corso zur Piazza del Popolo, die Via Battisti hinauf zum Quirinal, zur Via Nazionale und zum Hauptbahnhof, die breite, unter Mussolini über die Foren geschlagene Pracht- und Paradestraße der Via dei Fori Imperiali zum Kolosseum, die kurvige Via di Teatro di Marcello zum Tiber und die Via del Plebiscito nach Sankt Peter. Geprägt wird die Piazza Venezia von dem glänzend weißen Marmorgebirge des Nationaldenkmals, des ›Vittoriano‹, und dem Palazzo Venezia (15. Jh., im Westen), dem man der Symmetrie zuliebe einen ähnlich aussehenden Versicherungspalast gegenübergestellt hat.

Der **Palazzo Venezia** ist das erste große Werk nichtkirchlicher Renaissance-Architektur in Rom. In ihm verbinden sich das Trutzhafte einer mittelalterlichen Stadtfestung und die eleganten Formen der frühen Renaissance. An den mit einem imposanten Eckturm versehenen Palazzo schließen sich nach Westen die Kirche San Marco und der Palazzetto Venezia an; letzterer mußte beim Bau des Nationaldenkmals für Viktor Emanuel II. von der gegenüberliegenden Seite hierher versetzt werden. Kardinal Pietro Barbo, der spätere Papst Paul II., ließ die Arbeiten Mitte des 15. Jh. beginnen und vertraute ihre Ausführung verschiedenen Architekten, vielleicht auch Alberti, an. Sein Neffe, Marco Barbo, Kardinal-Titular von San Marco, beendete den Bau 1491. Der sich durch eine harmonische Baustruktur auszeichnende Stadtpalast war von 1594 bis 1797 Eigentum der Republik des hl. Markus, also Venedigs; dies erklärt den Namen. Von 1797 bis 1916 war der Palazzo Sitz der Gesandtschaft Öster-

*Ein mächtiger Eckturm überragt den mit Zinnen versehenen Palazzo delle Assicurazioni aus dem Jahr 1911, der dem gegenüberliegenden Palazzo Venezia (15. Jh.) nachgebildet ist.*

reichs beim Papst, in der faschistischen Zeit der Regierung Mussolinis. Vom Balkon der Fassade zur Piazza Venezia hin hielt der faschistische Diktator an Zehntausende von begeisterten Römern flammende Reden und proklamierte das Imperium Romanum neu. Heute befinden sich im Innern des Palastes ein Museum, das **Museo di Palazzo Venezia** mit Kunsthandwerk und Waffen aus Mittelalter und Renaissance, und das Institut für Archäologie und Kunstgeschichte; die repräsentativen historischen Säle bieten Raum für Kunstausstellungen wechselnder Thematik.

Die kleine Kirche **San Marco,** eingegliedert in den Komplex des Palazzo Venezia, hat eine lange Geschichte. Der Überlieferung nach bereits im Jahr 336 von Papst Markus als Titelkirche zu Ehren des Evangelisten Markus (mit Symbol des Löwen) gegründet, ließ Papst Hadrian I. sie 792 erneuern und Papst Gregor IV. 833 fast vollständig neu erbauen sowie Apsis und Triumphbogen mit beachtenswerten Mosaiken schmücken. Das Mosaik in der Apsishalbkugel – eines der bedeutenden Werkeder karolingischen Kunst in Rom – zeigt Themen, die auch von anderen Darstellungen her vertraut sind: Christus mit Heiligen und dem Stifter Gregor (erkennbar an dem quadratischen Nimbus um den Kopf), der ein Modell der Kirche in der Hand trägt, dazu Symbole und Allegorien aus dem Neuen Testament. Kardinal Pietro Barbo ließ die Kirche in ihrer heutigen Gestalt von 1455 bis 1471 erbauen und in seinen Palast einbeziehen. Die Fassade mit einem dreibogigen Portikus gilt als eine der elegantesten Schöpfungen der Frührenaissance in Rom. Als Baumeister werden auch Giuliano da Maiano und Leon Battista Alberti genannt, die stilistisch mögliche Zuweisung ist jedoch unsicher.

## Nationaldenkmal für Viktor Emanuel II.

An der Südseite der Piazza Venezia erhebt sich das Monument Nazionale e Vittorio Emanuele II., das Nationaldenkmal für den ersten italienischen König (gestorben 1878) nach der nationalen Einigung 1870, der sich aus Achtung für seinen Vater ›der Zweite‹ nannte. Die Schönheit dieses 1885 bis 1911 errichteten Monuments ist unter Römern wie Besuchern recht umstritten. Der glänzend weiße, kalte Marmor aus Botticino bei Brescia, wegen seiner unverwüstlichen Reinheit gewählt, will nicht recht zu dem warmen, in Rom vorherrschenden Travertin passen. Der ›Zuckerbäckerstil‹ und die Riesenmaße fügen sich ungünstig in die Gesamtanlage des Kapitolinischen Hügels

*Das Nationaldenkmal für Viktor Emanuel II. ist aufgrund seiner riesigen Ausmaße und des pathetischen Stils bei Römern und Besuchern recht umstritten*

(viele Archäologen sind unglücklich darüber, was diese gewaltige Steinmasse an Kostbarkeiten verdeckt) und ins Stadtbild ein. Doch erleichtert das 70 m hohe, 135 m breite und 130 m tiefe Denkmal die Vorstellung vom imperialen Rom; so ähnlich werden die Prachtbauten auf den Foren der Antike wohl gewirkt haben. Über der mächtigen Freitreppe befinden sich in halber Höhe das ›Grabmal des Unbekannten Soldaten‹ und der ›Altar des Vaterlandes‹, die zum Besuchsprogramm ausländischer Staatsgäste gehören. Wer etwas höher hinaufsteigt, genießt einen großartigen Rundblick über die nahe gelegenen Kaiserforen, das Forum Romanum mit dem Kolosseum und die ganze Stadt. Im Innern des Denkmals befindet sich das **Museo del Risorgimento,** der italienischen Einigungsbewegung im 19. Jh.

# Forum Romanum und Palatin

# Forum Romanum und Palatin

## Forum Romanum

»Wahrhaftig«, schrieb der italienische Dichter Francesco Petrarca schon 1337, »größer war Rom, als ich glaubte, größer sind seine Trümmer! Schon verwundert mich nicht mehr, daß der Erdkreis von dieser Stadt unterworfen wurde.« Da ist ausgesprochen, was wohl ein jeder beim Anblick des Forum Romanum empfindet. Den besten Überblick dafür gewinnt man von der Rückseite des Senatorenpalastes auf dem Kapitolinischen Hügel (s. Titelabb.). Zwei Wege führen vom Kapitolsplatz hinunter zum Forum; der eine davon, rechts, ist die **Via Sacra,** die Heilige Straße des alten Rom für Prozessionen und Triumphzüge. Hier bietet sich auf halber Höhe Gelegenheit, die Ruinen des Zentralplatzes des Imperium Romanum auf sich wirken zu lassen: Von den drei Tempeln unterhalb des Senatorenpalastes und des Tabularium, der Dei Consentes (der zwölf Gottheiten griechischen Ursprungs), des Kaisers Vespasian und der Göttin Concordia (Eintracht), hinüber zu den Kaiserforen auf der anderen Seite der Via dei Fori Imperiali bis zum Titus-Bogen und dem Kolosseum.

Obwohl oder weil die Bauwerke in ihrem jetzigen Zustand – unterschiedlich erhalten, zuweilen leicht, manchmal höchst schwierig zu rekonstruieren – kaum mehr den strahlenden Glanz der Antike zeigen, übt das Forum Romanum Faszination aus. Der einst prachtvolle ›Schaubezirk‹ nicht nur Roms, sondern des ganzen Römischen Reiches, am Fuß der Hügel des Kapitol und des Palatin gelegen, heute geprägt von aufragenden und umgestürzten Säulen, von Triumphbögen und Mauerresten, von halb sichtbaren Fundamenten und altem Straßenpflaster, ist die Bühne, auf der für Jahrhunderte das Geschick Europas entschieden wurde. Die wachsende Macht der Stadt Rom und die Gewalt des Imperium Romanum, die politische ›*Res publica*‹, die öffentliche Sache, und der religiöse Kult, die Rechte und Pflichten der Bürger, ihre politischen, sozialen und wirtschaftlichen Interessen, Ordnungen, Gesetze und Sitten des alten Rom stellten sich hier mit fast maßlosem Anspruch dar. Die Geschichte des Forum Romanum ist mindestens ein Jahrtausend lang die Geschichte der Stadt Rom, des Imperiums und des Abendlands überhaupt.

Ursprünglich war die Senke zwischen den Hügeln ein Sumpfgebiet, von Bächen durchquert und außerhalb (*foris*, daher wohl der Name) des besiedelten Territoriums liegend. Nach der Trockenlegung um 510 v. Chr. trafen sich hier die Bewohner der umliegenden Hügel zu ihren Geschäften, zum Austausch der Güter; ein Markt entstand. Mit der Errichtung zahlreicher Tempel- und Staatsbauten in der Folgezeit begann die Entwicklung zum religiösen und politischen Zentrum. Da bot sich Platz für die Versammlungen des Volkes und der Volksvertreter, und die Gelegenheit, über das Wohl und

*Das Forum Romanum ist in all seiner Dekadenz bei Mondschein auch ein romantischer Platz: »Welch eine öde, weite Ebene, hoch von Ruinen, Gärten, Tempeln umgeben, mit gestürzten Säulenhäuptern und mit aufrechten einsamen Säulen und mit Bäumen und einer stummen Wüste bedeckt! Der aufgewühlte Schutt aus dem ausgegossenen Aschenkrug der Zeit – und die Scherben einer großen Welt umhergeworfen! Drei Tempelsäulen, die die Erde bis an die Brust hinuntergezogen hatte, links an einer Christenkirche die tief in den Bodensatz der Zeit getauchte Säulenreihe eines alten Heidentempels, am Ende der Siegesbogen des Titus ...« (Jean Paul, ›Titan‹)*

Forum Romanum ☆☆
Titus-Bogen ☆

◁ In der Nähe des Forum Romanum

Wehe der Republik zu entscheiden. Es entsprach den Bedürfnissen einer Stadtbevölkerung, daß auch Gebäude zu merkantilen Zwekken entstanden, feste Markthallen, in denen die Bürger einkauften oder, mehr noch, wo sie angesichts einer beständigen Arbeitslosigkeit – die offenbar durch die imperiale und expansive Politik sozial ›verkraftet‹ werden konnte – mit Waren versorgt wurden.

Die enge Verbindung von Wirtschaft und Justiz, Religion und Politik, die Zunahme an Macht und Einfluß des römischen Staatswesens dokumentierten sich auf dem Forum Romanum in prächtigen Bauten und Kunstwerken. Die Vertreter des öffentlichen Lebens, die Volkstribunen, Beamten, Senatoren, Konsuln und Kaiser verschönerten durch eindrucksvolle Bauwerke und Standbilder über Jahrhunderte das Zentrum ihres Reiches, in dem Neuerbautes neben Altem und Geordnetes neben zufällig Entstandenem schließlich einen dichtbebauten Komplex bildeten, der uns heute ob seiner Vielschichtigkeit nicht so leicht zugänglich ist. Als letztes klassisches

Forum Romanum

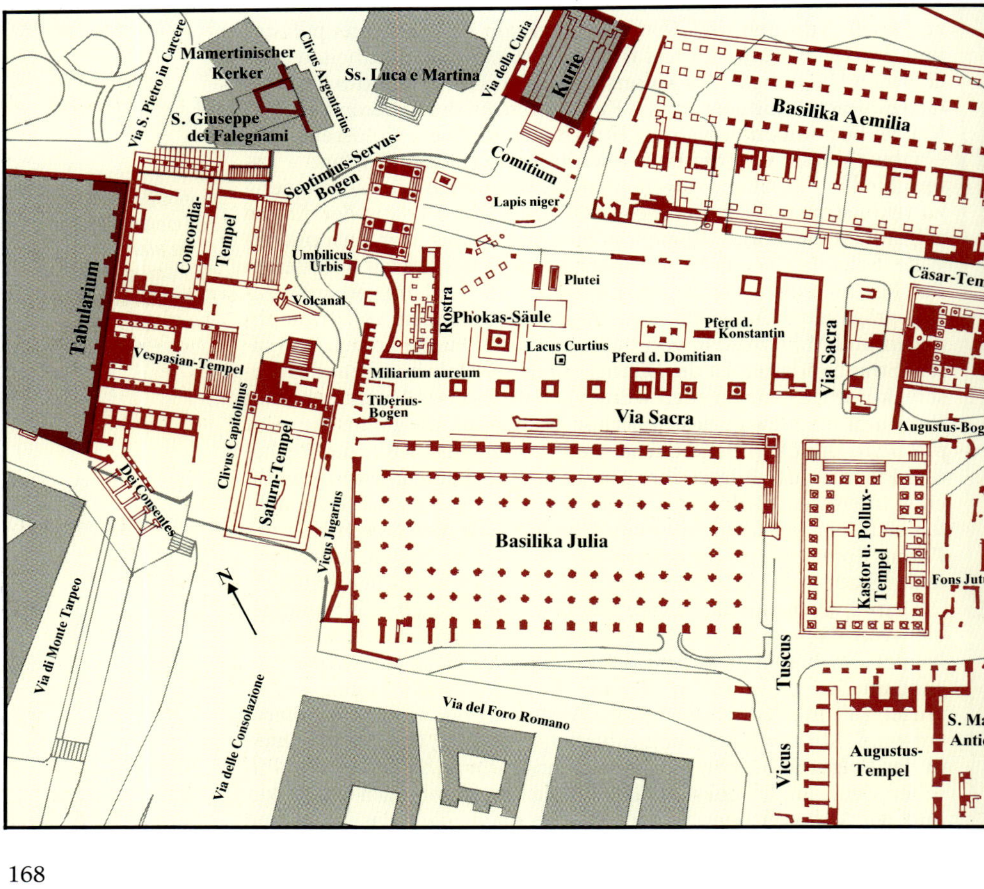

Bauwerk entstand auf dem Forum 608 n. Chr. die Phokas-Säule, eine Ehrensäule für den byzantinischen Kaiser. Es folgte die Zeit des Verfalls, in der das Forum und seine Bauten anderen Zwecken dienstbar gemacht wurden: als Kastell, als christliche Kirchen, als Steinbruch und schließlich sogar als Kuhweide *(campo vaccino)*. In der Renaissance erwachte wieder das Interesse für die verschütteten Ruinen auf dem Forum. Doch erst im 18. und 19. Jh. begannen planmäßige Ausgrabungen der antiken Reste, die sich unter einer mehrere Meter dicken Schicht von Geröll, Schutt und Erde erhalten hatten. Mit Hilfe von Modellen – ein eindrucksvolles im Museo della Civiltà Romana (s. S. 339) – und anschaulichen Fotografien läßt sich das Forum Romanum der Kaiserzeit rekonstruieren; der ›Trümmer-Platz‹ bleibt wohl doch suggestiver.

Nimmt man den Treppenweg, der links vom Senatorenpalast zum Forum Romanum hinunterführt, so kommt man an zwei unmittelbar an den Forumsbezirk angrenzenden Kirchen vorbei: San Giuseppe

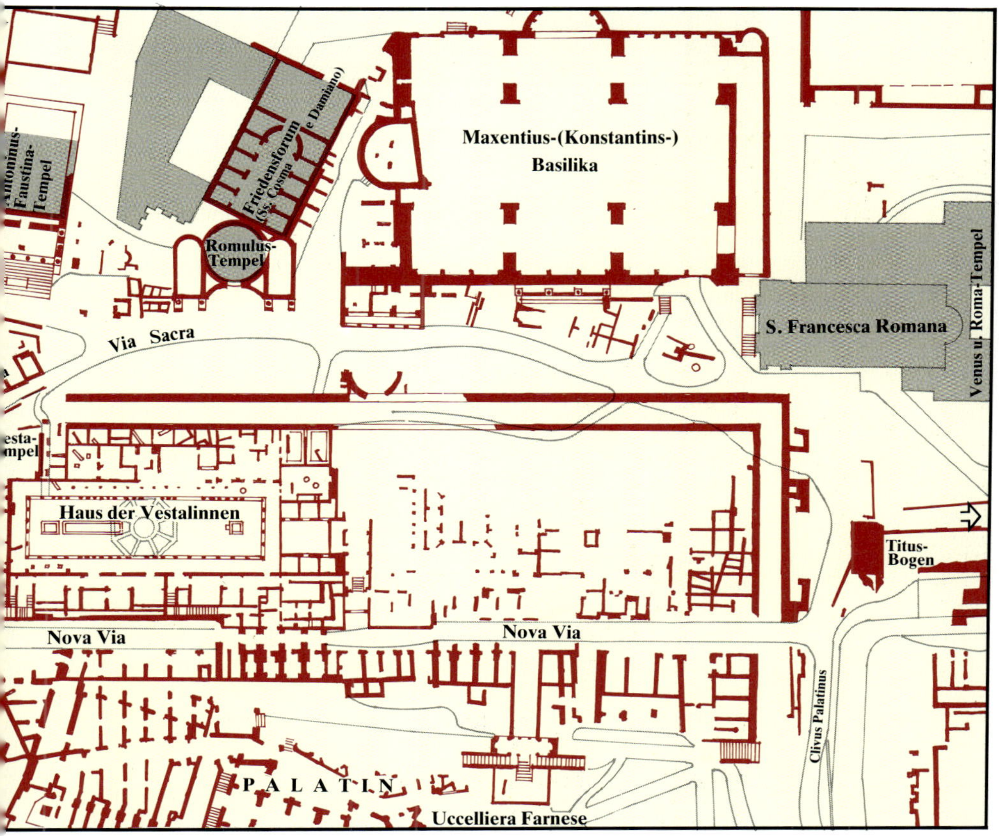

*Rekonstruktion des Forum Romanum (Lithographie nach einer Zeichnung von Carl Votteler)*

dei Falegnami mit dem Mamertinischen Kerker und Santi Luca e Martina.

Am Fuß des Kapitolinischen Hügels, Richtung Forum, dienten zwei übereinanderliegende Gebäudekomplexe seit dem 4. Jh. v. Chr. als Staatsgefängnis. Die Historiker erbrachten den Nachweis, daß der numidische König Jugurtha (104 v. Chr.), die Mitverschwörer des Catilina und der Anführer der Gallier gegen Caesar, Vercingetorix (52–46 v. Chr.) hier im **Mamertinischen Kerker** eingekerkert waren; die christliche Legende sieht an diesem Ort die beiden Apostel Petrus und Paulus in Gefangenschaft. Mit Quellwasser aus dem **Tullianum,** dem unteren Bereich der Haftanlage (benannt nach einem Wasserbehälter), habe Petrus seine Mitgefangenen getauft. Dieser Tradition gedenkend, wurde dort die Kapelle **San Pietro in Carcere** – Sankt Peter im Kerker – errichtet. Sankt Joseph dem Tischler ist die darüber befindliche Kirche **San Giuseppe dei Falegnami** geweiht.

Die Kirche **Santi Luca e Martina** wurde zunächst im 8. Jh. als Unter- und Oberbau neben dem Forum Romanum der römischen Märtyrerin Martina geweiht. Im 17. Jh. errichtete man eine neue Oberkirche und sprach die Kirche auch dem hl. Lukas zu, der nach der Legende ein tüchtiger Kunstmaler gewesen sei und Maria, die Mutter Jesu, porträtiert habe. Der architektonisch bedeutsame, im Ganzen und in den Details brillant konzipierte Bau des 17. Jh. ist ein Werk des Pietro da Cortona im Auftrag des Kardinals Francesco Barberini für die Künstlerakademie des hl. Lukas.

Rechts vom Eingang in das Forum Romanum und zum Palatin an der Via dei Fori Imperiali befinden sich die Überreste der **Basilica**

**Aemilia,** eines 100 m langen, dreischiffigen Baues mit einer allein 70 m langen Aula für öffentliche Verhandlungen, der 179 v. Chr. von dem Censor Marcus Aemilius (von der Familie Aemilia der Name) Lepidus begründet, von dem Konsul Marcus Aemilius Paulus 78 v. Chr. erweitert und unter Kaiser Augustus sowie im 3. Jh. n. Chr. restauriert wurde.

Das einfache, schmucklose, aus Ziegeln errichtete, hoch aufragende Gebäude der Curia war der Versammlungsort des römischen Senats. Diese **Kurie** hatte mehrere Vorgängerbauten, deren erster bereits aus römischer Königszeit bekannt ist. Zerstörungen, so durch Brände, machten durch die Jahrhunderte mehrmalige Neuerrichtungen notwendig; zu den Bauherrn zählen Sulla, Caesar, Diokletian und Julian Apostata. Den heutigen Bau ließ Diokletian im Jahr 303 n. Chr. ausführen. Im 7. Jh. wurde die auch im Altertum innen und außen schlichte Kurie in eine Kirche umgewandelt und blieb deshalb als einziges Bauwerk des Forum Romanum ganz erhalten. Von 1931 bis 1937 wurden bei einer gründlichen Restaurierung alle in nachdiokletianischer Zeit vorgenommenen Veränderungen beseitigt. Heute werden mitunter Ausstellungen in der Kurie veranstaltet.

In der schlichten Halle, 27 m lang und 18 m breit, einst Entscheidungsstätte für etwa 300 Senatoren, zeugen Bruchstücke eines farbigen Marmorfußbodens noch von vergangener Schönheit. In der Kurie sind die **Anaglypha des Trajan** aufbewahrt, Travertinschranken, die Reliefdarstellungen des Kaisers vor dem Volk enthalten. Die Bronzetore sind Kopien, da Borromini die Originale einst in das Mittelportal der Laterankirche einbaute.

Auf dem Platz vor der Kurie, dem Comitium, hielt man in Republikanischer Zeit Volksversammlungen ab, auch das ein Hinweis darauf, daß an diesem Ort die Geschicke der Stadt entschieden wurden. Träger der römischen Geschichte waren eben Senat und Volk von Rom – *Senatus Populusque Romanus* – wie die Abkürzung ›S.P.Q.R.‹ auch heute noch überall besagt.

Zwischen der Kurie und dem Septimius-Severus-Bogen liegt, durch ein niedriges Dach geschützt, ein Fußbodenquadrat aus schwarzem Marmor, der **Lapis Niger** (schwarzer Stein). Darunter befinde sich, so die Legende seit altersher, das Grab des Romulus, des Gründers von Rom. Daneben ist auf einem bei Ausgrabungen 1899 zutage geförderten Tuffsteinpfeiler die älteste bekannte lateinische Inschrift zu sehen, die von links nach rechts und in der nächsten Zeile von rechts nach links verläuft. Sie verkündet wahrscheinlich ein heiliges Gesetz, das vor der entweihenden Profanisierung dieses Gedenkortes warnt (vermutlich aus dem 6. Jh. v. Chr.), der also schon in ältester Zeit geheiligt war.

Neben dem Triumphbogen des Septimius Severus (südlich) und gegenüber der Kurie befindet sich die Rednertribüne, **Rostra** genannt nach den hier angebrachten Schiffsschnäbeln *(rostra)* der in der Seeschlacht bei Anzio (80 km südöstlich von Rom) 338 v. Chr. eroberten feindlichen Schiffe: eine Plattform von 3 m Höhe, 24 m

Länge und 12 m Tiefe. Sie wurde von dem Comitium vor der Curia im Jahr 44 v. Chr. an diese Stelle verlegt, als Caesar das Forum umgestaltete. Was hier geschah, vermittelt eindringlich William Shakespeare in seinem Drama ›Julius Caesar‹ mit der Rede des Antonius gegen Brutus. Sie ist ein meisterhaftes Beispiel dafür, wie durch rhetorische Mittel – »doch Brutus ist ein ehrenwerter Mann« – die Volksgunst gedreht wird, und zugleich die lebendige Vergegenwärtigung vom ›*Genius Loci*‹ des Forum.

**Der Triumphbogen des Septimius Severus wurde dem Kaiser und seinen beiden Söhnen 203 n. Chr. vom Senat und dem römischen Volk (S.P.Q.R.) gestiftet**

Hinter den Rostra (im Westen) gibt eine Rundbasis den **›Umbilicus Urbis‹** an, den Nabel der Stadt, das symbolische Zentrum Roms. Vor den Rostra (nach Osten) erstreckt sich der 120 m lange und 50 m breite Forumsplatz aus der Zeit des Augustus. Auf ihm erhoben sich Statuen und Denkmäler, wie etwa Anaglypha oder Plutei Traiani, Marmorschranken zu Ehren des Kaisers Trajan mit Reliefs an den Innenseiten, die jetzt, wie dort schon erwähnt, in der Kurie ausgestellt sind.

Die noch an ihrem Platz stehende **Phokas-Säule** ist eine 13,8 m hohe korinthische Säule aus dem 2. nachchr. Jh., die 608 n. Chr. zu Ehren des byzantinischen Kaisers Phokas neu bestimmt wurde, zum Dank dafür, daß der Kaiser dem Papst Bonifatius IV. das Pantheon zur Umwandlung in eine Kirche überlassen hatte.

Neben der Rednerbühne (im Süden) stand einst der **Goldene Meilenstein** (Miliarium Aureum), den Kaiser Augustus im Jahr 9 oder 20 v. Chr. aufstellen ließ und an dem die Via Sacra und alle römischen Konsularstraßen begannen oder endeten. Auf ihm waren in goldenen Ziffern die Entfernungen von Rom zu den verschiedenen Provinzstädten des Römischen Reiches angegeben.

Dem Kaiser Septimius Severus und seinen beiden Söhnen, Caracalla und Geta, wurde im Jahre 203 n. Chr., zum zehnten Jahrestag des kaiserlichen Regierungsantritts, ein Siegesbogen errichtet. Der **Septimius-Severus-Bogen** erinnert an die Siege über Parther und Araber und die Stämme im ehemaligen Assyrien. Einen Triumphbogen für siegreiche Kaiser und Feldherren zu errichten, konnten nach dem Gesetz Senat und Volk von Rom entscheiden, so die Inschrift S.P.Q.R. Das bei Frontalansicht fast quadratisch wirkende, dreitorige Bauwerk (23 m hoch, 25 m breit), gegenüber der Kirche Santi Luca e Martina gelegen, zeigt auf vier Marmorreliefs Szenen aus diesen Kriegen. Beachtenswert sind Bewegtheit und Plastizität der Darstellung, auf der Siegesgöttinnen mit Trophäen deutlich zu erkennen sind. Vom Triumph des Kaisers und seiner Söhne kündet eine Inschrift, aus der später der Name des Geta entfernt wurde.

Neben dem Septimius-Severus-Bogen ist die **Decennalien-Basis** (Zehnjahres-Basis) des Kaisers Diokletian zu sehen, die anläßlich des zwanzigjährigen Regierungsjubiläums (303 n. Chr.) errichtet wurde. Es sind nur Fragmente des Podests erhalten. Das Denkmal war auch dem zehnjährigen Regierungsjubiläum der Mitkaiser Constantius Chlorus und Galerius gewidmet.

In der Westecke des Forum, neben dem Miliarium Aureum, erheben sich acht hohe Granitsäulen mit ionischem Kapitell. Sie sind der einzig erhaltene Teil eines **Tempels für den Gott Saturn.** Dieser Gott entstammte wahrscheinlich dem etruskischen ›Olymp‹, doch verehrten ihn auch die Römer lange Zeit als oberste Gottheit. Ihm zu Ehren errichteten sie den ersten Tempel auf dem Forum, um 498 v. Chr., kurze Zeit nach dem Sieg über die Tarquinier, die etruskischen Könige. Dieses hochverehrte Heiligtum fiel mehrfach Bränden zum Opfer (zuletzt im 4. Jh. n. Chr.), wurde aber immer wieder in der ursprünglichen Form neu erbaut. In Republikanischer Zeit diente es als Hort des Staatsschatzes; deshalb hieß der Tempel auch Aerarium. Das berühmte Fest der Saturnalien, im alten Rom jedes Jahr am 17. Dezember gefeiert, begann stets vor diesem Tempel.

Es bedarf einiger Phantasie, sich, unter dem Saturn-Tempel und dem Septimius-Severus-Bogen zum Kapitolinischen Hügel hinaufschauend, die **drei Tempel der Dei Consentes, des Vespasian und der Concordia** vorzustellen. Der so gestaltete Abhang des Kapitolinischen Hügels muß eindrucksvoll gewesen sein. Von dem noch im Jahr 367 n. Chr. wiedererrichteten ›Tempel (oder Portikus) des Rats der zwölf obersten Götter‹ *(dei consenti),* dem letzten heidnischen Tempel Roms, stehen nur noch zwei Flügel (im stumpfen Winkel), vom Tempel des Vespasian drei Säulen und von dem der Concordia allein Grundmauern. Die zwölf obersten Götter waren Jupiter, Juno, Neptun, Minerva, Apoll, Diana, Mars, Venus, Vulkan, Vesta, Merkur und Ceres.

Südöstlich des Saturn-Tempels zeigen Fundamente und Säulenstümpfe an, daß sich hier eine große Basilika ausdehnte: die 101 m lange und 49 m breite Gerichtshalle, die **Basilica Julia** die Gaius Julius Caesar von 54 bis 44 v. Chr. an der Stelle der Basilica Sempronia errichten ließ.

Neben der Basilica Julia erheben sich drei 12 m hohe, fein kannelierte Säulen mit korinthischem Kapitell, im Volk als ›die drei Schwestern‹ bekannt – zweifellos eindrucksvolle Schönheiten. Sie sind Überreste des **Kastor-und-Pollux-Tempels,** eines 8 × 11 Säulen messenden Peripteros mit einem weiten Pronaos, einem um die Zeitenwende unter Kaiser Augustus oder Tiberius erneuerten Heiligtum. Stifter des ersten Tempelbaus im Jahr 484 v. Chr. war der Sohn des Diktators Aulus Postumius, der damit den Dioskuren für ihre Hilfe und noch mehr für den Sieg in der Schlacht gegen die Tarquinier (499 v. Chr.) danken wollte. Nach der Legende sollen Kastor und Pollux den Triumph verkündet und auf dem Forum ihre Pferde aus der Juturna-Quelle getränkt haben. Da die Forschung die frühere Existenz eines Sees hier bestätigt, das Lacus Juturnae, muß alles richtig, oder gut erfunden sein, so, wie viele andere Mythen, die von den beiden Dioskuren Kastor und Pollux, Halbgöttern teils griechischer, teils etruskischer Herkunft, erzählen.

In dem ehemaligen Tempel des Augustus liegt versteckt die Kirche **Santa Maria Antiqua.** Sie ist die älteste (daher der Name ›Antiqua‹) Kirche direkt auf dem Forum Romanum, diesem heidnischen Bezirk der aufwendigen Repräsentation, der großen staatlichen Selbstdarstellung, von dem christliche Gebäude lange Zeit ausgeschlossen waren. Im 6. Jh. wurde das Gotteshaus durch Restrukturierung der kaiserlichen Räume errichtet. Dabei bewiesen die Römer praktischen Sinn, da sie höchst geschickt ein heidnisches Bauwerk neuen, christlich-religiösen Zwecken nutzbar machten. Seit dem 9. Jh. verfiel Santa Maria Antiqua, erlebte dann im 13. Jh. eine Renaissance, um später wieder dahinzusinken. Die ausgedehnte, in ihrer Raumfolge von Vorhalle, Haupthalle und Seitenkapellen gänzlich unregelmäßige Anlage am Fuß des Palatinischen Hügels und die z. T. römisch-byzantinischen Fresken (Maria, Verkündigung, Kreuzigung; teilweise übermalt), die unter den Päpsten Johannes VII., Zacharias und Paul I. im 8. Jh. geschaffen wurden, sind beachtenswert. Leider ist die Ruine heute nur selten zugänglich.

Unverkennbar steht in der Mitte des Forum Romanum der **Vesta-Tempel:** die deutlich sichtbaren Überreste eines Rundtempels, Säulen mit der Mauer der Cella dahinter. Dieser Tempel der Vesta – ein anderer steht an der heutigen Piazza della Bocca della Verità – bewahrte in altrömischer Zeit das ›Heilige Feuer‹ unter der Obhut der Vestalinnen. Die zum Dienst am Heiligen Feuer auserwählten Jungfrauen stammten aus den vornehmsten Geschlechtern Roms. Zunächst dienten vier, später sechs Vestalinnen 30 Jahre lang (vom 10. bis zum 40. Lebensjahr) im Tempel. Die Römer maßen der Ewigen Flamme große Bedeutung bei, verband man doch mit ihr das Glück Roms. Am 1. März, dem römischen Neujahrstag, holten sie in ihre frisch gereinigten Wohnungen – nach Löschung des alten – ein neues Feuer aus dem Tempel der Vesta; am 15. Juni fanden dort große Opferfeiern statt. Die uns erhaltenen Fragmente des Tempels gehen auf den letzten Neubau unter Kaiser Septimius Severus (193–211 n. Chr.) zurück und lassen den einst auf 20 Säulen ruhenden Rundtempel noch erkennen. Die Mitte des Runddaches war – nach archäologischen Erkenntnissen – offensichtlich mit einem Abzugsloch für den Rauch versehen. Im Jahr 394 wurde der Tempel als heidnischer Ort von Kaiser Theodosius geschlossen und verfiel.

*Vom Haus der Vestalinnen erhalten blieben die Hofanlage mit Wasserbecken, zahlreiche Sockel für Statuen und einzelne Standbilder*

Neben dem Vesta-Tempel erstreckt sich das **Haus der Vestalinnen,** dessen Überreste ebenfalls aus der Zeit des Septimius Severus stammen. Es umfaßte einen Hof mit Säulengang, die Wohnräume der Vestalinnen und Wirtschaftsräume. Noch heute sind die Räume gut zu rekonstruieren, mit dem Unterbau und zahlreichen Sockeln für Statuen. Aus den Berichten lateinischer Schriftsteller geht hervor, daß im Tempel u. a., das Palladium seinen Platz hatte, ein kleines Bild der Pallas Athene, das der Sage nach von Äneas in der Asche des zerstörten Troja gefunden und nach Latium gebracht worden war und das seit der Gründung Roms verehrt wurde. Die Priesterinnen verließen ihr Haus nur zu den großen Festlichkeiten. Offenbar aus gutem Grund. Denn sie waren unter strenger Strafe zur Jungfräulichkeit verpflichtet und konnten leicht in dubiosen Ruf gebracht werden, wie jener Fall lehrt, den uns Plinius d. J. (61–113 n. Chr.) berichtet: »(Der Kaiser) Domitian wünschte, daß Cornelia, die oberste Vestalin, lebendig begraben werde – er glaubte, durch derartige Beispiele werde auf seine Regierungszeit ein besonders strahlendes Licht fallen. Daß er, mit dem Recht des Oberpriesters oder vielmehr mit der Unmenschlichkeit des Tyrannen und mit der Willkür eines Despoten Cornelia in Abwesenheit und ohne Anhörung wegen Unzucht verurteilte, war kein geringeres Verbrechen, als das, was er zu bestrafen vorgeben wollte. Sie erhob ihre Hände und schrie, bis sie, vielleicht unschuldig, auf jeden Fall aber wie eine Unschuldige aussehend, zur Hinrichtung geführt wurde.«

Die Inschrift am **Tempel des Antoninus und der Faustina** nennt Bestimmung und Auftraggeber: »Divo Antonino et Divae Faustinae ex S(enatus) C(onsulto)« – dem göttlichen Antoninus und der göttlichen Faustina auf Beschluß des Senats. Im Jahr 141 n. Chr. als Ehrenmal für die Kaiserin Faustina erbaut, wurde der Tempel nach dem Tode des Kaisers Weihestätte beider Gatten. Veränderungen im Innern und Äußern des Bauwerkes wurden bei der Umwandlung in eine christliche Kirche (San Lorenzo in Miranda, 1150) vorgenommen; die barocke Fassade stammt aus dem Jahre 1602. Dieser Tempel, neben dem Haupteingang zum Forum gelegen, gegenüber der Basilica Aemilia, dem Vesta-Tempel und dem ehemaligen Caesar-Tempel – von Octavianus Augustus im Jahr 29 v. Chr. an der Stelle gestiftet, an der im März 44 v. Chr. Caesars Leichnam verbrannt worden war –, ist unverkennbar. Eine breite Treppe führt feierlich von der Via Sacra hinauf auf das Podium. Erhalten sind zehn 17 m hohe Säulen der Vorhalle, aus Cipollin (glimmerhaltiger Marmor) gearbeitet und mit korinthischen Kapitellen geschmückt. Für den Besuch Kaiser Karls V. in Rom im Jahr 1536 wurden die Säulen wieder von den sie umgebenden Mauern der Kirche San Lorenzo befreit. Besonders schön ist der Fries des Gebälks mit geflügelten Greifen, Kandelabern und dekorativen Elementen.

Wenige Schritte vom Tempio di Antonino e Faustina auf der Via Sacra (nach Osten) erhebt sich ein runder Backsteinbau: der **Tempel des Romulus.** Kaiser Maxentius ließ ihn 309 n. Chr. errichten, sein

*Nachdem der Tempel des Antoninus und der Faustina im 12. Jh. in eine Kirche umgewandelt worden war, befreite man im 16. Jh. für einen Besuch Kaiser Karls V. in Rom die Säulen wieder von den sie umgebenden Mauern. Die barocke Fassade stammt aus dem Jahre 1602.*

Gegenspieler Konstantin fertigstellen, mit der – von einigen vermuteten – Widmung an die ›Sacra Urbs Roma‹, die Heilige Stadt Rom. Das wohlproportionierte Bauwerk weist noch das originale Bronzetor jener Zeit in einem Säulen-umrahmten Portal auf; selbst das Schloß funktioniert noch. Neben dem Rundbau finden sich die Reste zweier apsidialer Säle.

Ganz im Osten des Forum erhebt sich der Siegesbogen des Feldherrn und späteren Kaisers Titus (79–81 n. Chr.), der älteste erhaltene römische Triumphbogen, nach dem Tod des Kaisers von seinem Nachfolger Domitian errichtet. Im Jahr 70 n. Chr. siegte Titus, Sohn des Kaisers Vespasian und dann selbst Kaiser des Römischen Reiches, mit der Eroberung Jerusalems endgültig über das jüdische Volk und leitete damit dessen Vertreibung aus Palästina und die Zerstreuung, Diaspora, über die ganze Welt für Jahrhunderte ein. Deshalb ist der **Triumphbogen des Titus** für Juden ein trauriges Denkmal; sie vermeiden es, durch den Torbogen hindurchzugehen.

Der Schriftsteller Flavius Josephus schreibt in seinem Bericht über den Krieg in Judäa auch über den Triumphzug des Titus in Rom: »Vielerlei deutlich erkennbare Abbildungen hatten den Krieg in seinen verschiedenen Erscheinungen zum Gegenstand. Da war etwa zu sehen, wie ein reiches Land der Verwüstung zum Opfer fiel, wie eine

*Der Titus-Bogen ist der älteste erhaltene Triumphbogen Roms*

Masse von Feinden den Tod findet, wie andere die Flucht ergreifen, wieder andere in Gefangenschaft geraten, wie gewaltige Mauern unter den Stößen der Rammböcke bersten, wie das Heer nach innen strömt und überall ein Blutbad anrichtet. Man erkannte die wehrlosen Menschen, wie sie mit erhobenen Händen um Gnade bitten, wie zusammenbrechende Häuser ihre Bewohner unter sich begraben … (So) hatten die Juden all diese Greuel durch den von ihnen verursachten Krieg entfesselt.«

Die Niederlage des besiegten Volkes, der Triumph des römischen Heeres unter seinem Feldherrn, die Gefangenen und reiche Beute, der umjubelte Zug auf das Kapitol – all das sind Themen des bildlichen Schmucks im Bogendurchgang (im Detail: Titus im Kampfwagen in Begleitung der Siegesgöttin mit dem Lorbeerkranz; als Kriegsbeute der siebenarmige Leuchter, der Tisch der Schaubrote, die heiligen Trompeten und die Bundeslade aus dem Tempel des Salomo in Jerusalem). Über die kunstgeschichtliche Bedeutung des Titus-Bogens schreibt A. Henze: »Der Fries, aus dem einzelne Gestalten fast vollplastisch hervortreten, ist von Dynamik erfüllt, Licht und Schatten wechseln, die Darstellung von Mensch und Pferd spiegelt etwas von der Hoheit griechischer Plastik wider. In ihrer künstlerischen Vollendung wurden die Reliefs ebenso vorbildlich wie in Details. So hat etwa der siebenarmige Leuchter in der romanischen Kunst eine ganze Reihe von Bronzeleuchtern desselben Typs angeregt.« Der Siegesbogen des Titus wurde zum Vorbild für ähnliche Bauten im ganzen Abendland.

## Der Palatin

Eine treffende Schilderung der fast mystisch-mythischen Ruinenwelt des Palatin, dem ein besonderer Rang unter den klassischen Hügeln der Stadt zukommt, gibt der französische Schriftsteller Émile Zola Ende des 19. Jh.: »Der Palast des Septimius Severus erhob sich an der südlichen Spitze des Palatin und beherrschte die Via Appia und die ganze Campagna bis in unabsehbare Ferne. Nichts ist davon übrig als der Unterbau, die unterirdischen Säle, die von den Bogen der Terrassen geschützt wurden, mit denen man die zu eng gewordene Plattform des Berges erweitert hatte. Und diese aufgedeckten Unterbauten genügen, um eine Idee von dem prunkhaften Palast zu geben, den sie trugen, so ungeheuer und mächtig sind sie in ihrer unzerstörbaren Masse geblieben. Hier erhob sich das berühmte Septizonium, der Turm mit den sieben Stockwerken, der erst im vierzehnten Jahrhundert verschwand. Hier befindet sich noch eine von zyklopischen Arkaden getragene Terrasse, von der sich ein wunderbarer Ausblick darbietet. Dann kommt nur eine Anhäufung dicker halb zerfallener Mauern, gähnende Abgründe inmitten von zusammengestürzten Decken, Reihen endloser Gänge und ungeheurer Säle, deren Verwendung unbekannt ist. Alle diese von der neuen Verwaltung in gutem Stand erhaltenen, gefegten und vom Unkraut befreiten Ruinen haben ihre romantische Wildheit verloren, um eine kahle, düstere Größe anzunehmen. Aber die Strahlen der lebenden Sonne vergoldeten die alten Mauern, drangen durch die Breschen in die Tiefe der schwarzen Säle und belebten mit ihren blendenden Stäubchen die stumme Schwermut dieser toten Majestät, die aus der Erde ausgegraben wurde, in der sie seit Jahrhunderten geschlummert hatte. Über das alte, rötliche, aus mörtelbelegten Ziegeln gebildete und seiner prunkvollen Marmorbekleidung beraubte Mauerwerk legte der Purpurmantel der Sonne von neuem einen kaiserlichen Glorienschein.« Der umgibt den Palatin.

An den Palatin heftet die Sage die Gründung Roms durch Romulus. Eng damit ist der Name verknüpft, den manche von ›Pales‹, der Göttin der Hirten, ableiten; ihr zu Ehren feierte man die ›Palilia‹, die dann zum Fest der Stadtgründung wurden. Ihr Datum setzte man auf den 21. April 753 v. Chr. fest. Die Historiker halten den südlichen Teil des Palatin, der 50 m über dem Niveau des Tiber, in der Nähe der Flußinsel Isola Tiberina liegt und von strategischer und wirtschaftlicher Wichtigkeit war, für das älteste besiedelte Gebiet Roms. Legende und Geschichte treffen hier zusammen. Jahrhundertelang residierten auf dem Palatin die Herren Roms: Reiche Patrizier,

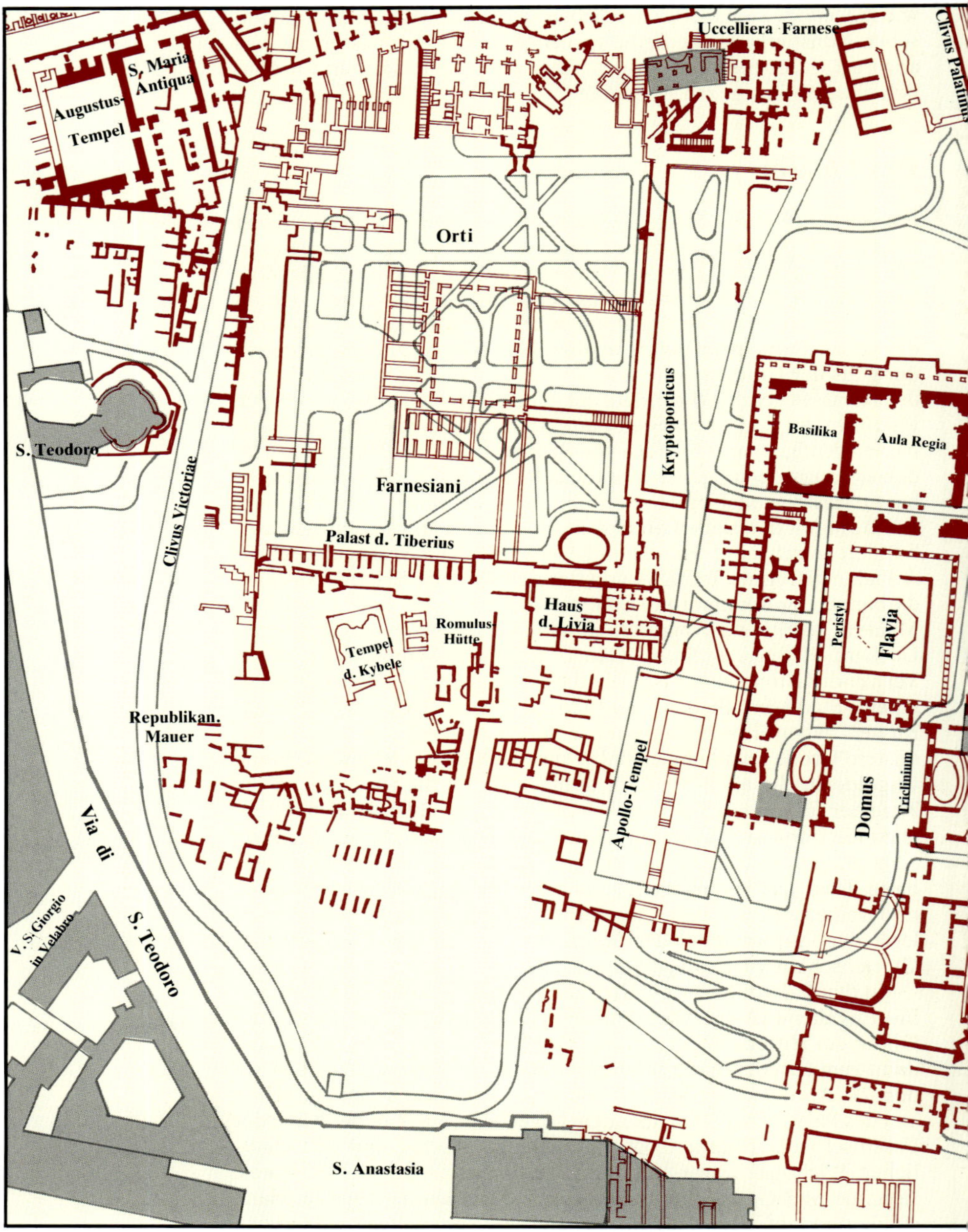
Uccelliera Farnese
Clivus Palatinus
S. Maria Antiqua
Augustus-Tempel
Orti
Farnesiani
S. Teodoro
Clivus Victoriae
Kryptoporticus
Basilika
Aula Regia
Palast d. Tiberius
Haus d. Livia
Romulus-Hütte
Tempel d. Kybele
Peristyl
Flavia
Republikan. Mauer
Apollo-Tempel
Domus
Triclinium
Via di S. Teodoro
V. S. Giorgio in Velabro
S. Anastasia

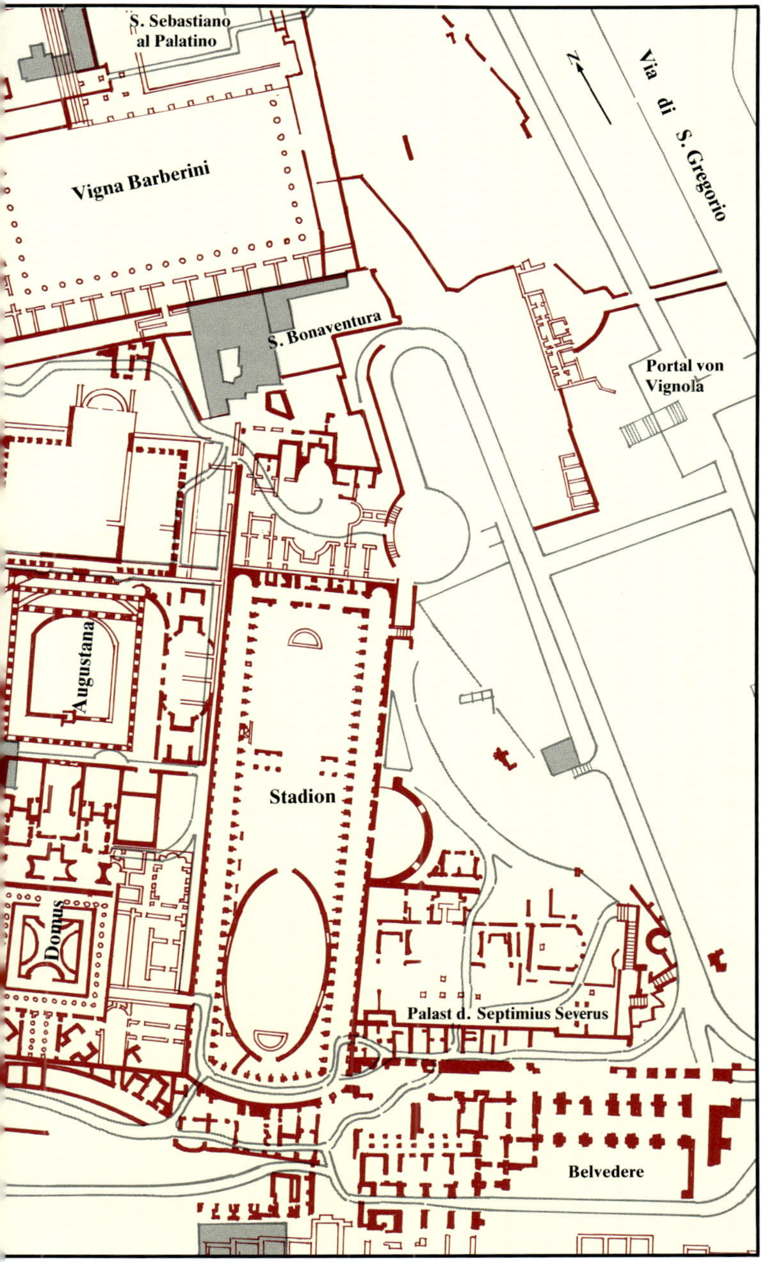
S. Sebastiano
al Palatino
Vigna Barberini
Via di S. Gregorio
N
S. Bonaventura
Portal von
Vignola
Augustana
Stadion
Domus
Palast d. Septimius Severus
Belvedere

Palatin

Schriftsteller wie Cicero, Politiker und Gelehrte hatten hier ihre Wohnungen, und Kaiser wie Augustus und Domitian bauten auf diesem Hügel Tempel, Gebäude zu Staatszwecken und ihre Stadt-Paläste – das Wort ›Palast‹ kommt von Palatin. Noch die Ruinen dieser Bauten vermitteln einen deutlichen Eindruck von der einstigen Pracht.

Da zu allen Zeiten Veränderungen vorgenommen wurden, kann man die unterschiedlichen Bauschichten kaum auseinanderhalten. Verschiedene Klöster und Kirchen entstanden aus und auf den klassischen Mauern: Santa Anastasia, Santa Lucia, Santa Maria in Pallara, San Teodoro, San Bonaventura, San Sebastiano und das Oratorium des hl. Caesarius; die Südseite des Palatin wurde gar in einen Festungsbau einbezogen. Am Ende der Renaissance legten römische Adelsfamilien hier Weinberge und Gärten mit Lusthäusern an, zu deren berühmtesten die im Auftrag des Kardinals Alessandro Farnese gestalteten Gartenanlagen gehören. Im 18. Jh. erwachte auch das archäologische Interesse für den Palatin neu. Die lateinischen Schriftsteller hatten viele Bauwerke beschrieben, doch bis heute sind manche von ihnen nicht gefunden worden, da die Jahrhunderte viele Spuren getilgt haben. Das verbliebene Ruinengelände strahlt eine ähnliche Geschichtsträchtigkeit und Faszination aus wie das Forum Romanum; über den Palatin zu schlendern ist jedoch fast stimmungsvoller als ein Gang über das Forum.

Die vier Möglichkeiten, auf den Palatin zu gelangen, sind: Zugang durch das an der Via San Gregorio Magno stehende Portal (von Vignola ursprünglich für die Farnesischen Gärten geschaffen), der Clivius Palatinus vom Titus-Bogen ausgehend, über die Treppe vom Atrium des Vestalinnen-Hauses aufsteigend und bei Santa Maria Antiqua durch einen mächtigen Gewölbegang (weithin unbekannt, schwer zu finden und oft geschlossen); die letzten drei Wege gehen vom Forum Romanum aus.

Als Ausgangs- und Endpunkt einer Besichtigung des Palatinischen Hügels empfiehlt sich die Uccelliera Farnese, das schöne Vogelhaus aus dem 16. Jh., an der Nordostecke der Orti Farnesiani. Die **Farnesischen Gärten,** im 16. Jh. im Auftrag Kardinals Alessandro Farnese, des späteren Papstes Paul III. (1534–1549), von Vignola gestaltet und von Rainaldi zu Beginn des 17. Jh. vollendet, vereinen Terrassen und Blumeninseln, Rasenflächen, kleine Bauten, Fontänen und Baumgruppen zu einer zauberhaften Gartenanlage. Ein kleines mit Mosaiken geschmücktes Nymphäum zeugt vom Wirken der literarischen Akademie Arcadia, die 1680 u.a. von Christine von Schweden gegründet wurde, an diesem Ort. Bemerkenswert sind die hübschen Brunnen und Stuckdekorationen. Die Orti Farnesiani wurden über der verschütteten Ruine des ehemaligen Tiberius-Palastes angelegt, wie Ausgrabungen bestätigen: Bisher freigelegt ist ein Atrium.

Zum Geschlecht der Flavier werden die in der Zeit von 69 bis 138 n. Chr. regierenden Kaiser Vespasian, Titus, Domitian, Nerva, Trajan und Hadrian gerechnet. Kein Wunder daher, daß der **Palast der Flavier** mitten auf dem Palatinischen Hügel den Ruhm dieser Herrscherfamilie mehren sollte. Von dem Baumeister Rabirius am Ende des 1. Jh. n. Chr. für den Kaiser Domitian geschaffen, bezeugt die Domus Flavia das Repräsentationsbedürfnis römischer Herrscher der Kaiserzeit. An dem sichtbaren Grundriß und den Überresten läßt sich noch heute die großzügige Aufteilung des Palastes erkennen, gleichsam eine Widerspiegelung der auf Bedeutung und Größe gerichteten Verhältnisse am Kaiserhof: Ein großer Säulenhof (Peristyl), im Innern nach Süden zu ein geräumiger Speisesaal (Triclinium), nach Norden die Thronhalle (Aula Regia, ein Rechteck von 30,5 × 37,7 m mit einer Apsis), daneben die Kapelle der Hausgötter (Lararium) im Osten und eine Basilika im Westen, vermutlich für Gerichtssitzungen benutzt. Ein Gebäude unter dem Lararium wird wegen seiner Wandmalereien ›Haus der Greifen‹ genannt.

Die **Domus Augustana,** östlich des Palastes der Flavier, wie dieser in der Zeit des Domitian erbaut, ist nicht das ›Haus des Augustus‹, wie der Name vielleicht nahelegt, sondern der kaiserliche Palast (abgeleitet von ›*augustus*‹, als ehrenvoller Beiname römischer Kaiser ab Augustus Gajus Oktavianus). Zunächst Wohnstätte allein der Kaiser, stand der monumentale und in seiner Gesamtanlage Harmonie ausstrahlende Bau später auch hohen Staatsbeamten zu Wohn- und Arbeitszwecken zur Verfügung. Die Ruinen sind noch nicht vollständig freigelegt.

Auf Wunsch des Kaisers Domitian, der ein sehr eifriger Bauherr war, wurde auf dem Palatin eine **Stadionanlage,** 160 m lang und 47 m breit, errichtet. Unter den Archäologen ist umstritten, ob sie überhaupt sportlichen Zwecken dienen sollte oder als Garten in Stadionform konzipiert war. Die Überlieferung der Kirche läßt im Stadion des Domitian den hl. Sebastian den Märtyrertod erleiden.

Zu den großartigsten Ruinen des Palatin zählen zweifellos die der **Thermen des Septimius Severus**. Die mächtigen Unterbauten, die einst Pfeiler und Bögen des Mauerwerks trugen, einige Bäder und Korridore und sogar Reste der Heizungsanlage sind noch erhalten. Von einer Terrasse aus reicht der Blick hinüber zum Kolosseum, zu den Thermen des Caracalla, zum Caelius, Aventin, Gianicolo, bis hin zum Circus Maximus.

Der **Circus Maximus,** eine mehr als 500 m lange Rennbahn, liegt in der Senke zwischen Palatin und Aventin. Wenn man genau hinschaut, sieht man eingefallene Mauern, die Überreste von Pferdeställen und die Tribünen-Aufbauten für die Zuschauer. Die Anlage, ursprünglich wohl aus dem 2. Jh. v. Chr., wurde mehrfach erneuert und umgebaut, bis sie im 4. Jh. n. Chr. 300 000 Zuschauer fassen konnte. Die letzten Pferderennen wurden unter Totila 549 abgehalten.

Das **›Haus der Livia‹,** Casa di Livia, in dem einst eine Bleiröhre mit dem Namen der Gattin des Kaisers Augustus gefunden wurde, verdient vor allem wegen seiner schönen Fresken im Zweiten Pompejanischen Stil, deren mythologische Themen eine märchenhafte

*Mit Blick auf den Circus Maximus beklagt der römische Schriftsteller Ammianus Marcellinus (geboren um 330 n. Chr.) den Niedergang der Sitten in der Kaiserzeit: »Nun will ich mich dem müßigen und trägen niederen Volk zuwenden. Ihr ganzes Dasein verbringen die Leute bei Wein und Würfelspiel, in Bordellen, bei Lustbarkeiten und Schauspielen, und der Circus Maximus dient ihnen als Tempel und Heimstatt, ist ihr Versammlungsplatz und höchstes Ziel aller Wünsche … Und wo die Fäulnis des Lotterlebens sich so tief eingefressen hat, da stürmen alle, sobald der sehnlich erwartete Tag der Pferderennen anbricht und die Sonne noch nicht ihren vollen Glanz hat, in wirrem Durcheinander kopfüber zum Schauplatz; man könnte meinen, sie wollten an Schnelligkeit die Rennwagen überbieten.«*

*Reiche Patrizier, Politiker, Gelehrte und Kaiser bauten auf dem Palatin Tempel, öffentliche Gebäude und Stadtpaläste. Noch die Ruinen dieser Bauten vermitteln einen deutlichen Eindruck von der einstigen Pracht.*

Welt beschwören, Beachtung. Es liegt an der westlichen Seite der Domus Augustana; es heißt sogar, es sei das Haus des Augustus selbst gewesen. Vom Äußeren her wirkt das Gebäude schlicht, verfügte aber in seiner inneren Anlage über prachtvoll ausgestattete Räume (ein Atrium und vier Zimmer sind erhalten); selbst eine Zentralheizung war vorhanden, deren Reste den einstigen Komfort bestätigen.

Hinter den Farnesischen Gärten (im Südwesten) liegt der **Tempel der Kybele** oder der Magna Mater, der ›Großen Mutter‹. Das im Jahr 204 v. Chr. erbaute Heiligtum diente als Herberge für den bereits in den Sibyllischen Büchern erwähnten ›Schwarzen Stein‹ der Göttin. Mauerreste aus dem 8. und 9. Jh. v. Chr., vor dem Tempel aufgefun-

den, werden dem ›Haus des Romulus‹ zugeschrieben. Außerdem weisen Löcher und Linien im Gestein, die von vorzeitlichen Hütten stammen, diesen Ort als ältestes Siedlungsgebiet auf dem Palatin aus. Daneben eine Zisterne aus dem 6. Jh. v. Chr.

Parallel zur Längsseite der Farnesischen Gärten und nördlich des Livia-Hauses verläuft der **Kryptoportikus:** ein 130 m langer, halb unterirdisch führender Korridor mit Tonnengewölben, der die einzelnen Teilkomplexe des Kaiserpalastes miteinander verband. Hier soll 41 n. Chr. Kaiser Caligula Opfer einer Verschwörung geworden sein. Der Criptoportico, auch ›di Nerone‹ genannt, stößt auf die Uccelliera Farnese und damit auf einen der Ein- oder Ausgänge des Palatin.

# Kolosseum und Kaiserforen

# Kolosseum und Kaiserforen

Kolosseum ☆☆

## Kolosseum

»Solange das Kolosseum steht, steht auch Rom; wenn das Kolosseum fällt, fällt auch Rom; wenn Rom untergeht, vergeht auch die Welt.« So schrieb man im Mittelalter, nach einem Satz des Beda Venerabilis, eines gelehrten Ordensmannes aus England (672–735), voller Ehrfurcht vor dem gewaltigsten geschlossenen Bauwerk der römischen Antike, das als Wahrzeichen Roms, charakteristisch für Alter und Geschichte der Stadt, die Jahrhunderte überdauert hat. Dieses ›Amphitheater der Flavier‹, von Kaisern aus dem Haus der Flavier erbaut, 72 n. Chr. von Vespasian begonnen und von seinem Sohn und Nachfolger Titus 80 n. Chr. eingeweiht, wird seit dem Mittelalter ›*Colosseo*‹ genannt, sei es wegen seiner gewaltigen, kolossalen Ausmaße, sei es, weil es an der Stelle errichtet wurde, an der im Bezirk der Domus Aurea des Nero die Kolossal-Statue dieses Kaisers stand. Die Form des Kolosseum als Arena für Sport und Spiel ist bis in die heutige Zeit maßgeblich geblieben; die Anlage auch unserer Wett-

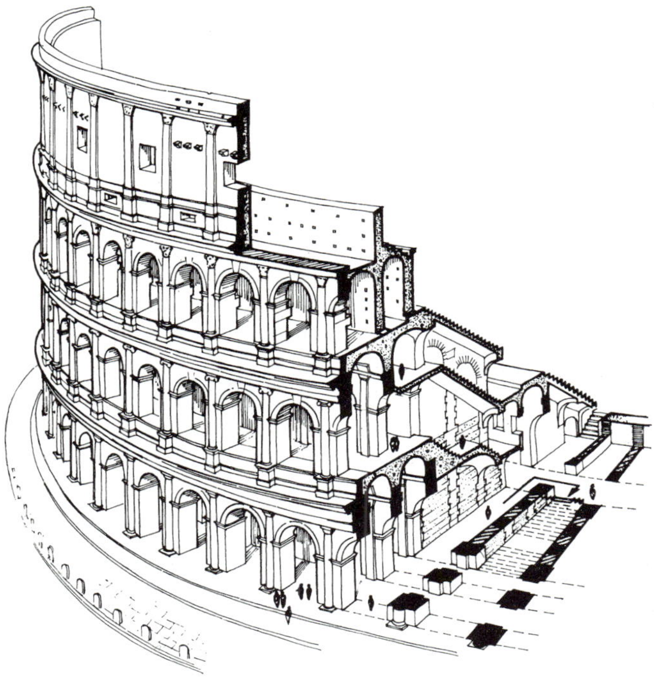

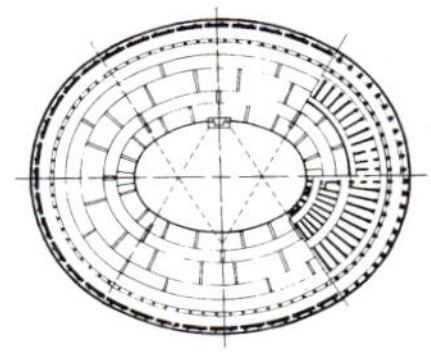

Das Amphitheater der Flavier wird seit dem Mittelalter Kolosseum genannt

◁ Innenansicht des Kolosseum

*Das Kolosseum übt Faszination auch in ›gebrochenem‹ Zustand aus, wie der Schriftsteller Stendhal (1783–1842) in seinen ›Wanderungen in Rom‹ bemerkte: »Heute, wo es in Trümmer fällt, ist das Kolosseum vielleicht schöner als in den Tagen seines höchsten Glanzes; damals war es nur ein Theater; jetzt hingegen ist es das schönste Wahrzeichen des römischen Volkes.«*

kampfstadien folgt den architektonischen Grundsätzen der römischen Antike.

Weil alles relativ gut erhalten ist, kann man sich die gesamte ursprüngliche Anlage des Kolosseum leicht vergegenwärtigen, wenn auch die Schäden durch Erdbeben, Brände, Vernachlässigung und mutwillige Demontage begehrter Ausstattungsteile unübersehbar sind – die Jahrhunderte forderten ihren Tribut, so auch die Gegenwart mit ihren schädlichen Umwelteinflüssen. Das ursprünglich dreigeschossige Bauwerk wurde nach dem Tod Kaiser Vespasians (79 n. Chr.) auf Wunsch des Titus um eine Etage aufgestockt und nach seiner Fertigstellung (80 n. Chr.) mit hunderttägigen Festspielen eröffnet. Die Außenfassade erfährt in den einzelnen Geschossen durch hervortretende, in unterschiedlichen Stilen gehaltene Halbsäulen zwischen den Mauerbögen ihre Gliederung – erstes Stockwerk dorische, zweites ionische, drittes korinthische Säulen; das vierte Geschoß, nicht arkadenförmig gestaltet, setzt sich durch seine nur in größeren Abständen von rechteckigen Fenstern durchbrochene Bauweise deutlich ab. Bei einer Längsachse von 186 m und einer Querachse von 156 m – also eine Ellipse, kein Kreis – enthält der Bau eine 78 m in der Länge und 46 m in der Breite messende Arena, in der die vielfältigsten sportlichen Wettkämpfe, Zirkus- und Theatervorstellungen, Gladiatorenkämpfe und Festspiele veranstaltet wurden. Die Ränge mit einer Höhe von insgesamt 57 m konnten etwa 50 000 Besucher aufnehmen. Im ersten Rang nahmen der kaiserliche Hof, die Staatsbeamten, Priester und Priesterinnen Platz, im zweiten die vornehmen Patrizier und im dritten und vierten das gewöhnliche Volk. Ein ausgeklügeltes Treppen- und Gangsystem ermöglichte den Menschenmassen einen schnellen Zu- und Ausgang. Die aufwendigen technischen Anlagen, Tierkäfige, Ankleide- und

Übungsräume der Gladiatoren befanden sich unter dem abnehmbaren Bretterboden der Arena; die Reste sind heute noch zu besichtigen. Die prachtvolle Ausstattung des Innern wurde im Laufe der Jahrhunderte aus dem Kolosseum entfernt und schmückt jetzt, meist unerkannt, manchen römischen Palast.

Das Kolosseum steht uns nicht nur als ein großartiges Beispiel der architektonischen Meisterschaft der Antike vor Augen, sondern auch als Zeugnis für den schon fast sprichwörtlich gewordenen Ruf des römischen Volkes nach ›*panem et circenses*‹ (Brot und Zirkusspielen). Ihn zu erfüllen fiel in der Blütezeit des Imperium Romanum nicht schwer. Das in der Arena erst im 18. Jh. errichtete Bronzekreuz steht zum Gedächtnis christlicher Märtyrer, die, wie es die Tradition und Filme wollen, an dieser Stätte in der Kaiserzeit ihr Leben lassen mußten. Historiker meinen, es seien nicht sehr viele Christen gewesen, die während der Verfolgungen hier umkamen. Gleichviel; das Kreuz wirkt, als habe »man es einem erschlagenen Titanen auf die Stirn gebrannt und ihn dadurch noch im Grabe zum Kreuzritter umgeschaffen« (Friedrich Hebbel).

## Domus Aurea

Auf der Erhebung nördlich des Kolosseum, dem Colle Oppio des Esquilin-Hügels, befand sich die berühmte Domus Aurea, der ›Goldene Palast‹ des Kaisers Nero. Nero wollte sich nicht mehr mit der Residenz seiner Vorgänger auf dem Palatin begnügen. Größeres und Schöneres lag ihm im Sinn. Er hatte vor, verschiedene Baukomplexe mit Weinbergen, einem künstlichen See und Viehweiden in einer riesigen Anlage zu vereinigen, von größerer Grundfläche als der heutige Vatikan-Staat. Ein furchtbarer Brand in Rom (64 n. Chr.) schuf dafür die Voraussetzung, »ungewiß«, wie wir bei Tacitus (55–120) in den ›Annalen‹ lesen, »ob durch Zufall entstanden oder durch des Kaisers Tücke (denn beides berichten die Quellen), jedoch schwerer und schrecklicher als alle, die unserer Stadt durch die Gewalt des Feuers zustießen.

»Nero machte sich«, so Tacitus weiter, »die Zerstörung seiner Vaterstadt zunutze und erbaute sich einen Palast, der nicht so sehr durch Edelsteine und Gold ein Wunderwerk sein sollte, vielmehr durch Wiesen, Teiche, durch Wechsel von Hainen, freien Plätzen und Ausblicken, als ob man sich irgendwo auf dem Lande befände. Leiter und Erfinder dieser Anlage waren Severus und Celer, geschickte und rücksichtslose Leute, die das, was die Natur nicht hergab, künstlich schufen und so die Reichtümer des Prinzeps vergeudeten. Die zerstörten Häuser der Stadt wurden nun aber nicht wie nach dem gallischen Brande ungleichmäßig und planlos wiederaufgebaut. Es wurden regelmäßige Häuserreihen und breite Straßen angelegt, die Höhe der Häuser beschränkt, freie Hofräume gelassen und Säulengänge angebaut, um die Front der Mietshäuser zu verdekken. Diese Säulengänge versprach Nero auf eigene Kosten bauen zu wollen und den Eigentümern die Bauplätze abgeräumt zu übergeben. Ferner setzte er Preise je nach dem Stande und den Vermögensverhältnissen der einzelnen aus; und er setzte eine Frist innerhalb der jeder für die Vollendung seines Palastes oder Mietshauses einen Preis erhalten sollte. Als Abladestelle für den Schutt bestimmte er die Sümpfe bei Ostia. Die Schiffe, die mit Getreide von Ostia tiberaufwärts kamen, mußten Brandschutt als Rückfracht nehmen. Die Häuser selber sollten bis zu einer gewissen Höhe ohne Gebälk, nur aus Sabiner- und Albanerstein erbaut werden, weil dieser Stein dem Feuer eher Widerstand leistet. Ferner stellte er die Wasserleitungen unter Aufsicht, damit das Wasser, das bisher nach Gutdünken von den einzelnen abgeleitet wurde, der Allgemeinheit reichlicher und an zahlreicheren Stellen zur Verfügung stehe. Jeder sollte Löschgeräte im Vorhofe bereit halten. Auch sollten die Häuser keine gemeinsamen Wände mehr haben, sondern nur von ihren eigenen Mauern umschlossen sein.« Vernünftige Maßnahmen also eines Kaisers, der in den christlichen Geschichtsbüchern ›schlecht wegkommt‹. Warum?

Lesen wir wieder Tacitus! Denn hier, gegenüber Kolosseum, Forum Romanum und Palatin ist der Ort, jene klassische Stelle zu zitieren, die als ›Kron‹-Beweis der Historiker für Jesus Christus von Nazareth und die Verfolgung der Christen in Rom gilt: »Aber das entsetzliche Gerücht, Nero selber habe den Brand anlegen lassen, wollte sich durch keine teilnahmsvolle Unterstützung, durch keine Schenkungen und Sühnezeremonien aus der Welt schaffen lassen. Um ihm ein Ende zu machen, schob er daher die Schuld auf andere und strafte mit ausgesuchten Martern die wegen ihrer Verbrechen verhaßten Leute, die das Volk Christen nennt. Der Stifter dieser Sekte, Christus, ist unter der Regierung des Tiberius durch den Prokurator Pontius Pilatus hingerichtet worden. Der unheilvolle Aberglaube wurde dadurch für den Augenblick unterdrückt, trat später aber wieder hervor und verbreitete sich nicht bloß in Judäa, wo er entstanden war, sondern auch in Rom, wo alle furchtbaren und verabscheuungswürdigen religiösen Gebräuche, die es in der Welt gibt, sich zusammenfinden und geübt werden. Man faßte also zuerst Leute, die sich offen als Christen bekannten, und auf ihre Anzeige hin dann eine riesige Menge Menschen. Sie wurden nicht gerade der Brandstiftung, aber doch des Hasses gegen das menschliche Geschlecht überführt. Man machte aus ihrer Hinrichtung ein lustiges Fest: In Tierhäuten steckend, wurden sie entweder von Hunden zerfleischt oder ans Kreuz geschlagen oder angezündet, um nach Eintritt der Dunkelheit als Fackeln zu dienen. Nero hatte seine eigenen Parkanlagen für dies Schauspiel hergegeben und verband es mit einer Zirkusaufführung; in der Tracht der Wagenlenker trieb er sich unter dem Volke herum oder fuhr auf dem Rennwagen. So regte sich das Mitleid mit jenen Menschen. Obwohl sie schuldig waren und die härtesten Strafen verdient hatten, fielen sie ja doch nicht dem Allgemeinwohl, sondern der Grausamkeit eines einzigen zum Opfer.«

Neros Nachfolger überbauten das Gelände, das in den nachfolgenden Jahrhunderten demselben Schicksal unterlag wie die meisten Teile des antiken Rom. Während der Renaissance erfolgten auch hier archäologische Ausgrabungen, denen wir eine Vielzahl antiker Kunstwerke verdanken; u. a. herrliche Fresken in den teilweise ausgegrabenen unteren Räumen des Goldenen Hauses und die Laokoon-Gruppe (heute im Belvedere-Hof der Vatikanischen Museen).

## Triumphbogen des Konstantin

Der Triumphbogen des Kaisers Konstantin neben dem Kolosseum ist mit einer Höhe von 21 m, einer Breite von 25,7 m und einer Tiefe von 7,4 m das größte und am besten erhaltene der römischen Siegesmale. Der Senat ließ dieses imposante Bauwerk nach Konstantins Sieg über seinen Rivalen Maxentius an der Milvischen Brücke im Jahr 312 n. Chr. zu Ehren Konstantins, des, so die Inschrift, »Befreiers der Stadt und des Friedensstifters«, und seines Mitkaisers Licinius errichten. Der Triumphbogen gehörte im Mittelalter zum Kloster San Gregorio, später bildete er einen Teil des Palastes und der Festung der Frangipani. Paul III. ließ ihn – die historischen Parallelen

*Der Triumphbogen des Kaisers Konstantin ist der größte und am besten erhaltene Roms*

und päpstlichen Motive sind offensichtlich – im Jahr 1536 für den Einzug Kaiser Karls V. in Rom freilegen; Archäologen vollendeten Anfang des 19. Jh. die Restauration.

Für die Dekoration des dreibogigen Siegesmals nahmen die römischen Bildhauer teilweise Reliefs von älteren Bauwerken. Offenbar waren sie Anfang des 4. Jh. einer so großen Aufgabe nicht gewachsen und nicht mehr auf der Höhe ihrer Kunst, selbst nicht jener des Kopierens. Oder sie konnten innerhalb von nur drei Jahren – 315, zur Feier des zehnjährigen Regierungsjubiläums mußte es fertig sein – nicht Eigenes zustandebringen. Deshalb schmücken auch Szenen, die nicht der Verherrlichung von Konstantins politischen und militärischen Taten dienen (z. B. aus einem Jagddenkmal Hadrians eine Opferfeier für den Gott Apoll), den Siegesbogen. Mit den Skulpturen von anderen Denkmälern – meist aus der Regierungszeit der Kaiser Trajan und Mark Aurel – verfuhr man zum Teil rücksichtlos, zersägte Marmorskulpturen und gab den Gesichtern der alten Kaiser die Züge des Konstantin. Dennoch entstand ein organisches Ganzes, eindrucksvoll und monumental.

## Santa Francesca Romana

Ein Oratorium im Portikus des alten **Tempels der Venus und der Roma** (Tempio di Venere e di Roma) erhielt den Namen Santa Maria Nova, Neu Sankt Marien, nachdem die Kirche Santa Maria Antiqua auf der anderen Seite des Forum Romanum geschlossen worden war. Alte und neue Bestimmung, Tempel der Venus und Kirche, empfahlen dem Komponisten Franz Liszt 1860 die Gebäude als Wohnort, weil er - der in Rom als Kleriker die niederen Weihen nahm - zeit seines Lebens zwischen dem *Amore sacro* und dem *Amore profano,* der heiligen und der weltlichen Liebe, schwankte.

Papst Leo IV. baute um 850 an dieser Stelle, an der jetzigen Via dei Fori Imperiali, eine neue Marienkirche, die unter Honorius III. (1216–1227) gänzlich erneuert wurde. Dabei kam der Glockenturm hinzu. Im 15. Jh. weihte man die Kirche der römischen Heiligen Francesca, die 1421 die Kongregation der Oblaten-Schwestern gründete, 1608 heiliggesprochen wurde und hier begraben liegt. Sie wird als Patronin der Autofahrer verehrt. An ihrem Fest, dem 9. März, kann man sein Auto vor der Kirche weihen lassen.

Der Campanile zeigt besten mittelalterlichen Stil (s. Titelabb.), die Fassade verrät schon den Einfluß Palladios. Die Innenausstattung der Kirche weist vielfältigen Marmor-, Stuck- und Bildschmuck auf; von besonderem Wert sind die Confessio (nach Entwürfen Berninis), das Apsismosaik (wohl aus dem 13. Jh.) und das Madonnenbild im Hochaltar, die ›Tavola di Santa Maria Nova‹, auch ›Madonna del Conforto‹ (Madonna der Hilfe) genannt, aus dem 6. Jh., das sich jetzt im benachbarten Konvent befindet; die Legende nennt den Evangelisten Lukas auch hier als Maler.

## Basilika des Maxentius

Auch die Ruinen der Maxentius- oder Konstantinsbasilika bilden zuweilen eine eindrucksvolle Kulisse für kulturelle Veranstaltungen. Noch die Überreste zwischen der Via dei Fori Imperiali und dem Forum Romanum vermitteln einen Eindruck von der einstigen Größe.

Das einst kreuzgewölbte Mittelschiff war 35 m hoch, die kassettierten Tonnengewölbe der beiden Seitenschiffe erreichten eine Höhe von fast 25 m, die Gesamtlänge der Basilika betrug 100 m, die Breite 76 m. So wie sich die Baumeister des Maxentius an den riesigen Thermenanlagen der Kaiser Caracalla und Diokletian orientierten, war die Maxentius-/Konstantinsbasilika Vorbild für den europäischen Kirchenneubau besonders in der Renaissance und im Barock (z. B. auch Sankt Peter). Den gewaltigen Pfeilern waren hohe korinthische Säulen vorgesetzt. Eine von ihnen steht heute vor dem Haupteingang der Kirche Santa Maria Maggiore; Paul V. ließ sie Anfang des 17. Jh. dort aufstellen und mit einer bronzenen Marienstatue auf der Spitze krönen. Die Maxentius-Basilika wurde unter Papst Honorius I. (625–638) ihrer Bronzeziegel beraubt, die für das Dach der alten Peterskirche verwendet wurden, und verfiel in der Folgezeit. Erdbeben und Brände trugen auch hier zum weiteren Niedergang des Bauwerks bei, so daß nur noch der Kern des nördlichen Seitenschiffs erhalten geblieben ist.

*Die Basilika des Maxentius ist das letzte große Bauwerk der römischen Kaiser der Antike*

*Rekonstruktion der Maxentius-Basilika*

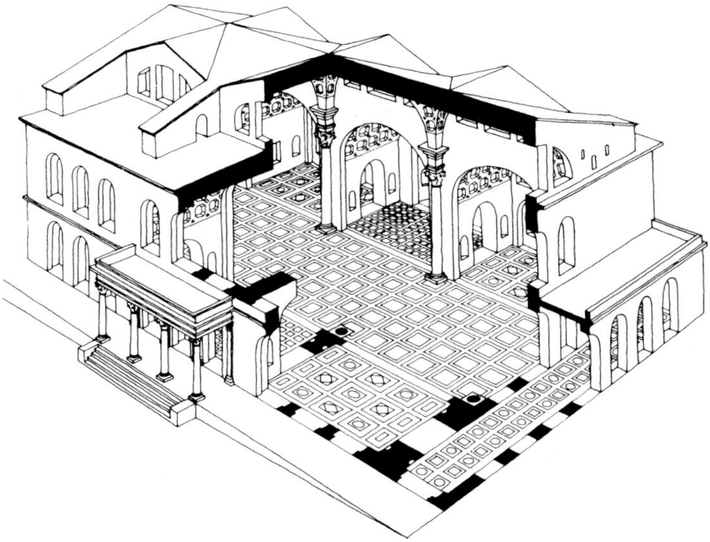

Das auch ›Basilica Nova‹, Neue Basilika – im Vergleich zu den alten Hallen, Basilica Julia und Aemilia, auf dem Forum Romanum nebenan – genannte Bauwerk diente der Rechtsprechung und dem allgemeinen Geschäftsverkehr. Die mächtigen Hallen wurden 306 von Kaiser Maxentius begonnen und bis 312 weitergeführt, 330 von Konstantin beendet und eingeweiht. Damit wurde gleichsam der Schlußstein auf der Schaubühne der römischen Staatsarchitektur gesetzt: Die Basilika war das letzte Großbauwerk der Kaiser der Antike. Denn noch im Jahr der Einweihung verlegte Konstantin die kaiserliche Residenz nach Byzantion, dem zukünftigen Konstantinopel, damit den Niedergang der alten Hauptstadt des Imperium Romanum einleitend.

## Santi Cosma e Damiano

Über dem Foro della Pace, dem Friedensforum des Kaisers Vespasian neben dem Forum Romanum, und dabei ein Gebäude dieses Forum miteinbeziehend, ließ Papst Felix IV. (526–530) im 6. Jh. den orientalischen Märtyrer-Ärzten Kosmas und Damian eine Kirche weihen. Das einschiffige Bauwerk erhielt 1632 eine barocke Innenausstattung, der auch die schöne Holzdecke zuzurechnen ist. Aus dem Mittelalter stammt der Osterleuchter, eine vortreffliche Arbeit der Kosmaten. Die Mosaiken in der Apsis und am Triumphbogen entstanden zur Zeit des Papstes Felix IV. und sind von hohem künstlerischen Rang. Die Darstellungen am Triumphbogen, leider verstümmelt, zeigen biblische Szenen aus dem Buch der Offenbarung. Das Apsismosaik, in besserem Zustand, verbildlicht die ›Übergabe des göttlichen Gesetzes‹, von großer theologischer Aussagekraft: Christus in der Mitte, majestätisch aus dem dunkelblauvioletten Himmel (der Ewigkeit) uns entgegentretend, übergibt den Aposteln Petrus und Paulus, den hoheitsvollen Vertretern der lehrenden Kirche, die Schriftrolle, das heißt die göttliche Offenbarung; sie geleiten die Patrone Kosmas und Damian; der hl. Theodor und Papst Felix stehen außen. In einem Nebenraum ist eine der größten und künstlerisch wertvollsten Weihnachtskrippen der Stadt zu bewundern; die Figuren sind sorgfältig gearbeitet, die Ausstattung ist originell.

## Kaiserforen

Gerade um die Kaiserforen ist in den letzten Jahren eine heftige Diskussion entbrannt. Die von Mussolini angelegte Via dei Fori Imperiali (Straße der Kaiserforen) bedeckt in der Tat weite Teile dieser alten Foren, und es wäre zweifellos interessant, deren Überreste ans Licht zu bringen. Dann könnte man in einem riesigen archäologischen Park die ganze Ausdehnung und bemerkenswerte Einzelheiten aller Foren in der Mitte des antiken Rom betrachten. Ein Vorteil der neuen Via dei Fori Imperiali war zwar, daß man zum ersten Mal nach Jahrhunderten frei von der Piazza Venezia zum Kolosseum blicken konnte. Dadurch wurde jedoch beeinträchtigt, was große römische Kaiser – rechnen wir Caesar dazu – in ihrer Baulust an bedeutenden Bauten zur Verschönerung der Kapitale des Reiches geschaffen hatten, zumindest was davon übrig geblieben war. Caesar (ermordet 44 v. Chr.), Augustus (27 v. Chr.–14 n. Chr.), Vespasian (69–79), Nerva (96–98) und Trajan (98–117) wollten ihren Ruhm und den der Urbs mehren, den Römern zu Gefallen. Schon damals riß man Gebäude dafür ab, mußte Altes Neuem weichen; in keiner anderen Stadt sieht man so deutlich dieses urbanistische ›Stirb-und-Werde‹ wie in Rom.

In unmittelbarer Nähe des Forum Romanum, am Fuß des Kapitolinischen Hügels ließ Gaius Julius Caesar zwischen 54 und 46 v. Chr. ein neues Forum anlegen, um den gewachsenen Bedürfnissen der römischen Bürger und der ›Insassen‹ des Reiches aus der Fremde Rechnung zu tragen, doch auch, um den eigenen Ruf und den seiner Familie, der Julier, zu erhöhen. Vielleicht erschien manchen das geheiligte alte Forum Romanum nicht mehr ›modern‹ und repräsentativ genug. Dieses **Caesar-Forum,** auch ›Forum Julium‹ genannt, ein Gebiet von 170 × 75 m umfassend, ist heute zum Teil von Grünanlagen und Parkplätzen bedeckt. Es erstreckt sich wie das Trajansforum ungefähr parallel zur Via dei Fori Imperiali, während die Foren des Augustus, des Nerva und des Vespasian (annähernd) in Nord-Süd-Richtung, fast rechtwinklig dazu, angelegt sind. Die Ruinen lassen kaum noch eine realistische Vorstellung des einstigen Forum-Kom-

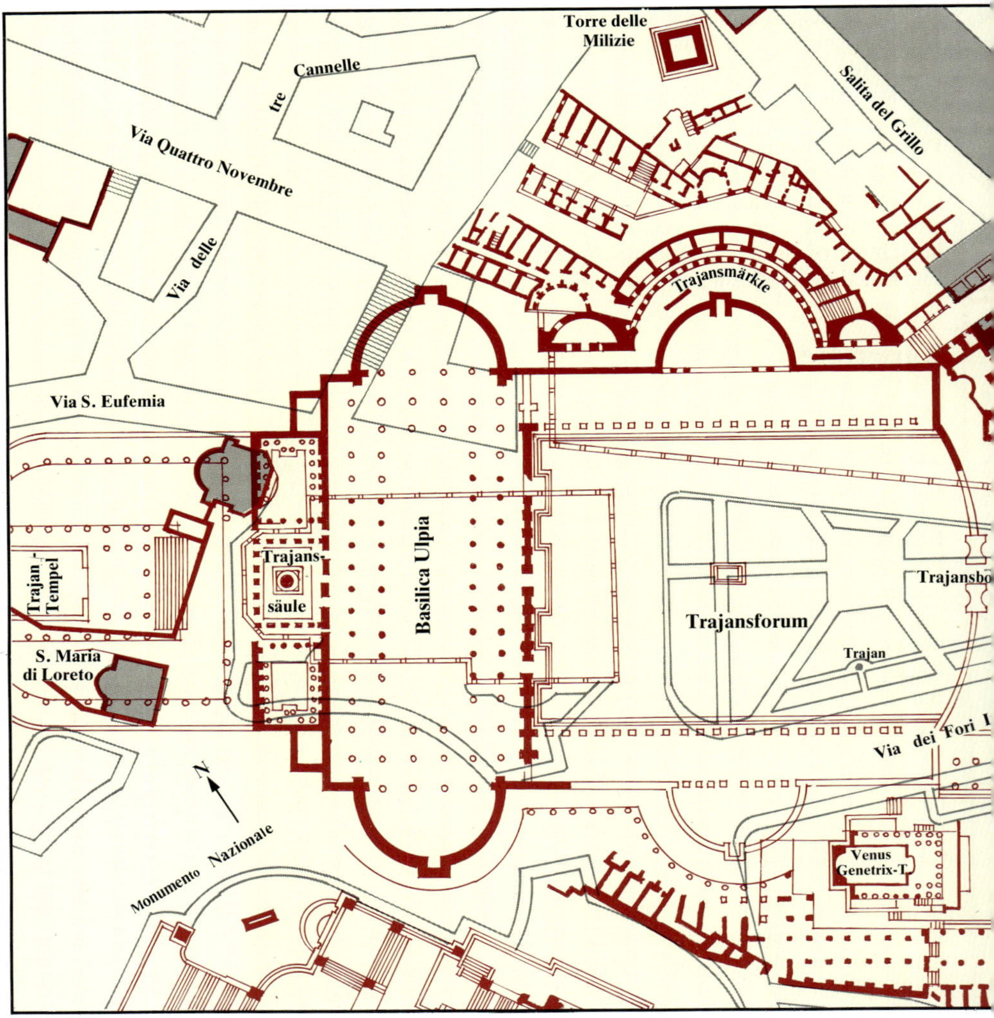


Kaiserforen

plexes zu. Der Tempel der Venus Genetrix (der Gebärerin Venus) und die Basilica Argentaria lagen am Nordrand des Forum. Letztere nahm die Börse und Wechselstuben auf. Von dem Venus-Tempel stehen noch drei korinthische Säulen mit Gebälk. Die einstigen Kaufläden des Caesar-Forum sind in den noch zweigeschossigen Aufbauten zu rekonstruieren. Leider ist kaum etwas von dem prächtigen Schmuck des Forum erhalten geblieben. Aus der antiken Literatur wissen wir u. a. von einem eindrucksvollen Reiterstandbild Caesars

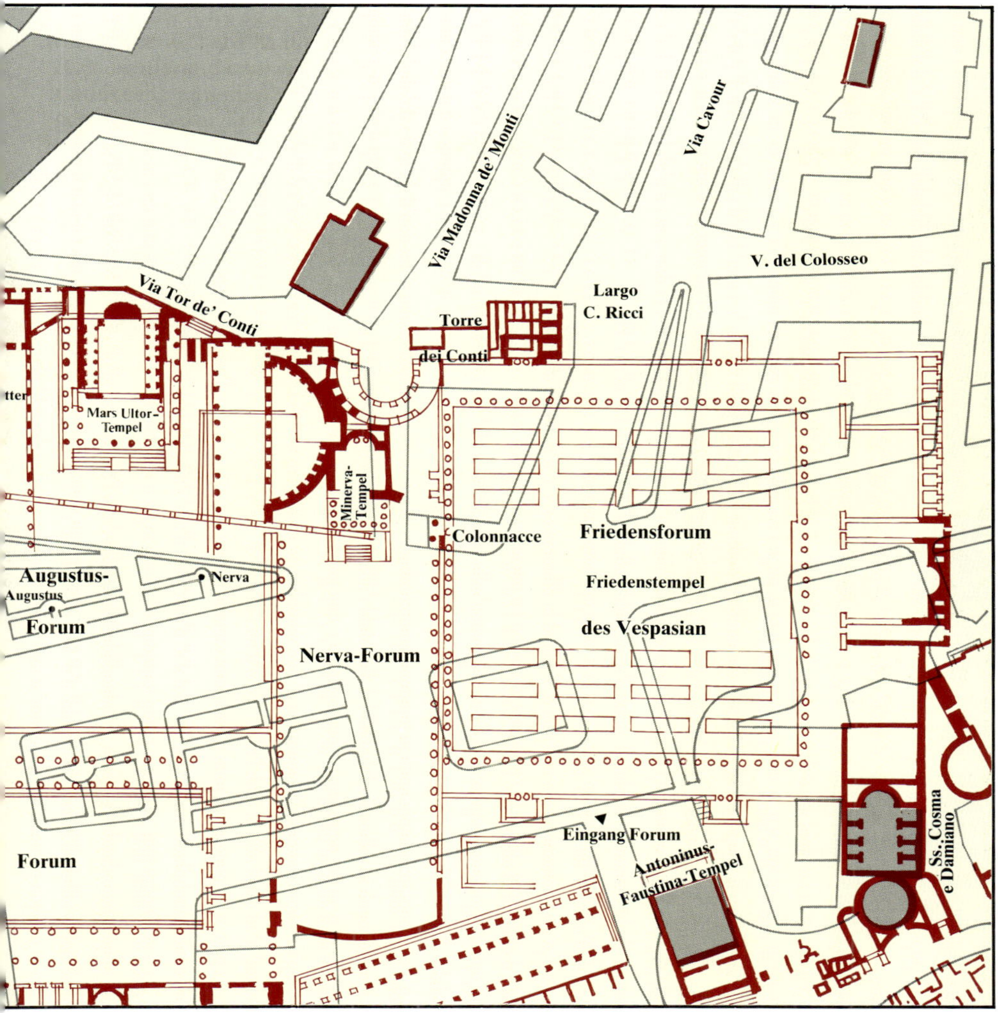


(die heute auf dem Forum stehende Bronzeskulptur ist eine Kopie nach einer anderen Marmorstatue Caesars) und einer goldenen Statue der Kleopatra. An den erhaltenen Fragmenten ist zu sehen, wie genau und sorgfältig die römischen Steinmetzen den Marmor bearbeiteten.

Auch Augustus, der erste römische Kaiser, mußte nach Caesar ›sein‹ Forum haben. Seine Statue (Kopie) in den Grünanlagen erinnert an den kaiserlichen Bauherrn. Von diesem **Augustus-Forum,**

*Trajansforum*

***Der lateinische Schriftsteller Ammianus Marcellinus berichtet im 4. Jh.: »Als Kaiser Konstantin auf das Trajansforum kam, dieses einzigartige Bauwerk unter dem weiten Himmel, das unserer Auffassung nach selbst die Götter als Wunder gelten lassen müssen, war er starr vor Staunen und ließ seine Gedanken um die riesenhaften Baukörper schweifen, die sich nicht schildern lassen und auch niemals wieder von Sterblichen erreicht werden können.«***

über das ebenfalls breit die Via dei Fori Imperiali führt, ist wenig erhalten geblieben: nur ein Treppenaufgang und Säulen vom Tempel des Mars Ultor (Tempio di Marte Ultore). Augustus weihte ihn im Jahr 2 v. Chr. ›dem rächenden Kriegsgott Mars‹ zum Andenken an die Schlacht von Philippi (42 v. Chr.), in der Octavianus Augustus die Mörder Caesars, Brutus und Cassius, besiegt hatte und diese dabei umgekommen waren. Im Mittelalter gingen die Johanniter, die späteren Rhodos- und Malteserritter, daran, die Ruinen in ihre Palazzi einzubeziehen. Die Casa dei Cavalieri di Rodi, der Palast der Rhodos-Ritter, in dessen Bau Teile einer ehemaligen Exedra aufgenommen sind, beherbergt das heutige Priorat des Ordens und eine Antikensammlung des Augustus-Forum; das Gebäude liegt an der Piazza del Grillo, etwas oberhalb, schon am Aufstieg zum Quirinal-Hügel.

Die Kirche Santi Cosma e Damiano stößt an eine Ecke (im Südosten) des Foro di Vespasiano, des **Vespasian-Forum,** das wegen des dem Friedensgott geweihten Tempels auch Friedensforum, ›Foro della Pace‹, genannt wird. Der Komplex wird heute von einer Straßenkreuzung bedeckt, dort, wo die Via Cavour in die Via dei Fori Imperiali mündet. Den Bau dieses Forum ordnete Kaiser Vespasian an. Die Arbeiten wurden von 71 bis 75 n. Chr. ausgeführt und mit Beutegeldern des Judäischen Kriegs finanziert, den Vespasian begonnen hatte und sein Sohn Titus im Jahr 79 siegreich beendete.

Zwei hohe korinthische Säulen, von den Römern *Colonnacce* (Riesensäulen) genannt, begrenzen das **Nerva-Forum** nach Osten zum Foro della Pace hin. Sie sind Reste einer Säulenhalle, zu der auch die Fragmente eines Gebälk- und eines Bildfrieses gehören. Kaiser Nerva weihte das Forum, das sich im Osten an das Augustus-Forum anschließt, im Jahr 97 n. Chr. ein. Beherrschendes Bauwerk war ein Tempel der Minerva, nicht nur zur Kaiserzeit, sondern bis ins 17. Jh., bevor er auf Befehl von Papst Paul V. abgetragen wurde, um das Material für den Brunnenbau der Acqua Paola auf dem Gianicolo-Hügel zu liefern. Auch hier erinnert eine Bronzestatue (Kopie) an den Kaiser.

Das **Forum des Kaisers Trajan** (98–117 n. Chr.) muß das prächtigste der Kaiserforen gewesen sein. Dieses ›neueste‹, größte und am besten erhaltene Kaiserforum umfaßte Tempel, Basilika und persönliche Ehrenmale des Kaisers, Triumphbogen, Reiterstandbild und Siegessäule, und weiter die Märkte des Trajan (in nordöstlicher Richtung bis auf den Quirinal ansteigend). Der gewaltige, im Altertum viel bewunderte Komplex wurde von dem Architekten Apollodoros aus Damaskus im Jahr 107 begonnen und im Jahr 143, 30 Jahre nach dem Tod Trajans, eingeweiht. Er feierte jenen Kaiser, in dessen Regierungszeit das Imperium Romanum seine größte Ausdehnung erreichte.

Ausgrabungen und notwendige Restaurierungsarbeiten lassen Bedeutung, Aufteilung und Schönheit des Forum klar hervortreten: Von Südosten (vom Kolosseum her) führte der Weg durch einen Triumphbogen (116 errichtet) zu dem zentral aufgestellten Reiterstandbild des Kaisers. An der Frontseite des Platzes lag eine Gerichts- und Geschäftshalle, die **Basilica Ulpia**, von enormen Ausmaßen. Die Länge betrug 130 m, so daß dem Platzbedarf nur mit Mühe entsprochen werden konnte. Zwei **Bibliotheksgebäude,** welche die Siegessäule des Trajan umschlossen und sich an die Basilika anlehnten, dienten der Aufbewahrung lateinischer und griechischer Literatur. Die Grenze des Forum zur Piazza Venezia hin bildete ein Tempel, zwischen den heutigen Marienkirchen liegend, der dem vergöttlichten Trajan geweiht war.

Die insgesamt rund 40 m hohe **Siegessäule des Kaisers Trajan** steht uns Heutigen als »Zeugnis großartiger Selbstdarstellung des römischen Kaisertums« (Henze) vor Augen, trotz fortschreitender Schäden und dank vieler Restaurierungen. Sie ist ein vorzügliches Werk römischer Bildhauerkunst. Die Säule allein, ohne Statue, Basis und Kapitell, mißt 29,78 m und ist aus 18 Marmorblöcken von der griechischen Insel Paros zusammengesetzt. Außen zieht sich ein spiralförmig ansteigender Fries von 200 m Länge mit Szenen aus den Daker-Kriegen (101/102 und 105/106 unter Trajans Befehl geführt) entlang, mehr als 2500 Figuren darstellend. Die Ereignisse sind künstlerisch vollendet, Geschichte ist lebendig dargestellt. Der ganze martialische Aufwand, die kämpfenden Soldaten und schnaubenden Rosse ließen sich in der Antike leicht von den Fenstern der beiden Bibliotheken aus betrachten; uns stehen dafür Ferngläser und

*Den Ruhm der Trajanssäule macht der spiralförmig aufsteigende plastische Fries aus, ein Meisterwerk römischer Bildhauerkunst mit Szenen aus den Daker-Kriegen.*

*Die Märkte des Trajan, aus roten Ziegeln errichtete Markthallen, liegen am Hügel des Quirinal*

Teleobjektive zur Verfügung. Eine Wendeltreppe im Innern – das notwendige Licht fällt durch kleine Schlitze des Säulenmantels von außen ein –, führt 185 Stufen empor. Der Sockel der Säule bewahrte eine goldene Urne mit der Asche des Kaisers. Krönung des Ehrenmals war einst ein goldenes Standbild Trajans, das im Mittelalter verlorenging. Seine Stelle nimmt seit 1587, von Papst Sixtus V. veranlaßt, der Apostel Petrus (mit dem Schlüssel) ein; so wachen zwei Apostelfürsten (als zweiter der hl. Paulus auf der Mark-Aurel-Säule, Piazza Colonna) gemeinsam über ihre Stadt.

Den Anstieg zum Quirinal-Hügel nutzend und durch eine halbkreisförmige Mauer gegen das Trajansforum abgegrenzt, lagen auf weitläufigem Gelände die teilweise sechsgeschossigen, aus roten Ziegelsteinen errichteten Markthallen und Kaufstraßen – heute ein eindrucksvoller Gebäudekomplex. Auch diese **Märkte des Trajan** sind ein Werk des Baumeisters Apollodoros. Die Römer erhielten dort preiswerte Angebote vor allem aus der Menge der in Naturalien entrichteten Steuerabgaben. Kaiserliche Schenkungen sorgten durch Verteilung von Lebensmitteln an die arme, doch anspruchsvolle und zuweilen launische Bevölkerung Roms für eine Verminderung der sozialen Spannungen.

Wie viele andere antike Stätten wurde auch das Trajansforum in späteren Zeiten überbaut, so mit der Torre delle Milizie an der Via Quattro Novembre und den beiden zwillingshaften Marienkirchen **Santa Maria Loreto** und **Santissimo Nome di Maria.** Die Kirche Santa Maria di Loreto (in Erinnerung an den italienischen Wallfahrtsort Loreto in den Marken) wurde zu Beginn des 16. Jh. wohl von den Baumeistern Bramante und Antonio da Sangallo d. J. begonnen. Zusammen mit der daneben stehenden zwillingsähnlichen ›Kirche des Heiligsten Namens Maria‹, 1736–1738 von A. Derizet erbaut, im Grundriß oval im Gegensatz zur achteckigen Nachbarskirche, bildet sie einen eindrucksvollen Abschluß des Trajansforum.

Auch Rom hat einen schiefen Turm. Weithin sichtbar ragt die **Torre delle Milizie** zwischen dem Trajansforum und dem Quirinal-Hügel empor, massiv, festungsartig, einer der eindrucksvollsten Geschlechtertürme Italiens und der mächtigste Roms. Er wurde als Wehrturm unter Papst Gregor IX. im 13. Jh. errichtet und kam wahrscheinlich durch die damals oder früher in der Nachbarschaft untergebrachten byzantinischen Milizen zu seinem Namen. In den endlosen Kämpfen römischer Adelsfamilien spielte er – als Angriffsbasis und Verteidigungsbollwerk – seinem jeweiligen Besitzer eine wichtige Rolle. Der deutsche König Heinrich VII. nutzte ihn im Kampf gegen die guelfische Partei, als er sich 1312 seine Kaiserkrönung erstritt. Die römische Sage setzt den Bau weit früher an und verbreitet, daß unter ihm das Grab des Kaisers Augustus liege und angeblich Nero von seiner Höhe aus den Brand Roms besungen habe. Deshalb heißt er auch ›Torre di Nerone‹, Nero-Turm. Herrliche Aussicht von oben über die Innenstadt, vor allem über die Stätten der Antike.

*Die zwillingshaften Marienkirchen Santa Maria di Loreto und Santissimo Nome di Maria bilden einen eindrucksvollen Abschluß des Trajansforum*

# Von der Piazza Venezia zur Piazza di Spagna

# *Von der Piazza Venezia zur Piazza di Spagna*

*Piazza di Spagna* ☆
*Spanische Treppe* ☆
*Trevi-Brunnen* ☆

## Von der Piazza Venezia zum Palazzo Colonna

Nirgendwo dominieren die Touristen in Rom so sehr wie an den Stätten dieses Besichtigungsgangs von der Piazza Venezia zur Piazza di Spagna. Vor allem an der Fontana di Trevi, dem Brunnen, der zum Glückspfand wiederkehrwilliger Besucher geworden ist, und auf der Spanischen Treppe gibt sich die weite Welt ein buntes Stelldichein. Zugleich finden sich links und rechts der Via del Corso, der Achse der römischen Innenstadt, bedeutende Kirchen und an der Piazza Colonna die Palazzi der italienischen Politik.

Auch Napoleon I., der französische Kaiser, hat in Rom seine Spuren hinterlassen. Nicht nur, daß er 1798 die Römische Republik schuf und 1809 seinen Sohn zum König von Rom ausrief. In der Stadt des Papstes! Nicht wenige in Europa schrien darob Skandal. Auch der schmale Palast, Piazza Venezia Ecke Via del Corso, trägt den Namen Bonaparte, noch oben am Gebäude zu lesen. Dieser **Palazzo Bonaparte** (1), oder ›Misciattelli‹, im Jahr 1660 erbaut, diente der Mutter Napoleons, Letizia Ramorino, als Alterssitz nach den Niederlagen ihres Sohnes. Sie starb hier im Jahr 1836.

Die Fassaden des **Palazzo Doria (-Pamphili;** 2) an der Via del Corso und der Via del Plebiscito sind vom Verkehr geschwärzt, doch ihre rokokohafte Eleganz ist unverkennbar. Der Stadtpalast der Doria ist einer der größten Wohn-Palazzi in Rom; sein Grundriß ist gänzlich unregelmäßig. Begrenzt von den Straßen Via del Corso, Via del Plebiscito, Via della Gatta und der Piazza del Collegio Romano mit der Via Lata, läßt er an der Ecke Piazza Venezia/Via del Corso Raum für den viel kleineren Palazzo Bonaparte. Im 15. Jh. begonnen, wurde er auf Wunsch seiner jeweiligen Besitzer – den Familien della Rovere, Aldobrandini und Pamphili, aus denen auch mächtige Päpste hervorgingen – von bekannten Architekten vergrößert und verschönert und so zu einem Komplex ausgebaut, der in seinen Fassaden und Innenhöfen verschiedene Stilrichtungen widerspiegelt. Da die Pamphili sich später mit den Doria verbanden, wurde auch der Doppelname gebräuchlich.

Der Palazzo beherbergt die **Galleria Doria Pamphili,** eine ansehnliche Gemäldesammlung, die vor allem von den Doria und Pamphili zusammengetragen wurde (Eingang Piazza del Collegio Romano, Nr. 1a). Zu den Kostbarkeiten der Sammlung zählen neben anderen Gemälde von Correggio, Tintoretto, Tizian, Breughel, Bordone, Lorrain und Domenichino. Besonders erwähnenswert sind ein Meisterwerk Caravaggios, ›Ruhe auf der Flucht nach Ägypten‹ und ein Bildnis des Papstes Innozenz X. (1644–1655; aus der Fami-

◁ *Santissima Trinità dei Monti*

*Das Gemälde von Diego Velázquez (1599-1660) zeigt Papst Innozenz X. aus der Familie der Pamphili*

lie der Pamphili) von Velázquez. Weiter sind einige wertvolle Marmorskulpturen hervorzuheben, so auch eine Büste Innozenz' X. von Bernini. Privatgemächer und Repräsentationsräume mit Bildern und Skulpturen bilden ein eindrucksvolles Interieur dieses herrschaftlichen römischen Palastes.

Der riesige Palast des **Collegio Romano** (3) an der gleichnamigen Piazza, einst das Kolleg des Jesuitenordens in Rom, wurde zwischen 1583 und 1585, in sehr kurzer Zeit also, von den Architekten Bartolomeo Ammanati und Giuseppe Valeriani, einem Mitglied des Jesuitenordens, als neue römische Universität der ›Gesellschaft Jesu‹ für die studierende Jugend erbaut. Der Gönner des Ordens, Papst Gregor XIII., hatte die notwendigen Mittel dafür zur Verfügung gestellt. Im Collegio Romano befinden sich heute ein Gymnasium und die Nationalbibliothek.

Im Jahr 1540 approbierte Papst Paul III. den Jesuitenorden. Ignatius von Loyola, die antreibende ›Seele‹ dieser jungen Gemeinschaft, wurde der erste Generalobere. Die Societas Jesu, die ›Gesellschaft Jesu‹, wie sich die Priestergruppe nannte, breitete sich rasch von Rom über Italien und Europa aus und führte mit zunehmendem Erfolg den Kampf für ihr großes Glaubensziel; schon in den ersten Jahrzehnten gewann sie Tausende von Mitgliedern. Ignatius selbst starb 1556 und wurde 1622 heiliggesprochen. Ihm weihten die Jesuiten **Sant'Ignazio** (4), ihr von 1626 bis 1650 errichtetes, nach Il Gesù zweites großes Ordens-Gotteshaus der Stadt. Als Baumeister und Maler wußten sie sich selbst zu helfen; der Architekt Orazio Grassi und der Maler Andrea Pozzo gehörten zum Orden. Finanzielle Unterstützung erhielten sie von Kardinal Ludovico Ludovisi, dem Neffen Papst Gregors XV.

*Ignatius von Loyola*

Aus dem Gewirr der Gassen tritt man wie aus einer Theaterkulisse mit scheinbar ineinandergeschobenen Häusern auf die intime Piazza Sant'Ignazio und fühlt sich sogleich wie auf einer Bühne. Die Kirchenfassade läßt eine Ahnung vom Lebensgefühl des Barock in uns aufsteigen. Dieses Gefühl soll in der Kirche noch erhöht und im Glauben geheiligt werden. Ein riesenhafter Innenraum, der für die Verkündigung des Wortes, die erbauliche Predigt und die heilige Liturgie – den Gottesdienst – gleich gut geeignet ist, die mit kleinen Durchgängen verbundenen Seitenkapellen, in denen das Meßopfer so häufig wie möglich gefeiert wurde, und eine das Auge entzückende Innenausschmückung mit wertvollen Materialien und reichen Dekorationen: das waren in der Zeit der Gegenreformation die künstlerischen Mittel, um die Christen wieder neu für die katholische Kirche zu begeistern. Die Jesuiten hatten klar die Wichtigkeit äußerer Formen erkannt.

Trotz fehlender Vierungskuppel strahlt der Raum Harmonie aus – bester Beweis für die architektonische Meisterschaft des hervorragenden Mathematikers Grassi. Apsis und Decke des gesamten Kirchenschiffs sind mit einzigartigen Fresken von Andrea Pozzo bedeckt, die in kühner illusionistischer Manier den Triumph des Glaubens darstellen. Der meisterhafte Umgang mit der Perspektive ist von einer in den Boden eingelassenen Marmorplatte aus am besten zu beurteilen. Das Gemälde preist den hl. Ignatius, seinen ›Eingang ins Paradies‹ und ›die vier missionierten Weltteile‹; die barocke Deckenmalerei präsentiert sich hier auf einem Gipfelpunkt. So verbinden sich Architektur, Malerei und Plastik in dieser Kirche zu einem bezwingenden Ganzen; das Herz des Gläubigen soll, vom Auge hin- und hergeführt, von der Kunst bestochen, sich gen Himmel richten, sein Verstand der Kirchenlehre folgen. Ebenfalls bemerkenswert sind die Grabstätten zweier verehrter Ordensmitglieder (des hl. Aloisius, 1568–1591, und des hl. Johannes Berchmans) sowie ein prunkvoller Epitaph für Papst Gregor XV.

Die römische **Börse** an der Piazza di Pietra ist in eine antike Tempelanlage (5) hineingebaut, von der noch elf korinthische Säulen an der Längsseite des Gebäudes (und des Platzes) erhalten sind. An dieser Stelle erhob sich der Tempel des Kaisers Hadrian (Hadrianeum),

AMERICA

*Das Deckenfresko in Sant'Ignazio stammt von Andrea Pozzo und zeigt in kühner illusionistischer Manier den ›Eingang ins Paradies‹ des hl. Ignatius*

der lange Zeit für den des Gottes Neptun gehalten wurde. Der Boden des Tempels liegt heute deutlich unter dem heutigen Bodenniveau (wie beim Pantheon), das durch Schutt und Schlamm um mehrere Meter anstieg.

Die Kirche **San Marcello (6),** die an einem von der Via del Corso zurücktretenden Platz steht, ist dem hl. Papst Marcellus I. (308–309) geweiht. Dieser römische Bischof wurde der Überlieferung nach wegen seiner festen Glaubenshaltung von Kaiser Maxentius in die Verbannung geschickt. Die von Carlo Fontana (1682/83) geschaffene konkave Barockfassade der Kirche wirkt nach der kürzlich vollendeten Restaurierung besonders eindrucksvoll.

## Palazzo Colonna

Zwischen der Piazza dei SS. Apostoli und der Via della Pilotta, zwischen der Via Quattro Novembre und der Via del Vaccaro mit der Piazza della Pilotta dehnt sich der weitläufige Palast der bedeutenden römischen Adelsfamilie Colonna aus (7), deren Stammbaum namhafte Größen wie etwa Papst Martin V. (1417–1431) nachweist. Im 15. Jh. begonnen, wurde der gewaltige Bau 1730 nach vielen Erweiterungen fertiggestellt und bietet neben anderem der Kirche Santi Apostoli und der Galleria Colonna Raum.

**Santi Apostoli (8),** die Zwölf-Apostel-Kirche, ist in den Palazzo Colonna eingefügt. Ursprünglich den Heiligen Philippus und Jakobus geweiht, diente sie lange den Colonna als Familienkirche. Sie wurde wahrscheinlich unter Papst Pelagius I. im 6. Jh. erbaut, nach der Vertreibung der Goten unter dem römischen Feldherrn Narses. Mittelalterliche Restaurierungen und Ergänzungen in der Renaissancezeit schlossen sich während der Amtszeit verschiedener Päpste an. Der jetzige Bau wurde nach 1702 als letzte große Basilika Roms von Francesco und Carlo Fontana errichtet.

Die leicht schräg zur Kirche verlaufende Vorhalle birgt unter anderem Fragmente antiker und mittelalterlicher Kunst; rechts das Relief eines römischen Reichsadlers, links die klassizistische Stele für den Kupferstecher Giovanni Volpato von Antonio Canova. In dem 63 m langen Innenraum, dessen drei Schiffe zu einer großen Halle zu verschmelzen scheinen, befinden sich zahlreiche bewunderungswürdige Kunstwerke. Dazu gehören die Deckenmalereien (›Triumph des Franziskanerordens‹); das Grabmal für Papst Klemens XIV. (an der Stirnwand des linken Seitenschiffs), ein hervorragendes frühklassizistisches Werk von Canova (1787); das Grabmal des Kardinals Pietro Riario, des Neffen Papst Sixtus' IV. (gestorben 1474), ein gemeinsames Werk der Bildhauer Andrea Bregno, Dalmata und Mino da Fiesole; in der Apsis ›Martyrium der Heiligen Philippus und Jakobus‹ von Domenico Muratori, das größte Altargemälde Roms; ferner (hinter der Sakristei) das Grab des Kardinals Johannes Bessarion (gestorben 1472), des großen Humanisten und Kirchenfürsten der Renais-

*Von der Piazza Venezia zur Piazza di Spagna*

1 *Palazzo Bonaparte*
2 *Palazzo Doria Pamphili*
3 *Collegio Romano*
4 *S. Ignazio*
5 *Tempio di Adriano*
6 *S. Marcello*
7 *Palazzo Colonna*
8 *SS. Apostoli*
9 *Fontana di Trevi*
10 *Galleria dell' Accademia di S. Luca*
11 *Mark-Aurel-Säule*
12 *Palazzo Montecitorio*
13 *S. Lorenzo in Lucina*
14 *Palazzo Ruspoli*
15 *S. Carlo al Corso*
16 *Palazzo di Spagna*
17 *Spanische Treppe*
18 *Palazzo di Propaganda Fide*
19 *S. Andrea delle Fratte*
20 *SS. Trinità dei Monti*
21 *Palazzo Zuccari*

sance. (Fragmente des Apsisfreskos von Melozzo da Forli, musizierende Engel, sind in der Vatikanischen Pinakothek zu sehen; s. S. 383.)

Kardinal Girolamo I., Sproß der Colonna, gab im 17. Jh. dem Familien-Palazzo den Grundstock zu einer beeindruckenden Gemäldegalerie, der **Galleria Colonna,** die nunmehr vornehmlich über Werke großer Künstler des 17. und 18. Jh. verfügt. Unter ihnen Gemälde von Veronese, Tintoretto, Poussin, Landschaften und Porträts, dazu Bilder, die an große Ereignisse in der Familiengeschichte der Colonna erinnern, so etwa an den wichtigen Sieg, den Marcantonio Colonna als Kommandant der abendländischen Seestreitkräfte in der Schlacht bei Lepanto (1571) gegen die Türken erfochten hat.

## Fontana di Trevi

Roms größter und berühmtester Brunnen ist die Fontana di Trevi (9). Wer Rom wiedersehen wolle, der müsse, so befiehlt die alte Sitte, eine Münze in den Brunnen werfen. Manche meinen, rückwärts mit der rechten Hand über die linke Schulter. So finden sich im Wasser immer Münzen aus aller Welt von den Besuchern Roms; alle, alle wollen sie wiederkommen. Die Münzen gehören der Gemeinde Rom, aber junge Römer finden immer wieder eine Gelegenheit, sie herauszufischen, bevor die Stadtreinigung ans Werk geht. Der gewaltige Brunnenaufbau erhebt sich auf einem kleinen, von Häusern eingeschlossenen Platz, auf den fünf Straßen münden. Auch die Verkehrslage – zum Glück seit einiger Zeit ohne Autos – bringt es mit sich, daß hier immer ein munteres Treiben herrscht. (Man achte darauf, daß einem nicht nur Münzen abhanden kommen!)

Bereits Agrippa, der erste Erbauer des Pantheon, legte an dieser Stelle im 1. Jh. v. Chr. eine Wasserleitung für seine Thermen an, die auf Wunsch späterer Päpste erneuert und restauriert wurde. Klemens XII., ein Papst aus der Florentiner Familie der Corsini (1730–1740), beauftragte Nicola Salvi, ein Wasser-Werk zu schaffen, an dem die Römer ihre Freude hätten. Salvi erfüllte den Auftrag zwischen 1732 und 1751 mit der 20 m breiten und 26 m hohen, meisterhaft gestalteten barocken Brunnenanlage, die sich an den Palast der Herzöge

*Die Fontana di Trevi, Roms berühmtester Brunnen, verhilft zur Wiederkehr, wenn man eine Münze hineinwirft*

von Poli anlehnt. In der Mitte unter einem dreiachsigen Triumphbogen steht herrscherlich der Gott Neptun auf einem von zwei Meerespferden gezogenen Wagen und umgeben von Muscheln und Tritonen. Das Wasser strömt über künstliche Felsen und umspielt die Figuren, bis es schließlich von einem halbrunden Becken aufgefangen wird, um aufs neue den Kreislauf zu beginnen.

Die Akademie des hl. Lukas, im 14. Jh. die ›Universität der Maler‹, weil die christliche Überlieferung, besonders in Rom, diesem Evangelisten auch künstlerische Fähigkeiten zuschrieb, hat ihren Sitz in der Nähe der Fontana di Trevi. Im 3. Stock des ansehnlichen Palazzo Caspegna an der Piazza dell'Accademia di San Luca findet man in den Sälen der **Galleria dell'Accademia di San Luca (10)** u. a. Werke von Tizian, Lavinia Fontana, Barocci, Pellegrini, Angelika Kauffmann, van Dyck, Ribera und Thorwaldsen.

## Mark-Aurel-Säule

Die Ehrensäule des Kaisers Mark Aurel (161–180; 11) erhebt sich beherrschend auf der Piazza Colonna. Im antiken Rom standen hier die Tempel Hadrians und Mark Aurels, zwischen die im Auftrage des römischen Senats das Siegeszeichen für Mark Aurel gestellt wurde. Er hatte in den Jahren 172/173 n. Chr. die Markomannen und Quaden und von 174 bis 175 die Sarmaten vernichtend geschlagen. So fand die zwei Generationen zuvor gestiftete Ehrensäule für den Kaiser Trajan auf dem Trajansforum eine Entsprechung in Aufbau und Größe. Man begann im Jahr 176 mit dem Werk und beendete es lange nach dem Tod des Kaisers im Jahr 193.

*Das sich spiralförmig um die Mark-Aurel-Säule windende Reliefband zeigt Kriegsszenen aus den Jahren 172 bis 175 n. Chr.*

Die fast 30 m hohe Säule (42 m sind es unter Einbeziehung von Basis und Kapitell) hat einen Durchmesser von 3,7 m und besteht aus carrarischem Marmor. Dem Vorbild der Trajanssäule nacheifernd, verfügt sie im Innern über eine 190stufige, in luftige Höhe aufsteigende Treppe und ist von außen mit einem spiralförmig sich zur Spitze hinaufwindenden Reliefband geschmückt. Dieser Fries beschreibt detailreich und bewegt die Kriegsereignisse. Man erkennt die Waffenarten und Kleidung der Krieger, erhält Aufschluß über damalige Bräuche und die angewandte Technik. Im Vergleich zur Trajanssäule sind die Figurengruppen noch plastischer aus dem Marmor herausgearbeitet, allerdings weniger sorgfältig und auf weniger hohem künstlerischen Niveau.

Einst wurde die Säule, natürlich, von einem Mark-Aurel-Standbild bekrönt, das aber im 16. Jh. verlorenging. Seit 1589 wacht jedoch die Bronzestatue des Apostels Paulus mit dem Schwert (von Domenico Fontana) dort oben über die Stadt – und, in der Gegenwart, über die italienische Regierung im gegenüberliegenden Palazzo Chigi. Aufgrund einer Inschrift am Fuß der Säule wurde das Ehrenmal als ›Colonna Antonina‹ auch irrtümlich dem Kaiser Antoninus Pius (138–161) zugeschrieben.

## Piazza und Palazzo Montecitorio

Auf der **Piazza Montecitorio** steht der Obelisk des ägyptischen Pharao Psammetikh II. (594–589 v. Chr.). Er wurde unter Kaiser Augustus von Heliopolis nach Rom gebracht und im Marsfeld als genaue Meridian-Markierung und Sonnenuhr aufgestellt, wie modernste Berechnungen und die jüngsten Ausgrabungen deutscher Archäologen ergeben haben.

Der lateinische Schriftsteller Plinius d. Ä. (23–79 n. Chr.) gibt eine faszinierende Beschreibung dieser Uhr: »Den auf dem Marsfeld stehenden Obelisken bestimmte der Kaiser Augustus zu einem merkwürdigen Zweck, nämlich, durch seinen Schatten die Dauer der Tage und Nächte anzuzeigen. Der Schatten nämlich, welchen derselbe am Mittag des kürzesten Tages warf, wurde auf dem Boden durch ein Steinpflaster angedeutet und auf diesem durch eingelegte metallne Streifen die Zunahme und dann auch wieder die Abnahme der Tage bezeichnet – in der Tat eine merkwürdige und dem Genie des Mathematikers zur Ehre gereichende Erfindung. Dieser Gelehrte ließ auf der Spitze des Obelisken eine vergoldete Kugel anbringen, deren Schatten sich im Scheitel sammelt, während der Schatten einer Spitze nicht so regelmäßig ist: Die Form des menschlichen Kopfes soll ihn auf diese Idee gebracht haben. Die Beobachtungen am Obelisken stimmen aber nun schon seit fast dreißig Jahren nicht mehr mit der Natur überein, entweder, weil im Laufe der Sonne und in der Beschaffenheit des Himmels eine Änderung eingetreten, oder weil die ganze Erde aus ihrem Mittelpunkt gerückt – was, wie ich finde, auch an anderen Orten wahrgenommen wird – oder nur der Stundenzeiger, infolge von Erdbeben zu Rom, von seinem Standort etwas verrückt ist, oder durch Überschwemmungen des Tiber der Grund sich gesenkt hat, wiewohl das Fundament so tief in die Erde gelegt sein soll, als der Obelisk hoch ist.«

Der **Palazzo Montecitorio** (12) wurde im Jahr 1650 von Bernini im Auftrag Papst Innozenz' X., eines Pamphili, begonnen, doch erst 1694 von Carlo Fontana fertiggestellt (s. Abb. S. 40). Er sollte zuerst der Familie der Ludovisi gehören, nahm dann jedoch die Päpstlichen Tribunale, die Gerichtshöfe der Kurie, auf. Die Abgeordnetenkammer (Camera dei Deputati) hat seit 1871 im Palazzo Montecitorio ihren Sitz. Anfang dieses Jahrhunderts wurde der Bau beträchtlich vergrößert, um die wachsenden Bedürfnisse der Parlamentarier zu erfüllen. Doch die Abgeordneten sind auf ständiger Suche nach Büroräumen in den umliegenden Häusern der Innenstadt.

## Entlang der Via del Corso

Die Kirche **San Lorenzo in Lucina (13),** Gedächtnisstätte für den Märtyrer Laurentius, ist wegen der zentralen Lage in der Innenstadt das Ziel vieler Passanten. Der erste Bau entstand im 4. oder 5. Jh.

*Die Kuppel der Kirche San Carlo al Corso ist einer der markanten Orientierungspunkte beim Blick über Rom*

über dem Haus einer Römerin namens Lucina und wurde Anfang des 12. Jh. erneuert (Portikus mit den Granitsäulen), ein weiteres Mal Mitte des 17. Jh. (gegenwärtiges Aussehen). Besonders bemerkenswert ist die Kapelle der Familie Fonseca (vierte Seitenkapelle rechts), von Bernini entworfen, die eine von Bernini selbst ausgeführte Büste des Gabriel Fonseca enthält, wahrscheinlich um 1668 entstanden. Auf dem Hochaltar ist die von Guido Reni gemalte ›Kreuzigung‹ (um 1610) zu bewundern, eines seiner Meisterwerke.

Der **Palazzo Ruspoli (14),** für die Familie Rucellai 1556 erbaut, dann im Besitz der Caetani und erst 1776 in den Besitz der Ruspoli übergegangen, stößt mit einer Spitze auf den Largo Goldoni, am Schnittpunkt der Via Condotti und der Via del Corso – von dort aus Blick zur Spanischen Treppe mit der Kirche Trinità dei Monti. Er nimmt ein großes, unregelmäßiges Geviert zwischen dem Corso, der Piazza San Lorenzo, der Via del Leoncino und der Via della Fontanella Borghese ein.

Einer der markanten Orientierungspunkte beim Blick über die Innenstadt ist die Kuppel von **San Carlo al Corso (15),** der den zwei heiligen Bischöfen von Mailand, Ambrosius (4. Jh.) und Karl Borromäus (16. Jh), geweihten Kirche an der Via del Corso gegenüber dem Mausoleo di Augusto Imperatore. Trotz des Ambrosius ist sie nur als ›San Carlo‹ bekannt. Sie dient den Lombarden in Rom als ›National‹-Pfarrkirche. Errichtet wurde sie im 17. Jh. unter Mitwirkung vieler Architekten, Onorio und Martino Longhi d. J., Pietro da Cortona, Carlo Fontana und Giovanni Battista Menucci, wobei Cortona vor allem für die gewaltige Kuppel verantwortlich zeichnete. Die Gewölbe des 72 m langen Mittelschiffs, die Kuppel und der Altarraum sind mit Fresken ausgestattet. Der Hochaltar zeigt ein grandioses Gemälde mit den Mailänder Heiligen Ambrosius und Karl von Carlo Maratta (1685-90).

## Piazza di Spagna und Spanische Treppe

»Der Tiber«, so erzählt der dänische Märchen-Dichter Andersen (1870–1875), sei »einmal so hoch gestiegen, daß er ein Boot auf diesen Platz spülte; plötzlich aber sank das Wasser ab, und dort, wo heute der Springbrunnen steht, blieb das Boot liegen. Michelangelo, der die Zeichnung für den Brunnen ausführen sollte, wählte das Motiv des gestrandeten Nachens, und deshalb sieht man in dem runden Bassin ein steinernes Boot, aus dem Wasser quillt.« Eine hübsche Geschichte, die leicht mit der Wahrheit verbunden werden kann, wenn man verbessert, daß diese **Fontana della Barcaccia** auf dem Platz vor der Spanischen Treppe Pietro Bernini, der Vater des berühmteren Gianlorenzo Bernini, von 1627 bis 1629 geschaffen hat. Tiberüberschwemmungen gab es früher häufig.

Der Platz verdankt seinen Namen dem **Palazzo di Spagna (16),** dem Sitz der Spanischen Gesandtschaft beim Heiligen Stuhl seit dem 17. Jh. Der Platz um den Brunnen wird aus zwei Dreiecken gebildet, deren Spitzen ineinandergreifen. Wegen der berühmten **Spanischen Treppe (17)** zählt dieser Platz zu den markanten Punkten Roms, jedem Besucher vertraut. Die elegante, beschwingte Treppenanlage ist dem Einfall des Architekten Francesco de Sanctis zu verdanken. Sie wurde von 1723 bis 1725 im Auftrag und mit dem Geld des französischen Botschafters Gueffier gebaut und führt zu der französischen Kirche Trinità dei Monti – außerdem zu einem Kloster von französischen Ordensschwestern neben der Trinità-Kirche und

Die Spanische Treppe, jedem Rom-Besucher vertraut, führt zur Kirche Santissima Trinità dei Monti hinauf zur Französischen Akademie der Villa Medici. Die Wappen-Lilien der Bourbonenkönige weisen auf ihren französischen Ursprung hin. Der Architekt vereinte nach innen und außen barock schwingende Stufenfolgen und der Gliederung dienende Absätze, Terrassenanlagen und prachtvolle Schwünge, gehemmt und wieder beschleunigt, zu einem festlichen Gesamtkunstwerk. Verständlich, daß hier ein Kommen und Gehen herrscht, daß man sich zu gemütlichem Sitzen und angeregten Gesprächen eingeladen fühlt. Junge Leute bieten handwerkliche Kunst oder eigene Bilder an, fast spielerisch wird gehandelt, verkauft oder auch nicht gekauft. Vielleicht wird nirgendwo in der Welt ein Höhenunterschied (hinauf zur Kirche Santissima Trinità dei Monti und zum Pincio) so mühe- und schwerelos überwunden wie hier. Andersen fabuliert wohl nicht, wenn er – im 19. Jh. – schreibt: »Bei Tage wimmelt es hier von Bettlern mit welken Gliedern, einige stützen sich auf ihre Hände und hüpfen wie Frösche, andere liegen der Länge nach auf den Steinen und zeigen ihre Gebrechen vor. Einst war diese Treppe wegen der Überfälle, die dort bei Abend und bei Nacht vonstatten gingen, sehr verrufen.« Heute wollen manche Römer die Treppe nachts sogar durch Eisengitter sperren.

Zwischen den Straßen Via Due Macelli, Via della Propaganda und Via Capo le Case, gegenüber dem Palazzo di Spagna, liegt der große Palast-Komplex der vatikanischen ›Kongregation für die Verbreitung des Glaubens‹, des päpstlichen, Ende des 16. Jh. gegründeten ›Ministeriums‹ für die Missionsgebiete der katholischen Kirche, der **Palazzo di Propaganda Fide (18).** Der Bau des Palastes wurde von Papst Gregor XV. (1621–1623) begonnen; Urban VIII. (1623–1644) ließ ihn durch die Baumeister Bernini und Borromini ausführen. Vor den beiden Palästen und vor der Piazza Mignanelli erhebt sich eine antike Säule mit einer Marienstatue auf der Spitze, die **›Colonna dell'Immaculata‹.** An der Basis lehnen die Propheten Isaias und Ezechiel, ferner Moses und David. Am 8. Dezember, am katholischen Fest der ›Unbefleckten Empfängnis Mariens‹, besucht der Papst diese Säule, die zu Ehren der Jungfrau Maria und zur Erinnerung an das am 8. Dezember 1854 verkündete Dogma von der ›unbefleckt, ohne die Schuld der Erbsünde empfangenen Maria‹ errichtet wurde (im Jahr 1856).

Die von der Piazza di Spagna zur Via del Corso führende **Via Condotti** ist die eleganteste Einkaufsstraße der Stadt, mit Juwelierläden, Boutiquen und anderen teuren Geschäften. In ihr findet der Besucher auch das Caffè Greco, das berühmte Künstler-Touristen aus aller Welt in seinen geschmackvollen Wänden sah: Goethe, Liszt, Schopenhauer, Wagner, Mendelssohn und viele andere (s. a. S. 62ff.).

In der **Via del Babuino,** die von der Piazza di Spagna zur Piazza del Popolo führt, finden sich besonders viele Kunstgalerien und Antiquitätengeschäfte. Zwischen dieser Straße und dem Pincio-Hügel verläuft die Via Margutta, als ›typisch römische‹ Straße bei Künstlern und Intellektuellen beliebt.

Die Kirche **Sant'Andrea delle Fratte (19)** bestand schon im 12. Jh.; sie wurde im 15. Jh. Nationalkirche der Schotten und im 17. Jh. gründlich umgebaut. Dabei erhielt sie unter Borromini Apsis, die besonders kunstvolle Kuppel und den bizarren, eleganten Glokkenturm (1655). Im Innern die Grabmäler des deutschen Bildhauers Rudolf Schadow, gestorben 1822, (am letzten Pfeiler rechts) und der Malerin Angelika Kauffmann, gestorben 1807, links vom Eingang.

Über der Spanischen Treppe ragt die Kirche **Santissima Trinità dei Monti (20),** die Dreifaltigkeitskirche, empor (s. Abb. S. 202). Davor steht ein ägyptischer Obelisk, der aus den Gärten des lateinischen Schriftstellers Sallust stammt und im Jahr 1789 unter Pius VI. hier aufgestellt wurde. Man erbaute die Kirche von 1502 bis 1585 auf Kosten der französischen Krone. Mit ihrer Freitreppe, der leuchtenden Fassade und den beiden Türmen schließt dieses freundliche Bauwerk eindrucksvoll die Flucht der Via Condotti und die aufsteigende Spanische Treppe ab – ein Bild, das in aller Welt bekannt ist. Neben der Kirche befindet sich ein Konvent der Sacré-Cœur-Ordensschwestern.

Oben in der Piazza Trinità dei Monti, gegenüber dem Luxushotel ›Hassler‹, liegt zwischen der Via Sistina und der Via Gregoriana, in die schmale Ecke hineingebaut, der **Palazzo** (oder die Casa) **Zuccari (21).** Der Palazzo wurde von dem Maler Zuccari als Wohnhaus und Atelier um 1600 eingerichtet und war zeitweise von Maria Kasimira, der polnischen Königin und Witwe des Wien-Retters Sobieski, bewohnt. Heute ist er Sitz der Biblioteca Hertziana, des Instituts für kunstgeschichtliche Forschung der deutschen Max-Planck-Gesellschaft. Portal und Fenster des Palastes in der Via Gregoriana Nr. 30 bilden das Maul eines Ungeheuers, vor das unartige römische Kinder zur Besserung geführt werden, meist ohne nachhaltige Wirkung.

*Portal und Fenster des Palazzo Zuccari sind einem das Maul aufsperrenden Ungeheuer nachgebildet*

# Die Altstadt

# *Die Altstadt zwischen Via del Corso, Corso Vittorio Emanuele und Tiber*

*Pantheon ☆☆*
*Piazza Navona ☆☆*
*Vier-Ströme-Brunnen ☆*

Erst als man sich der Tiber-Überschwemmungen einigermaßen erwehren konnte und sich nicht mehr auf die höher gelegenen Gebiete beschränken mußte, entstand die römische ›Innenstadt‹. So ist das frühere Marsfeld, Exerzierplatz in der Antike, durch kunstreiche Bauwerke aus vielen Jahrhunderten, vom Altertum bis in die Neuzeit ausgezeichnet. Der Corso Vittorio Emanuele bildet bei diesem Besichtigungsgang die südliche Grenze.

## Pantheon

Läßt sich ein einfacherer Bau denken als das Pantheon (1)? Ein Zylinder mit einer Halbkugel darauf, das ist im Grunde – ohne den Zusatz des Pronaos, des Vorbaus mit dem Giebel über Säulen – alles. So genial schlicht – und uralt in der Baugeschichte der Menschheit ist die architektonische Idee des Pantheon, daß dieses Götter- und Gotteshaus seit dem Altertum Bestand hat, heute das besterhaltene, kaum veränderte Bauwerk der römischen Antike (s. auch Abb. S. 29).

Name und Zeitangabe über dem Eingang führen ein wenig in die Irre. M(arcus) Agrippa, so heißt es da, Schwiegersohn des Kaisers Augustus, ließ den Bau errichten (fecit) und 27 v. Chr. – als er das dritte Mal Konsul war (cos tertium) – als Tempel weihen. Wem? Das ist in der Deutung umstritten: Pantheon, dem Allgöttlichen, oder allen von den Römern verehrten Göttern, oder den sieben heiligen Planetengottheiten, Neptun, Uranus, Saturn, Jupiter, Merkur, Venus und Mars. Auf letzteres könnte die symbolträchtige Raumgestaltung mit der Kuppel als Himmelsgewölbe, der Mittelöffnung als Sonne und den Kassetten als Planetenbahnen hinweisen. Vor uns jedoch steht das Pantheon, dessen Neubau (120–125) Kaiser Hadrian wegen Brandschädigung des Originals veranlaßte. Seine statischen und architektonischen Elemente stellen die großen technischen Fähigkeiten der Römer auf der Höhe ihres Könnens in der Antike unter Beweis.

Auch dieses Bauwerk erlitt eine wechselvolle Geschichte, die Anbauten, vielfache Beschädigungen bei Erdbeben, durch Überschwemmungen und Demontage begehrter Teile des Bau- und Dekorationsmaterials einschloß. So ließ Kaiser Konstantius 663 die vergoldeten Bronze-Dachziegel abnehmen und nach Konstantinopel bringen. Unter Papst Gregor III. erhielt das Pantheon ein Bleidach. Papst Urban VIII., ein Barberini, beschaffte sich das Material für die Kanonen der Engelsburg und den Altartabernakel (von Bernini) in Sankt Peter durch das Herausreißen des Bronzebeschlages (etwa 25 t Gewicht) von der Balkendecke der Vorhalle. Von dieser Tat

◁ *Pantheon und Piazza della Rotonda*

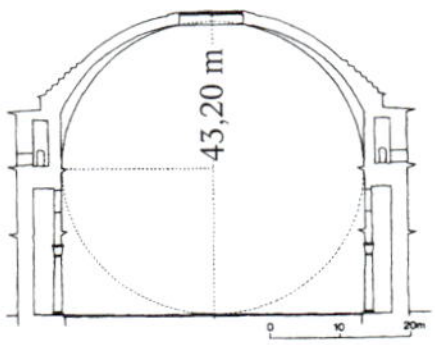


Querschnitt des Pantheon

wird das Wort auf den Barberini-Papst gemünzt: »*Quod non fecerunt barbari, fecerunt Barberini*« (Was die Barbaren nicht verwüsteten, holten die Barberini nach). Der Kuppelbau des Pantheon, der als architektonisches Vorbild vor allem die Künstler der Renaissance beeinflußte, so Bramante und Michelangelo für den Neubau von Sankt Peter, erfuhr jedoch immer wieder Restaurierungen.

Mit der Erhebung des Christentums zur Staatsreligion Ende des 4. Jh. endet die Geschichte des Pantheon als heidnische Kultstätte. Papst Bonifaz IV. ließ im Jahre 609 hier die Gebeine zahlreicher Märtyrer bestatten und weihte das Bauwerk der Madonna und allen Märtyrern. So erhielt es als Kirche den Namen ›Sancta Maria ad Martyres‹, Sankt Marien zu den Märtyrern. Es heißt, der Papst habe Wagenladungen von Märtyrerknochen ins Pantheon bringen lassen, damit sie die heidnischen Götter besiegten. Der Weihetag, der 1. November, wurde das Fest Allerheiligen.

Von der Piazza della Rotonda geht man auf die Säulenvorhalle zu. Im Laufe der Jahrhunderte hat sich das Straßenniveau deutlich gehoben, so daß heute das Bauwerk von der Piazza aus gedrückt und die Kuppel nicht sehr hoch gewölbt wirken, weil der Zylinder über die Kuppel gezogen scheint. Früher schritt man über eine Treppe hinauf in die Vorhalle. Im heute leeren Giebeldreieck befand sich früher eine Bronzeplastik. In der 33 m breiten und 13,5 m hohen Vorhalle stehen 16 monolithische Säulen aus rosa und grauem Granit mit korinthischen Kapitellen, 12,5 m hoch, teils antik, teils aus dem 17. Jh. An

Der Eindruck von der Vorhalle des Pantheon zur Piazza della Rotonda hin wird von den 12,5 m hohen Granitsäulen bestimmt

mächtigen Bronzetüren vorbei gelangt man in den kreisrunden Raum. Er hat einen Durchmesser von 43,2 m; die Höhe weist dasselbe Maß von 43,2 m auf. Ebenso sind der Radius der Kuppel und der des Zylinders identisch: die Hälfte des Durchmessers, 21,6 m.

Die Festigkeit der über 6,2 m dicken Ziegelmauern ermöglichte die tiefe Aussparung von Wandnischen, halbrunden und eckigen, so daß eine harmonische und symmetrische Gliederung entsteht, ganz ohne Säulen, Pfeiler oder Fenster. Der Blick in die Höhe zeigt uns als Abbild des Himmelsgewölbes die einst mit vergoldeter Bronze ausgeschmückte Kassettendecke, die am höchsten Punkt eine 9 m weite Kreisöffnung aufweist, Quelle des sich gleichmäßig im Raum ausbreitenden Lichts. Die zurückhaltende Innenausstattung verstärkt den architektonischen Eindruck höchster Vollendung und Harmonie, die gleichsam Himmel und Erde umfassen und in ihrer zeitlosen Vollkommenheit beeindruckend und erhebend wirken. Von der vortrefflichen Akustik kann man sich bei Orgelspiel überzeugen, gegen ein Trinkgeld für den Kustoden.

Das Pantheon diente, wie andere christliche Kirchen, auch als Begräbnisstätte: Der bedeutende Kardinalstaatssekretär Papst Pius' VII., Consalvi (1757–1824, also in der Zeit Napoleons), hat ein Denkmal von Thorwaldsen (1824; in der dritten Nische links). Seit dem letzten Jahrhundert wurden auch Angehörige des italienischen Königshauses hier beigesetzt, so die Könige Viktor Emanuel II. (gestorben 1878; zweite Nische rechts) und Umberto I. (ermordet 1900;

*Die über 6 m dicken Mauern des Kuppelbaus ermöglichten die Aussparung von halbrunden und eckigen Wandnischen*

zweite Nische links). Ziel vieler Kunstliebhaber ist das Grab des großen Renaissance-Künstlers Raffael (zwischen der zweiten und dritten Nische links). Die Inschrift besagt: »*Ille hic est Raphael, timuit quo sospite vinci, rerum magna parens et moriente mori*« (Hier liegt Raffael; die große Mutter Natur fürchtete, von ihm zu seinen Lebzeiten besiegt zu werden und bei seinem Tode zu sterben). Geliebt von allen, von Michelangelo vielleicht ein wenig beneidet, starb Raffael 1520 im Alter von nur 37 Jahren in Rom.

## Santa Maria sopra Minerva

Hinter dem Pantheon (südöstlich) erhob sich in alter Zeit auf dem Marsfeld ein Tempel, wohl irrtümlich der Minerva zugeschrieben. Deshalb trägt die Marienkirche, die um 1280 über den Ruinen dieses Tempels errichtet wurde, den Beinamen ›sopra Minerva‹ (über dem Minerva-Tempel; 2). Der Platz vor Santa Maria sopra Minerva wird von einem Elefanten bestimmt, der Hintergrund der schmucklo-

*Das Altarbild in der Cappella Carafa der Kirche Santa Maria sopra Minerva stammt von dem Florentiner Maler Filippino Lippi, der von 1488 bis 1493 an der Ausgestaltung der Kapelle arbeitete. Dargestellt sind Szenen aus dem Leben des Thomas von Aquin; auf dem Altarbild, einer Verkündigungsszene, empfiehlt der hl. Thomas den Kardinal Carafa der Madonna*

*Der einen Obelisken tragende Elefant in der Mitte der Piazza della Minerva geht auf einen Entwurf von Bernini zurück*

Das Apsisgewölbe der Kirche Santa Maria sopra Minerva

sen Kirchen-Fassade dadurch freundlich aufgelockert. Bernini entwarf das Marmortier; deshalb heißt es auch der ›Floh‹ (*pulcino*) des Bernini‹. Ercole Ferrata führte den Entwurf 1667 aus und setzte dem Elefanten einen kleinen ägyptischen Obelisken (6 Jh. v. Chr.) auf den Rücken. Die Inschrift am Sockel drückt aus, was der säulentragende Elefant mit überproportional langem Rüssel in der Bildersprache der Kunst bedeutet: »... *documentum intellige robustae mentis esse solidam sapientiam sustinere*« (Begreife als Symbol, daß es eines starken Verstandes bedarf, die gesunde Wahrheit zu ertragen).

Ende des 13. Jh. wurde die Kirche als gotischer Bau begonnen, doch erst nach 1450 zog man die gotischen Kreuzgratgewölbe ein und schuf damit den einzigen vollausgebildeten großen Kirchenbau in gotischem Stil in der Ewigen Stadt. Wer der Baumeister der dreischiffigen Pfeilerbasilika war, ist nicht schlüssig geklärt; das gilt auch für die Renaissance-Fassade. Im 16. und 17. Jh. baute man die zahlreichen Grabkapellen aus; bei einer im 19. Jh. durchgeführten Restaurierung des Innern war man bemüht, durch Veränderungen dem gotischen Raumeindruck wieder näherzukommen.

Die Kirche ist seit altersher den Dominikanern, dem Ordo Praedicatorum (O. P.), dem Predigerorden, anvertraut. Links neben der Kirche befand sich das Generalat, die römische Zentralverwaltung des Ordens; Anfang des 17. Jh., zur Zeit des Galileo Galilei, war hier auch der Sitz der Inquisitionsbehörde. Da die Kirche mitten in der Stadt liegt und die Ordenspriester des Dominikus immer Wert auf die Seelsorge legten, bereicherte sie das religiöse Leben des Volkes. So wundert es nicht, daß sie, wie die meisten Ordenskirchen der Bettelmönche, im Innern zahlreiche Grabmäler beherbergt und über mehrere, reich ausgestattete Grabkapellen verfügt.

Besonders beachtenswert ist die Cappella Carafa mit dem Familiengrab der Carafa (im Querhaus rechts), bekannt als ›Kapelle der Verkündigung des hl. Thomas‹, gestiftet von Kardinal Oliviero Carafa. Ihr Ruhm gründet sich auf die Fresken Filippino Lippis, der von 1488 bis 1493 an der Ausgestaltung arbeitete: an der Rückwand die Himmelfahrt Mariae; an der rechten Wand Leben und Triumph des hl. Thomas von Aquin, des berühmten mittelalterlichen Kirchenlehrers aus dem Dominikanerorden; auf dem Altarbild empfiehlt der hl. Thomas den Kardinal Carafa der Madonna. An der linken Kapellenwand das Grabmal des Carafa-Papstes Paul IV. (1555–1559), der Gegenreformation und Inquisition förderte. Im Hochaltar ruht in einem Sarkophag (15. Jh.) die hl. Katharina von Siena (1347–1380), die in zahlreichen Briefen um die Rückkehr der im Exil in Frankreich lebenden Päpste nach Rom flehte. Bei aller berechtigten Kritik an den Päpsten ließ sie es nicht an Gehorsam gegenüber den Nachfolgern Petri fehlen. Von ihr werden die Worte überliefert: »Selbst wenn die Hirten und der irdische Christus (der Papst) fleischgewordene Teufel wären statt eines gütigen Vaters, wir müssen uns ihm unterwerfen und gehorchen, nicht seinetwegen, sondern Gottes wegen.« Radikalität im ausgehenden Mittelalter vor der Reformation.

Zu den großen Kunstschätzen der Kirche zählt auch ein Werk Michelangelos, die Marmorstatue ›Auferstandener Christus mit dem Kreuz‹ (1519–1521; vor dem Hochaltar links). Sie rief damals Kritik frommer Seelen hervor, da diesen der göttliche Erlöser zu sehr einem antiken Heroen glich. Zur Abmilderung dieses Eindrucks fügte man später ein Lendentuch hinzu. Bei ruhiger Betrachtung erschließen sich der virtuose Umgang des Künstlers mit dem Material und die höchste handwerklich-künstlerische Vollkommenheit des Renaissance-Genies Michelangelo in der Umsetzung seiner Intentionen. Dem Maler Sebastiano del Piombo schien das Werk so unübertrefflich, daß er sich zu dem Ausspruch fortreißen ließ, schon die Knie der Statue seien mehr wert als ganz Rom. Hinter dem Hochaltar die Grabmäler der beiden Medici-Päpste, Leos X. (1513–1521) und Klemens' VII. (1523–1534). Die Grabplatte des Malers Fra Angelico,

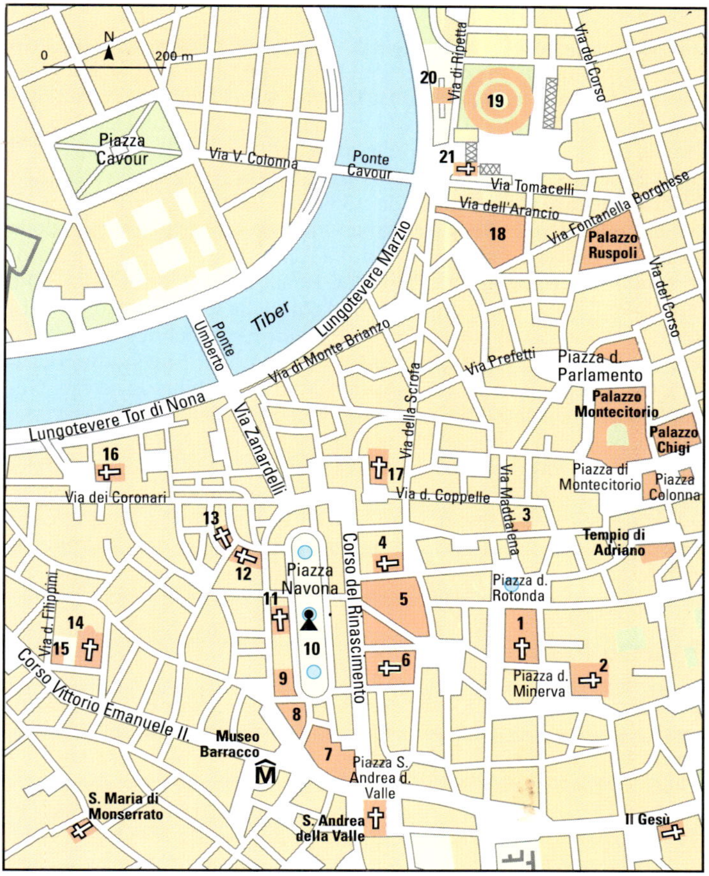


Zwischen Via del Corso, Corso Vittorio Emanuele und Tiber

1 Pantheon
2 S. Maria sopra Minerva
3 S. Maddalena
4 S. Luigi dei Francesi
5 Palazzo Madama
6 Palazzo della Sapienza und Kapelle S. Ivo
7 Palazzo Massimo
8 Palazzo Braschi
9 Palazzo Pamphili
10 Vier-Ströme-Brunnen
11 S. Agnese in Agone
12 S. Maria dell'Anima
13 S. Maria della Pace
14 S. Maria in Vallicella (Chiesa Nuova)
15 Oratorio dei Filippini
16 S. Salvatore in Lauro
17 S. Agostino
18 Palazzo Borghese
19 Mausoleum des Augustus
20 Ara Pacis
21 S. Girolamo dei Illirici

der den Dominikanern angehörte und uns in Rom in der Kapelle Nikolaus' V. im Vatikanischen Palast ein Meisterwerk hinterlassen hat, befindet sich im linken Nebenchor.

Die Kirche **Santa Maddalena (3)** mitten im Getriebe der Innenstadt beeindruckt außen durch ihre hübsche zweigeschossige, lebhaft in konkaven Schwüngen und Nischen gegliederte Fassade (1735), ein Werk des Architekten Giuseppe Sardi. Das Rokokohafte der Fassade wiederholt sich im Innern. Beachtenswert die Holzorgel, die Stuckornamente und -figuren sowie die Gemälde der Seitenkapellen. Östlich der Kirche die Piazza Capranica mit dem gleichnamigen Palazzo, einem der wenigen römischen Bauten der Frührenaissance (1457).

## San Luigi dei Francesi

Die Nationalkirche der Franzosen – San Luigi dei Francesi (4) – an der gleichnamigen Piazza auf der Rückseite des Palazzo Madama (Sitz des italienischen Senats) ist Ludwig dem Heiligen geweiht, der als König Ludwig IX. 1226–1270 in Frankreich regierte. Der Bau der Kirche geht auf Kardinal Giulio de'Medici zurück, den späteren Papst Klemens VII. (1523–1534). Die 1518 begonnene Bautätigkeit dauerte mit Unterbrechungen bis 1589 und wurde u. a. von Domenico Fontana geleitet; die Renaissance-Fassade entwarf Giacomo della Porta. Die dreischiffige Pfeilerbasilika ist der maßvollen und gutproportionierten Raumkonzeption der Renaissance verpflichtet. Die dem linken Seitenschiff angegliederte Cappella Contarelli, die Grabstätte Kardinal Mathieu (Matthäus) Cointrels, zeichnet sich durch drei Gemälde Caravaggios aus: ›Matthäus und der Engel‹, die ›Berufung des Matthäus‹ und das ›Martyrium des Matthäus‹. Die drei Gemälde, zwischen 1597 und 1602 geschaffen, werden als Meisterwerke Caravaggios bewundert. Zu ihrer Entstehungszeit sorgten sie für Aufsehen mit ihrer naturalistischen Darstellung der Heiligen und der bis an die Grenzen des malerisch Möglichen ausgeschöpften Hell-Dunkel-Effekte, die eine die Konventionen sprengende Gestaltungskraft freisetzten. Kein Zweifel besteht darüber, daß Caravaggio die Malerei in diesen Gemälden entscheidend weiterentwickelt hat.

## Palazzo Madama

Der Palazzo Madama (5) am Corso del Rinascimento, Sitz des Senats, wurde im 16. Jh. als römische Stadtresidenz für das Florentiner Herrscherhaus der Medici errichtet, die in jener Zeit der katholischen Kirche schon zwei Päpste gegeben hatte: den kunstsinnigen Leo X. (1513–1521) und den politisch ehrgeizigen Klemens VII. (1523–1534). Die geschichtliche und politische Bedeutung des Palazzo Madama überragt wohl die künstlerisch-architektonische. Seinen Namen erhielt der Palazzo nach ›Madama‹ Margarethe von Österreich (1522–1586), der natürlichen Tochter des deutschen Kaiser Karls V. und der Holländerin Johanna von der Gheenst. Diese Margarete wurde vor allem als Generalstatthalterin der Niederlande bekannt. Aber wie kam sie nach Rom? Und weshalb wurde nach ihr dieser stattliche Palazzo mit seiner mächtigen Barockfassade be-

*Mit Hell-Dunkel-Effekten hat Caravaggio, wie hier in seinem Gemälde ›Matthäus und der Engel‹, die dargestellten Szenen in ihrer Dramatik gesteigert*

nannt? Papst Klemens VII. (1523–1534), ein Medici des Namens Giulio, brachte das diplomatische Kunststück fertig, sein Haus durch Heirat mit den beiden unversöhnlich verfeindeten europäischen Gegenspielern der damaligen Epoche zu verbinden: mit Kaiser Karl V. und dem französischen König Franz I. Des Papstes natürlicher Sohn Alessandro bekam Margarete zur Frau. Klemens' VII. Nichte, Caterina de'Medici (1519–1589), die ebenfalls einige Zeit im Palazzo Madama wohnte, heiratete Franz' I. Sohn Heinrich, der als der zweite seines Namens mit tätiger Hilfe seiner Frau Frankreich regierte. Caterina de'Medici, Mutter von insgesamt drei französischen Königen, war zweifellos eine ungewöhnliche Frau. Unsere ›Madama‹ lebte nur kurz, elf Monate, mit Alessandro de'Medici zusammen; dann wurde dieser ermordet, und Margarete mußte ein zweites Mal eine unglückliche Ehe eingehen, wieder mit dem Neffen eines Papstes: Ottavio Farnese, Nepot Pauls III. (1534–1549). Später ging Margarete als ihres Stiefbruders, des spanischen Königs Philipp II. Statthalterin in die Niederlande. Als Herzog Alba im Auftrag Philipps die Provinzen grausam züchtigte, dankte sie ab und zog sich in das ihr vom Vater verliehene Herzogtum Parma zurück. Goethe hat ihr in seinem Schauspiel »Egmont« ein rühmendes literarisches Denkmal gesetzt. Die ›Madama‹ könnte die Senatoren Gleichmut in den Wechselfällen der Politik lehren. Aber muß man ihnen Geschichtsbewußtsein beibringen?

*Jedes Segment der Kuppel von Sant'Ivo hat Borromini mit einem sechsflügeligen Cherubskopf geschmückt*

## Vom Corso del Rinascimento zum römischen Stadtmuseum

Aus der Innenstadt von Rom reckt sich für den Betrachter von oben unverkennbar Sant'Ivo empor, die Kirche mit der luftigen Laterne und dem schneckenartig hochgedrehten Türmchen im Palazzo della Sapienza (6) am Corso del Rinascimento, nicht weit von Piazza Navona und Pantheon. Die ›Sapienza‹ war seit ihrer Gründung 1303 durch Bonifaz VIII. die römische Hauptuniversität, bis 1935 die neue staatliche ›Universitätsstadt‹ zum Teil diese Funktion übernahm. Der dreistöckige, weitläufige **Palazzo della Sapienza,** heute Staatsarchiv, ist das Werk von Giacomo della Porta im Auftrag Sixtus' V. (1587).

Über den Innenhof zwischen den beiden mächtigen Flügeln des Palastes gelangt man zur Kirche **Sant'Ivo,** der Kapelle der Päpstlichen Universität Sapienza, mit beschwingter, in konkaven und konvexen Formen abwechselnder Fassade und einem Innenraum, der sich in Halbkreisen und Trapezen öffnet und dessen Grundriß nach dem Plan des Architekten Borromini einer Biene ähnelt, dem Wappentier Papst Urbans VIII. aus der Adelsfamilie der Barberini. Borromini, mit Bernini Hausarchitekt der Barberini, hat mit Sant'Ivo ein weiteres meisterhaftes Beispiel seiner Kunst in Rom geliefert.

*Die Laterne von Sant'Ivo ist im wörtlichen Sinn die Krönung der Kirche: Über den Doppelsäulen bilden die spiralförmigen Windungen eine Art Krone, die ihrerseits wiederum von einer Metallkugel mit einem Kreuz bekrönt wird*

Am Corso Vittorio Emanuele, zwischen der Piazza Sant'Andrea della Valle und der Kirche San Pantaleone, erhebt sich, dem leicht geschwungenen Straßenverlauf folgend, der **Palazzo Massimo alle Colonne (7).** Die Häuser der Familie Massimo, die zuvor an dieser Stelle standen, waren 1527 beim »Sacco di Roma«, der Plünderung Roms durch die Truppen Kaiser Karls V., zerstört worden. So wurde der Neubau dem Architekten Baldassare Peruzzi anvertraut, der von 1532 bis 1536 ein Meisterwerk schuf. Der Palazzo wird als exemplarischer Ausdruck der Architektur des Manierismus angesehen, der Stilperiode zwischen Renaissance und Barock. Durch gefällige Auflockerung und leichte Umformung der geometrischen Grundformen wird den Mauern die monumentale Schwere genommen, scheinen die Stilelemente um das Elegante und Spielerische erweitert. Durch zwei Innenhöfe gelangt man zum **Palazzetto Massimo,** der bereits 1467 errichtet und dann von Peruzzi umgebaut wurde.

Der **Palazzo Braschi (8)** wurde nach 1792 für die Verwandten Papst Pius' VI. aus der Familie der Braschi errichtet. Dieser Papst, Angelo Braschi aus Cesena, regierte von 1775 bis 1799, zur Zeit der Französischen Revolution und des Aufstiegs Napoleons, die Kirche. Heute bietet der Palazzo Sammlungen zur Stadtgeschichte Roms Raum (Museo di Roma), zu denen u. a. Gemälde, Skulpturen, Teppiche, Terrakottafiguren, Majoliken, Zeichnungen, Aquarelle, Kostüme, Stiche der Stadt und weitere Objekte zählen (auch ein Eisenbahnzug Pius' IX.), die den Besuchern in zahlreichen Räumen Geschichte, Stadtentwicklung und das Leben in Rom nahebringen und illustrieren.

## Piazza Navona und Fontana dei Fiumi (Vier-Ströme-Brunnen)

Einfache Häuser, die Fassaden vornehmer Palazzi und die Fluchtlinien der Kirchen an der **Piazza Navona** respektieren genau jene Form des Platzes, die Kaiser Domitian (81–96 n. Chr.) in der Antike einem langgestreckten Stadion von 240 × 65 m gab (s. Abb hintere Umschlaginnenklappe). Von dieser Bestimmung her ist die Piazza Navona eine Stätte der *circenses,* der agonistischen Spiele – vom griechischen *agon,* Wettkampf, wird der heutige Name Navona abgeleitet –, der überschäumenden Lustbarkeiten, der schlichteren Vergnügungen, des Divertimento für Groß und Klein, Hoch und Niedrig geblieben. Wasserspiele und Pferderennen, was immer man sich in Rom zum Zeitvertreib für das Volk einfallen ließ, hier fand man die große Bühne. Lange Zeit war es Brauch, in der heißen Jahreszeit den Platz tagelang unter Wasser zu setzen, so daß sich die Pferde der vornehmen Kutschen und das Vieh des Bauern ebenso erfrischen konnten wie flotte Reiter und spielende Kinder (s. Abb. S. 134). Auch heute noch ist die Piazza einer der lebhaftesten Plätze Roms – von Römern und Touristen gleich gern bevölkert, bis spät in die Nacht hinein.

Im Barock ordneten die Päpste die heute bestehende architektonische Gestaltung an. Borromini wurde zu den Arbeiten herangezogen und schuf Kostbares. Das Gesamt von Palästen, Kirchen und Brunnen macht den Platz zu einem der schönsten Roms. Die geschlossen wirkende, urbanistisch geglückte Anlage des Barock ist seit einiger Zeit für den Autoverkehr gesperrt und so ganz dem Flanieren der Fußgänger überlassen. Links neben der Kirche Sant'Agnese steht der **Palazzo Pamphili (9),** der Stadtpalast der Familie Pamphili, von Girolamo Rainaldi zwischen 1644 und 1650 auf Geheiß Innozenz' X., erbaut. Der Pamphili-Papst machte ihn seiner Schwägerin Olimpia Maidalchini zum Geschenk; wahrhaft großzügig. Heute ist der Palazzo Sitz der brasilianischen Botschaft. Im Innern befinden sich Fresken von Pietro da Cortona.

Die **Fontana dei Fiumi (10),** der Vier-Ströme-Brunnen (1647–1651) in der Mitte des Platzes, ist ein Werk Berninis, ausgeführt im Wettstreit mit Borromini um die Gunst Papst Innozenz' X., des kunstsinnigen Pamphili. Die prachtvolle Brunnenanlage stellt ein Gleich-

*Der Palazzo Pamphili an der Piazza Navona*

*Der Vier-Ströme-Brunnen von Bernini auf der Piazza Navona. Um den zentralen Obelisken in der Mitte stellen die vier Personifikationen an den Ecken die vier großen Ströme – Nil, Ganges, Donau und Rio de la Plata – in vier Kontinenten dar.*

nis auf die zur damaligen Zeit bekannten vier Erdteile dar: Aus dem mächtigen Becken, dem Urelement Wasser, ragen Felsen in die Höhe, die sich in der Mitte verbinden und einen Obelisken tragen. Auf den vier Felsenecken, umgeben von der dem jeweiligen Erdteil zugehörigen Pflanzen- und Tierwelt – so sind etwa Löwe, Pferd, Drachen, Schlange und Palme vertreten – lagern die vier Flußgötter der großen Ströme eines jeden Kontinents – Nil, Ganges, Donau und Rio de la Plata. Natürlich fehlt auch der Hinweis auf den päpstlichen Stifter des Brunnens nicht, dessen Wappen (mit Taube und Ölzweig) auf der ›Krone‹ der Felsenlandschaft zu finden ist. Um dieses Meisterwerk des Bernini und die gegenüberstehende Kirche Sant'Agnese, von seinem Rivalen Borromini mitgestaltet, rankt der römische Volksmund seine Geschichten: Die Brunnenstatue, die den Nil verkörpert, habe das Haupt verhüllt, weil die Flußquellen noch unbekannt waren. Die zweite Version zur Nilstatue greift die Rivalität der beiden Künstler auf: Der Nil könne die ›entsetzlichen‹ Stil- und Baufehler, deretwegen die Kirchenfassade Borrominis einzustürzen drohe, nicht mitansehen. Oder, ähnlich: Der Rio de la Plata hebe seine Hand gegen Borrominis Werk, um den ob schwerwiegender Konstruktionsfehler drohenden Sturz der eleganten Kirchenfassade von Sant' Agnese mit den Glockentürmen abzuwehren. Wohl um die Sicherheit seiner Kirche zu beweisen, soll Borromini die Statue der hl. Agnes an den rechten Campanile gestellt haben. Von solchen Geschichten sagt der Römer: »Wenn sie nicht wahr sind, so sind sie doch gut erfunden.« Die Fontana dei Fiumi wird auf der Piazza ergänzt durch die **Fontana del Moro** vor dem Palazzo Pamphili und die **Fontana del Nettuno** am anderen Ende des Platzes, die jedoch vom künstlerischen Rang her mit Berninis Werk nicht konkurrieren können.

## Sant'Agnese in Agone

Die der römischen Märtyrerin Agnes geweihte barocke Kirche Sant'Agnese (11), die den Baukomplex des Palazzo Pamphili an der Piazza Navona abschließt, steht teilweise auf Fundamentresten des antiken Domitian-Stadions, des alten Wettkampfplatzes – daher der Beiname ›Agone‹ aus dem Griechischen. Hier, so weiß die Legende, habe das junge Mädchen Agnes das Martyrium erlitten; als man es zuvor nackt der Menge des heidnischen Volks vorgeführt habe, seien ihr plötzlich wie durch ein Wunder die Haare lang gewachsen und hätten sie eingehüllt, um sie vor den Gaffern zu verbergen.

Wie bei dem danebenliegenden Palazzo gab Innozenz X., der Pamphili-Papst, den Bauauftrag. Die Architekten waren zuerst (1652) Girolamo Rainaldi, dann Borromini (1653–1657) und schließlich Carlo Rainaldi (1672). Die von Borromini ausgeführte Front mit den beiden weit auseinandergerückten baldachinartigen Glockentürmen und der konkaven Fassadenkurve korrespondiert mit der mächtig aufragenden, mit einer Laterne bekrönten Kuppel und zeigt typisch barocke Dynamik (Verwendung von gegenläufigen Schwingungen, Pfeilern, Giebeln und Säulen). Im Innern dominiert ein einheitlicher Raumeindruck, der durch architektonische und dekorative Elemente fast in beschwingte Bewegung versetzt wird. Der zentrale Raum wird von der großartigen Kuppel dominiert, die durch ihre Freskenausmalung besticht. Sowohl der Außenbau wie die Innenraumgestaltung erlangten Vorbildwirkung für Sakralbauten des Barock und Rokoko über Italien hinaus (besonders in Österreich und Süddeutschland).

*Idylle im Hof von Santa Maria dell'Anima*

## Santa Maria dell'Anima

Santa Maria dell'Anima (12), ganz in der Nähe der Piazza Navona, ist die Gemeindekirche der deutschen Katholiken in Rom und die Grabeskirche des letzten Papstes ›deutscher Nation‹, Hadrians VI. (1522–1523). Sie wurde auf Anregung eines Johannes Burckhard aus Straßburg als Nationalkirche Anfang des 16. Jh. errichtet, um den in Rom weilenden deutschen Pilgern und den Ansässigen aus dem ›Heiligen Römischen Reich Deutscher Nation‹ Heimstatt zu sein – in Verbindung mit einem eigenen Hospiz. Mancher Pilger fand in Santa Maria dell'Anima auch seine letzte Ruhestätte, wie man an den vielen Gräbern in der Kirche sieht.

Ihr Inneres wird geprägt durch die Verbindung des Hallenkirchen-Typs mit Renaissance-Formen, so daß wir eines der schönsten Beispiele für einen Innenraum der römischen Renaissance vor uns haben, deren Stil auch das Äußere des Gotteshauses verpflichtet ist. Wenige Jahre nach der Weihe der Kirche bettete man hier Hadrian VI. zur letzten Ruhe. Er war ein tragischer Papst, weil er zu Beginn der Reformation aufrichtig Reformen in der römischen Kirche wollte, doch scheiterte. Ferdinand Gregorovius, der Historiograph Roms, weist darauf hin, wie groß der Gegensatz zwischen dem Papst aus Utrecht und dem damaligen Treiben in der Stadt war: Adrianus Florent war »ein frommer grämlicher Professor aus der finstern Stadt Löwen, ehedem Lehrer Karls V. Eines Schiffszimmermanns Sohn, war er nicht wie Leo X. in der Schule des Reichtums, sondern in jener der Not gebildet. Man sah nun weder Künstler, noch Gelehrte mehr im Vatikan. Keine Musik, kein Sonett, kein platonischer Dialog war mehr gehört, kein Pinsel gerührt, kein Meißelschlag geführt. Hadrian betete und arbeitete. Er sagte: ›Ich will nicht die Priester mit den Kirchen, sondern die Kirchen mit den Priestern schmücken‹. Wenn er ausging, umschwärmten ihn nicht Poeten, Künstler und Gelehrte, sondern Bettler und Krüppel; er segnete und beschenkte sie reichlich. Diese Buße des sündhaften Rom dauerte nur ein Jahr, denn Hadrian starb schon am 14. September 1523. Den römischen Höflingen verhaßt und von ihren Satiren verhöhnt, weil er es unternommen hatte, im Angesicht der Reformation die Kurie von Mißbräuchen und Lastern zu reinigen, hatte er sich tief unglücklich gefühlt.«

Im Chorraum der Kirche steht rechts sein Grabdenkmal. Die allegorischen Figuren der vier Kardinaltugenden – Klugheit, Gerechtigkeit, Tapferkeit und Maß – halten Wache. Eine lateinische Inschrift besagt, wie wichtig es sei, in welche Zeit das Leben auch des besten Menschen falle – und summiert damit die dramatischen und traurigen Erfahrungen dieses Papstes zur Zeit der Reformation.

## Santa Maria della Pace

Die im Gassengewirr der Innenstadt hinter der Piazza Navona versteckte Kirche ›Sankt Marien vom Frieden‹ (13), gegenüber dem Eingang zum deutschen Priesterkolleg Santa Maria dell'Anima, ließ Papst Sixtus IV. (1471–1484) nach dem Jahr 1482 errichten, anläßlich wichtiger Friedensverträge mit italienischen Staaten, als Dank an die Madonna. Dafür ließ er eine ältere Marienkirche an dieser Stelle umbauen. Als erster Baumeister, der einen rechteckigen Kirchenraum errichtete, wird Baccio Pontelli vermutet. Bramante führte 1504 als ersten römischen Auftrag den von Kardinal Oliviero Carafa gestifteten Kreuzgang aus, der durch bewundernswerte Proportionen besticht; vermutlich auch den achteckigen Kuppelraum. Bei der Restaurierung des Bauwerks durch Pietro da Cortona 1656 ent-

*Die ›Sibyllen‹ Raffaels in der Kirche Santa Maria della Pace*

stand die von diesem entworfene, sich in den vielfältigen lebhaften Formen des Barock darbietende Fassade.

Der halbrunde Vortempel (Pronaos) ist der würdige Eingang zu einer der schönsten Klein-Kirchen Roms. Im Innenraum ziehen vor allem die von Raffael 1514 gemalten Sibyllen (heidnische Wahrsagerinnen; in der ersten Nebenkapelle rechts, der Cappella Chigi) das Augenmerk auf sich, die, dem Renaissance-Geist verhaftet, als diesseitige Wesen (drei blühende junge Frauen, eine weise Alte) dargestellt wurden. Spätere Ergänzungen (Propheten, Heilige) anderer Künstler bemühten sich, das Heidnische der Renaissance zu christianisieren.

## Santa Maria in Vallicella

›*Chiesa Nuova*‹, Neue Kirche, wird seit dem 16. Jh. vom römischen Volk die Kirche Santa Maria in Vallicella (14) an der Piazza della Chiesa Nuova, am Corso Vittorio Emanuele II., genannt. Der italienische Priester Filippo Neri (1515–1595), ein bei den Römern sehr beliebter Seelsorger, der die Priestergemeinschaft der Oratorianer gründete, hatte über eine an dieser Stelle schon seit dem 12. Jh. bestehenden Johannes-Kirche neben dem Oratorium der Geistlichen, der Stätte des gemeinsamen Gebets, im Jahr 1575 mit dem Bau dieser neuen Kirche beginnen lassen. Immer wieder mußten für Santa Maria in Vallicella Geldgeber – etwa Papst Gregor XIII. – und neue Architekten – Martino Longhi d. Ä. – gefunden werden.

Die Kirche am verkehrsreichen Corso Vittorio Emanuele, die zu den großen römischen Barockbauten zählt, zeigt eine stattliche Fassade. Angelegt als dreischiffige, kreuzförmige Pfeilerbasilika, trägt sie über der Vierung eine mächtige Kuppel, die die Dächer der Umgebung deutlich überragt und weithin sichtbar ist. Im reichgeschmückten Innern sind die Fresken der Apsis, Kuppel und Deckengewölbe – Werke Pietro da Cortonas – und die drei auf Schiefer gemalten Bilder des Hochaltars – Frühwerke von Rubens (1606–08) – von besonderem Interesse. Links vorn neben dem Chor findet sich in einer Kapelle das Grab Neris, der 1622 heiliggesprochen wurde.

Die Oratorianer des 16. Jh. standen bei den Römern in hohem Ansehen, weil sie es mit der Seelsorge ernst nahmen und ihr Priestertum nicht als weltliches Geschäft, sondern als moralische Verpflichtung verstanden. Für diese Gemeinschaft des Filippo Neri baute Borromini von 1637 bis 1650 ein Wohn- und Gebetshaus. Dieses **Oratorio dei Filippini** (15) fügt sich unmittelbar an die Chiesa Nuova an. Hier arbeiteten und beteten die Priester in der Gemeinschaft und übten die geistlichen Gesänge (daraus entwickelte sich später das musikalische Oratorium). Die Sala Borromini, der ehemalige Gebetssaal, dient heute als Konzertraum. In diesem Bauwerk Borrominis offenbart sich eine für die römische Barockarchitektur neue künstlerische Konzeption, die sich vom Pathetischen und Monumentalen abwendet und mehr der Schlichtheit (in geistreicher Bewegtheit) folgt – gut sichtbar vor allem an der Fassadengestaltung. Das Gebäude ist Heimstatt der Biblioteca Vallicelliana, Roms ältester öffentlicher Bibliothek, die besonders wertvolle Dokumente und Bücher zur Geschichte Roms und der Kirche in ihrem Bestand hat.

## San Salvatore in Lauro und Sant'Agostino

Die dem Erlöser geweihte Kirche **San Salvatore in Lauro (16)** an der Stelle eines offenbar besonders auffälligen Lorbeerbaums oder eines Lorbeerwäldchens *(laurus)* geht auf das 12. Jh. zurück. Sie wurde jedoch in den folgenden Jahrhunderten immer wieder aus- und umgebaut. Die Kirche ist besonders beliebt bei den ›Piceni‹, einer Landsmannschaft aus der Region Marken. Das Innere ist ein bedeutendes Werk des Architekten Mascherino (1602). Bei der Kirche befinden sich ein Kreuzgang aus der Renaissance und das Refektorium (Speisesaal) mit Grabmälern für Papst Eugen IV. – zwischen 1450 und 1455 von Isaias aus Pisa geschaffen und aus der alten Peterskirche hierher überführt – und für Maddalena aus der berühmten Familie der Orsini.

Eine einfache Freitreppe und eine strenge Travertin-Fassade sind die ersten Eindrücke der Kirche **Sant'Agostino (17)** in der Nähe der Piazza Navona. Sie entstand wahrscheinlich nach Plänen Giacomo Pietrasantas in den Jahren 1479 bis 1483; 1750 wurde der Innenraum erneuert. Die Fassade, eine der ersten der Renaissance in Rom, weist eine einfache klare Gliederung auf. Die Kirche des hl. Augustinus, des gelehrten lateinischen Kirchenvaters des 3. und 4. Jh., ist für die gläubigen Römerinnen, und oft auch für die weniger gläubigen, wichtig. Die ›Madonna del Parto‹ (Madonna der Geburt), ein Bild von Jacopo Sansovino (1521), zieht sie an. Oft beten davor schwangere Frauen in der Hoffnung auf eine glückliche Entbindung oder kinderlose Ehepaare um Fruchtbarkeit. Über diesen Grund der Volksverehrung hinaus bietet die dreischiffige Basilika, deren Grundriß kompakte Kraft zeigt und die mit einer beherrschenden Vierungskuppel und zum Querhaus hin offenen Nebenchören versehen ist, eine wertvolle Ausstattung: von Andrea Sansovino ›Anna mit Madonna und Kind‹ (Marmorskulptur, 1512) in der zweiten Kapelle links, von Raffael ›Prophet Isaias‹ (1512) am dritten Pfeiler links, von Caravaggio ›Madonna dei Pellegrini‹ (1605) in der ersten Kapelle des linken Seitenschiffs – oft zu wenig gewürdigte Meisterwerke dieser Künstler.

## Palazzo Borghese

Einen großen Komplex am Tiber bildet der Palazzo Borghese (18), vielwinklig umgeben von Via Borghese, Via Ripetta, Via dell'Arancio und Via Monte d'Oro sowie den Piazzi Borghese und Fontanella

Der Innenhof des Palazzo Borghese weitet sich durch eine offene Doppelloggia zum Garten

Borghese. Der unregelmäßigen Form verdankt der Palazzo im Volksmund den Namen ›Cembalo‹; die ›Tastatur‹ liegt an der Piazza.

Um seiner Familie sowohl einen Stadtpalast, den Palazzo, als auch eine Sommerresidenz, die Villa, zu sichern – so war es Brauch in Rom seit der Antike für wohlhabende Leute –, erwarb Kardinal Camillo Borghese, von 1605 bis 1621 als Paul V. Statthalter Christi, einen wohl nach einem Entwurf Vignolas oder im Auftrag des Kardinals Petrus de Deza von Martino Longhi d. Ä. nach 1580 errichteten, in Tiber-Nähe liegenden Palast, den er seinen Brüdern Orazio und Francesco später zum Geschenk machte. Flaminio Ponzio, ›Familienarchitekt‹ der Borghese, erweiterte ihn in großartiger Manier, zugeschnitten auf die Wohn- und Repräsentationsbedürfnisse der päpstlichen Familie.

Läßt man die lauten Straßen hinter sich und tritt in den Innenhof, dessen Rahmen durch die prachtvolle Arkadengestaltung bestimmt ist und der zu den vornehmsten Roms zählt, wird man von Ruhe und Schönheit umfangen. Der Cortile weitet sich durch eine offene Doppelloggia zu einem von Carlo Rainaldi 1690 gestalteten Gartenhof, reich geschmückt mit Putten, steinernen Girlanden, Statuen und Fontänen.

## Mausoleum des Augustus

»Augustus starb« berichtet der lateinische Schriftsteller Sueton (70–140), »im selben Zimmer wie sein Vater Octavius, unter dem Konsulat der beiden Sextus, Pompeius und Appuleius, am 19. August, ungefähr um 4 Uhr nachmittags, und es fehlten noch 35 Tage bis zu seinem 76. Geburtstag. Die Senatoren überboten sich gegenseitig in Vorschlägen für die Begehung der Leichenfeier und die Ehrung seines Andenkens. Ein Senator wollte sogar den Monatsnamen August auf den September übertragen, da Augustus in diesem geboren, in jenem aber gestorben sei; ein weiterer regte an, die ganze Zeitspanne von dem Tage seiner Geburt bis zu dem seines Todes das Augusteische Zeitalter zu nennen und es unter dieser Bezeichnung in den Kalender aufzunehmen. Aber man bewahrte Maß in den Ehrungen. Es wurden zwei Leichenreden gehalten: vor dem Tempel des unter die Götter aufgenommenen Iulius (Caesar) von Tiberius und auf der alten Rednertribüne von Drusus, dem Sohn des Tiberius. Darauf trugen ihn Senatoren auf ihren Schultern zum Marsfeld, wo er verbrannt wurde. Und es fand sich auch ein ehemaliger Prätor, der eidlich bezeugte, er habe das Bild des Verbrannten zum Himmel aufsteigen sehen. Seine Überreste sammelten die angesehensten Mitglieder des Ritterstandes, nur mit der Tunika bekleidet, ohne Gürtel und barfuß, und setzten sie im Mausoleum bei: Diesen Bau hatte Augustus während seines sechsten Konsulats zwischen der Flaminischen Straße und dem Tiberufer

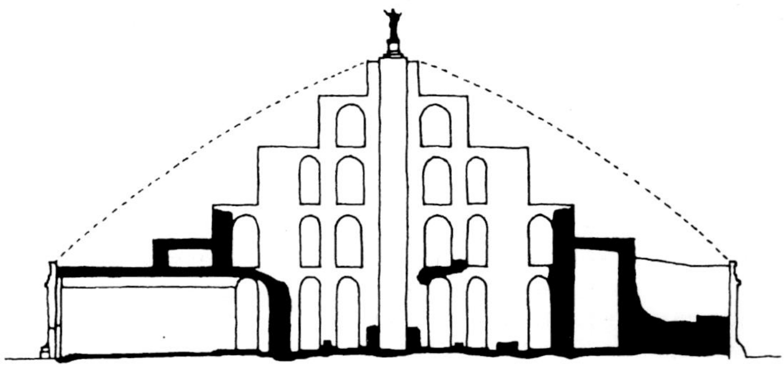

*Querschnitt durch das Mausoleum des Augustus*

*Für sein Mausoleum wählte Kaiser Augustus die Form eines von einem Erdhügel bedeckten und aus Ziegeln gemauerten Steinkreises*

errichten lassen und schon damals die ringsum angelegten Gärten und Spazierwege der Öffentlichkeit übergeben.«

Dieses Mausoleum (19) des großen Imperators der Zeitenwende finden wir fast etwas versteckt auf der großen Piazza Augusto Imperatore. Lange vor seinem Tod hatte Kaiser Augustus eine Grabstätte für sich und seine Familie, die Julier-Claudier, geplant. Er entschied sich für einen auf einem Steinring ruhenden großen Erdhügel mit einem Durchmesser von 89 m. Bereits seit altersher fand diese Form fürstlicher und königlicher Grabstätten Verwendung. Ehemals schmückten zwei ägyptische Obelisken den Eingang des Mausoleums; sie wurden später an der Kirche Santa Maria Maggiore und auf der Piazza del Quirinale aufgestellt. Die Bronzetafeln, die Rechenschaft über Augustus' Regierungszeit geben (Res gestae) und ursprünglich zu beiden Seiten des Tores angebracht waren, sind nicht erhalten; ihr Text ist jedoch durch Abschriften in den Provinzen bekannt. Das Mausoleum diente im Mittelalter den Colonna als Kastell, bis es 1241 von Papst Gregor IX. (1227–1241) in Schutt gelegt wurde, um die Macht des ihm mißliebigen Adelsgeschlechts der Colonna zu brechen. Später diente es als Villa, Amphitheater, Weinberg und Garten und bis 1936 sogar als Konzertstätte. 1936 stellte man nach Ausgrabungen den heutigen Zustand her.

## Ara Pacis Augustae

Der ›Altar des Friedens‹ des Kaisers Augustus (20) zwischen Tiber und dem Mausoleum des Augustus (an der Piazza Augusto Imperatore) wird von einem wenig schönen, modernen Betonbau verborgen, doch zugleich vor Unbilden geschützt. So können wir hier ein vorzüglich erhaltenes Meisterwerk römischer Bildhauerkunst betrachten, das zugleich ein bedeutendes politisches und religiöses Denkmal

*Allegorisches Relief der Ara Pacis: Saturnia Tellus zwischen den Personifikationen der Luft und des Wassers inmitten üppiger Natur, Sinnbild des durch den augusteischen Frieden verursachten Wohlstands*

der Zeitenwende um Christus ist. In der Ara Pacis werden die imperiale Macht des neuen kaiserlichen Alleinherrschers, die römische Staatsidee und die Kontinuität der römischen Geschichte dargestellt und verherrlicht, künstlerisch konzentriert. Staat und Religion gehen eine Verbindung ein: Der Altar bildet das Zentrum, ist dem Opferkult vorbehalten; dem Staatskult ist die äußere Hülle zugewiesen.

Octavianus Augustus gelang es nach lang andauernden Kämpfen, seine Feinde zu bezwingen und dem vom Bürgerkrieg geschüttelten Imperium endlich den ersehnten Frieden zu geben. Das Zeitalter des Augustus war danach von Ruhe und Wohlstand gekennzeichnet. In den Herrschaftstafeln, den Res gestae, die einst am Mausoleum des Augustus angebracht waren und auch auf der Umfassung der Ara Pacis vorhanden sind, ist zu lesen: »Als ich unter dem Konsulat des Tiberius Nero und des Publius Quintilius (13 v. Chr.) nach erfolgreicher Tätigkeit aus Spanien und Gallien nach Rom zurückkehrte, beschloß der Senat, zum Dank für meine Rückkehr auf dem Marsfeld einen Altar des ›Augustusfriedens‹ zu weihen, in dem die Beamten, die Priester und die vestalischen Jungfrauen alljährlich ein Opfer darbringen sollten. Den Janustempel, der nach dem Willen unserer Vorfahren geschlossen werden sollte, wenn im gesamten Machtbereich des römischen Volkes zu Land und zu Wasser durch Siege Friede geschaffen sei, ließ der Senat unter meiner Leitung dreimal schließen; vor meiner Geburt ist er, wie überliefert wird, seit der Gründung der Stadt überhaupt nur zweimal geschlossen gewesen.«

Der Friedensaltar, eine Meisterleistung antiker Bildhauerkunst aus carrarischem Marmor (zwischen 13 und 9 v. Chr. entstanden),

*Relief der Ara Pacis mit einer geschichtlichen Szene, die die Prozession der Familie des Augustus darstellt*

war jahrhundertelang unter Fundament- und Mauerresten späterer Bauwerke begraben und verschüttet. Bereits im 16. Jh. entdeckte man einige Teile. Die Umfassungsmauer trägt in ihrem unteren Bereich ornamentale naturalistische Darstellungen (Rankenwerk aus Efeu, Lorbeer, Wein; dazwischen kriechende und fliegende Tiere). Der obere Bereich wird an allen vier Seiten von Bilderfriesen geschmückt; mythologische Darstellungen an den Schmalseiten (Äneas beim Opfer an die Penaten; Tellus, die Mutter Erde, und ihre Kinder), geschichtliche Szenen an den Längsseiten (Prozession der kaiserlichen Familie, Zug der Senatoren). Der eigentliche Altar steht zentral auf einer Sockelfläche von 11,62 × 10,60 m, die man über zehn Stufen erreicht; er war ebenfalls verziert, von diesen Opfer-Darstellungen sind zwei Drittel verlorengegangen. Doch was erhalten ist, erhebt den Altar in den Rang eines der größten klassischen Kunstwerke.

## San Girolamo (degli Illirici o degli Schiavoni)

Die römische Nationalkirche der Kroaten (21) wurde in einem ersten Bau unter Sixtus IV. errichtet und erhielt unter Sixtus V. ihre heutige Gestalt (1588). Das Gotteshaus bekam seinen Namen nach den slawischen Christen, die Ende des 14. Jh. nach dem Sieg der muslimischen Türken bei Kosovo (1389) aus Illyrien, Dalmatien und Albanien geflohen waren und sich um eine Kirche neben dem damaligen Stadthafen am Verlauf des Tiber, der Ripetta, scharten.

# Südlich des Corso Vittorio Emanuele

# *Südlich des Corso Vittorio Emanuele*

Erst im Jahre 1881 wurde durch die vom Tiber umzogene römische Innenstadt, das Marsfeld der Antike, der Corso Vittorio Emanuele angelegt, zum Teil eine sinnvolle Verbreiterung der alten Via Papale zum Vatikan, zum Teil eine arge Verletzung des urbanistischen Gefüges. Bei dem folgenden Spaziergang zwischen Tiber und Kapitolinischem Hügel bildet dieser Corso die nördliche Grenze für die Besichtigung von Bau- und Kunstwerken von der Antike bis in die Neuzeit.

## Il Gesù

In der dem Namen Jesu geweihten Hauptkirche des Jesuitenordens (1) verwirklichte der Architekt Vignola von 1568 an meisterhaft die neue Idee des 16. Jh., die schon beim Neubau von Sankt Peter eine Rolle gespielt hatte: das Langhaus der mittelalterlichen (und bereits vormittelalterlichen) Basilika mit dem Raumgedanken der Hochrenaissance zu einem Vierungs-Kuppelbau zu verschmelzen. In diesem Grundplan, aber auch in vielen Einzelheiten diente die Kirche in der abendländischen Baukunst häufig als architektonisches Vorbild.

Unter der Führung des Ignatius von Loyola war die ›Gesellschaft Jesu‹ entstanden und von Papst Paul III. im Jahr 1540 als Priesterorden anerkannt worden. Diese Gemeinschaft breitete sich rasch in den katholischen Ländern Europas aus und förderte maßgeblich die Gegenreformation unter den papsttreuen Gläubigen. Reformen im Innern der katholischen Kirche waren das Hauptziel. Ignatius selbst, der erste Generalobere des Ordens, regte den Bau dieser Kirche an. Ein Platz neben der damaligen Arbeits- und Wohnstätte der jungen Priestergemeinschaft – noch heute ein internationales Jesuitenkolleg mit Patres und Studenten aus aller Welt – bot sich an.

Der Lieblingsarchitekt der bekannten Papstfamilie Farnese, Giacomo Vignola, wurde von Kardinal Alessandro Farnese mit dem Entwurf beauftragt und begann mit dem Bau 1568. Nach Vignolas Tod übernahmen Ordensmitglieder die Vollendung des Bauwerkes, das 1584 geweiht wurde. Die Fassade stammt von Giacomo della Porta (1575/76), der in ihrer Gestaltung barocke Stilmerkmale mit solchen der Renaissance verband. Sie ist ein typisches Beispiel des ›Jesuiten-Stils‹. Gerade diese Schauseite als Abschluß der Kirche wurde in der Folgezeit von Baumeistern in Europa und in den von Jesuiten missionierten Ländern nachgeahmt.

Das Kircheninnere ist als kreuzförmiger Raum angelegt, der an den Seiten in Kapellen, dann in einem größeren Querhaus und schließlich im Chorraum mit der Apsis weitergeführt wird. Deshalb war er für die Versammlung der Gläubigen zu Predigt und Gottesdienst besonders gut geeignet. Die reiche Ausstattung (Stuckdekorationen,

◁ *Tempel des Apollo Sosianus*

*Altar, Denkmal und Grab für den Gründer des Jesuitenordens, Ignatius von Loyola, befinden sich in der Kirche Il Gesù*

Vergoldungen, Fresken, mehrfarbiger Marmor) ist im wesentlichen barock und verleiht im Zusammenwirken mit Skulpturen und Gemälden dem Innenraum seinen Glanz. Der Schmuck der Kirche sollte die Gläubigen beeindrucken und durch die Betrachtung des heiligen Geschehens mit der himmlischen Glorie vertraut machen. Das Tonnengewölbe des Langhauses sowie die Vierungskuppel und Apsiswölbung sind mit stark bewegten Fresken in geschickter perspektivischer Wirkung von Baciccia ausgemalt und stellen den ›Triumph des Namen Jesu‹, einen Engelzyklus und die Anbetung des Lammes dar. Sie rühmen sowohl den Gründer des Christentums, Jesus von Nazareth, als auch die erstaunlichen Leistungen der jungen Gesellschaft Jesu bei der Missionierung in nahen und fernen Weltgegenden.

Bemerkenswerte Kunstwerke sind auch die Altäre und Epitaphe für Heilige aus dem Jesuitenorden. Links im Querschiff: Altar, Denkmal und Grab des Ordensgründers Ignatius von Loyola, der am 31. Juli – an diesem Datum auch sein Festtag – 1556 in Rom starb. Andrea Pozzo, der in diesem mächtigen Grabaltar die Teilung in Malerei und Plastik überwand und ein Gesamtkunstwerk verwirklichte, schuf das Werk zwischen 1696 und 1700. Die Silberstatue des hl. Ignatius (von Legros gearbeitet) ist eine Kopie, da Pius VI. das Original

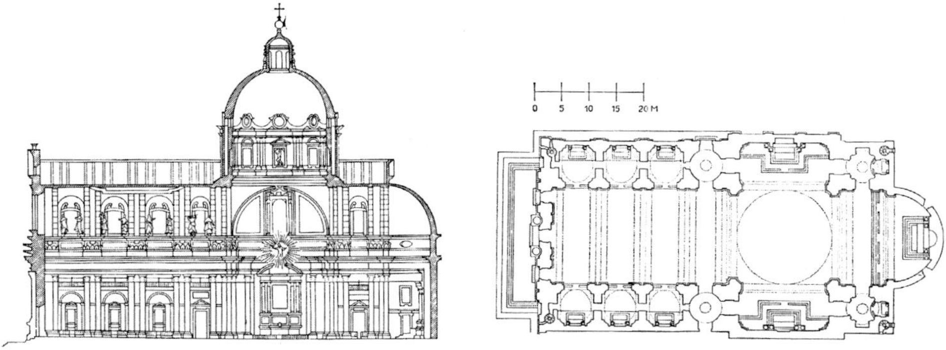


Längsschnitt und Grundriß von Il Gesù

nach dem Vertrag von Tolentino für die Bezahlung der Kriegsschulden an Napoleon I. abtreten mußte. Rechts im Querschiff der Altar des Franz Xaver, eines der ersten Gefährten des Ignatius, ein Werk von Pietro da Cortona (1674–1678). Dieser bedeutende Missionar der katholischen Kirche kam im 16. Jh. bis nach Japan und vor die Küste Chinas; sein Grab liegt im indischen Goa.

## Republikanisches Forum

Ausgrabungen zwischen 1926 und 1930 haben auf dem Largo di Torre Argentina, einem verkehrsreichen Platz, einen interessanten Bereich der Antike ans Licht gebracht. Der Name ›Torre Argentina‹ wird abgeleitet von einem Turm beim Haus des Burckhardt von Straßburg (lateinisch: *Argentoratum*), eines päpstlichen Zeremonienmeisters Anfang des 16. Jh.; dieser **Straßburger Turm** liegt heute in der nahen Via del Sudario, Nr. 44. Andere führen den Namen auf

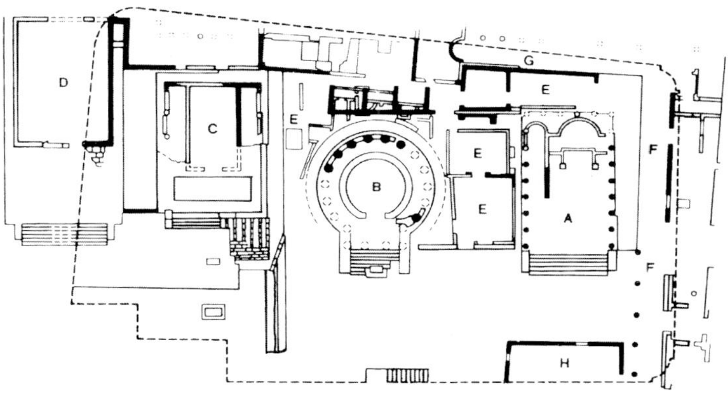


Das Republikanische Forum

*Zum Republikanischen Forum am Largo di Torre Argentina, einem der wenigen Komplexe aus vorkaiserlicher Zeit, gehören ein runder und drei rechteckige Tempel*

die Läden der Silberschmiede *(argentarii)* zurück, die sich früher hier befanden.

Einige Meter unter dem heutigen Straßenniveau breitet sich im Geviert des Platzes der Tempelbezirk des Republikanischen Forum (2) aus, einer der wenigen Komplexe aus der vorkaiserlichen Zeit, als das antike Rom Republik war. Leider sind die vier Tempel, drei rechteckige, ein runder, meist nicht zugänglich, doch kann man sie gut von oben sehen. Man unterscheidet in dem Bezirk den rechteckigen Tempel A, von dem noch 15 Säulen erhalten sind und in den man im Mittelalter die heute zerstörte Kirche San Nicola dei Cesarini hineingebaut hatte; den sich anschließenden runden Tempel B mit sechs noch erhaltenen Säulen, in dem sich einst die Statue der sitzenden Göttin Juno befand; weiter den kleinsten, zugleich ältesten (4. oder 3. Jh. v. Chr.) und am tiefsten liegenden Tempel C; und schließlich den Tempel D, über den teilweise eine Straße, die Via Florida, verläuft. Welchen Gottheiten die Tempel geweiht waren, ist nicht mit Sicherheit bekannt. Vom Verkehr umbrandet, bildet das Republikanische Forum mit seinen bescheidenen Tempeln einen eigentümlichen Platz in Rom: Antikes und Modernes leben miteinander.

## Sant'Andrea della Valle

Nur die Kuppel von Sankt Peter ist größer als die von Sant'Andrea della Valle (3), der vom Orden der Theatiner betreuten und bei den Römern in hoher Gunst stehenden Kirche. Deshalb kann man sie immer gut von den Aussichtshügeln Roms sehen. Den Blick auf die Fassade hat man auf dem Corso del Rinascimento schon von weit her: Von dort fällt dem Betrachter auch auf, daß auf der linken Seite der Fassade an der Stelle einer Volute ein Engel mit erhobenen Flügeln steht, während etwas Ähnliches auf der rechten Seite fehlt. Die

Baumeister, Francesco Grimaldi, Giacomo della Porta, Carlo Maderna und Carlo Rainaldi, bezogen sich in ihren Plänen bei der Fassade und im Innern unübersehbar auf die Hauptkirche der Jesuiten, Il Gesù. Auch der Grundriß beider Kirchen ist fast identisch. In der Gestaltung der Travertin-Fassade zeigt sich eine enorme dynamische Kraft, Architekturpathos und künstlerische Aktivität verbinden sich glücklich. Der einschiffige großzügige Innenraum, ebenso wie bei Il Gesù durch Nebenkapellen erweitert (aber hier zum Langhaus hin weit geöffnet), drängt in die Höhe und gipfelt in der Kuppel als dem beherrschenden Zentrum.

Im Innern verdienen neben den Gemälden und Statuen der Seitenkapellen vor allem zwei Monumente vor dem Querschiff Beachtung: Wandgräber für die Päpste Pius II. (1470) und Pius III., die beide der berühmten Familie der Piccolomini aus Siena angehörten. Die Werke wurden 1614 aus St. Peter hierher gebracht. Als Künstler werden genannt: Paolo Taccone und ein unbekannter Schüler des Andrea Bregno, sowie Francesco und Sebastiano Ferrucci. Das linke ist Pius II. geweiht, der als Aeneas Silvius Piccolomini in der Zeit des Humanismus wirkte und von 1458 bis 1464 die Kirche regierte; das rechte Pius III., Francesco Todeschini Piccolomini, der am 22. September 1503 als Nachfolger des berüchtigten, wenn auch kunstsinnigen Borgia, Alexanders VI., zum Papst gewählt wurde, am 8. Oktober den Thron Petri bestieg, doch schon zehn Tage später, am 18. Oktober, starb, somit also das kürzeste Pontifikat der Kirchengeschichte führte. Mit den Fresken der Apsishalbkuppel und in Teilen der Kuppel schuf der durch Caravaggio und Michelangelo beeinflußte Domenichino 1624 bis 1628 Meisterwerke, die in ihrer dramatischen Gestaltung Maß und Disziplin bewahren und nicht ins Kolossale ausarten. Die Cappella Lancellotti (die erste rechts) ist einer der

Blick in die Kuppel von Sant'Andrea della Valle

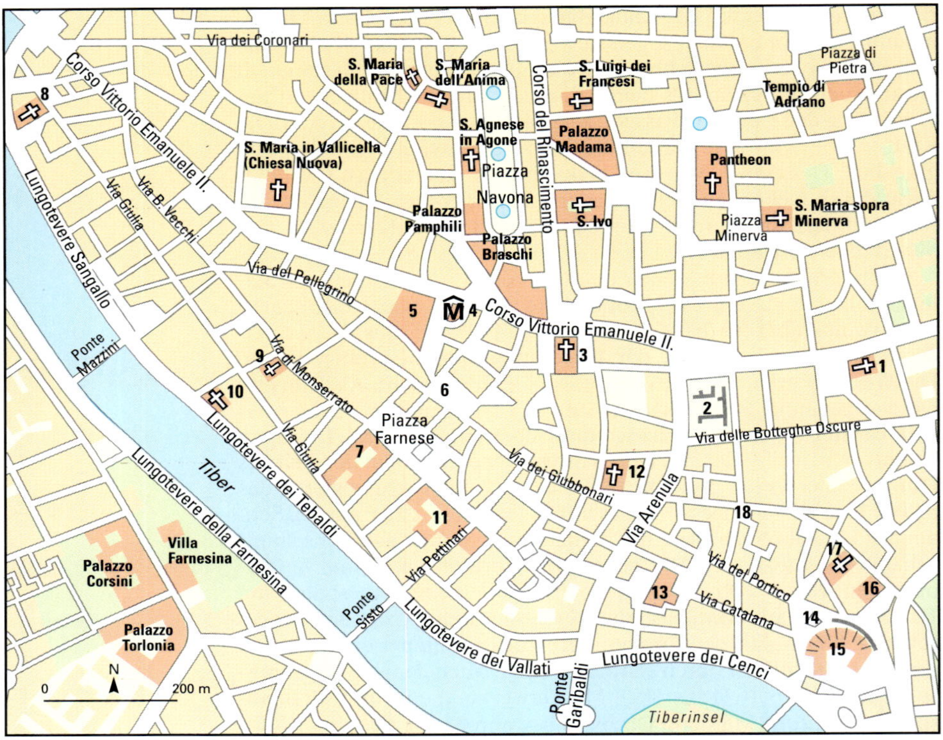


*Südlich des Corso Vittorio Emanuele: 1 Il Gesù 2 Republikan. Forum 3 Sant'Andrea della Valle 4 Museo Barracco 5 Palazzo della Cancelleria und S. Lorenzo in Damaso 6 Campo de' Fiori 7 Palazzo Farnese 8 S. Giovanni dei Fiorentini 9 S. Maria di Monserrato 10 S. Eligio 11 Palazzo Spada 12 S. Carlo ai Catinari 13 Palazzo dei Cenci 14 Portikus der Oktavia 15 Marcellus-Theater 16 Tempel des Apollo Sosianus 17 S. Maria in Campitelli 18 Piazza Mattei*

Schauplätze der Oper ›Tosca‹ von Puccini – Zeichen der Beliebtheit dieser Kirche bei den Römern.

## Museo Barracco

Der an der Nordseite der verkehrsreichen Piazza San Pantaleone gelegene Palazzo, auch ›Piccola Farnesina‹ genannt, beherbergt das Museo Barracco (4). Die kleine, interessante Sammlung assyrischer, ägyptischer, babylonischer, griechischer, etruskischer und römischer Skulpturen (teils Originale, teils Kopien) wurde 1902 von dem Baron Giovanni Barracco der Stadt Rom geschenkt; an den Exponaten kann man gut die Entwicklung der antiken Kunst studieren. Besonders bemerkenswert sind Reliefs des 7. Jh. v. Chr. aus Assyrien, Sphingen der Königin Hatschepsut (16. Jh. v. Chr.), griechische Statuen der frühen Klassik, etruskische Grabsäulen, der ›Hermes‹ und der ›Athlet‹ (›Doryphoros‹) nach dem Diadumenos des Polyklet, Kopf eines Apoll (Phidias), Büste des Epikur, Kopf des Lyzischen Apoll, Votivrelief mit Apoll aus Athen (360 v. Chr.), ›Verwundete Hündin‹ (Lysipp) und Kopf des Alexander-Helios (Ende 4. Jh. n. Chr.).

## Palazzo della Cancelleria

Der gewaltige Bau des Palazzo della Cancelleria (5), der am Corso Vittorio Emanuele einen ganzen Straßenzug ausfüllt und an den anderen Seiten vom Vicolo Savelli, der Via del Pellegrino und der Piazza della Cancelleria begrenzt wird, nimmt in der römischen Architektur einen wichtigen Platz ein. Im 15. Jh. hielt Florenz den ersten Rang unter den italienischen Städten auf dem Gebiet von Kunst und Kultur, dank den kunstsinnigen Medici, dem Florentiner Herrscherhaus. Die Stadt Rom hatte durch die Abwesenheit der Päpste im Exil zu Avignon und das Abendländische Schisma, die Kirchenspaltung im 14. und 15. Jh., an Macht und Wohlstand eingebüßt und war als Stadt heruntergekommen. Die Errichtung des Palazzo della Cancelleria markiert den Beginn des Wiederaufbaus der Urbs aeterna und spielte bei der urbanistischen Entwicklung der Stadt zum neuerlichen Mittelpunkt der Christenheit eine wichtige Rolle.

Der Palazzo war zuerst für Kardinal Raffaele Riario geplant, später diente er als Sitz der Päpstlichen Kanzlei, für die Regierung der Republik Rom und des Kirchenstaats. Errichtet wurde er von 1483 bis 1517; die Zuschreibung an Andrea Bregno (Montecavallo) oder Bramante ist umstritten. Sicher bleibt seine Wertschätzung als eines der schönsten Beispiele der Renaissance-Baukunst, mit seiner klaren Fassadengliederung und den genau durchdachten Formen. Die hervorragende Bearbeitung des Materials besticht, wobei der Aufwand klug und maßvoll berechnet ist. Für die Hauptfassade (aus Travertin) holte man sich Steinblöcke aus dem Kolosseum, die anderen Seiten zeigen vorwiegend gelben Backstein. Dies erleichterte sicherlich die Finanzierung des Bauwerks, die durch die Kardinäle Scrampo Mezzarota und Raffaele Riario geleistet wurde. Die Historie sagt, daß Riario unter anderem 60 000 Scudi, die er beim Glücksspiel dem Neffen Papst Innozenz' VIII. abgenommen hatte, für den Bau verwendete. Allerdings blieb ihm das Glück nicht immer so gewogen: Er verlor seine Güter und den Palast wegen seiner Beteiligung an einer Verschwörung gegen Papst Leo X. Über die steinernen Rosen – Wappenschmuck der Riario – schreibt Werner Bergengruen (1892–1964) präzis und tiefsinnig: »Im Schmuck der Außenfront, der von nobelster Zurückhaltung ist, an jeder einzelnen Säule des Hofes erscheint die Rose, selbst auf dem Steinpflaster der Hofesmitte hat die Abflußstelle für das Regenwasser Rosengestalt. Wer die Rosen zählen woll-

*Der Palazzo della Cancelleria markiert einen Wendepunkt in der römischen Stadt- und Architekturgeschichte. Die klare Gliederung der Fassade macht den Palazzo zu einem der schönsten Beispiele der Renaissance-Baukunst*

te, gelangt in viele Tausende. Aber die Rose blüht nicht in wilder Naturhaftigkeit, [...] sie ist schönes Ornament, edel gefügt und einer vom Menschen erschaffenen Symmetrie untertan.«

Das Palastinnere verfügt über zahlreiche gut proportionierte Räume. Bemerkenswert ist der Saal der hundert Tage, der von Vasari auf Verlangen des Kardinals Alessandro Farnese in der vom Kardinal vorgegebenen Zeit mit seinen Gehilfen ausgemalt wurde – dank dessen routiniertem Können. Michelangelo soll dazu trocken bemerkt haben: »*Si vede bene*« – Man sieht's! Der weite dreigeschossig umbaute Innenhof, in dem jüngst archäologische Ausgrabungen die interessanten Überreste einer altchristlichen Basilika zutage förderten, präsentiert sich auf viereckiger Grundfläche ebenfalls mit klarem Wandaufbau. In der Cancelleria befinden sich heute u. a. die Diensträume der Sacra Romana Rota, des Päpstlichen Ehegerichts.

Die Kirche **San Lorenzo in Damaso**, die Papst Damasus zu Ehren des hl. Laurentius 380 n. Chr. hatte errichten lassen, wurde in der Renaissance nach gründlichem Umbau, vermutlich von Bramante, in den Palast für Kardinal Riario, in die Cancelleria, einbezogen und mit einem Portal in der Fassade versehen. Restaurierungen des 19. Jh. veränderten das Innere.

## Campo de' Fiori

Regelmäßig findet vormittags auf dem Campo de' Fiori (6) der römische Blumenmarkt statt. Dennoch läßt die Heiterkeit der Blumenpracht die Düsternis der Historie nicht vergessen. Dieser Ort war die Hinrichtungsstätte im päpstlichen Rom. Eine solche Hinrichtung beschreibt ein gewisser Stefano Infessura 1444: »Im Jahre 1444, am 12. Dezember, wurde Angelotto degli Foschi, Kardinal von Santo Marco, ermordet, und zwar von einem seiner Kammerdiener, der ihn ausraubte. Und aus diesem Grunde wurde der besagte Kammerdiener sofort gefangengenommen. Man schleifte ihn vom Kapitol bis zum Hause des Kardinals; dort wurde er gebunden auf einen Karren gelegt, bis zum Richtplatz auf dem Campo de' Fiori geführt und dabei mit glühenden Zangen gezwickt. Auf dem Richtplatz wurden ihm die Hände abgehauen, und dann wurde er aufgehängt und dann gevierteilt, und die vier Teile wurden angeheftet in vier Stadtvierteln, an vier Plätzen von Rom; ein Teil am Ponte Molle, einer auf dem Campo de' Fiori, einer am Monte Mario und der letzte an der Porta Santo Giovanni. Die Hände wurden angenagelt an der Mauer der Porta Santo Pietro.«

Es gab auch andere Exekutionen. So wurde am 7. Februar 1600 der Philosoph und Theologe Giordano Bruno, der in der abendländischen Geistesgeschichte nicht vergessen wird, hier hingerichtet und verbrannt. Die kirchliche Inquisitionsbehörde beschuldigte ihn der Gotteslästerung, der Ketzerei und der Verspottung des christlichen Glaubens. Giordano Bruno widerrief jedoch weder seine Lehre noch seine blasphemischen Äußerungen und endete deshalb – zur Zeit der Gegenreformation, 47 Jahre nachdem im protestantischen Genf der spanische Humanist und Arzt Michael Servet wegen der Leugnung des Dreifaltigkeitsdogmas auf Geheiß des Reformators Calvin lebendig verbrannt worden war – auf dem Scheiterhaufen. Im Jahre 1900 stellte man auf dem Platz eine Bronzestatue Giordano Brunos auf. Am Sockel angebrachte Medaillons zeigen weitere ›Häretiker‹ und ›Freigeister‹ wie Erasmus von Rotterdam, John Wicliff und Jan Hus.

Markt auf dem Campo de' Fiori

## Palazzo Farnese

Die weite Piazza Farnese gibt den Blick auf den Palazzo Farnese (7) frei, den ›König der Paläste‹ im Rom des 16. Jh. (s. Abb. S. 42). So wie ein Palastbau, der Palazzo Venezia, am Beginn der Renaissance in Rom stand, so setzte ein Palast auch den Endpunkt, der Palazzo Farnese, in dem die Harmonie aller Bauteile und Formen kulminiert. Der Architekt Antonio da Sangallo d. J. begann 1514 den Bau eines städtischen Palazzo für Kardinal Alessandro Farnese, den nachmaligen Papst Paul III. (1354–1549). Nach dem Tod dieses Baumeisters (1546) übertrug der Farnese-Papst die Arbeiten Michelangelo, der den fast vollendeten Außenmauern das Dachgesims und im Innenhof das Obergeschoß anfügte. Als letzter von drei berühmten Baumeistern wirkte Giacomo della Porta, unter dessen Regie die Bauarbeiten Ende des 16. Jh. beendet wurden. Durch Erbfolge gelangte der Palazzo in den Besitz der Bourbonen (aus Neapel), wurde später französisches Staatseigentum und beherbergt heute die französische Botschaft beim Quirinal.

Die Gliederung des quaderförmigen Bauwerkes ist klar und übersichtlich. Die Eingangsfront, 46 m breit und in drei Stockwerke gegliedert, wird durch die unterschiedliche Gestaltung der Fensterreihen und das leicht erhabene Rustikaportal bestimmt. Sie entspricht der architektonischen Leitidee jener Zeit: Vollendete Harmonie herrsche dort, wo man nichts verändern, nichts hinzufügen oder weglassen könne, ohne daß das Ganze Schaden leide. Da der Palazzo frei steht, also von allen Seiten betrachtet werden kann, sind auch die anderen Fassaden in ihrer Wirkung genau berechnet. Die beiden Seiten korrespondieren mit der Schaufront, während die rückseitige Fassade, die tiberwärts an der Via Giulia verläuft, als Gartenfront gestaltet ist. Dort überspannt ein kleiner Bogen, der Arco dei Farnese, die Straße. Die Gestaltung des Innenhofs orientiert sich am antiken Architekturerbe: Säulen und Pfeiler weisen im ersten Stock dorische, im zweiten ionische und im dritten korinthische Formen auf, darin dem Kolosseum gleichend, aus dem man Steine für diesen Palazzo nahm. Im Innern des Palastes wurde eine 20 m lange und 6 m breite Galerie (im ersten Obergeschoß) von Annibale Carracci und seinen Gehilfen 1597–1604 in Fresko-Technik ausgemalt, mit Variationen des unerschöpflichen Themas: Triumph der Liebe im Universum.

Da die Besichtigung heute meist nicht möglich ist, lesen wir die Beschreibung Stendhals (1783–1842): »Die Einfahrt, durch die man in dies majestätische Gebäude gelangt, ist mit zwölf dorischen Säulen aus ägyptischem Granit geschmückt. Drei Säulenordnungen, eine über der andern, zieren die vier Fassaden dieses quadratischen und so düsteren Hofes, der etwas vom Kolosseum hat. Die unterste bildet einen Portikus von wilder, wahrhaft römischer Majestät. In diesem Portikus hat man die große Graburne aus parischem Marmor aufgestellt, die aus dem Grabmal der Cecilia Metella stammt. In einem Winkel des Hofes halb verborgen, kommt diese Urne um alle

Wirkung. Es war eine Geschmacksverirrung der Zeit Pauls III., sie aus dem Denkmal, dessen wichtigster Bestandteil sie war, zu entfernen. Zwei Stunden lang hielten wir uns in der Galerie auf, die Annibale Carracci und seine Schüler mit mythologischen Szenen aus Ovid und Vergil in Freskomalerei ausgeschmückt haben. Die Mitte der Wölbung nimmt der Triumph des Bacchus und der Ariadne ein. Die Gesichter leiden an dem gleichen Fehler wie die Tizians: Sie sind virtuos gemalt; doch vermißt man ein wenig die himmlische Seele und den Geist, den Raffael seinen Gesichtern stets gibt.«

## San Giovanni dei Fiorentini

An San Giovanni dei Fiorentini (8) haben bedeutende Künstler mitgewirkt. Dennoch nimmt die Kirche keinen Spitzenrang unter den Gotteshäusern des 16. Jh. ein. Beeindruckend ist die Größe der strengen, dreischiffigen Pfeilerbasilika mit Querhaus und Vierungskuppel. Der Innenraum verfügt über eine bemerkenswerte Barockausstattung, darunter zahlreiche Gemälde und Grabmäler. Von außen wirkt sie jedoch karg, wie auch die Florentiner in ihrem Charakter den Römern erscheinen. Die Kirche wurde im Auftrag Papst Leos X. (1513–1521; aus der Familie der Florentiner Medici) als Nationalkirche für die Florentiner in Rom gestiftet. Nach der Ausschreibung eines Wettbewerbs, an dem sich auch Raffael beteiligte, erhielt Jacopo Sansovino den Zuschlag und begann den Bau 1518. Andere Baumeister setzten nach mehreren Unterbrechungen das Werk bis zur Fertigstellung 1602 fort, so Antonio da Sangallo d. Ä. und Giacomo della Porta; 1556 zog man Michelangelo als Berater hinzu. Alessandro Galilei schuf die Fassade, Carlo Maderna die achtseitige Vierungskuppel.

*San Giovanni dei Fiorentini, die Kirche der Florentiner am Tiber-Knie, mit achteckiger Vierungskuppel*

## Santa Maria di Monserrato und Sant'Eligio degli Orefici

Als Rom wieder zur ersten Stadt in Italien aufrückte, das Papsttum an Macht gewann und die Gläubigen aus der ganzen Christenheit in die Ewige Stadt pilgerten, wollten die einzelnen Nationen ›ihre‹ Kirche in der Stadt der Apostelfürsten haben. In den Jahrzehnten, als die Florentiner San Giovanni dei Fiorentini und für die Deutschen die Nationalkirche Santa Maria dell'Anima entstanden, schuf im Auftrag des Borgia-Papstes Alexander VI. der Architekt Antonio da Sangallo d. Ä. eine Kirche für die Aragonesen und Katalanen. Seitdem nicht mehr San Giacomo degli Spagnoli an der Piazza Navona Nationalkirche der Spanier ist, hat **Santa Maria di Monserrato (9)** diese Aufgabe übernommen. Hier setzte man (erste Kapelle rechts) neben Alexander VI. (1492–1503) auch noch einen weiteren Borgia-Papst, Kalixtus III. (1455–1458) bei, die ursprünglich in den Grotten des Vatikan ihre Ruhestätte gefunden hatten. Zu den bedeutenden Werken zählen das von Bernini entworfene Grabmal Kardinal Pietro Montoias mit einer Porträtbüste des Kirchenfürsten, einem Jugendwerk Berninis von 1621.

Die kleine Kirche **Sant'Eligio degli Orefici (10)** bei der Università degli Orefici ed Argentieri, Sankt Elegius (der Goldschmiede), läßt es entsprechend dem Beruf ihrer Bauherrn an Eleganz (Kuppel mit Laterne) nicht fehlen. Denn Auftraggeber war die Zunft der römischen Schmuckhandwerker. Sie ließ im Jahr 1516 für den hl. Eligius, der im 7. Jh. Bischof von Tours war, zuvor jedoch Schmied und deshalb Patron der Gold- und Hufschmiede wurde, von Baldassare Peruzzi nach einer Zeichnung Raffaels diesen schmucken Zentralbau mit Grundriß eines griechischen Kreuzes in der Via di Sant'Eligio direkt am Tiber errichten. Die Fassade stammt von der Restaurierung im Jahr 1602.

*Palazzo Spada*

## Palazzo Spada

Die Architektur des Palazzo Spada (11) ist im Gewirr der engen Gassen hinter der Piazza Farnese nur schwer zu würdigen. Der Palast wurde von 1450 bis 1550 von Giulio Merisi da Caravaggio im Auftrag des Kardinals Girolamo Capo di Ferro errichtet, ging dann in den Besitz des Kardinals Spada über und wurde von Borromini restauriert. Auf der viergeschossigen Fassade finden sich elegante Stuckdekorationen (Giulio Mazzoni, 1556– 1560) und acht Statuen berühmter Römer – von links: Trajan, Pompejus, Fabius Maximus, Romulus, Numa, Marcellus, Caesar und Augustus. Beachtenswert sind im Innenhof der architektonisch gelungene Aufbau und die Ausschmückung mit Statuen, Figurenfriesen und Ornamenten. Die Räume sind reich mit Stuckdekorationen verziert; in einem Salon

*Die perspektivische Kolonnade von Borromini im Palazzo Spada*

befindet sich die sog. Pompejus-Statue, an der Caesar ermordet worden sein soll. Borromini legte um 1635 als Verbindung zweier Höfe eine perspektivische Kolonnade an, zwei Säulenreihen mit kassettiertem Tonnengewölbe, die durch die Verkleinerung der hinteren Maße eine größere Länge vortäuschen. Im Palazzo Spada hat der Consiglio di Stato, der italienische Staatsrat, seinen Sitz.

Die **Galleria Spada**, deren größten Teil die Gemäldesammlung des Kardinals Bernardino Spada (1594–1661) bildet, enthält einige beachtenswerte Werke, darunter Bildnisse des Kardinals Spada von Guido Reni und von Guercino, die ›Heimsuchung‹ von Andrea del Sarto, die unvollendete ›Musikantin‹ von Tizian und eine ›Landschaft mit Windmühle‹ von Jan Breughel. Die Räume sind reich geschmückt.

*Blick in die Kuppel von San Carlo ai Catinari*

## San Carlo ai Catinari

Karl Borromäus ist eine außergewöhnliche Gestalt der Kirchengeschichte. Er wurde 1538 in Arona geboren und schon im Jahre 1560 mit erst 22 Jahren von seinem Onkel, Papst Pius IV., zum Erzbischof von Mailand und Kardinal ernannt. Das war beklagenswerter Nepotismus des Papstes. Doch der junge Erzbischof bewährte sich in der Leitung seines Erzbistums, führte vernünftige Reformen durch, verstärkte die Seelsorge und richtete karitative Werke ein. Beweint von den Mailändern, starb er 1584, bis heute in dankbarer Erinnerung gehalten. Er war so angesehen und ob seines untadeligen Lebenswandels hoch verehrt, daß er schon 1610 heiliggesprochen wurde. Kurz nach dieser Kanonisation ließ der Orden der Barnabiten von Rosato Rosati eine Kirche zu seinen Ehren erbauen, die zweite in Rom neben San Carlo al Corso, der ›Pfarr‹-Kirche der Lombarden. San Carlo ai Catinari (12) – ihren Beinamen verdankt die Kirche Waschschüssel-Herstellern *(catinari)*, die ihr Gewerbe in der Nähe betrieben – hat eine interessante Schaufront aus Travertin und ist im Innern mit bemerkenswerten Fresken – u. a. von Domenichino und Reni – ausgestattet. Der Hochaltar ist ein Werk von Martino Longhi d. J.

## Palazzo Cenci

Über den Ruinen des Circus Flaminius, der 221 v. Chr. angelegt worden war, an einer schon im Altertum zentralen Stelle der Stadt – der Portikus der Octavia und das Marcellus-Theater liegen in der Nähe – errichtete die Familie Cenci im 16. Jh. einen Palast (13). Der Rundgang um den Palazzo führt durch die Straßen Via di S. Maria de' Calderari, Via del Progresso, Via Beatrice Cenci und Via dell'Arco dei Cenci zur Piazza Cenci. Es heißt, Francesco Cenci habe sich seiner Kinder Giacomo und Beatrice entledigen wollen und deshalb für sie eine Grabkapelle renovieren lassen. Die Kinder kamen dem Vater jedoch zuvor, indem sie ihn ermordeten. Sie wurden zum Tode verurteilt und am 11. September 1599 an der Engelsbrücke enthauptet. In der Kapelle feiert man noch heute am Jahrestag dieses unglückseligen Geschehens eine Messe.

## Portikus der Octavia und Marcellus-Theater

Nur fünf Säulen und Reste des Gebälks sind von einer riesigen, 119 m breiten und 132 m langen Säulenhalle übriggeblieben, die sich im Altertum in der Nähe des Tiber erstreckte. Quintus Metellus Macedonius, Sieger in Makedonien, ließ diesen Portikus von 148 bis 146 v. Chr. erbauen. Kaiser Augustus erneuerte ihn 27 v. Chr. und weihte die Halle, die mit doppelten Säulenreihen einen Tempel umschloß, seiner Schwester Octavia. Die Imperatoren Septimius Severus und Caracalla ordneten eine Rekonstruktion an. Die Überreste sind heute in der Vorhalle der Kirche Sant'Angelo in Pescheria miteinbezogen. Der **Portico di Ottavia (14)** an prominenter Stelle neben dem Marcellus-Theater gelegen, enthielt zahlreiche griechische und römische Skulpturen, von denen man Genaues nicht mehr weiß.

Schon von der Piazza Aracoeli, vom Fuß des Kapitols aus, sieht man über die Via di Teatro di Marcello die imposanten, ein Rund andeutenden Aufbauten des **Marcellus-Theaters (15)**, in die jedoch, wie man gleich bemerkt, offenbar Teile eines wehrhaften römischen Palazzo hineingebaut sind – Hinweis auf eine komplizierte, bewegte Baugeschichte. In den Ländern rund um das Mittelmeer, vor allem in Griechenland, finden sich überall halb- oder dreiviertelrunde Theater, deren ansteigende Sitzreihen nicht auf Stützenkonstruktionen ruhten, sondern, die natürlichen Gegebenheiten nutzend, in einen Berghang gebaut waren. Auch die Römer hätten die Hügellage der Stadt als Grundlage solcher Theaterbauten nutzen können. Doch bereits 55 v. Chr., am Ausgang der Republik, entstand in Rom während der Herrschaft des Pompeius das erste völlig freistehende und rundum zugängliche Theater, dessen Grundmauern südlich der Kirche Sant'Andrea della Valle noch zu finden sind. Diese Art des Theaterbaus gab den Architekten bei dem hohen bautechnischen Niveau die Möglichkeit, repräsentative Arkadengeschosse zu schaffen.

Das unter Augustus 17 v. Chr. begonnene, bereits von Caesar geplante Theater, wurde 13 v. Chr. fertiggestellt und von Augustus dem Andenken seines im Alter von 23 Jahren verstorbenen Neffen geweiht, dem Sohn seiner Schwester Octavia, der auch Gemahl seiner Tochter Julia war und die Herrschaft im Reich nach Augustus übernehmen sollte. Obwohl das Theater im Mittelalter als Festung und Wohnung der Fabi und Savelli genutzt wurde und im 16. Jh. den Grundstock zum Palazzo Orsini bildete, den Baldassare Peruzzi schuf, kann man die einstige Schönheit des ursprünglichen Baus noch heute erahnen, da bei den Umbauten die alte Form des Marcellus-Theaters respektiert wurde.

*Vergil widmete in der ›Äneis‹ (6. Buch, 860 ff.) dem Marcellus bewegende Verse, weil mit dem Tod des Neffen des Augustus große Hoffnungen zusammenbrachen: »Jüngling, herrlich an Wuchs, in blitzenden Waffen, freudlos aber die Stirn und niedergeschlagenen Blickes … Zeigen nur wird ihn der Welt sein Schicksal und länger ihn nicht lassen; er wäre zu mächtig römischer Nachwuchs euch, ihr Götter, erschienen.«*

*Das Marcellus-Theater wurde im Mittelalter als Festung und Wohnung genutzt und im 16. Jh. zum Palazzo Orsini umgebaut, doch kann man die Struktur des ursprünglichen Baus noch deutlich erkennen*

In einem relativ kleinen Viertel hinter dem Marcellus-Theater, etwa begrenzt durch die Straßen Via del Portico dell'Ottavia, Lungotevere dei Cenci entlang dem Tiber und Via del Progresso mit der Kirche Santa Maria del Pianto, befand sich das **Ghetto**. Schon vor der Eroberung Jerusalems lebten in Rom Juden, so daß die römische Gemeinde der Juden die älteste im europäischen Abendland ist. Hier waren die Juden jahrhundertelang Restriktionen der Päpste ausgesetzt. Am Tiber erhebt sich die Synagoge, ein Bauwerk vom Anfang dieses Jahrhunderts, das orientalische, assyrisch-babylonische Stilelemente aufweist.

Vor dem Marcellus-Theater, an der Ecke Via di Teatro di Marcello und Piazza Campitelli, zeugen drei hohe Ecksäulen auf einem Podest noch von der einstigen Pracht des ehemals stattlichen **Tempels des Apollo Sosianus (16)**, der zuerst 435–433 v. Chr. errichtet, dann 179 v. Chr. erneuert und dem Gott Apollo Medicus (Arzt) geweiht, und im Jahre 32 v. Chr. auf Betreiben des Konsuls Sosius restauriert wurde.

## Santa Maria in Campitelli

Als Rom 1556 von der Pest heimgesucht wurde, gelobte das Volk, der ›Madonna del Portico‹ – der Name rührt her vom nahe gelegenen Portico di Ottavia – eine Kirche zu weihen, wenn die Seuche aufhöre. Papst Alexander VII. erfüllte das Gelübde und ließ von Carlo Rainaldi die Marienkirche am Campitelli-Platz (17) bauen (1662–1667). Die zweigeschossige Travertin-Fassade ist kräftig gegliedert. Das Innere erweist sich als ein auf kompliziertem Grundriß errichteter Raum mit Säulen, Wandvorsprüngen und nach außen gestaffelten Kapellen. In der Mitte auf dem Hochaltar wird das nach römischem Volksglauben wundertätige Gnadenbild der Madonna del Portico verehrt.

## Fontana delle Tartarughe

Die intime, offenbar ohne architektonischen Plan gestaltete **Piazza dei Mattei** bildet den Rahmen für einen kleinen Brunnen, die Fontana della Tartarughe, der Schildkröten. Der Brunnen wurde 1581–1584 von dem Florentiner Bildhauer Taddeo Landini nach Entwürfen Giacomo della Portas geschaffen. Auf einem mit vier großen Muschelschalen geschmückten Podest tragen vier schlanke Jünglinge wie im Spiel eine Wasserschale über ihren Köpfen. Die den Rand der Wasserschale erklimmenden Schildkröten, die erst im 17. Jh. dazugekommen sein sollen, verhalfen dem Brunnen zu seinem Namen. Er entzückt durch die Anmut und die Bewegung der Figuren in gleicher Weise.

# Zwischen Piazza del Popolo und Villa Borghese

# *Zwischen Piazza del Popolo und Villa Borghese*

Piazza del Popolo ☆

Bei diesem Besichtigungsgang fällt es schon schwer, sich von der ersten Station, der großartigen Piazza del Popolo mit den drei prächtigen Kirchen zu trennen. Um so mehr, als es danach gleich auf einen Hügel hinaufgeht, auf den Pincio mit der Villa Borghese. Doch die Aussicht auf die Piazza del Popolo und Rom, dazu die Kunstwerke in den Museen der Villa Borghese, Villa Giulia und der Galleria d'Arte Moderna locken.

## Piazza del Popolo und Santa Maria del Popolo

In den vergangenen Jahrhunderten betraten die Besucher aus dem Norden gewöhnlich an der **Porta del Popolo** die Stadt Rom. Die zwei alten Konsularstraßen, die Via Cassia (durch die Toskana) und die Via Flaminia (von der Adria durch Umbrien), hatten sie bis vor dieses Stadttor der Aurelianischen Mauer, die heute hier ›Muro Torto‹ (Torso-Mauer) genannt wird, hergeleitet. (Erst seit der zweiten Hälfte des 19. Jh. sind die Viertel in der nördlichen Tiberschleife, Flaminio und Parioli, entstanden.) Die durch die Porta del Popolo einreisenden Fremden, unter ihnen kein Geringerer als Johann Wolfgang Goethe, empfingen auf der **Piazza del Popolo (1)**, einem der schönsten Plätze Roms, ihre ersten Eindrücke von der ›Ewigen Stadt‹.

Unter Papst Sixtus V. (1585–1590) begann die Neugestaltung der Piazza. Zusätzlich zur Via del Corso, die zur Piazza Venezia führt und eine Achse der Stadt bildet, legte man zwei neue Straßen an, die Via di Ripetta und die Via del Babuino. Zwischen 1662 und 1679 wurden dann von Rainaldi die ›Zwillingskirchen‹ Santa Maria dei Miracoli und Santa Maria in Monte Santo errichtet, die gemeinsam mit der Kirche Santa Maria del Popolo, einer der ersten Renaissance-Kirchen Roms, direkt neben der Stadtmauer und der Porta del Popolo gelegen, zum Gesamtbild des Platzes entscheidend beitragen. Seine Mitte bestimmt seit 1586 der Obelisco Flaminio, ein 24 m hoher Obelisk ägyptischer Herkunft, der ehemals den Circus Maximus schmückte, nachdem er durch Kaiser Augustus nach Rom verbracht worden war. Die östliche und westliche Begrenzung der ovalen Piazza wird zum Pincio-Hügel und zum Tiber hin von halbkreisförmig angelegten Mauern gebildet, die auf den Architekten Valadier zurückgehen, der zu Beginn des 19. Jh. den Platz umgestaltete (s. Abb. S. 123).

Die Kirche **Santa Maria del Popolo (2)** gleich neben dem Stadttor, das heute nur mehr eine Durchfahrt ist, weist eine unverkennbare Silhouette auf: Eine achteckige Vierungskuppel, Glockenturm und

◁ *Piazza del Popolo*

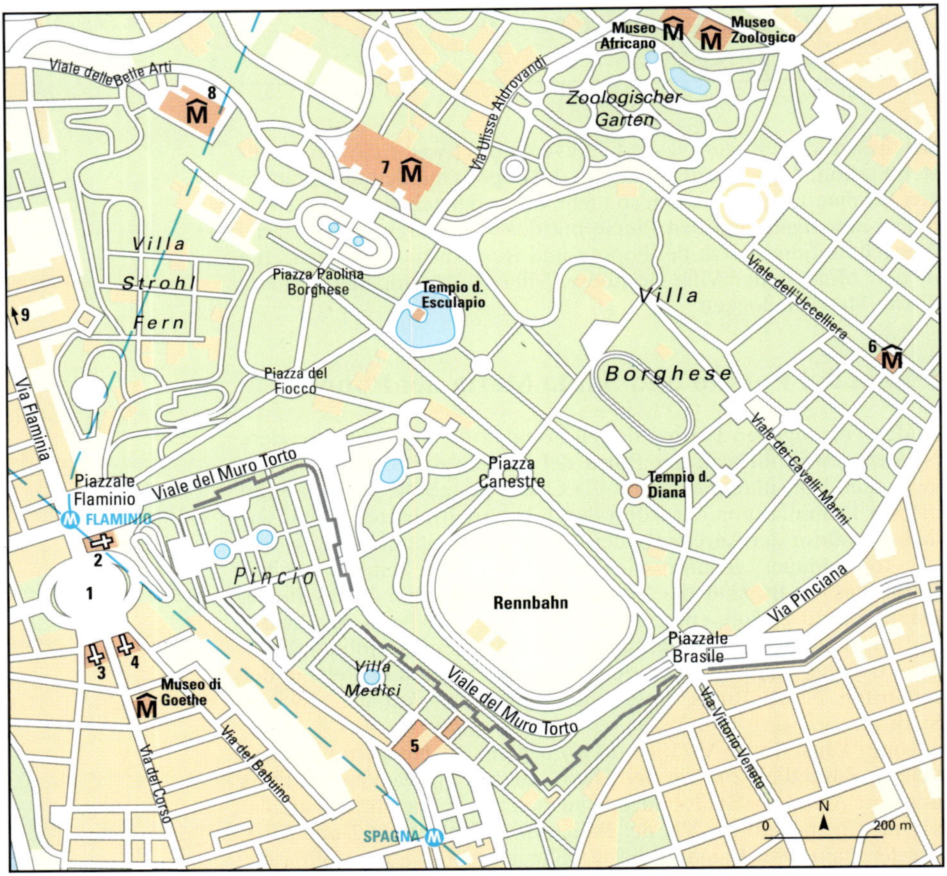


*Zwischen Piazza del Popolo und Villa Borghese*

*1 Piazza del Popolo*
*2 S. Maria del Popolo*
*3 S. Maria dei Miracoli*
*4 S. Maria in Monte Santo*
*5 Villa Medici*
*6 Galleria Borghese*
*7 GalleriaNazionale d'Arte Moderna*
*8 Villa Giulia*
*9 Stadio Flaminio*

eine kleine Kuppel über einer Seitenkapelle ragen in den Himmel. Sie krönen den schlichten Renaissancebau einer der ältesten Pfarrkirchen Roms, wenn man die Vorgängerbauten miteinbezieht. Der Volksmund erzählt viel über diese Kirche. Zum Beispiel, daß die 1099 errichtete kleine Kapelle den bösen Geist Neros bannen sollte, der hier einst in einem Baum gehaust habe. Vielleicht war es auch einer der Geister derer, die auf der Piazza del Popolo am Galgen hingerichtet wurden, den allerdings das Volk und seine milden Seelsorger zuvor schon zu besänftigen suchten. Denn bei der Exekution betete die Menge für die Seele des Unglücklichen, und Almosen wurden für Seelenmessen und zur Hilfe für die Familie des Verurteilten gespendet; außerdem wurden die Angehörigen vor dem Tor bewirtet, um über den Schmerz hinwegzukommen. Santa Maria del Popolo hat viel gesehen.

Gleichviel. Von 1227 bis 1241 und noch einmal von 1472 bis 1477 unter Papst Sixtus IV. (1471–1484) erweiterte man die kleine Kirche, die 1099 auf Kosten der Gemeinde, des Volkes – del Popolo, daher der Name – erbaut worden war, wahrscheinlich als Dank für die Einnahme Jerusalems durch die Kreuzfahrer im Juli jenes Jahres. Bramante erweiterte sie im Jahr 1505 um die Apsis, auch für die Bedürfnisse der hier eingezogenen Augustinermönche. Martin Luther, der vor ›seiner‹ Reformation zum Augustinerorden gehörte, lebte während seines Rom-Aufenthaltes 1510/11 hier im Kloster. Man erzählte sich, der von Luther zum Zelebrieren der Messe bevorzugte Altar soll nach der Reformation gemieden worden sein; inzwischen erlauben die durch das Zweite Vatikanische Konzil verbesserten Beziehungen zwischen den christlichen Kirchen wieder seine Benutzung. Weitere Veränderungen der Kirche wurden bei einer im 17. Jh. von Bernini ausgeführten Restaurierung hinzugefügt.

Santa Maria del Popolo wurde als gewölbte dreischiffige Pfeilerbasilika über einem kreuzförmigen Grundriß erbaut und hat zahlreiche Nebenkapellen. Die Chorgewölbe werden von Fresken Pinturicchios, ›Krönung Mariens‹ mit Evangelisten, Sibyllen und Kirchenvätern, geschmückt. Aus der Vielzahl von Grabmälern (charakteristisch für eine Pfarrkirche) sind zwei künstlerisch besonders wertvolle im Chor hervorzuheben, die der Kardinäle Ascanio Sforza (gestorben 1505) und Girolamo Basso della Rovere (gestorben 1507), von Andrea Sansovino.

Die Cappella Cesari enthält zwei bedeutende Tafelbilder von Caravaggio, ›Bekehrung des Paulus‹ und ›Kreuzigung des Petrus‹ (1601/1602). Die Kapelle der Familie Chigi wurde in den Jahren 1513–1515 nach Plänen Raffaels gebaut und enthält wertvolle Ausstattungsstücke verschiedener Künstler (zum Teil nach Entwürfen Raffaels gearbeitet); die Cappella della Rovere, in der Mitglieder der Familie Papst Sixtus' IV. beigesetzt sind, zeigt Meisterwerke der Malerei und Plastik aus Renaissance und Barock, darunter ein von Pinturicchio geschaffenes Altarbild; beachtenswert ist auch die von Carlo Fontana 1682–1687 für Kardinal Cybo eingerichtete Kapelle, die durch ihre bekrönende Kuppel die Kirche sowohl innen als auch nach außen hin bereichert.

Die beiden Zwillingskirchen, **Santa Maria dei Miracoli (3)** und **Santa Maria in Monte Santo (4)**, stehen wie für eine Theaterszene mit großem szenischen Effekt am Eingang des Corso. Wie man diesen städtebaulich wichtigen Platz gestalten konnte, darüber dachten Mitte des 17. Jh. viele nach. Gemeinsam fand man die Lösung, und besser hätte man vom Platz in die Hauptstraße nicht überleiten können. Der Prälat und spätere Kardinal Girolamo Gastaldi betrieb den Bau, Alexander VII., der Chigi-Papst gab Rat und Genehmigung, die Baumeister Carlo Rainaldi, Bernini und Carlo Fontana entwarfen die Pläne und leiteten die Arbeiten für Santa Maria di Monte Santo (die östliche) von 1662 bis 1675, für Santa Maria dei Miracoli von 1675 bis 1679.

Blick vom Pincio über die Kuppeln von Santa Maria dei Miracoli und Santa Maria in Monte Santo auf die der Peterskirche

Die Villa Medici, im 16. Jh. im Stil der Spätrenaissance errichtet, ist eine der schönsten und vielfach nachgeahmten Villen ›im Grünen‹

## Pincio und Villa Medici

Oberhalb (östlich) der Piazza del Popolo erstreckt sich von Nord nach Süd, bis zur Villa Medici, der ›**Pincio**‹ genannte Park, dessen Grün dann in der größeren Villa Borghese seine Fortsetzung findet. Der Pincio erhielt seinen Namen von der einst hier gelegenen Villa der Familie der Pinci. Von 1810 bis 1818 gestaltete der Architekt Valadier daraus eine klassizistische Parkanlage. An den Wegen des Pincio stehen seit dem Ausgang des 19. Jh. Büsten italienischer Patrioten. Besonders schön ist der Blick von den Terrassen des Pincio am Piazzale Napoleone auf die Piazza del Popolo und die gesamte Innenstadt bis hin zur dominierenden Kuppel von Sankt Peter, vor allem vor Sonnenuntergang. Die Römer sind davon überzeugt, daß es die Terrasse mit der wunderbarsten Aussicht der Welt sei.

An der Viale Trinità dei Monti, zwischen der Spanischen Treppe und der Piazza del Popolo, neben dem Pincio, befindet sich die im Auftrag des Kardinals Ricci di Montepulciano von Annibale Lippi 1544 im Stil der späten Renaissance errichtete **Villa Medici (5)**. Die

Der schöne Bau des Casino Borghese wurde zu Beginn des 17. Jh. von Giovanni Vasanzio errichtet

der Straße zugewandte Front ist schlicht und streng gehalten, während die der Gartenseite, der Villa Borghese zugekehrt, mit reichen Gliederungen versehen ist. Die Villa gelangte später in den Besitz der Florentiner Medici und der Großherzöge der Toskana, bevor sie von Napoleon als Stiftung für französische Künstler der Französischen Akademie zugeeignet wurde. Von 1630 bis 1633 lebte unter Hausarrest des Heiligen Offiziums Galileo Galilei in der Villa. Heute finden hier häufig Ausstellungen und kulturelle Veranstaltungen statt.

## Villa Borghese

An den Pincio und die Villa Medici schließt sich die Villa Borghese an, eine weite Parkanlage, eine der schönsten der Welt (s. Abb. S. 18). Schon in der Antike besaßen die reichen römischen Familien neben ihrer Stadtwohnung etwas ›im Grünen‹, die alten Römer einen ›*Hortus*‹, die Adelsfamilien der Renaissance und des Barock neben dem Palazzo eine ländliche Residenz, die Villa, am Rand der Stadt oder in den Albaner Bergen gelegen. Sie war bevorzugter Aufenthaltsort während der heißen Sommermonate. Deshalb finden wir in Rom bei demselben Familiennamen sowohl ›Palazzo‹ als auch ›Villa‹.

Die Villa der berühmten Familie Borghese, aus der Papst Paul V. (1605–1621) und andere kirchliche Würdenträger hervorgingen, wurde im Auftrag des Kardinals Scipione Caffarelli Borghese von 1613 bis 1616 errichtet. Auf dem Gelände von Weinbergen entstand eine ausgedehnte barocke Gartenanlage mit Seen und künstlichen Jagdgründen, die Ende des 18. Jh. von dem deutschen Maler Christoph Unterberger auf Wunsch des Fürsten Marcantonio Borghese zu einem Englischen Garten umgestaltet wurde. Dieser bildet heute mit dem Pincio den größten Park der Stadt – neben dem der Villa Doria Pamphili. Unter den Denkmälern im Park befindet sich an der Viale San Paolo del Brasile auch eines für Johann Wolfgang von Goethe, von Gustav Eberlein geschaffen (1902–1904). Auf der 200 m langen Piazza Siena finden internationale Reitwettkämpfe statt.

Der schöne Bau des **Casino Borghese (6)** wurde von Giovanni Vasanzio (Jan van Santen) errichtet (1613–1615), um die Antikensammlung des Kardinals Scipione Borghese aufzunehmen, später auch die Gemälde; beides ist heute in der **Galleria Borghese** in der Villa zusammengefaßt, die nach jahrelangen Renovierungsarbeiten wieder besucht werden kann. Nicht zu Unrecht wurde diese lange Zeit ›die Königin unter den privaten Kunstsammlungen der Welt‹ genannt, denn bereits im 17. Jh. erwarb der kunstbesessene Kardinal Scipione Caffarelli Borghese, Neffe Papst Pauls V. (1605–1621) und der wohl größte Mäzen seiner Zeit, systematisch Werke der antiken Kunst und förderte durch Aufträge die zeitgenössischen Künstler. Ende des 19. Jh. wurde die Gemäldesammlung, vornehmlich mit Werken aus dem Palazzo Borghese, hinzugefügt. So entstand das heutige Museum. Eine beträchtliche Minderung hatte ›die Königin‹ freilich erlitten, als Camillo Borghese sich von Napoleon genötigt sah, eine nicht geringe Anzahl von Antiken an den Louvre in Paris zu verkaufen, weswegen die Römer noch immer grollen.

*Das Marmorbild der Schwester Napoleons von Antonio Canova, ›Paolina Borghese als ruhende Venus‹*

*›Der Raub der Proserpina durch Pluto‹ von Giovanni Lorenzo Bernini. Der Gott der Unterwelt raubt die Tochter der Demeter, die sich sträubt, dem Gott ins Reich der Schatten zu folgen. Dem kräftig zupackenden, muskulösen Pluto vermag jedoch die zierliche, fast hilflos sich widersetzende Proserpina nicht standzuhalten*

Von den Skulpturen des Museums sind besonders beachtenswert: das Marmorbild der Fürstin Paolina Borghese, der Schwester Napoleons und Gattin des Camillo, in der Stellung einer ›ruhenden Venus‹, geschaffen 1805 von Canova; vor allem jedoch die Werke von Gianlorenzo Bernini: ›David mit der Schleuder‹ (1623/24) als Auftragswerk von Scipione Borghese, der ›Raub der Proserpina durch Pluto‹ (1621/22). Weiter der ›Schlafende Hermaphrodit‹ (römische Kopie eines griechischen Originals); ›Äneas mit seinem Vater Anchises‹ von Gianlorenzo und Pietro Bernini – wie die Dargestellten Sohn und Vater – geschaffen, und ein weiteres Werk Gianlorenzo Berninis, die ›Wahrheit von der Zeit entschleiert‹. Ein Meisterwerk Berninis ist ›Apoll und Daphne‹, das die Verwandlung Daphnes in einen Lorbeerbaum bei der Verfolgung durch den Gott Apoll darstellt (1622–1625). Der lateinische Dichter Ovid hat dieser Meta-

*»Kannst du, so spricht der Gott, nicht mehr die Gattin mir werden, sollst mein Baum du doch sein. Es sollen, o Lorbeer, dich tragen, stets meine Leier, mein Haar, der Köcher. Und, wie mein jugendlich Haupt an den Locken die Schere nicht duldet, trage du immerfort den Schmuck des grünenden Laubes. Phoebus hatte geendet. Bejahend regte die jungen Zweige der Lorbeer und schien wie ein Haupt den Wipfel zu neigen.« Ovid*

morphose unsterbliche Verse gewidmet, die auch Bernini inspiriert haben.

Als Höhepunkt der Gemäldegalerie finden wir: die ›Grablegung‹ von Raffael und andere Bilder des Künstlers sowie von Botticelli, Pinturicchio, Perugino, Lukas Cranach, Sodoma, Dürer, Lotto, Domenichino (›Jagd der Diana‹), Caravaggio (›Madonna dei Palafrenieri‹), Rubens, Correggio (›Danae‹), Bernini, Bassano, van Dyck, Tizian (›Heilige und profane Liebe‹), Bellini, Paolo Veronese und Antonello da Messina (Porträt eines Mannes).

## Galleria Nazionale d'Arte Moderna

Die Nationalgalerie der modernen Kunst, nördlich des Casino Borghese, liegt nicht weit vom Zoologischen Garten. Dieser **Giardino Zoologico** wurde nach dem Vorbild des Tierparks Hagenbeck in Hamburg nach 1911 angelegt und 1935 auf eine Fläche von 12 ha erweitert; in den Gehegen sind die Tiere oft etwas eng untergebracht.

In dem 1915 bezogenen Bau der Galleria Nazionale d'Arte Moderna (7) sind die seit 1883 systematisch vom Staat gesammelten Werke moderner Künstler Italiens und anderer europäischer Länder des 19. und 20. Jh. ausgestellt. Leider weist der Bestand für die Malerei und Plastik des 19. Jh. nicht unerhebliche Lücken auf, so daß mancher bedeutende Künstler gar nicht oder nur mit schwächeren Werken vertreten ist. Gezeigt werden neben den italienischen Künstlern u. a. Degas, Cézanne, Moore, Kandinsky und Vernet. Hervorzuheben sind besonders die Werke einer Maler-Gruppe aus der Toskana, der ›Macchiaioli‹, den Impressionisten ähnlich, sowie Skulpturen von Marino Marini, Giacomo Manzù und Werke des Malers Giorgio De Chirico. Häufig finden sehenswerte Sonderausstellungen statt.

## Villa Giulia – Museo Nazionale Etrusco

Die Villa Giulia (8) ist nach Papst Julius III. benannt, der sie von dem Architekten Vignola erbauen ließ (1551–1563). Seit 1889 ist sie nach verschiedenen An- und Umbauten Ausstellungsort wertvoller Objekte der Etrusker, die man in Latium, Umbrien und der südlichen Toskana fand. Neben den Denkmälern und Kunstwerken ›vor Ort‹, also im Siedlungsgebiet der Etrusker, vermittelt dieses Museum das umfassende Bild jenes Volkes, das von den Römern besiegt und in die Vergessenheit gestoßen wurde.

Bemerkenswerte Funde aus Totenstätten, die durch Ausgrabungen zutage gefördert wurden (eine Grabanlage von Cerveteri wurde rekonstruiert), legen Zeugnis ab von der hohen etruskischen Kultur. Das Museum zeigt Urnen, handwerkliche Arbeiten von großem Geschmack, Kleinkunst und alltägliche Gebrauchsgeräte. Weiter sind

*Eines der bekanntesten Exponate der etruskischen Sammlung in der Villa Giulia ist die Aschenurne mit liegendem Ehepaar*

beachtenswert: Statuen, vor allem der Apoll von Veji und der berühmte Sarkophag mit einem liegenden Ehepaar (in Wirklichkeit eine Aschenurne), kleine und große Figuren, Grabbeigaben und Votivgeschenke, Tongefäße sowie Gläser, Gold- und Silberschmuck. Ein Besuch des Museums der Villa Giulia erscheint besonders empfehlenswert, weil er in eine ganz andere Welt als die der Römer führt: in die Zeit vor dem antiken und christlichen Rom.

## Stadio Flaminio

Beispiel einer gelungenen modernen Architektur ist das für die Olympischen Spiele in Rom 1960 von dem Architekten Pier Luigi Nervi erbaute Fußballstadion (9) an der Via Flaminia für 45 000 Zuschauer. Diese Zahl erlaubt den Vergleich mit dem Kolosseum, dessen technischer Konstruktion und architektonischen Ausdrucksmöglichkeiten, da auch das Amphitheater der Flavier etwa die gleiche Zahl von Personen aufnehmen konnte.

Für die Olympischen Spiele 1960 in Rom wurde eine Reihe von Sportanlagen gebaut, darunter – ebenfalls von Nervi – der Palazzetto dello Sport im Norden der Stadt am Viale Tiziano; im Süden (E. U. R.-Viertel) der Palazzo dello Sport, eine 5000 Zuschauer fassende, 58,5 m im Durchmesser große Arena für Boxwettkämpfe, Basketball, Volleyball und Handball. Das Äußere wird von einer sphärischen Kuppel bestimmt, die auf 36 frei stehenden, Y-förmigen Betonstützen ruht.

# Vom Quirinal nach Sant'Agnese und San Lorenzo fuori le Mura

# Vom Quirinal nach Sant'Agnese und San Lorenzo fuori le Mura

Thermenmuseum ☆

Man muß gut zu Fuß sein, wenn man es hier mit dem Besichtigungsgang genau nehmen will. Schon zu Beginn nimmt links und rechts der Via del Quirinale und der Via XX Settembre in rascher Folge ein Kunstwerk nach dem anderen gefangen. Dann verläßt man an der großartigen Porta Pia das Stadtgebiet des antiken Rom, das von der Aurelianischen Mauer umschlossen wurde, da auch die Kirchen außerhalb der Stadt, *fuori le mura*, einen Besuch und den langen Weg lohnen.

## Piazza und Palazzo del Quirinale

Die **Piazza del Quirinale (1)** vor dem Quirinalspalast, der Residenz der italienischen Staatspräsidenten, beeindruckt, wie die Deutsch-Römerin Marie Luise Kaschnitz in ihrem Buch ›Engelsbrücke‹ schrieb, »in seiner Unregelmäßigkeit durch sein unabsichtlich schönes Maß«, weiter durch die rostroten Fassaden des Palastes, weiße Balustraden und Wappenschilder, scheinbar endlose Fensterreihen. Wie von einer Kanzel aus bietet sich zuerst über die stattliche Freitreppe, dann über die Dächer und Kuppeln der Innenstadt ein weiter Blick bis nach Sankt Peter. In der Mitte der Piazza »bäumen sich die Pferde der Dioskuren; Castor und Pollux, weiß und ein wenig fett, wie sie die Rosse bändigen, aber weil die bronzenen Zügel fehlen, sieht es so aus, als stiegen die Götterpferde, von ihrer Gebärde magisch beschworen, so steil gen Himmel empor« (Kaschnitz). Sie bilden den Dioskurenbrunnen. Der 14 m hohe Obelisk markierte früher den Eingang zum Augustus-Mausoleum und wurde unter Pius VI. (1783–1786) hier aufgestellt. Die 5,6 m hohen Figuren der Dioskuren Kastor und Pollux stammen aus den Konstantinsthermen.

An der Südseite des Platzes, dem ›Quirinal‹ zugekehrt, erhebt sich der **Palazzo della Consultà** mit einer prachtvollen Fassade, der im Auftrag Papst Klemens' XII. im Jahr 1734 von dem Architekten Ferdinando Fuga für das Päpstliche Gericht, Tribunale della Sacra Consultà, errichtet wurde. Heute ist die ›Consultà‹ Sitz der Corte Costituzionale, des obersten italienischen Verfassungsgerichts.

Wir sind nicht so kühn wie der deutsche Philosoph Friedrich Nietzsche (1844–1900), im **Palazzo del Quirinale (2)** nach einem stillen Zimmer zu fragen. Denn der Quirinalspalast ist Amtssitz des Präsidenten der Republik Italien. Der Quirinal, einer der sieben klassischen Hügel, spielte der Sage nach bei der Stadtgründung durch Romulus eine Rolle und wurde deshalb auch als ›Wiege des Romulus‹ gepriesen. Hier standen in altrömischer Zeit vornehme Wohnhäuser. Papst Gregor XIII. aus der Familie der Boncompagni plante eine

◁ Santa Costanza

*Vom Quirinal nach Sant'Agnese und San Lorenzo fuori le Mura*

*1 Piazza del Quirinale 2 Palazzo del Quirinale 3 Palazzo Pallavicini-Rospigliosi 4 S. Andrea al Quirinale 5 S. Carlo alle Quattro Fontane 6 Palazzo Barberini 7 Piazza Barberini*

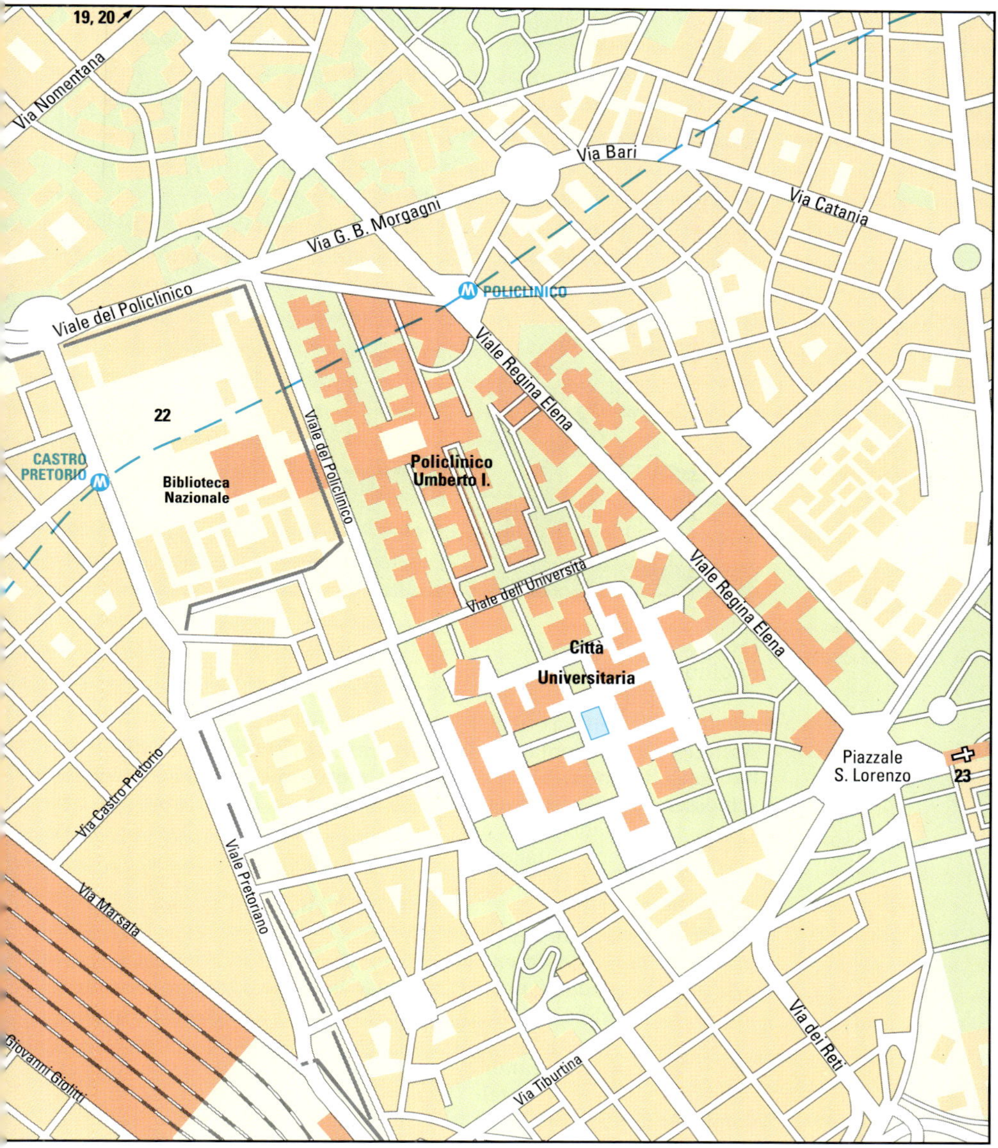


*8 S. Maria della Concezione 9 S. Maria della Vittoria 10 S. Susanna 11 Fontana dell'Acqua Felice 12 Diokletiansthermen 13 Thermenmuseum 14 S. Maria degli Angeli 15 S. Bernardo alle Terme 16 Fontana delle Naiadi 17 Stazione Termini 18 Porta Pia 19 S. Agnese fuori le Mura 20 S. Costanza 21 Priscilla-Katakombe 22 Prätorianer-Kaserne 23 S. Lorenzo fuori le Mura*

*Der Palazzo del Quirinale, von 1870 bis 1946 Residenz der italienischen Könige, dient heute als Sitz des Staatspräsidenten*

(Sommer-)Residenz, die bequemer und moderner sein sollte als die traditionelle im Vatikan oder die des Lateran. Man begann bereits 1574 mit den Arbeiten, führte sie in den nächsten Jahrzehnten unter anderen Päpsten fort, dabei die Pläne immer erweiternd. Berühmte Architekten wie Fontana, Maderna und Bernini waren beteiligt. Unter Papst Klemens XII. (1730–1740) wurde die Bautätigkeit abgeschlossen; die Palastanlage war mit Gebäuden und Gärten auf die Fläche eines Stadtviertels angewachsen (s. Abb. S. 44). Von 1870 bis 1946 residierten die italienischen Könige im Quirinal.

An der Via XXIV Maggio, der Auffahrt von der Piazza Venezia zum Quirinal-Hügel, liegt der **Palazzo Pallavicini-Rospigliosi** (3). Er wurde zwischen 1611 und 1616 von den Architekten Giovanni Vasanzio (Jan van Santen) und Carlo Maderna für Kardinal Scipione Borghese errichtet, unter Kardinal Mazarin (Mazzarino) erweitert und ging schließlich in den Besitz der Familie Pallavicini-Rospigliosi über. Der dem späten Renaissance-Stil verpflichtete Bau diente den Pallavicini als **Gemäldegalerie**. Zu sehen sind u. a. von Rubens ›Christus und die Apostel‹ (Jugendwerk), von Lorenzo Lotto ›Triumph der Keuschheit‹, von van Dyck ›Bildnis‹ und von Botticelli ›La Derelitta‹. Der kleine Innengarten zeichnet sich durch das Casino Pallavicini aus, dessen Salon-Decke von Guido Reni mit der berühmten ›Aurora‹ geschmückt wurde (1614).

**Sant'Andrea al Quirinale** (4) wurde von Kardinal Camillo Pamphili als Kirche für das Noviziat (Ausbildungsstätte des Ordensnach-

Der Palazzo della Consultà, Sitz des obersten italienischen Verfassungsgerichts

wuchses) der ›Gesellschaft Jesu‹ gestiftet und von Bernini zwischen 1658 und 1671 errichtet. Der Architekt plante sie als Gegenstück zur nahegelegenen Kirche San Carlo alle Quattro Fontane, die von Borromini, seinem berühmten Konkurrenten, erbaut ist. Sant'Andrea al Quirinale gilt als meisterhaftes Beispiel einer dem ovalen Raum verpflichteten barocken Architektur. Bernini entwarf die Kirche auf einem querliegenden Grundriß und erweiterte sie durch acht nischenartige Kapellen und die größere Altarnische dem Eingang gegenüber. So beginnt die im Barock als langweilig empfundene gleichmäßige Kreisform, die in der Renaissance bevorzugt wurde, zu schwingen. Der gläubige (wie nicht so fromme) Besucher atmet freier und weiter; das wehende, überall Dekoration und Unterbrechung suchende Raumgefühl des Barock wird so erfüllt.

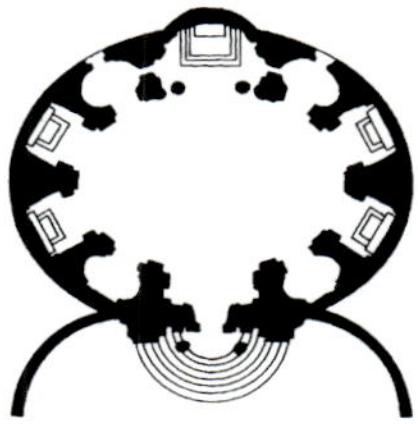

Grundriß von Sant'Andrea al Quirinale

Dem architektonischen Wurf ebenbürtig ist die großartige Ausstattung. Der Innenraum greift die bewegte Fassadengestaltung wieder auf mit seinen hervor- und zurücktretenden Linien. Kannelierte Pilaster, Friese, Fenster, Gesimse, konvexe und konkave Formen, die ovale kassettierte Kuppel und die Verwendung von farbigem Stuck (Altrosa, Weiß und Gold) und Marmor geben in feiner Abstimmung dem Innenraum sein prachtvolles Aussehen. Ein vollendetes Schmuckstück des Barock.

Das vielbewunderte Gotteshaus diente dem italienischen Königshaus in den Jahren von 1870 bis 1946 als Hofkapelle. Heute ist Sant'Andrea als Hochzeitskirche außerordentlich beliebt; der Besu-

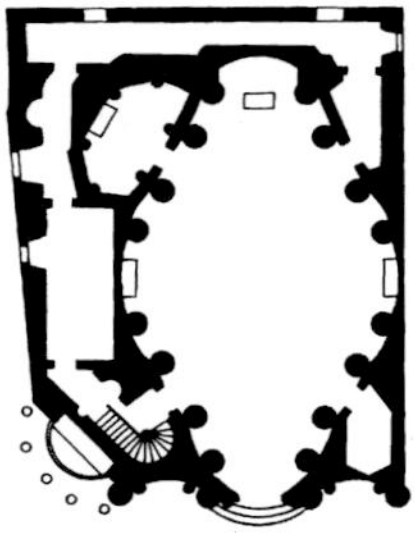

*Grundriß von San Carlo alle Quattro Fontane*

cher genießt dies besonders, wenn bei einer Trauung das Innere überreich mit Blumen geschmückt ist.

Die von Borromini geschaffene Kirche **San Carlo alle Quattro Fontane** (5) ist der ›Nachbarin‹ Sant'Andrea al Quirinale, dem hervorragenden Spätwerk Berninis, ebenbürtig. ›San Carlino‹, wie die Schöpfung Borrominis auch genannt wird, liegt in unmittelbarer Nähe der Kirche des konkurrierenden Kollegen an der Kreuzung Via del Quirinale/Via delle Quattro Fontane. An ihren vier Ecken sind vier Brunnen *(quattro fontane)* errichtet, deren liegende Statuen den Tiber, den Arno, die Diana und die Juno – nach anderen Quellen: den Tiber, den Aniene, die Treue und die Tapferkeit – verkörpern. Von hier aus kann man drei Obelisken sehen: den vom Quirinalsplatz, von Santa Maria Maggiore und den der Spanischen Treppe.

Die kleine Kirche würde der Fläche nach in einem Vierungspfeiler von Sankt Peter Platz finden. Borromini (1599–1667) schuf hiermit seinen ersten und zugleich letzten Kirchenbau in Rom. Er begann ihn im Jahr 1638; doch waren die Arbeiten bei seinem Tod noch nicht abgeschlossen. Borromini, im Tessin geboren, setzte die Hauptakzente der stark gegliederten Fassade durch den Wechsel zwischen vor- und zurückschwingenden Linien. »Harmonie und Divergenz, Symmetrie und Asymmetrie, Leidenschaft und Heiterkeit verbinden sich in diesem Bauwerk zu einem unerschöpflichen Spiel der Formen«, urteilt der Kunsthistoriker Anton Henze. Im Innern weicht der Augenschein beständig von den Raumstrukturen ab, weil die Architektur dem Betrachter Formen vorspiegelt, die nicht vorhanden sind, und wegtäuscht, was statisch notwendig ist. Sehenswert ist auch der kleine Kreuzgang mit seinen konvex abgeschrägten Ecken und einer Galerie im Obergeschoß.

## Palazzo und Piazza Barberini

Papst Urban VIII., ein Florentiner aus der Familie der Barberini, war ein eifriger Bauherr, und zudem vom Glück begünstigt. Denn für seine Ideen konnte er während seines Pontifikats von 1623 bis 1644 die miteinander wetteifernden hervorragenden Baumeister Borromini und Bernini heranziehen, die so das barocke Gesicht Roms entscheidend prägten. Er nutzte dies nach Kräften, weit über die ihm zur Verfügung stehenden finanziellen Mittel hinaus. Die Bienen aus dem Wappen der Barberini besetzten daher viele neue Gebäude in Rom.

Der 1625 von Maderna begonnene Bau gilt als glänzendes Beispiel römischer Palastarchitektur des Hochbarock. Die Bauweise des **Palazzo Barberini (6)** orientiert sich am norditalienischen Vorbild des Palastbaus und steigert es noch. Kein Wunder, da der Tessiner Borromini entscheidenden Anteil an den Arbeiten hatte und von 1629 bis zur Fertigstellung 1633 die Bauleitung in Berninis Händen lag. Der Grundriß zeigt, daß an den rechteckigen Mittelbau schmale Flügel angesetzt sind, die vorwärts und rückwärts über den Haupt-

*Die ›hl. Magdalena‹, ein Gemälde von Piero di Cosimo, gehört zur Sammlung der Galleria d'Arte Nazionale Antica im Palazzo Barberini*

trakt hinausreichen. Bemerkenswert ist die für Rom neue Art der Fassadengestaltung: Arkaden in allen drei Stockwerken. Unter den repräsentativen Räumen im Innern ragt der über zwei Etagen reichende ›Salone‹ als Zentrum des Palastes besonders hervor. Pietro da Cortona führte das Deckengemälde aus (1632–1639). Es stellt den ›Triumph der göttlichen Vorsehung‹ dar, das Papsttum verherrlichend und die Bedeutung der Familie Barberini hervorhebend, und gilt als Meisterwerk der illusionistischen Malerei.

Dem italienischen Königreich fielen nach der Einigung Italiens im Jahr 1870 durch die Enteignung des Kirchenstaates zahllose Werke berühmter Künstler zu. Durch Schenkungen, die Übernahme priva-

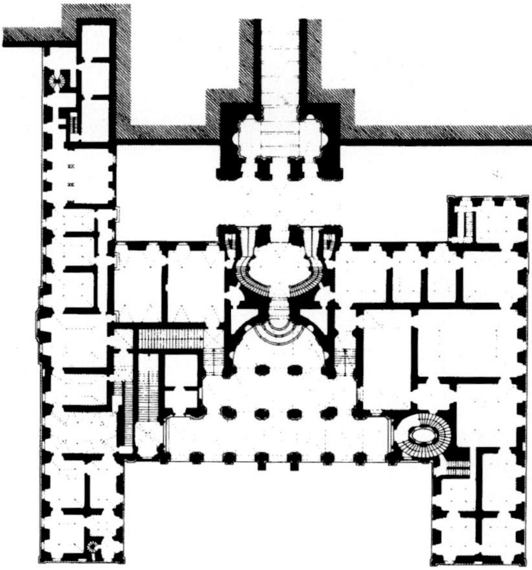

Grundriß des Palazzo Barberini

ter Sammlungen und gezielten Ankauf wuchs der Bestand zu stolzer Größe, Teil des italienischen ›Patrimonium‹. Nach dem Zweiten Weltkrieg wird der vom italienischen Staat erworbene Palazzo Barberini als Nationalgalerie genutzt. Zunächst war er den Künstlern des 13. bis 16. Jh. vorbehalten; später kamen Werke des Barock hinzu. Von den in der **Galleria Nazionale d'Arte Antica** vertretenen Malern sind hervorzuheben: Giovanni da Rimini, Simone Martini, Fra Angelico, Filippo Lippi (›Madonna mit Kind‹), Piero di Cosimo (›Magdalena‹), Piero della Francesca, Antoniazzo Romano, Pietro Perugino, Sodoma, Andrea del Sarto, Girolamo Sermoneta, Pietro da Cortona, Raffael (›Fornarina‹, junge Bäckerin aus Trastevere, Herkunft nicht gesichert); El Greco (›Anbetung der Hirten‹, ›Taufe Christi‹), Jacopo und Domenico Tintoretto, Tizian/Werkstatt (›Venus und Adonis‹), Hans Holbein (Bildnis Heinrichs VIII., vielleicht Kopie) und Caravaggio (›Narziß‹, ›Judith und Holophernes‹).

Auf einem etwas erhöhten Pflaster-Plateau im Zentrum der **Piazza Barberini** steht ein Meisterwerk Berninis, der 1632–1637 geschaffene **Tritonenbrunnen** (Fontana del Tritone; 7). Er wurde durch Papst Urban VIII. (Maffeo Barberini) angeregt. Vier mächtige Fischleiber bilden den Sockel für eine große Muschelschale, aus der sich ein Meergott emporreckt, in den erhobenen Armen eine zweite Muschel haltend, aus der eine Fontäne entspringt. Unübersehbar ist in die Sockelgestaltung das Barberini-Wappen mit den drei Bienen einbezogen. Am Anfang der Via Veneto finden wir den **Bienenbrunnen**, ebenfalls im Auftrag Urbans VIII. von Bernini geschaffen (1644).

*Der Tritonenbrunnen auf der Piazza Barberini: Vier Delphine tragen die Schalen einer offenen Muschel mit dem Triton, der einen hohen Wasserstrahl in die Luft bläst*

Auf einer Loggia des Palazzo hoch über dem Platz mit den Brunnen schrieb der deutsche Philosoph Friedrich Nietzsche (1844–1900), ein stimmungsvolles römisches Gedicht, wie er selbst notierte, das »einsamste Lied, das je gedichtet worden ist«, ›Das Nachtlied‹, voller Sehnsucht und nördlicher Schwermut:

Nacht ist es:
nun reden lauter alle springenden Brunnen.
Und auch meine Seele ist ein springender Brunnen ...
Nacht ist es:
nun erwachen alle Lieder der Liebenden.
Und auch meine Seele ist das Lied eines Liebenden.

Für den Kardinal Antonio Barberini, Bruder Papst Urbans VIII., baute der Architekt Antonio Casoni um das Jahr 1626 die Kirche **Santa Maria della Concezione (8)** an der Via Vittorio Veneto, in Rom nur als ›Kapuzinerkirche‹ bekannt. Sie ist vor allem einer vielleicht etwas fremd erscheinenden Kuriosität wegen berühmt: In fünf unterirdischen Kapellen liegen und hängen Skelette, Schädel und Knochen von etwa 4000 ehemaligen Kapuzinermönchen, zum Teil zu Knochenmosaiken, Lampen und Ranken zusammengefügt.

## Santa Maria della Vittoria

Die an der Piazza San Bernardo 1605 begonnene Kirche Santa Maria della Vittoria (9) war ursprünglich dem hl. Paulus geweiht. Im Jahr 1620, während des Dreißigjährigen Krieges, errang Kaiser Ferdinand II. am Weißen Berg bei Prag einen Sieg für die katholische Partei über die Protestanten. Die Überlegenheit schrieb man jedoch nicht ihm allein zu, sondern auch der Hilfe der Gottesmutter Maria. Ihr zu Ehren und als Dank gab man dem Gotteshaus den Namen der ›Sieges‹-Maria, Madonna della Vittoria, und schenkte ihm ein Madonnenbild aus Pilsen, dem Wunderkraft nachgesagt wurde; heute im Hochaltar. Die reich geschmückte Barockkirche wurde von dem Architekten Carlo Maderna im Auftrag des Kardinals Scipione Borghese erbaut. Ihre Innenausstattung zeigt durch die Verwendung von farbigem Marmor und Stuck sowie durch reiche Dekoration mit Werken der Malerei und Plastik einen festlichen Charakter.

Hervorzuheben ist der Altar der hl. Theresa von Avila, in der vierten Seitenkapelle links, mit der Marmorgruppe ›Die Verzückung der hl. Theresa‹, von Bernini zwischen 1645 und 1652 im Auftrag des Kardinals Federigo Cornaro gestaltet. Die hl. Theresa (1515–1582), reformierende Neubegründerin des Ordens der Karmeliterinnen, Mystikerin und Schriftstellerin, auch als Kirchenlehrerin verehrt, schwebt in visionärer Verzückung auf einer Wolke. Die Skulptur zeigt eine beinahe überirdische Schönheit, die wohl nur die Kunst eines Bernini dem Marmor scheinbar schwerelos hat abgewinnen können. Die Ordensfrau Theresa selbst berichtet im 29. Kapitel ihres ›Libro de sua vida‹, ihrer Lebensbeschreibung: »Deutlich sieht sie, daß Gott es ist, der die Pfeile abschießt, durch die sie verwundet wird.« Dort notiert sie, daß ihr im Schlaf in einer Vision ein sehr schöner Engel mit leuchtendem Antlitz erschienen sei und ihr einen goldenen Pfeil mit glühender Spitze ins Herz gebohrt habe, so daß sie vor Schmerz stöhnte, doch zugleich in aller Seligkeit das Ähnlichwerden mit dem Leiden des Erlösers und Seelenbräutigams Jesus Christus empfand. Für die Gläubigen war schon im Mittelalter die mystische Versenkung in die Person Christi, das ›Nachahmen‹, die Imitation Christi, selbst bis zur schmerzvollen Passion, höchstes Ziel. Theresa verstärkt diesen Wunsch der Gläubigen nach der mystischen Vereinigung und Einheit mit Christus, dabei wechselseitig sinnliche Lust und göttliche Liebe körperlich und seelisch, innerlich und äußerlich steigernd. So zeigt sich sinnlich-übersinnliche Schönheit. Kein Wunder, daß das Marmorbild, künstlerisch in höchstem Maße bewundernswert, für nicht wenige auch ein Stein des Anstoßes war und ist. Für die Frommen spricht sich darin zu deutlich Sinnenfreude aus; die Skeptischen bezweifeln den Bezug zum Überirdischen und sehen darin nichts anderes als körperliche Liebe. (Und wenn! Könnte sie schöner dargestellt sein?) Das Kunstwerk ist über

*Der Kunsthistoriker Felix Baumgart über die künstlerische Leistung Berninis: »Der leuchtend weiße und auf stärksten Glanz polierte Marmor hebt sich von einem Grund und einer Umgebung buntfarbigen Marmors und von Bündeln goldener Strahlen ab. Das Licht fällt von vorn nur in diffuser Bestrahlung auf die Gruppe, konzentriert dagegen aus einer dem Betrachter unsichtbaren Quelle oberhalb der Figuren, den Strahlen folgend. Die Naturgesetze scheinen aufgehoben zu sein. Der Marmor hat kein Gewicht, sondern schwebt schwerelos. Der Gruppe fehlt die Basis, auf der sie fest ruhen könnte. Statt Statik des Statuarischen herrscht auch hier unaufhörliche Bewegung. Es ist eine irrationale Bewegung, die das Gewand der hl. Theresa in sich wellen läßt, ein unwirkliches Wehen, die das Hemd des Engels bauscht. Das Überraschende und Bezaubernde an dieser Kunst ist, daß die Überwindung der Natur mit völlig naturalistischen Mitteln und einem höchst entwickelten und bewußten Kunstverstand erfolgt, der mit allen Wirkungen genau zu rechnen versteht.«*

solchen Verdacht erhaben und bringt wohl beide Gruppen zu bewundernswertem Schweigen.

Die Kirche **Santa Susanna (10),** gegenüber Santa Maria della Vittoria, ist die Nationalkirche der Katholiken der Vereinigten Staaten. Sie wurde vor dem Ort des Martyriums der hl. Susanna errichtet und ist das Ergebnis verschiedener Bauphasen, deren letzte Carlo Maderna 1603 mit der berühmten, zweigeschossigen Fassade abschloß.

Sixtus V. vergab 1585 den Auftrag für einen Brunnen an dieser Stelle als Endpunkt der Wasserleitung, Acquedotte Felice, gleich an mehrere Architekten und Künstler: Domenico Fontana, Flaminio Vacca, Giacomo della Porta und Prospero da Brescia. Der Papst, Felice Peretti – daher der Name **Fontana dell'Acqua Felice (11)** –, war bei der Wahl des Künstlers nicht besonders glücklich *(felice),* obwohl er sonst sehr geschickt großartige urbanistische Projekte in Rom verwirklichte. Oder bewahrheitete sich das Wort »Viele Köche verderben den Brei«? Die Römer erzählen jedenfalls, der Bildhauer des Moses, der Zentralfigur der Brunnenanlage, nach der Anekdote Prospero da Brescia, in Wirklichkeit Leonardo Sormani, sei vor Scham gestorben oder habe sogar Selbstmord verübt, als er sein Werk dem ›Moses‹ des Michelangelo in der Kirche San Pietro in Vincoli gegenübergestellt habe. Wenn dies nicht wahr ist, so ist es doch ein nicht grundloses Sinnbild, wie man selbst bei einem Vergleich sieht.

## Diokletiansthermen

Der Aufenthalt in den Thermen, das Baden in heißem, lauem und kaltem Wasser, das Verweilen in gewärmten und gekühlten Räumen waren der Hauptgenuß, den die Römer als Herren der Welt neben ausreichend Brot und Zirkusspielen hatten. Das mußten die Imperatoren und Architekten berücksichtigen; dafür war kein Aufwand zu groß. Deshalb plante Kaiser Diokletian (284–305), im Norden der Hauptstadt Thermen zu errichten, wie es sein Vorgänger Septimius Severus und Caracalla 90 Jahre zuvor (206–216) im südlichen Teil Roms getan hatten. Diese Thermen dienten verschiedenen Bedürfnissen, dem Baden und der Gymnastik, Sport und gesellschaftlichem Leben, Unterhaltung und Bildung, dem Einkaufen und der Verehrung der Götter. Ein solches ›Freizeitzentrum‹ benötigte viel Platz. Diokletians Anlage (12) war mit einer Grundfläche von 376 × 361 m um einiges größer als die des Caracalla (330 m Seitenlänge) – schon aus Prestigegründen gegenüber der alten Zeit verständlicherweise notwendig. Bei einem Blick auf den Stadtplan gewinnt man die richtige Größenvorstellung: von der Piazza dei Cinquecento am Bahnhof Termini zur Via XX Settembre, von der Piazza della Repubblica bis fast zur Via Volturno. Man kann diese Entfernungen am besten ›ergehen‹ und gleichzeitig die erhaltenen Gebäude, die heute ande-

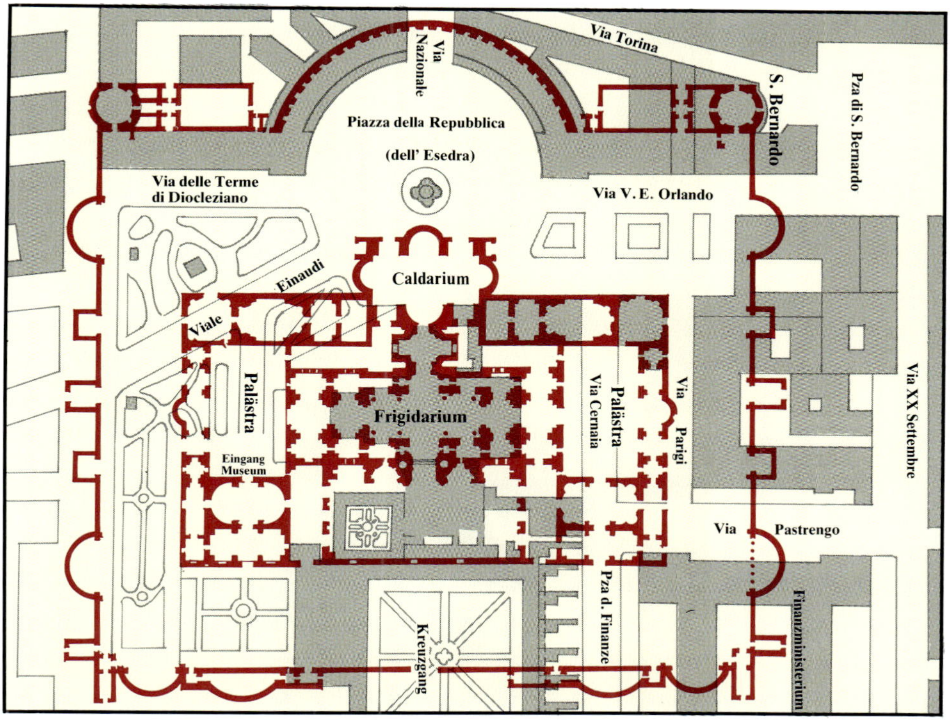


ren Funktionen dienen, besichtigen: das Thermen-Museum – Museo Nazionale Romano – mit einem umfangreichen Bestand an griechischen und römischen Kunstwerken; die Kirche Santa Maria degli Angeli, von Michelangelo aus den Gewölben der Antike erbaut; den Rundbau der Kirche San Bernardo; das Planetarium; die Piazza della Repubblica (ehemalige Exedra der Thermen); sowie die Räume und Kreuzgänge eines Kartäuserklosters. Im Jahre 537 n. Chr. unterbrachen die Goten die Wasserleitung der Aqua Marcia, so daß die Thermen verfielen; die großen Bauwerke dienten zunächst als Schuppen, Speicher und Reitställe, schließlich als Steinbruch.

*Diokletiansthermen*

Das ehemalige Kartäuserkloster, im Süden der Diokletiansthermen gelegen, wird seit 1889 als Museum genutzt. Das **Museo Nazionale Romano o delle Terme (13)** verfügt nach den Vatikanischen Museen über den zweitgrößten Bestand an antiken römischen Kunstwerken. Von den zahllosen Werken sind die Sarkophage aus der vor- und nachchristlichen Zeit sowie Skulpturen aus griechischer, hellenistischer und römischer Epoche hervorzuheben. Vor allem verdienen in den Sale Nuove des Museums Beachtung: ›Apollo del Tevere‹, viel-

Porträtstatue eines Fürsten (hellenistisches Werk aus dem 2. Jh. v. Chr.)

leicht Kopie des Bronze-Apoll des Phidias; ›Aura‹ oder ›Nereide‹, um 400 v. Chr.; ›Giovane danzatrice‹ (Junge Tänzerin), Mitte des 5. Jh. v. Chr.; ›Peplophoros‹, um 480 v. Chr.; ›Giunone del Palatino‹ (Juno vom Palatin), nach Phidias; ›Discobolo di Castel Porziano‹ (Diskuswerfer aus Castel Porziano bei Ostia), sehr gute Kopie des Bronze-Originals des Myron; ›Niobide degli Orti Sallustiani‹ (verwundete Niobide aus den Gärten des Sallust), vom Original des 5. Jh. v. Chr.; ›Venere di Cirene‹ (Venus von Cyrene), Kopie nach einem Original aus der Zeit des Praxiteles; ›Efebo di Subiaco‹ (Ephebe von Subiaco); ›Toros Valentini‹; ›Pugilatore in riposo‹ (Sitzender Faustkämpfer); ›Apollo di Anzio‹; ›Fanciulla di Anzio‹ (Mädchen von Anzio), nach Praxiteles und Lysipp; ›Discobolo Lancellotti‹ (Diskuswerfer), eine weitere sehr gute Kopie des Myron-Werkes; Statue des Augustus; Altar von Ostia, 124 n. Chr.

*Im ›Sitzenden Faustkämpfer‹ (neuattische Bronzestatue aus dem 1. Jh. v. Chr.) verbinden sich derber Realismus und klassizistische Stilisierung des späten Hellenismus*

In der Sammlung Ludovisi im Thermen-Museum sind der besonderen Betrachtung wert: der ›Trono Ludovisi‹, der sog. Ludovisische Thron, Original (von einigen angefochten) Mitte des 5. Jh. v. Chr., aus der Villa Ludovisi in der Nähe der heutigen Via Veneto; Statuen des Hermes; ›Ares Ludovisi‹; ›Galata‹, Galater, der sich zusammen mit seiner Frau tötet; Statue der Athena Parthenos (Kopie der Phidias-Statue für den Parthenon); Statue der Juno; Statuen des Orest und der Elektra.

In der Renaissance wurde der Sinn der Römer geweckt, die Werke der Antike zu bewahren oder ans Licht zu bringen. So wollte man auch die Diokletiansthermen retten. Aus dem Mittelteil des Komplexes, aus den übriggebliebenen Mauern und Gewölben, wurde im 16. Jh. eine Kirche geschaffen, **Santa Maria degli Angeli (14),** der Gottesmutter Maria und den ihr dienenden Erzengeln geweiht. 1563, noch ein Jahr vor seinem Tod, konnte Michelangelo mit Billigung Papst Pius' V. den Neubau beginnen, bei dem er die Einbeziehung von Teilen der antiken Konstruktion (die 90 m lange, 27 m breite und 30 m hohe Halle des früheren Tepidarium) als zentrale Idee des Planes begriff und mit großem architektonischen Geschick umsetzte. Die Kirche sollte über dem Grundriß eines griechischen Kreuzes errichtet werden – mit gleich langem Längs- und Querschiff – und vier Nebenkapellen, aus ebenfalls vorhandenen Räumen, erhalten. Um das Grundwasser von der Kirche fernzuhalten, mußte das Fußbodenniveau um 2 m angehoben werden. Dadurch werden die Basen der antiken Säulen verdeckt. Nach dem Tod Michelangelos wurde der Bau weitergeführt; nach 1700 folgten mehrere Restaurierungen und Veränderungen, die schließlich Michelangelos Konzeption beeinträchtigten. Der erhabene Raumeindruck blieb jedoch bewahrt. Zuweilen werden in Santa Maria degli Angeli für offizielle Anlässe der Republik feierliche Gottesdienste gehalten.

In einem Rundbau in einer der vier Ecken der Diokletiansthermen – daran kann man noch heute die Größe dieser Thermenanlage ermessen – wurde Ende des 16. Jh. die Kirche **San Bernardo alle Terme (15)** eingerichtet. Ihre Kuppel weist große Ähnlichkeit mit der des Pantheon auf, ist allerdings wesentlich kleiner (22 m gegenüber 43,2 m Durchmesser).

Die **Piazza della Repubblica** wird nach der halbkreisrunden Exedra der Diokletiansthermen an dieser Stelle auch ›Piazza Esedra‹ genannt. Der große **Najadenbrunnen** (16, Fontana delle Naiade, 1885–1914; s. Abb. S. 142) in der Mitte zeigt mit Meerestieren spielende Wassernymphen; im Zentrum die Allegorie: ›Der die widrigen Naturkräfte besiegende Mensch‹. Von der Piazza della Repubblica führt die **Via Nazionale** als belebte und beliebte Einkaufsstraße in die Nähe der Piazza Venezia bei den alten Trajansmärkten und des Quirinalsplatzes, unseres Ausgangspunktes.

Der Bau des **Hauptbahnhofs (17),** der Stazione Centrale Roma Termini, wurde vor dem Zweiten Weltkrieg begonnen, dann unterbrochen und 1950 als Werk mehrerer Architekten fertiggestellt. Er erhebt sich, wie auch der Vorgängerbau, neben den Diokletiansthermen (daher der Name) und neben der Servianischen Stadtmauer, also dem älteren Befestigungsring. Die Vorhalle ist 128 m breit und 32 m tief, ein eindrucksvolles Beispiel moderner Architektur.

## Porta Pia und Via Nomentana

Die **Porta Pia (18),** ein Alterswerk (seit 1561) des Michelangelo unmittelbar vor seinem Tod (1564), steht an der Stelle der alten Porta Nomentana (s. a. S. 125) innerhalb der Aurelianischen Mauer, des späteren, weiteren Befestigungsrings. Im Innern des Doppeltores erinnert das Historische Museum der Bersaglieri, Museo Storico dei Bersaglieri, an die strategische Bedeutung dieses Stadttores im letzten Gefecht um die Einigung Italiens – mit der Einnahme des päpstlichen Rom als der Hauptstadt des Kirchenstaats – am 20. September 1870.

An der schnurgeraden **Via Nomentana** erstreckt sich nach etwa 1 km rechts der große Komplex der klassizistischen **Villa Torlonia** (1743 bis 1763 von Marchionni), die Mussolini als Privatdomizil diente. Einige Querstraßen weiter stadtauswärts, in der gleichnamigen Straße, die **Villa Massimo,** Sitz der Deutschen Künstlerakademie.

## Sant'Agnese fuori le Mura

Um die hl. Agnes bildeten sich schon im 4. Jh. in Rom und Mailand Legenden. Einer dieser Überlieferungen entsprechend, errichtete man an der Piazza Navona (s. S. 230ff.) dieser jungen, schönen und glaubensstarken Römerin zu Ehren eine Kirche; eine zweite, die einer anderen Erzählung huldigt, steht hier an der Via Nomentana (19). Dort, so heißt es, habe das vom christlichen Glauben durchdrungene Mädchen die Ehe mit dem Sohn eines hohen Staatsbeamten ausgeschlagen, weil er Heide war, und lieber den Märtyrertod in Kauf genommen. Der Name Agnes wird vom griechischen ›agne‹, rein – oder vom lateinischen ›agnus‹, das Lamm, abgeleitet. Um das Andenken dieser Agnes zu feiern, ließ im 4. Jh. Costanza, Tochter des Kaisers Konstantin, eine Basilika als Grabstätte der Märtyrerin erbauen.

Das heutige Gotteshaus, ein Nachfolgebau seitlich versetzt über dem Grab der Märtyrerin, entstand im Auftrag Papst Honorius' I. (625–638) und wurde im Laufe der Jahrhunderte mehrfach verändert und restauriert. Die dreischiffige Basilika hat ein auffallend hohes und schmales Mittelschiff, dessen reichgeschmückte Holzdecke besonders schön ist (17. Jh.). Die Abgrenzung zu den Seitenschiffen erfolgt durch Arkadenbögen, die von 16 antiken Säulen getragen werden. Die Wandverkleidungen im unteren Teil der Apsiswände (aus grauem Marmor und Porphyr) sind die einzigen erhaltenen dieser Art aus dem frühen Christentum. Unter der Kirche befinden sich die besuchenswerten Katakomben des 3. und 4. Jh. n. Chr., in denen zwei Grabgalerien gut erhalten sind.

Beachtenswert sind auch der Marmorleuchter (13. Jh.), der steinerne Bischofsstuhl und besonders das Apsismosaik aus der Zeit Honorius' I. (7. Jh.), eine Darstellung der hl. Agnes mit den Päpsten Symmachus und Honorius (mit dem Modell der Kirche). Zu Füßen der hl. Agnes Flammen und Schwert als Symbole des Martyriums, auf ihrem Kleid der Phönix als Zeichen der Unsterblichkeit.

*Die Kirche Sant'Agnese fuori le Mura hat ein auffallend hohes und schmales Mittelschiff, dessen reichgeschmückte Holzdecke aus dem 17. Jh. besonders schön ist*

Grundriß von Santa Costanza

## Santa Costanza

Ein besonders schöner Kirchenraum (s. Abb. S. 272) findet sich neben der Kirche Sant'Agnese fuori le Mura an der Via Nomentana: Santa Costanza (20). Der Rundbau wird als Juwel der abendländischen Architektur angesehen. Er entstand in der ersten Hälfte des 4. Jh. als Grabeskirche für Costanza (eigentlich Constantina, die als Stifterin der Kirche Sant'Agnese nebenan gilt) und für Helena (Frau des Julian Apostata), beide Töchter Kaiser Konstantins.

Im Äußeren besticht das Bauwerk durch seine einfache Konzeption und Ausführung in schlichtem Backstein, im Innern durch kostbare Materialien – darunter zwölf Doppelsäulen mit reich verzierten Kapitellen. Die Kirche hat einen Durchmesser von 22,5 m. Zwölf Rundbögen auf miteinander verbundenen Doppelsäulen trennen im Innern den Umgang, in dessen Tonnengewölbe Rundbogenfenster einschneiden, von dem hohen, oben durch einen Fensterkranz unterbrochenen und somit lichtdurchfluteten Mittelraum. Die breite Mauer wird abwechselnd von halbrunden und eckigen Nischen (ähnlich wie im Pantheon) unterbrochen, die gegenüber dem Eingang sowie in der Querachse breiter und höher als die übrigen sind. Die Mosaiken im tonnengewölbten Umgang zählen zu den ältesten in christlichen Gotteshäusern. Sie stellen profane Themen der Spätantike dar, Weinbau, Ranken, Tiere, menschliche Figuren, während die der Apsidenwölbungen christliche Gedanken aufgreifen. Römische Bauweise, frühchristliche Symbolik und spätantike Kunst verschmelzen zu einem Gesamtkunstwerk (s. Abb. vordere Umschlaginnenklappe)

Durch den Fensterkranz im Obergaden unterhalb der Kuppel von Santa Costanza fällt Licht in den Zentralraum, während der Umgang im Halbdunkel bleibt

## Katakomben der Priscilla

Auch für die Katakomben der Priscilla (21) an der Via Salaria gilt, was über die Domitilla- und Kalixtus-Katakomben gesagt ist (s. S. 324). Der Name Priscilla, der auf Grabinschriften dieser Katakomben häufig zu finden ist, leitet sich wohl von der Familie Acilia ab; dieser bekannten römischen Familie gehörte Ende des 1. Jh. der christliche Konsul Acilius Glabrio an, der von Kaiser Domitian wegen seines Glaubens verfolgt wurde. Die Katakomben sind mit interessanten frühchristlichen Malereien ausgestaltet, unter denen die der ›griechischen Kapelle‹ (ein durch einen Bogen gegliedertes Geviert) mit einem Fresko, auf dem Szenen aus dem Alten und Neuen Testament dargestellt sind, besonders hervorragen. Über der Apsis das ›Letzte Abendmahl‹, daneben ›Madonna mit Kind und Prophet‹ (Isaias oder Balaam).

## Kaserne der Prätorianer

Seianus, Minister unter Kaiser Tiberius, veranlaßte 23 n. Chr. den Bau einer Kaserne (22) für die kaiserliche Leibwache in Rom. Später gliederte man sie in den Bau der unter Aurelianus errichteten Stadtmauer ein. Die Ausdehnung des ›Castrum‹ der Prätorianer (mit fast 140 000 $m^2$) ist noch heute in dem Viertel östlich der Stazione Termini auszumachen; Überreste der Anlage sind als altes Mauerwerk hier und da zu erkennen.

## Città Universitaria

Die alte Universität des päpstlichen Rom, die ›Sapienza‹, war im letzten Jahrhundert, als Rom Hauptstadt des geeinigten Königreichs Italien wurde, zu klein für die Zahl der Studenten. Schon seit 1870 gab es Bestrebungen für einen Neubau. Doch erst unter Mussolini wurde von 1932 bis 1934 ein neuer Universitätskomplex, zusammen mit der Universitätsklinik, errichtet. Dieser reicht jedoch für den großen Andrang heute (etwa 150 000 Studenten) längst nicht mehr aus, so daß in den letzten Jahren weitere Universitäten gegründet wurden, so im Osten der Stadt, Roma II – Tor Vergata.

## San Lorenzo fuori le Mura

Sankt Laurentius vor den Mauern (23) zählt zu den traditionellen sieben Pilgerkirchen – neben San Giovanni in Laterano, San Pietro, San Paolo, Santa Maria Maggiore, Santa Croce und San Sebastiano –, durch deren Besuch die Gläubigen bei einem Aufenthalt in Rom ›Vergebung ihrer Sündenstrafen‹ gewinnen können, wie die katho-

*Die Fresken in der Vorhalle von San Lorenzo fuori le Mura stammen aus dem 12./13. Jh. und zeigen Szenen aus Stephanus- und Laurentius-Legenden*

lische Kirche lehrt. Die dreischiffige Basilika ist dem hl. Laurentius geweiht, der nach der Überlieferung im Jahre 258 n. Chr. auf einem glühenden Rost den Märtyrertod erlitt. Den ersten Bau der Kirche begann man im Jahr 330 unter Kaiser Konstantin. In späteren Jahrhunderten erfolgten verschiedene Neu- und Umbauten – der wichtigste unter Papst Pelagius (578–590) –, Veränderungen und Restaurierungen, bis von 1864 bis 1870 die letzte Neugestaltung erfolgte. Nach dem Ende des Zweiten Weltkrieges wurde die durch den schweren Bombenangriff der Alliierten auf Rom am 19. Juli 1943 stark beschädigte Kirche nach dem Vorbild von 1864 restauriert.

Alle Umbauten und Veränderungen, auch die im 13. Jh. vorgenommenen, können nicht überdecken, daß San Lorenzo aus ursprünglich zwei Kirchen entstanden ist – die entgegengesetzt gerichtet waren und sich mit der Apsis berührten, die eine dem Märtyrer, die andere der Jungfrau Maria geweiht. Weiter blieb der charakteristische Aufbau der frühchristlichen Basilika erhalten: Vorhalle (mit antiken Sarkophagen), ein breites hohes Mittelschiff, flankiert von schmalen Seitenschiffen, und Altarraum. Wir finden besonders schöne, sorgfältig bearbeitete antike Säulen mit ionischen Kapitellen; unter dem Altarraum, auf Fußbodenhöhe des ersten Kirchenbaus, liegt der Zugang zur Grabkapelle Papst Pius' IX. (1846–1878). Beachtenswert sind im Innern ferner die Kosmatenarbeiten, in Marmor eingelegte farbige Steinchen: zwei Marmorkanzeln links und rechts für Epistel und Evangelium – die erstere wird für die schönste Roms gehalten –, der Osterleuchter, die Fußböden, der Tabernakel, das elegante Ziborium – das älteste der mittelalterlichen Marmorkunst in Rom mit Datierung von 1148 und Namen der Künstler – und schließlich der Bischofsthron. Ansehnlich ist auch das Grab für Kardinal Fieschi (gestorben 1256), rechts vom Eingang. Der Triumphbogen aus der Pelagius-Zeit ist mit Mosaikbildern geschmückt, die Christus inmitten von Heiligen sowie links und rechts die heiligen Städte Jerusalem und Bethlehem darstellen. Der Kreuzgang zeigt in seiner schlichten Bauweise fast archaische Züge. Der romanische Glockenturm aus dem 12. Jh. setzt außen einen festen geschlossenen Akzent.

*Antikisierende Säulen in San Lorenzo fuori le Mura*

Auf dem **Campo Verano,** dem neben der Kirche San Lorenzo an der Via Tiburtina, der Straße nach Tivoli, gelegenen Hauptfriedhof von Rom, herrscht um das Allerheiligenfest am 1. November ein reges Kommen und Gehen. Da ehren die Römer ihre Toten und schmükken mit Tausenden von Blumen die Gräber (s. a. S. 30f.). Der Friedhof wurde nach alter römischer Vorschrift außerhalb der Stadtmauern angelegt. Zahlreiche Grabhäuser und hohe Maueraufbauten aus Travertin, die die Särge aufnehmen, prägen den Charakter der Anlage.

*Blick über Rom*

# *Von Santa Maria Maggiore zum Lateran, nach San Clemente und San Pietro in Vincoli*

# *Von Santa Maria Maggiore zum Lateran, nach San Clemente und San Pietro in Vincoli*

*Santa Maria Maggiore* ☆
*San Pietro in Vincoli* ☆

Die beiden Patriarchal-Basiliken Santa Maria Maggiore und San Giovanni in Laterano sind die Höhepunkte dieses Besichtigungsganges, ein ›Muß‹ für den Kunstfreund, eine doppelte Verpflichtung für die Pilger aller Zeiten. Doch auch ›dazwischen‹, im weitesten Sinn links und rechts der Via Merulana, der Verbindungsstraße zwischen dem Esquilin-Hügel und dem Lateran, erwarten den Besucher kleine und große Schmuckstücke der Kunst aus alter und neuer Zeit, ein ›Paradiesgärtlein‹ in Santa Prassede, in San Clemente eine kunstgeschichtliche Illustration zweier Jahrtausende und die gewaltige Moses-Statue von Michelangelo in San Pietro in Vincoli.

## Santa Maria Maggiore

Groß Sankt Marien (1) hat unter den vielen Kirchen Roms einzigartige Bedeutung, geschichtlich und kunsthistorisch. Sie ist im Unterschied zu den meisten anderen keine Märtyrerkirche und steht doch in jenem Stadtgebiet von Cälius, Aventin, Viminal und Esquilin, in dem wir am nächsten dem römischen Urchristentum begegnen. Sie ist die größte und ehrwürdigste unter den rund 80 Marienkirchen der Stadt, zugleich überreich an Reliquien, und beeindruckt durch hervorragende große und kleine Kunstwerke. Sie gehört zu den vier Patriarchalbasiliken (nach Sankt Johannes, Sankt Peter und Sankt Paul) und den sieben Pilgerkirchen (mit diesen vier und Santa Croce, San Lorenzo und San Sebastiano). Es heißt, Santa Maria Maggiore sei die einzige Kirche, in der seit dem 5. Jh. Tag für Tag die Messe gefeiert wurde. Die Baugeschichte der Basilika erstreckt sich über eineinhalb Jahrtausende, dennoch erscheint die Basilika einheitlich, vom ernsten Geist einer würdigen Geschichte erfüllt.

Über die Gründung der Kirche berichtet die Legende, dem Papst Liberius und dem Patrizier Johannes sei in der Nacht zum 5. August des Jahres 352 die Gottesmutter Maria erschienen und habe ihnen aufgetragen, dort eine Kirche zu bauen, wo es am nächsten Tag schneien (im August!) werde; es sei wirklich Schnee gefallen – vielleicht war es Hagel? – auf dem Esquilin-Hügel, und das Schneefeld habe den Grundriß einer Basilika aufgezeigt. Daraus wurde das heute noch gefeierte kirchliche Fest ›Mariä Schnee‹. Die Kunsthistoriker weisen die Entstehung der Kirche ins 4. oder 5. Jh., in die Zeit des Liberius (352–366) oder Sixtus' III. (432–440), unmittelbar nach dem Konzil von Ephesus, auf dem das Dogma von der ›Gottesgebärerin‹ Maria verkündet wurde. Der Hallenraum der Antike erhielt in späteren Zeiten einige Erweiterungen, so im 15. Jh. ein schmales Querhaus und eine neue Apsis. Der mit 75 m höchste Glockenturm Roms

◁ *Santa Maria Maggiore*

TERMINI
Stazione Termini
Via Nazionale
Viminal
Via Giovanni Giolitti
1
2
Via Cavour
Via C. Alberto
Via Merulana
3
Via G. Lanza
CAVOUR
Piazza Vittorio Emanuele II.
4
5
Esquilin
Via Cavour
15
Via degli Annibaldi
Viale del Monte Oppio
COLOSSEO
Colle Oppio
Kolosseum
Via Labicana
14
Viale Manz
Via dei SS. Quattro
Via di S. Giovanni in Laterano
13
Via Claudia
Via Merulana
9
Via di S. Gregorio
Via di S. Stefano Rotondo
11
Via dell'Amba Aradam
Caelius

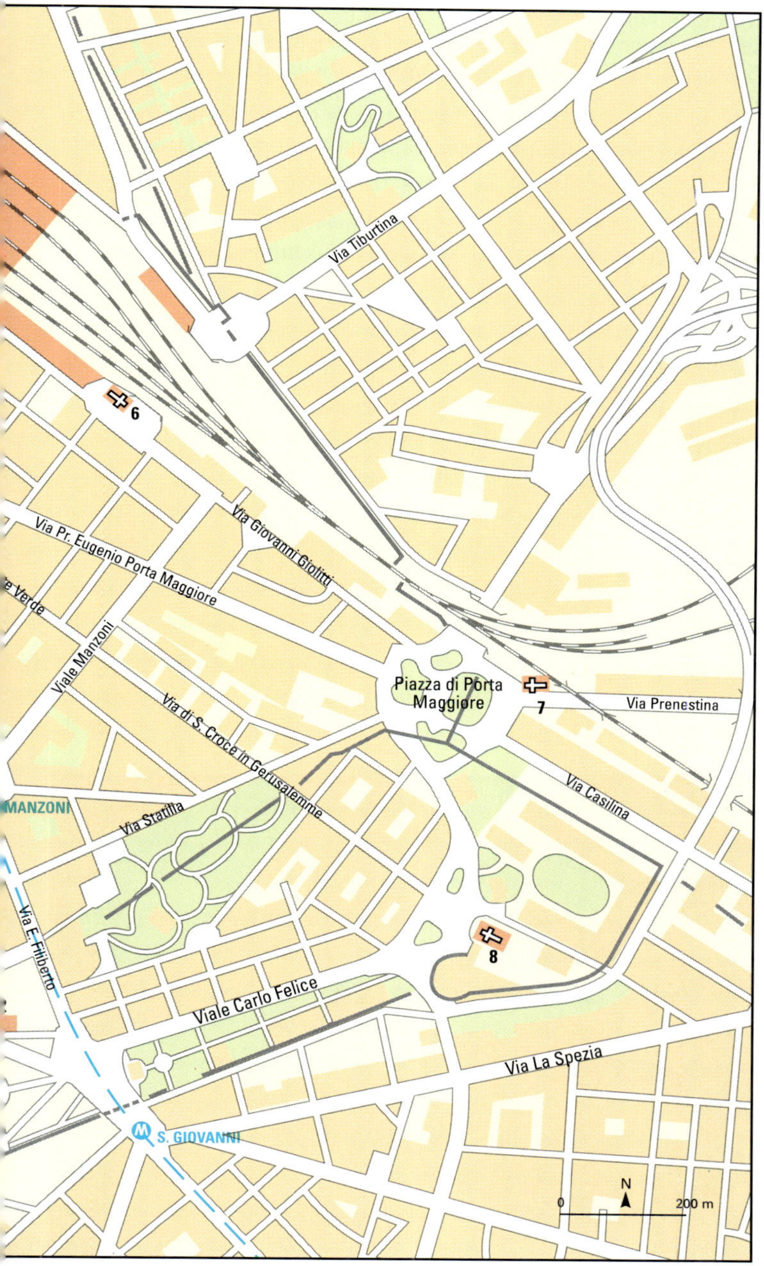


*Von Santa Maria Maggiore zum Lateran, nach San Clemente und San Pietro in Vincoli*

1 S. Maria Maggiore
2 S. Pudenziana
3 S. Prassede
4 S. Martino ai Monti
5 Museo d'Arte Orientale
6 S. Bibiana
7 Basilika di Porta Maggiore
8 S. Croce in Gerusalemme
9 Piazza S. Giovanni in Laterano
10 S. Giovanni in Laterano
11 Baptisterium
12 Scala Santa
13 SS. Quattro Coronati
14 S. Clemente
15 S. Pietro in Vincoli

wurde im Jahr 1377 errichtet, als die Päpste aus dem Exil im französischen Avignon in ihre Stadt zurückkamen. Die Kassettendecke, Ende des 15. Jh. eingezogen, prangt im Schmuck des Goldes, das Papst Alexander VI. vom spanischen König aus Amerika bekommen haben soll. Der Anbau der beiden Haupt-Seitenkapellen, der Cappella Sistina (ab 1585) und der Cappella Paolina (1611) veränderte zusammen mit den bis ins 18. Jh. geschaffenen Wohnräumen für die Priester-Kanoniker das äußere Erscheinungsbild der Kirche.

Vor der Hauptfassade, die 1743 von Ferdinando Fuga gestaltet wurde, erhebt sich eine Säule aus der Maxentius-Basilika (am Forum; 14,3 m hoch) mit einer Marienstatue auf dem Kapitell. Die bewegte Fassade mit fünf Geschossen öffnet sich zu einer Loggia, auf deren Hintergrund Mosaiken leuchten. In der Vorhalle finden wir – wie auch in den drei anderen Patriarchalbasiliken – die nur im Heiligen Jahr geöffnete, sonst vermauerte Heilige Pforte. Zum Chor, zum hinteren Eingang, führt von der Piazza dell'Esquilino, die durch einen Obelisken aus dem Mausoleum des Augustus geschmückt wird, eine die Chorapsis ganz umschließende, feierliche Erhabenheit ausdrückende Freitreppe empor.

Santa Maria Maggiore ist insgesamt und in den Einzelheiten ein herausragendes Kunstwerk. Das Innere wirkt sofort eindrucksvoll: 86 m lang, dreischiffig, 36 Marmor- und vier Granitsäulen, ein prachtvoller Marmorfußboden, Mosaiken an der Hochwand, mit die ältesten Roms aus dem 5. Jh. – ein Fernglas tut hier gute Dienste, weil nur so die 36 Tafeln mit den Geschichten von Abraham, Isaak und Jakob, Moses und Josua aus dem Alten Testament genau zu betrachten sind – und die kunstvollen Kassetten an der vergoldeten Decke. Der Innenraum gilt als einer der schönsten Roms. Das Quer-

*Das Apsismosaik in Santa Maria Maggiore stammt von Jacopo Torriti und stellt die ›Krönung Mariens‹ dar: Zu den Seiten von Christus und Maria sechs Heilige sowie Papst Nikolaus IV. und Kardinal Jacopo Colonna*

schiff wird durch die angebauten Kapellen gebildet. Rechts die von Domenico Fontana im Auftrag Papst Sixtus' V. erbaute Cappella Sistina, zu deren kostbarer Ausstattung Reliquien der Krippe von Bethlehem, ein bronzenes Sakramentsgehäuse und Epitaphe für die Päpste Sixtus V. und Pius V. gehören. Links die von Papst Paul V. gestiftete und von Flaminio Ponzio errichtete Cappella Paolina; die Legende weist das Gnadenbild (›Salus Populi Romani‹) des Prunkaltars dem malfreudigen Evangelisten Lukas zu; vermutlich stammt es aus dem 9. oder 13. Jh. Den Baldachin über dem Hauptaltar tragen vier Porphyrsäulen aus der Villa des Kaisers Hadrian in Tivoli.

Die Mosaiken am Triumphbogen (s. Abb. S. 150) und in der Apsis sind eines der großartigsten Zeugnisse frühchristlicher und mittelalterlicher Kunst. Sie greifen Themen des Alten und Neuen Testaments sowie Ereignisse aus dem Leben Mariens auf. Das große Apsismosaik der ›Krönung Mariens‹ zieht sofort die Aufmerksamkeit auf sich: Christus mit Maria auf dem Thron; zu ihren Seiten die großen Heiligen Petrus, Paulus und Franziskus, Johannes der Täufer, Jakobus und Antonius sowie – kleiner und kniend aus jener Zeit (1295) – Papst Nikolaus IV. und Kardinal Jacopo Colonna; auf dem Hintergrund überreiche Dekoration. Jacopo Torriti brachte mit diesem überragenden Werk die Mosaikkunst im 13. Jh. zu höchster und letzter Blüte; wenige Jahre später verließen die Päpste Rom und zogen nach Avignon; für Jahrzehnte lag die Kunst brach. Die Mosaiken verdienen längere Betrachtung, weil in ihnen alle Formen und Elemente der römischen Mosaikkunst vertreten sind und man hier am besten und eindrucksvollsten den Reichtum dieser Kunstform kennenlernen kann: Personen und Symbole, Tiere und Pflanzen, Stadtviertel und Bauwerke (s. a. S. 146ff.).

## Santa Pudenziana und Santa Prassede

In der Via Urbana steigt man zu einer der ältesten Kirchen Roms, zu **Santa Pudenziana (2)** auf das Bodenniveau der Antike hinunter. Hier soll, wie eine alte Legende erzählt, der hl. Petrus im Haus des Senators Pudens gewohnt und sowohl den Senator als auch seine Töchter Pudentiana und Praxedis zum christlichen Glauben geführt haben. Die Kirche, zunächst ein gewölbter Pfeilersaal mit Emporen, ließ Papst Siricus (384–399) neu errichten. Von diesem Bau stammen die heutige Apsis und ihre Mosaiken. Nach mehreren Umbauten im Mittelalter entstand Ende des 16. Jh. der heutige Zustand. Hervorzuheben sind die in der schlichten Fassade enthaltenen Bruchstücke des romanischen Portals und der Campanile aus dem 12. Jh.

Im Innern verdient längere Betrachtung das Apsismosaik vom Ende des 4. Jh., auch wenn es von späteren architektonischen Veränderungen beeinträchtig wird (s. Abb. S. 147): Christus thront, einem antiken Herrscher gleich, in der Bildmitte, umgeben von Aposteln und Frauen; im Hintergrund das Himmlische Jerusalem, das

*Das Apsismosaik in Santa Prassede mit Petrus und Paulus, die die hl. Pudentiana, Praxedis und Zeno und Papst Paschalis zu Christus führen, darunter ein Lämmerfries*

Kreuz als Siegeszeichen und die teilweise unvollständigen Evangelistensymbole, Mensch (Matthäus), Löwe (Markus), Stier (Lukas) und Adler (Johannes). Zwei weibliche Figuren repräsentieren die Kirche aus dem Judentum, *Ecclesia ex circumcisione* (hinter Petrus), und die Kirche aus dem Heidentum, *Ecclesia ex gentibus* (hinter Paulus), die beiden Gruppen des frühen Christentums. Es handelt sich bei dem Apsismosaik um die älteste figürliche Darstellung, die in einer Kirche erhalten ist, eine der ersten für einen Kirchenbau überhaupt. Die christliche Kunst nimmt dabei Elemente der heidnischen Antike auf (s. a. S. 146ff.).

Nicht weit von der – im wahrsten Sinn – Schwesterkirche Santa Pudenziana, nur wenige Schritte von Santa Maria Maggiore entfernt, liegt an der Via di San Martino (Eingang jedoch meist von der engen Via Santa Prassede her) die Kirche **Santa Prassede (3),** der Schwester der Pudentiana, Praxedis, geweiht, die sich der Legende nach ebenfalls von Petrus taufen ließ. Santa Prassede erlebte im Lauf der Jahrhunderte verschiedene Veränderungen, die jedoch den basilikalen Charakter nicht zerstörten: Das auf hohen Säulen und Pfeilern ruhende Mittelschiff wird von schmalen Seitenschiffen flankiert und steigt zum Chor hin an. Die Mosaiken am Triumphbogen und in der Apsis sind bedeutende Werke. Sie wurden Anfang des 9. Jh. unter Papst Paschalis (817–824) geschaffen und bilden auf dem Triumphbogen das Himmlische Jerusalem ab, auf dem Apsisbogen das Apokalyptische Lamm aus der Geheimen Offenbarung des Johannes. In der Apsiskuppel ist dargestellt, wie Sankt Petrus die hl. Pudentiana und den hl. Zeno, Sankt Paulus die hl. Praxedis und Papst Paschalis (den Stifter) zu Christus führen; unter dieser Szenerie ein Lämmerfries. Die Mosaiken sind einer eingehenden Betrachtung wert. Nur anhand der Bibel sind die Symbole in ihren vielfältigen Beziehungen zu deu-

*Die Kuppel und alle Wände der Cappella di San Zeno in der Kirche Santa Prassede sind mit Mosaiken auf Goldgrund ausgeschmückt*

ten. So dienen die Mosaiken immer mehreren Zielen: der Anbetung Gottes und der Verherrlichung der Heiligen, der Unterweisung der Gläubigen in der Glaubenslehre durch die bildliche Darstellung und ihrer Hinführung in dieses ihnen gezeigte himmlische Reich.

Ein ›Paradiesgärtlein‹ nannten die Pilgerbücher des Mittelalters die kleine Cappella di San Zeno am rechten Seitenschiff, die Papst Paschalis seiner Mutter als Grabraum erbauen und ausgestalten ließ. Alle Wände und die Gewölbe der Kapelle sind mit Mosaiken – Heiligen und biblischen Symbolen – auf Goldgrund geschmückt. Die farbigen kleinen Schmucksteine schaffen, so die Absicht der unbekannten Künstler, einen Abglanz der Ewigkeit, Geborgenheit im Heiligen. In einer Nische steht ein Säulenfragment: der Überlieferung nach ein Stück jener Säule, an der Christus bei der Passion gegeißelt wurde.

## Vom Esquilin zum Lateran

Die Kirche **San Martino ai Monti (4)** auf dem Colle Oppio, einer kleinen Erhebung des Esquilin-Hügels, wurde im 4. Jh. über einer Hauskapelle des Papstes Sylvester aus dem 4. Jh. errichtet. Den Bau erneuerte man im 6., 9. und 17. Jh. San Martino ai Monti ist sehenswert wegen der Krypta, der frühchristlichen Hauskapelle und der Wandmalereien in den Seitenschiffen, denn in diesem kleinen, fast unauffälligen Bauwerk läßt sich die lange Entwicklung des Christentums und des Kirchbaus am Gesamtbau und an den kunstreichen Einzelheiten ablesen.

Das **Museo Nazionale d'Arte Orientale (5)** in der Via Merulana zeigt in 14 Sälen Kunstwerke und Gegenstände aus dem Nahen und

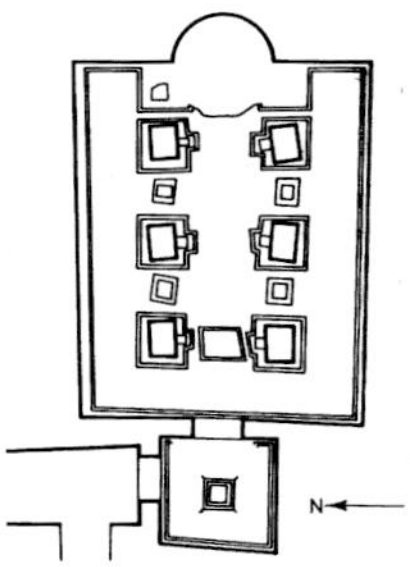


Grundriß der Basilika di Porta Maggiore

Fernen Osten, aus Persien, Japan, Afghanistan, China, Korea, Indien, Nepal, Tibet, Irak und Pakistan. Goldschmuck und Bronzen, Vasen und Kleider, Skulpturen und Gemälde, Büsten und Kelche führen in eine ganz andere Welt. Die Ausstellungsgegenstände dekken einen weiten Zeitraum ab, aus der prähistorischen Zeit vom 5. Jh. v. Chr. bis heute.

Die Kirche **Santa Bibiana (6)** an der (südlichen) Seitenfront des Hauptbahnhofs Stazione Termini entstand im 4. oder 5. Jh. Sie zeigt heute die Gestalt, die ihr Bernini im Jahr 1625 bei einer gründlichen Restaurierung gegeben hat. Der Hochaltar mit den Reliquien der Heiligen, ein frühes Meisterwerk Berninis, ist besonders beachtenswert.

Der 14 m unter der Erde gelegene Bau der Antike in der Nähe der Porta Maggiore, außerhalb der Stadtmauer in der Via Prenestina (Nr. 17), der Straße nach Palestrina, ist wahrscheinlich im 1. Jh. n. Chr. entstanden. Bis heute konnte trotz des guten Erhaltungszustandes der **›Basilika di Porta Maggiore‹ (7)** nicht mit Sicherheit geklärt werden, welchen Zwecken (Grab, Kapelle?) oder welcher Gemeinschaft sie diente. Das Bauwerk, erst 1917 entdeckt, entspricht der Form der Basilika, hat eine Vorhalle, einen tonnengewölbten dreischiffigen Raum – auf 12 × 9 m drei gleichwertige Schiffe – mit einer halbrunden Apsis. Kunsthistoriker meinen, daß gerade dieser Bau die Entwicklung der christlichen Basilika-Architektur maßgeblich beeinflußte. Die Austattung mit einem Mosaikfußboden, Stuckdekorationen in den Gewölben und mythologischen Darstellungen läßt die Vermutung zu, daß eventuell Neupythagoräer oder eine andere mystische Sekte hier kultische Rituale feierten.

Mit **Santa Croce in Gerusalemme (8),** der Kirche zum ›Heiligen Kreuz von Jerusalem‹ verbinden sich – wie häufig bei Roms klerikalen Bauten – unzählige Geschichten, geknüpft an den reichen Reliquienschatz des Gotteshauses. Sie gehört zu den traditionellen sieben Pilgerkirchen Roms, die nach alter Pilgersitte an einem Tag mit der Vigil (Vorabend) besucht werden sollten – neben Sankt Johannes, Sankt Peter, Sankt Paul, Santa Maria Maggiore, Sankt Laurentius und Sankt Sebastian.

Die Fundamente des heutigen Gotteshauses gehen bis ins 4. Jh. zurück. Schon Kaiser Konstantin richtete nach dem Tode seiner Mutter Helena in ihrem Hause einen Saal als Kirche ein, in der die von ihr aus dem Heiligen Land nach Rom überführten Reliquien (vom Kreuz Christi) verehrt wurden. Im 12. Jh. ließ Papst Lucius II. daraus eine romanische Kirche erbauen, deren Campanile in den im 18. Jh. vorgenommenen spätbarocken Umbau (durch Domenico Gregorini) einbezogen wurde. Rechts neben der Apsis führt eine Treppe zur Kapelle der hl. Helena mit einem Gewölbemosaik. Der französische Politiker und Diplomat François-René de Chateaubriand (1768–1848) seufzte hier: »Welch eine Stätte, um mit dem Ehrgeiz Frieden zu schließen und die Eitelkeiten der Welt zu bedenken!«

*Über der spätbarocken Fassade von San Giovanni in Laterano stehen auf der Balustrade der Attika 15 fast 7 m hohe Heiligenstatuen*

## Der Lateran

In der Mitte der **Piazza San Giovanni in Laterano (9),** am Ende der von Santa Maria Maggiore herführenden Via Merulana, begrenzt von der Westfront des Lateranpalastes, der nördlichen Seitenfassade der Basilika und dem Baptisterium, steht ein mächtiger ägyptischer Obelisk, der 31 m hoch ist, mit Sockel 47 m, und damit der höchste der Stadt. Zugleich ist er der älteste der römischen Obelisken; seit dem 15. vorchr. Jh. stand er vor dem Ammon-Tempel im ägyptischen Theben. Von dort wurde er 375 n. Chr. von Kaiser Konstans II., dem Sohn Konstantins, nach Rom gebracht und im Circus Maximus aufgestellt. Papst Sixtus V. ließ ihn im Jahr 1587 von Fontana hierher versetzen, nachdem die Reiterstatue des Mark Aurel, die zuvor hier stand, 1538 auf dem Kapitolsplatz ihren neuen Platz gefunden hatte. Eine Inschrift auf der Basis des Obelisken erinnert an die Taufe Kaiser Konstantins durch Papst Sylvester.

Fast 1000 Jahre lang, von der Zeit Konstantins, im 4. Jh., bis zum Anfang des 14. Jh., als Klemens V. die Residenz nach Avignon verlegte, residierten die römischen Bischöfe im Lateran. Das ›Patriarchium‹ des Lateran war ihr Wohn- und Amtssitz. Die Bedeutung des Lateran hebt hervor, daß die katholische Kirche in den Jahren 1123, 1139, 1179, 1215 und noch einmal 1512, am Vorabend der Reformation, allgemeine Konzilien nach Rom einberief, die 1., 2., 3., 4. und 5. Laterankonzil genannt werden. Im Jahr 1308 wurden **Lateranpalast** und Kirche durch einen furchtbaren Brand schwer beschädigt und teilweise zerstört, was vielleicht den Umzug ins französische Exil erleichterte. Nach der Rückkehr aus Avignon (1377) wurde der Vatikan zum Apostolischen Palast ausgebaut; der Lateran büßte seine Bedeutung ein. Eine neue Residenz wurde seit 1586 auf Geheiß

Papst Sixtus' V. errichtet, als Sommerpalast; diese Bestimmung erfüllte dann jedoch der Quirinal. Der Palazzo, der seine Kunstsammlungen an die Museen im Vatikan abgab, beherbergt heute die Verwaltung des Papst-Bistums Rom (Schäden durch einen Bombenanschlag im Juli 1993).

**San Giovanni in Laterano (10)** ist die Bischofskirche des Papstes, also die Kathedrale des Bischofs von Rom, während Sankt Peter die Stätte des Papstes als des Oberhaupts der katholischen Kirche ist. Das macht seit der Gründung der Basilika im 4. Jh. ihren Rang aus. Mit der Inschrift an der Hauptfassade »MATER ET CAPUT OMNIUM ECCLESIARUM URBIS ET ORBIS« erhebt San Giovanni den Anspruch, ›Mutter und Haupt aller Kirchen der Stadt und des Erdkreises‹ zu sein. Bereits im Jahr 313, kurz nach dem Sieg Kaiser Konstantins über Maxentius, wurde unter Papst Melchiades auf dem Besitz der Laterani (daher der Name) und dem Gelände einer Reiterkaserne mit der Errichtung einer Basilika begonnen, die man dem Erlöser, dem Salvator, weihte. Sie ist damit die älteste und ranghöchste unter den vier Patriarchalbasiliken (die drei anderen sind Sankt Peter, Sankt Paul und Santa Maria Maggiore) und die erste unter den sieben Pilgerkirchen (Santa Croce, San Sebastiano und San Lorenzo ergänzen die anderen vier). Reliquien der vornehmsten christlichen Heiligen gehören zum Kirchenschatz.

Die Kirche der Papst-Bischöfe wurde immer wieder beschädigt (Vandaleneinfall, Erdbeben, Brände), renoviert, restauriert und erweitert, bis die Päpste im 16. und 17. Jh. einen tiefgreifenden Umbau vornahmen. Die Vorhalle des Querhauses wurde 1585 von Domenico Fontana ausgeführt; das Kircheninnere ist ein Werk Francesco Borrominis (1650), die monumentale Hauptfassade aus Travertin wurde 1733–1736 von Alessandro Galilei geschaffen. Im 19. Jh. erfolgte der Neubau des Ost-Chores. Schon im Mittelalter hatte die Kirche des Salvators, des Erlösers, Johannes den Täufer und Johannes den Evangelisten als Patrone und damit den neuen Namen ›San Giovanni‹ erhalten. Beim Neubau im Barock wurde die architektonische Folge einer Basilika – Vorplatz, Vorhalle, fünfschiffiges Langhaus, Querschiff mit dem Altar und Apsis –, die von dem Konstantinischen Plan vorgegeben war, eingehalten.

*Auch der kluge Franzose Michel de Montaigne (1533–1592) schildert in seinem ›Tagebuch einer Badereise‹ die Reliquien der Apostel: »Am Tag vor Ostern sah ich die Häupter. Die Fleischteile, Farbe und Haarwuchs sehen aus, als ob sie lebten. Das Gesicht St. Peters ist weiß, ein wenig länglich, die Haut purpurfarben und Vollblütigkeit verratend, der geteilte Bart grau; das Haupt ist mit einer Papstmitra gekrönt. St. Paul ist schwarz, hat ein breites und volleres Gesicht und einen stärkeren Schädel, der Bart ist grau und dicht.«*

Die spätbarocke kolossale Fassade mit 15 Figuren von 7 m Höhe, die Vorhalle mit den Bronzetüren im Hauptportal (aus der Kurie vom Forum Romanum) und der Heiligen Pforte (ganz rechts) sind die ersten Eindrücke. Dann tritt man in das von Borromini für das Heilige Jahr 1650 gestaltete, 130 m lange, fünfschiffige Innere: Mächtige Pfeiler tragen die Arkadenbögen des Mittelschiffs; die Säulennischen werden von zwölf 4,25 m hohen gewaltigen Apostelstatuen geschmückt, die jeweils aus einem einzigen Marmorblock plastisch herausgearbeitet wurden. Ein bemerkenswertes Schmuckelement bildet die prächtige Holzdecke aus dem 16. Jh.

Über dem Hochaltar erhebt sich ein Ziborium, in dem die Häupter der Apostelfürsten Petrus und Paulus als Reliquien aufbewahrt

Mächtige Pfeiler tragen die Arkadenbögen des Mittelschiffs von San Giovanni in Laterano. Über dem Hauptaltar befindet sich das raumbeherrschende Ziborium mit den Häuptern der Apostel Petrus und Paulus

*S. Giovanni in Laterano*

1 *Bonifaz VIII. proklamiert das Heilige Jahr (Giotto zugeschriebenes Fresko-Fragment, s. Abb. S. 56)*
2 *Grabmal für Sylvester II.*
3 *Grabmal für Alexander III.*
4 *Grabmal für Sergius IV.*
5 *Grabmal für Kardinal Ranuccio Farnese*
6 *Grabmal für Innozenz III.*
7 *Papstaltar*
8 *Confessio mit Grabmal für Martin V.*
9 *Grabmal für Leo XIII.*
10 *Alte Sakristei*
11 *Cappella Colonna*
12 *Kreuzgang*
13 *Cappella Corsini*
14 *Baptisterium*
15 *Cappella S. Giovanni Battista*
16 *Cappella S. Giovanni Evangelista*
17 *Lateranpalast*

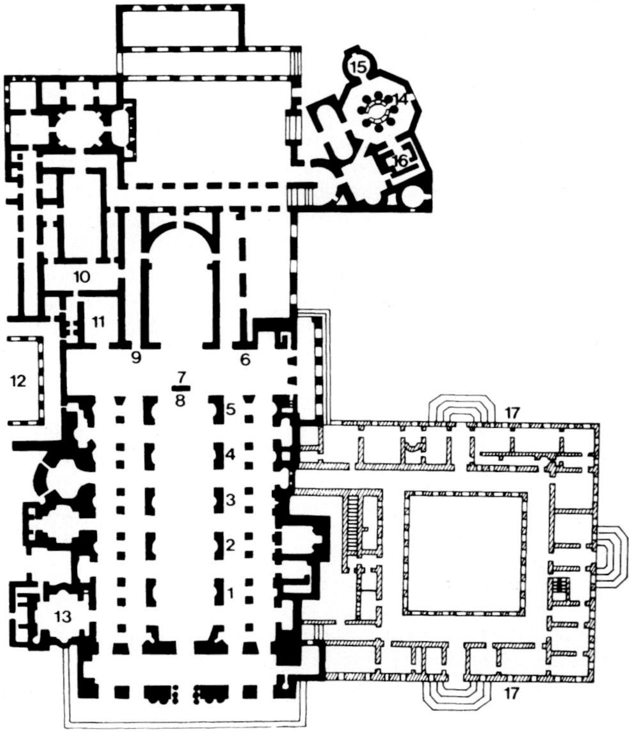


werden. Bei feierlichen Anlässen werden sie den Gläubigen gezeigt, sonst von einem Kustoden gegen ein Trinkgeld. An dem Altar unter dem vergoldeten Gitter soll der Legende nach schon der hl. Petrus das Meßopfer gefeiert haben. In der Confessio vor dem Altar ist die Bronze-Grabplatte für Papst Martin V. (1417–1431) zu sehen, eine der vielen Grabstätten in der Kirche. Es ist frommer Brauch der Römer, Geldstücke darauf zu werfen.

Die Apsis des unter Papst Leo XIII. im 19. Jh. vergrößerten Chores wird von großen feierlichen Mosaiken geschmückt, genauen Kopien der frühchristlichen Arbeiten, die aber bereits im 13. Jh. von Jacopo Torriti erneuert worden waren: Christus erscheint inmitten von Engeln, darunter, neben dem Gemmenkreuz, große und kleine Heilige (Franz von Assisi und Antonius von Padua aus jener Zeit). Beachtenswert sind außerdem: im linken Seitenschiff, vorn am Eingang, die Cappella Corsini von A. Galilei (1734) mit dem Grabmal Klemens' XII.; im rechten Seitenschiff die Cappella Massimo von Giacomo della Porta (1750); am ersten Pfeiler rechts das Fragment des Freskos ›Bonifaz VIII. verkündet das (erste) Heilige Jahr (1300)‹, Giotto zugeschrieben (s. Abb. S. 56); im Querschiff links das Grabmal

Leos XIII. und rechts das für Innozenz III., dessen sterbliche Überreste von Leo XIII. 1891 aus Perugia hierher überführt wurden. Der Kreuzgang (Eingang im linken äußeren Seitenschiff) ist ein Meisterwerk der römischen Kosmatenarbeit, Werk der Künstler (Vater und Sohn) Vassalletti von 1215 bis 1232. Die kostbare Ausschmückung hat der Basilika den Vorwurf eingetragen, ihre Pracht beeindrucke den Betrachter, erhebe ihn jedoch nicht leicht zur Frömmigkeit.

Das **Baptisterium San Giovanni in Fonte (11),** die Taufkirche des hl. Johannes, kommt der Basilika an Alter und Würde gleich. Seinen Bau im 4. Jh. verdanken die Christen ebenfalls, wie die Überlieferung besagt, Kaiser Konstantin. Man errichtete das Baptisterium über einem Nymphäum des Palastes der Laterani – heiliges Wasser zu heidnischem. Der ursprünglich über kreisrundem Grundriß errichtete Bau, unter Papst Sixtus III. (432–440) zu einem Achteck umgewandelt, ist die älteste Taufkirche überhaupt, deren Architektur zum Vorbild für spätere Baptisterien wurde.

Die Kapelle Johannes des Täufers (rechts) bewahrt die Bronzetür der spätantiken Ausstattung durch Papst Hilarius (461–468); sie erzeugt beim Öffnen und Schließen – mit Hilfe der Kustoden – einen melodischen Klang. Interessant ist der Vergleich mit der mittelalterlichen Bronzetür der gegenüberliegenden Kapelle Johannes des Evangelisten, die 1196 in Anlehnung an die spätantike Vorgängerin von Künstlern aus Piacenza geschaffen wurde.

Die **Scala Santa (12),** ›Heilige Treppe‹, soll der Legende nach aus dem Palast des Pilatus zu Jerusalem stammen; Jesus Christus habe sie vor seinem Tod betreten. Sie besteht aus 28 Marmorstufen, die heute mit Holz bedeckt sind. Die hl. Helena brachte die Treppe mit anderen Reliquien nach Rom. Papst Sixtus V. ließ Ende des 16. Jh. zum Gedächtnis der Passion Christi eine Kirche errichten, die nach der Treppe benannt wurde. Sie befindet sich an der Stelle des Speisesaals (Triclinium) des alten Lateranpalastes, gegenüber dem heutigen Palazzo und der Hauptfassade von San Giovanni. Diese Kirche umschließt die ehemalige Privatkapelle des Palastes (Cappella Sancta Sanctorum) und die Heilige Treppe. Einen religiösen Brauch befolgend, rutschen die Gläubigen, des Leidens Jesu eingedenk, für ihr Seelenheil auf Knien diese Treppe hinauf.

## Santi Quattro Coronati und San Clemente

Die Legende erzählt, vier römische Soldaten, Severus, Severianus, Carpoforus und Victorinus, hätten sich einst geweigert, ein Standbild des heidnischen Gottes Äskulap zu verehren. Eine andere Überlieferung berichtet, es seien vier (oder fünf) Bildhauer – deshalb wird die Kirche gern von Steinmetzen besucht – aus Pannonien gewesen, die eine Götterstatue nicht hatten meißeln wollen (einer vielleicht doch). Ob Soldaten oder Bildhauer, die Überlieferung weiß, daß man die Märtyrer mit einem zackigen Eisenkranz krönte, der ihnen in den

*In der der Kirche Santi Quattro Coronati benachbarten Kapelle des hl. Sylvester berichten die Fresken mit der Konstantinslegende vom Konflikt zwischen Papst und Kaiser*

Schädel getrieben wurde – daher der Name ›Die heiligen Vier Gekrönten‹. Im 4. Jh. errichtete man den **›Quattro coronati‹ (13)** am Abhang des Caelius-Hügels eine Gedenkstätte. Unter Papst Paschalis II., zu Beginn des 12. Jh., wurde ein Neubau errichtet – das heutige Gotteshaus –, da die Normannen 1084 das alte, um 850 errichtete, zerstört hatten. In diesen Bau wurden Teile der alten Kirche einbezogen. Der Kircheninnenraum ist als hohe Emporenbasilika gestaltet, das Mittelschiff mit einer sehr schönen kassettierten Holzdecke (16. Jh.) ausgestattet, während die Seitenschiffe durch Kreuzrippengewölbe geschlossen wurden. Die mächtige Rundapsis des alten, karolingischen Baus umfaßt alle Schiffe. Schön ist der mittelalterliche Glockenturm. Besonders beachtenswert ist die Kapelle des hl. Sylvester, im Nonnenkloster neben der Kirche, mit Szenen der Konstantinslegende (s. Abb. S. 102). Diese vielgerühmten und bekannten Fresken berichten vom Konflikt zwischen Papst und Kaiser im Mittelalter; im Jahr 1246 entstanden, sind sie ein beredtes Zeugnis kirchlichen Machtanspruchs, den Papst Innozenz IV. (1243–1254) gegen den Stauferkaiser Friedrich II. vor dessen Tod (1250) erhob. Bemerkenswert sind auch die Krypta und der sehr schöne Kreuzgang.

Unter den Kirchen Roms nimmt **San Clemente (14)** einen besonderen Rang ein. Auf jeden Besucher übt die Kirche des hl. Klemens, des dritten Bischofs von Rom nach Petrus (wohl 88–97), eine besondere Faszination aus. Ihre Würde verdankt sie dem Alter – die Spuren gehen bis in das Urchristentum zurück –, der Schönheit der einzelnen Kunstwerke aus verschiedenen Epochen und dem Ineinander von drei architektonisch klar unterscheidbaren Baukörpern. So geht man die Jahrhunderte zurück: zum Wohnhaus der Antike, tief im Erdreich, mit dem Mithras-Heiligtum; zur Unterkirche, die man über den Mauern des Hauses unter Papst Siricius (384–399), vor

Das Innere von San Clemente ist reich mit Schmuck versehen: die Marmorintarsien des Fußbodens und der Ausstattung, die Mosaiken am Triumphbogen und in der Apsis

Schnitt durch San Clemente

dem Jahr 385, zu Ehren des hl. Klemens errichtete; und zur neuen Basilika, die nach der Zerstörung der alten durch die Normannen, im Jahr 1084, Anfang des 12. Jh. unter Papst Paschalis II. (1099–1118) über den Ruinen erbaut wurde.

Bei dieser Oberkirche erhoben die Baumeister die Raumfolge des christlichen Gotteshauses klar hervor: Eingangstor, Vorhof mit Brunnenanlage, Gemeinderaum, Chor (für die Kleriker und Sänger; Schola Cantorum) mit Hochaltar und Apsis. Im Kircheninnern tragen 16 antike Säulen die Rundarkaden der Schiffe. Reich ist der Schmuck: die Marmorintarsien (Kosmatenarbeiten) des Fußbodens, des herrlichen Osterleuchters, des Bischofsstuhls, des viersäuligen Altartabernakels mit Balustradendach und vor allem an der aus dem 6. Jh. erhaltenen vollständigen Choreinfriedung; sie verdienen gerade hier, in ihren Einzelheiten betrachtet zu werden. Am Triumphbogen und in der Apsis sehen wir reichgeschmückte Mosaiken. Die Darstellungen zeigen Szenen aus dem Alten und Neuen Testament, vermutlich die phantasievollsten in Rom; die farbigen Steinchen ergeben ein überaus dekoratives Bild. Lebensbaum und Kreuz, heilige Personen und Symbole, Tiere, Pflanzen und Ornamente durchdringen einander zu einer himmlischen Bilderwelt, deren Botschaft wohl noch immer anspricht. Alles weist auf den Triumph des lebensspendenden Kreuzes hin (s. Abb. S. 148).

Die kleine Cappella di Santa Caterina hinten im linken Seitenschiff ist wegen der Fresken des Masolino da Panicale berühmt, die Szenen aus dem Leben und dem Martyrium der hl. Katharina von Alexandrien darstellen. Die Heilige starb, nachdem sie auf das Rad geflochten worden war; deshalb wurde das Rad ihr Symbol. Die Fresken sind Meisterwerke von Masolino, vor 1431 am Anfang der Renaissance gemalt, die eine neue Entwicklungsphase der römischen Malerei dokumentieren: die Anwendung der perspektivischen Darstellung.

Die erst 1861 geöffnete Unterkirche ist eine dreischiffige Säulenbasilika aus dem 4. Jh. Sie ist eine Schatzkammer der romanischen Wandmalerei, mit Fresken aus mehreren Jahrhunderten in reicher Fülle, darunter im Mittelschiff eine ›Himmelfahrt Christi‹ mit Aposteln und dem Stifter Papst Leo IV. (847–855), der den quadratischen Heiligenschein der Lebenden trägt, sowie eine Kreuzigung und der hl. Klemens vor dem Papstthron.

Die Fresken in der Cappella di Santa Caterina in San Clemente von Masolino stellen Szenen aus Leben und Martyrium der hl. Katharina von Alexandrien dar

Zu einem Besuch von San Clemente gehört ein Abstieg in das freigelegte unterirdische römische Wohnhaus mit dem Mithras-Heiligtum. Der langgestreckte Raum wird von einem Tonnengewölbe gedeckt. An dem Altar zeigt das Relief einen Gott, der einen Stier tötet, eine charakteristische Darstellung dieses orientalischen Kults, der sich im Rom der Kaiserzeit und im gesamten Imperium Romanum – auch in Deutschland und Frankreich finden sich Mithräen – großer Beliebtheit und Verbreitung erfreute. Lange schien es im Römischen Reich, als würde Mithras, der arische Lichtgott, der nie leidend erschien, über den gekreuzigten Juden, Jesus von Nazareth, siegen. Es kam anders.

## San Pietro in Vincoli

San Pietro in Vincoli (Sankt Peter zu den Ketten; 15), eine der ältesten Kirchen Roms, am gleichnamigen Platz, ist vor allem wegen der Moses-Statue des Michelangelo berühmt. Das im Jahr 431 begonnene Gotteshaus erhielt bei der Weihe durch Papst Sixtus III. (432–440) die Heiligen Petrus und Paulus als Kirchenpatrone. Nachdem jedoch Papst Leo der Große (440–461) eine besonders wertvolle Reliquie zum Geschenk erhielt – die der Überlieferung nach von Petrus im Mamertinischen Kerker zu Rom (oder in Jerusalem) getragenen Ketten – wurde Petrus alleiniger Schutzheiliger. Zwischen dem 8. und 15. Jh. erfolgten verschiedene An- und Umbauten der Hallenbasilika. Die dorischen Säulen des Mittelschiffs stammen noch aus dem Bau des 5. Jh. Die Grabstätte für den deutschen Kardinal Nikolaus aus Kues (Cusanus) an der Mosel, gestorben 1464, ist im linken Seitenschiff.

Hauptanziehungspunkt der Kirche ist das Grabmal für Papst Julius II. im rechten Seitenschiff. Michelangelo entwarf das Grabmal für Giuliano della Rovere, der von 1503–1513 die Kirche regierte, ursprünglich viel größer für den damals entstehenden Neubau von Sankt Peter. Von den geplanten Standbildern wurden nur drei ausgeführt: die beiden Frauen des biblischen Stammvaters Jakob, Rachel und Lea, Symbole des beschaulichen und des tätigen Lebens Wesen; sie spiegeln, zwischen 1542 und 1545 geschaffen, den Spätstil des greisen Meisters wider; ihr Wert und ihre Schönheit erschließen sich vielleicht erst nach längerem Betrachten; und der ›Moses‹!

Er fordert besondere Beachtung als eines der bedeutendsten Werke Michelangelos (von 1513 bis 1516 geschaffen) und der abendländischen Bildhauerkunst überhaupt. Michelangelo wollte in dem Gottesmann des Alten Testaments zugleich den Papst-Fürsten der Renaissance verherrlichen. Moses ist in jenem Augenblick erfaßt, da er, die von Gott erhaltenen Gesetzestafeln mit den zehn Geboten unter dem rechten Arm, vom Berg Sinai herabsteigt und gewahr wird, wie das Volk Israel, das er aus der Knechtschaft in Ägypten herausgeführt hatte, das Goldene Kalb umtanzt. Sein Gesicht spiegelt die empfangene göttliche Gnade und zugleich den Zorn über seine von Gott abtrünnigen Brüder und Schwestern, das untreue Volk Israel. Großartige Leidenschaft beseelt den Marmor; kaum hat ein Künstler dem Stein je mächtigeren Ausdruck abgerungen. Die Hörner auf der Stirn des Moses werden als Zeichen der überirdischen Sendung gedeutet, andere sagen, ein Übersetzungsfehler hätte die Strahlen göttlicher Erleuchtung so umgeformt.

Der Psychologe Sigmund Freud hat, wie der Statue der Theresa von Bernini in Santa Maria della Vittoria (S. S. 282ff.), auch dem ›Moses‹ eine tiefsinnige Betrachtung gewidmet; darin heißt es: »Michelangelo hat etwas Neues, Übermenschliches in die Figur des Moses gelegt, und die gewaltige Körpermasse und kraftstrotzende Muskulatur der Gestalt wird nur zum leiblichen Ausdrucksmittel für die höchste psychische Leistung, die einem Menschen möglich ist, für das Niederringen der eigenen Leidenschaft zugunsten und im Auftrag einer Bestimmung, der man sich geweiht hat.« Eine kleine Anekdote verdeutlicht, welch hohen Rang Michelangelo selbst diesem Werk beimaß. Nach der Fertigstellung betrachtete der Künstler lange Zeit die Statue und fing an, überzeugt von der Lebendigkeit des Moses, mit ihm zu reden, richtete wieder das Wort an ihn, forderte ihn auf: »Sprich doch!«, und wurde plötzlich, da er keine Antwort erhielt, so zornig, daß er ihm mit dem Meißel auf das Knie schlug – man sieht noch die Einkerbung. Wenn die Geschichte nicht wahr ist, so spricht doch der ›Moses‹ beredt von der Größe Michelangelos.

*›Moses‹, eines der bedeutendsten Werke von Michelangelo, in der Kirche San Pietro in Vincoli*

# Vom Celio zur Via Appia

# Vom Celio (Caelius) zur Via Appia



Am Konstantinsbogen neben dem Kolosseum beginnt die Via di San Gregorio, eine breite Allee, entlang den Hügeln des Palatin im Westen und des Caelius im Osten. Es ist die ehemalige Via triumphalis, der Triumphweg der siegreichen Feldherrn, heute wichtige Autostraße. An der Kirche San Gregorio Magno vorbei, zu der eine hohe Freitreppe ansteigt, führt die Via San Gregorio zur Piazza della Porta Capena am Südostende des Circus Maximus (zwischen Palatin und Aventin) mit dem Obelisken von Axum. Dieser 24 m hohe Obelisk wurde während des italienischen Eroberungskrieges in Abessinien 1937 von Axum, der heiligen Stadt Äthiopiens, nach Rom gebracht. Der folgende große Komplex der Caracalla-Thermen, zeitweise Schauplatz großer Opernaufführungen, und die an der Porta San Sebastiano beginnende Via Appia Antica mit Katakomben und Grabmälern führen ebenso ins Altertum zurück wie innerhalb der Mauern die Kirchen San Giovanni e Paolo und Santo Stefano Rotondo mit ihrer langen Geschichte.

Die Kirche **San Gregorio Magno (1)** an der Via di San Gregorio wurde ursprünglich nicht als Gedenkstätte für Papst Gregor den Großen (590–604) erbaut. Vielmehr war des Gregor selbst, der, aus einer vornehmen römischen Familie stammend, in seinem Vaterhaus ein Kloster einrichtete (575) und das Oratorium dem hl. Andreas weihte, bevor er zum Bischof von Rom gewählt wurde. Der Neubau des Mittelalters wurde dem hl. Gregor geweiht; die Umstaltung im Barock richtete sich an der Kirche Sant'Ignazio aus; freilich ist San Gregorio Magno wesentlich kleiner.

## Santi Giovanni e Paolo

Die Kirche Santi Giovanni e Paolo (2) ist den beiden römischen Märtyrern Johannes und Paulus geweiht, die als kaiserliche Offiziere im Jahr 362 unter Kaiser Julian Apostata wegen ihres Glaubens hingerichtet wurden. Nach dem römischen Martyrologium, einer römischen Sammlung von Märtyrer-Geschichten, errichteten die beiden römischen Senatoren Byzantius und sein Sohn Pammachius 36 Jahre später, im Jahr 398, über dem Wohnhaus und einer bereits bestehenden Gedenkstätte für die beiden Märtyrer sowie über den Mauern des großen Claudius-Tempels auf dem Caelius eine erste Basilika (deshalb auch ›Johannes und Paulus auf dem Caelius‹ genannt). Bei einem Umbau um 1150 erhielt die Kirche die Vorhalle, den Glockenturm und eine kleine Säulengalerie in der Apsis. Die heutige Innenausstattung stammt aus den Jahren 1725–1734.

In unserem Jahrhundert grub man das unter der Kirche liegende römische Wohnhaus aus. So haben wir vor uns Zeugnisse aus ver-

◁ San Gregorio Magno

Blick vom Circus Maximus auf San Giovanni e Paolo und San Gregorio Magno

schiedenen Jahrhunderten: das alte römische, aus Ziegeln wohlgefügte Stadthaus, dessen Mauern antike Fresken aus dem 5. oder 6. Jh. tragen, darunter das am besten erhaltene Bild jener Zeit in Rom, ›Venus mit einem Gott‹, antike Säulen und zwei Steinlöwen in der Vorhalle; die Bauteile aus dem Mittelalter, zu denen die Marmorsäulen und der Glockenturm zählen, der als einer der schönsten Roms gilt und weithin sichtbar andere Bauten des Caelius überragt; und schließlich die Innenausstattung des Barock. Kein Wunder, daß Santi Giovanni e Paolo auch als Hochzeitskirche beliebt ist.

## Santo Stefano Rotondo und Santa Maria in Domnica

**Santo Stefano Rotondo** (3) auf dem Caelius ist eines der architektonischen Schmuckstücke unter den an Kunst wahrlich reichen Kirchen Roms. Auch wenn der beeinträchtigte Erhaltungszustand nicht zu übesehen ist, halten Kunsthistoriker die Kirche wegen der einzigartigen Konzeption für bedeutend – ein Rundbau, dem ein griechisches Kreuz, mit gleich langem Haupt- und Querschiff, eingefügt ist. So wurden in architektonisch gelungener Weise zwei Grundtypen des Gotteshauses zu einer besonderen Synthese verschmolzen. Idee und Bau gehen in das 5. Jh. zurück, als Papst Simplicius (468–483) in einer Zeit des Niedergangs in Rom die Kirche in strengem Ziegelmauerwerk zu Ehren des Erzmärtyrers Stephanus auf dem Gelände einer Kaserne errichten ließ. Es war wohl kein Zufall, daß die Kirche genau über der Stätte eines Mithras-Kultes entstand und so Heidnisches in Christliches umgewandelt wurde. Auch Papst Hadrian I. (772–795) trug sich in die Baugeschichte ein.

Das Obergeschoß des kreisrunden Mittelbaus, der heute durch ein über Säulenbögen sich spannendes Mauerwerk geteilt und gestützt wird, tragen 22 ionische Säulen auf waagerechten Architraven. Von diesem Mittelbau führen die vier Kreuzesflügel weg, die jedoch ganz in den ersten Umgang integriert sind. Diese Flügel waren früher durch doppelte, in der Höhe abgestufte Umgänge miteinander verbunden. Der Übergang zwischen den Flügeln und den Umgängen wurde durch Pfeilerarkaden hergestellt. Papst Nikolaus V. ließ 1453 die Kirche gründlich restaurieren; dem fiel der äußere Ring zum Opfer, so daß der Durchmesser der Kirche von 65 auf 40 m abnahm. Neben dem Erzmärtyrer der Apostelgeschichte wird auch der hl. Stephan, König von Ungarn, hier verehrt.

Santo Stefano ist der ›Kinderschreck‹ der Römer. Am Fest des hl. Stephanus, am 2. Weihnachtstag, war es Brauch – vor der Schließung der Kirche wegen Baufälligkeit – nach Santo Stefano zu ziehen und dort den Jungen und Mädchen die Fresken des 16. Jh. zu zeigen. Da fürchteten sich die Kinder, denn die Darstellungen der Martyrien, der Quälereien und Tötungen der Heiligen, Werke des Malers Pomarancio, sind von beispielloser Grausamkeit. Stendhal (1783–1842) tadelt und erklärt »diese schauderhafte Wirklichkeit« (»wie die Guillotine bei der Arbeit«): »Die Fresken sind durchaus nicht so schön, um die furchtbaren Martern, die sie kraß darstellen, erträglich zu machen. Unser Mitleiden flößt uns die Idee eines Schmerzes ein, der in Wirklichkeit gar nicht gefühlt wurde; der größte Teil der Märtyrer befand sich mehr oder weniger im Zustand der Ekstase.«

**Santa Maria in Domnica (4)** auf dem Caelius-Hügel ist den meisten Römern nur mit dem Beinamen ›in Navicella‹ – Sankt Marien ›beim Schiffchen‹ – bekannt. Denn bei einer gründlichen Restaurie-

*22 ionische Säulen tragen das Obergeschoß des runden Mittelbaus von Santo Stefano Rotondo*

*Caracalla-Thermen: Den überwältigenden Eindruck von der Größe und Pracht dieses Komplexes, wie ihn selbst die heutigen Reste vermitteln, schilderte der Franzose Hippolyte Taine (1828–1893) in seiner ›Reise in Italien‹: »Es scheint einem, daß man niemals etwas so Großes auf der Welt gesehen hat, selbst das Kolosseum kommt dem nicht nah, so sehr steigert die Vielfältigkeit und Unregelmäßigkeit der Trümmer noch die Riesenhaftigkeit der riesenhaften Umrandung.«*

rung der Kirche im Jahr 1513 ließ Kardinal Giovanni de' Medici, der noch im selben Jahr Papst Leo X. werden sollte, vor der Kirche Santa Maria die **Fontana della Navicella,** einen Brunnen in Form einer Barke errichten. Die Kirche stand da schon längst, vermutlich seit dem 7. Jh., doch als große Basilika wohl erst seit dem Pontifikat Papst Paschalis' I. (817–824). Beachtenswert sind die einfache, geschmackvolle Renaissance-Fassade mit einem eleganten fünfbogigen Portikus sowie im dreischiffigen, von 18 grauen Granitsäulen getragenen Innenraum die Mosaiken aus der Zeit Paschalis' I. Dargestellt sind Christus zwischen zwei Engeln und Aposteln mit Moses und Elias sowie Maria mit dem Kind zwischen Engeln und dem päpstlichen Stifter (mit dem eckigen Nimbus der Lebenden).

## Caracalla-Thermen

Die Via delle Terme di Caracalla zwischen der Porta Capena und dem Piazzale Numa Pompilio folgt dem Verlauf der Via Appia. An

ihr liegt der große Komplex der Caracalla-Thermen (5). Diese Thermen, deren Bau 206 n. Chr. unter Kaiser Septimius Severus begonnen und zehn Jahre später von Kaiser Caracalla vollendet wurde, waren nicht nur Badeanstalt, sondern Brennpunkt gesellschaftlichen Lebens. Die Römer verbrachten hier ihre Freizeit; angesichts der sozialen Leistungen in der Kaiserzeit hatten sie genug davon: ihr größter Luxus. Man konnte ein heißes oder kaltes Einzelbad nehmen, sich im Schwimmbecken tummeln oder sich einem feuchten oder trockenen Schwitzbad unterziehen. Man trieb Gymnastik und Sport, spazierte in Gärten, durfte in Konferenzräumen Vorträgen lauschen oder in Bibliotheken sich bilden, kurzum: Es gab hier die vielfältigsten Möglichkeiten des geselligen Beisammenseins. Wer zum Friseur gehen wollte, noch rasch etwas einzukaufen beabsichtigte, fand, was er suchte. Auch an religiösen Kulten konnte man, etwa in einem Mithräum, teilnehmen.

All diesen Ansprüchen galt es architektonisch gerecht zu werden, zudem in imposanter Weise. Das Areal hatte eine Seitenlänge von 330 m im Quadrat; das zentrale Gebäude maß 220 × 114 m. Noch die Ruinen lassen die riesigen Ausmaße der Hallen erahnen, deren Architektur von mächtigen Säulen und Pfeilern, verschiedensten Gewölben, krönenden Kuppeln und Halbkuppeln geprägt war. Zur kostbaren Ausstattung der Räume, in denen Tausende Menschen gleichzeitig weilen konnten, gehörten Mosaiken, Fresken und wertvoller Marmor, der – damals – an Decken, Fußböden und Wänden zu bewundern war (s. auch Diokletiansthermen, S. 284f.). Es waren Luxusbauten zum Zeitvertreib, allerdings auch zur Hygiene; Ärzte wachten darüber. Auch in unserer Zeit werden diese Bauten benutzt: Lange fanden in den Caracalla-Thermen grandiose Opern- und Ballettaufführungen statt; vielleicht werden sie wieder aufgenommen.

## Zur Porta Latina und Porta San Sebastiano

Die **Grabstätte** der berühmten römischen Familie **der Scipionen (6)** nimmt einen ausgedehnten Bezirk an der Via di Porta San Sebastiano ein, dem Stück der alten Via Appia zwischen Porta Capena und Porta San Sebastiano. Die Scipionen, die besonders vom 3. bis zum Ende des 2. Jh. v. Chr. in der römischen Politik eine führende Rolle spielten, errichteten in dieser Zeit hier den verstorbenen Mitgliedern ihrer Familie Grabhäuser und stellten Sarkophage auf. Ein Teil dieser Häuser und Sarkophage ist freigelegt, bei anderen wird die Lage vermutet.

Pomponius Hylas, ein freigelassener Sklave, der unter Augustus reich geworden war, ließ neben den Gärten der Scipionen zwischen der Via di Porta San Sebastiano und der Via Latina, also noch innerhalb der Stadtmauern und somit an ›prominenter‹ Stelle, für sich und seine Frau Vitalinis ein **›Kolumbarium‹ (7)** anlegen, eine für ein Gemeinschaftsgrab vorgesehene Grabkammer mit Wandnischen zur Aufnahme der Urnen mit der Asche der Verstorbenen. Dieses Kolumbarium ist besonders gut erhalten.

Das **Oratorio di San Giovanni in Oleo (8)**, das Oratorium des hl. Johannes ›im Öl‹, hat zwei berühmte Baumeister. Bramante errichtete zu Beginn des 16. Jh. die oktogonale Kapelle; Mitte des 17. Jh. wurde sie von Borromini restauriert, der u. a. den Innenraum neu ausgestaltete. Die Überlieferung besagt, hier habe man Johannes den Evangelisten in siedendes Öl geworfen; er blieb jedoch unverletzt; daraufhin sei er auf die Insel Patmos verbannt worden.

Der erste Bau von **San Giovanni a Porta Latina (9)** entstand bereits im 5. Jh. und wurde um 720 durch einen Neubau ersetzt. Unter Papst Coelestin III. erfolgte 1191 eine gründliche Restaurierung. Die Kirche, in schlichtem Backstein-Mauerwerk als dreischiffige Hallenbasilika errichtet, zeigt eine einfache Vorhalle, deren Rundbögen auf starken Eckpfeilern und Säulen ruhen; die schönen langobardischen Ornamentplatten sind von feiner Meißelarbeit. Der hohe romanische Glockenturm weist eine in jedem Stockwerk wechselnde Wandgliederung auf. Im Kircheninnern werden die rundbogigen Arkaden von

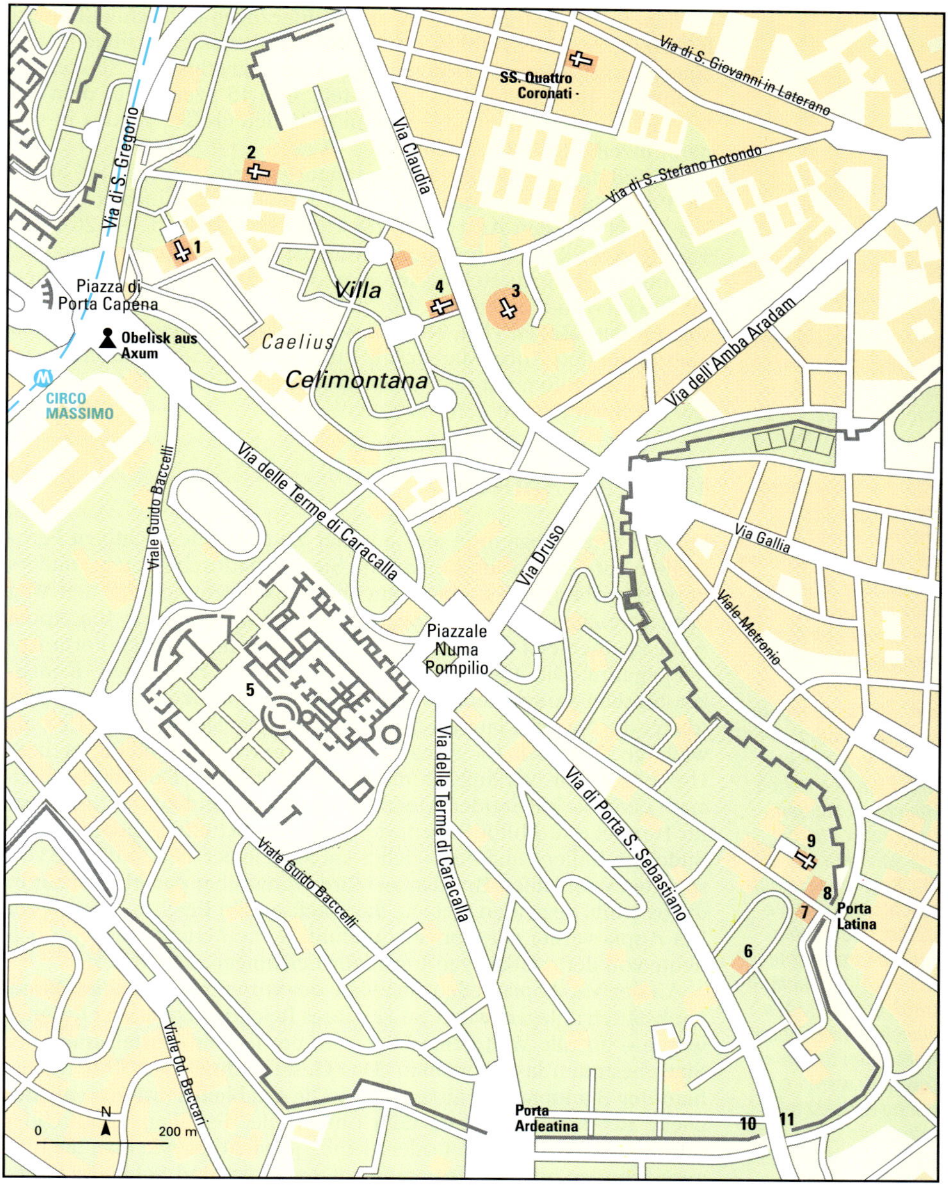


*Vom Celio zur Via Appia: 1 S. Gregorio 2 SS. Giovanni e Paolo 3 S. Stefano Rotondo 4 S. Maria in Domnica 5 Caracalla-Thermen 6 Gräber der Scipionen 7 Kolumbarium des Pomponius Hylas 8 S. Giovanni in Oleo 9 S. Giovanni a Porta Latina 10 Porta S. Sebastiano 11 Drusus-Bogen*

antiken Säulen getragen; die Apsis ist eingezogen und schließt innen halbrund; der Dachstuhl ist offen. Das Langhaus der Basilika ist mit einem kunsthistorisch bedeutenden Freskenzyklus der Stauferzeit (frühes 13. Jh.) geschmückt; dargestellt sind 46 Szenen aus dem Alten und Neuen Testament. Es lohnt sich, den großen Zyklus in seinen Einzelheiten zu betrachten.

Als Teil der Aurelianischen Stadtmauer gegen 400 errichtet, bildet die **Porta San Sebastiano (10)** den monumentalen Eingang von der Via Appia und den Ausgang in die Campagna (s. Abb. S. 126). Der Torbogen wird von mächtigen, zinnenbekrönten Türmen flankiert; im Innern ist in Ausstellungsräumen die Geschichte der römischen Stadtmauern dokumentiert. Vor dem Torbau zur Stadtseite hin der sog. **Drusus-Bogen (11),** Teil des Aquädukts der hier die Via Appia überquerenden Aqua Marcia, die auch die Caracalla-Thermen versorgte. Von außen hat man einen großartigen Blick auf die gewaltigen Stadtmauern mit den Bastionen.

*Wie es noch im vergangenen Jahrhundert hier aussah, schildert der englische Schriftsteller Charles Dickens in seiner ›Italienischen Reise‹: »Zwölf Meilen lang kletterten wir ununterbrochen über Hügel und Haufen von Trümmern. Zerstörte oder eingestürzte Grabmäler und Tempel, kleine Bruchstücke von Säulen, Friesen, Sockeln, große Blöcke von Granit und Marmor, verwitterte, unkrautbewachsene Bogen. Steine genug, um eine ganze Stadt damit zu bauen, lagen verstreut um uns herum. Manchmal stellten sich uns Wälle, die von Schäfern aus diesen Brocken lose aufgeschichtet worden waren, in den Weg, dann wieder wurde unser Weiterkommen durch einen Graben zwischen zwei Trümmerbergen behindert. Zuweilen waren es solche Bruchstücke selbst, die unter unseren Füßen wegrollten und das Gehen beschwerlich machten. Aber es waren immer Trümmer.«*

## Via Appia Antica

Die Via Appia begann in altrömischer Zeit wie alle wichtigen Fernstraßen auf dem Forum Romanum. Sie war dadurch noch besonders hervorgehoben, daß sie in einem Teil die Via Triumphalis, den Weg der siegreichen Feldherrn, abgab. Heute gilt der Name Via Appia Antica jedoch erst von der Porta San Sebastiano an, auch Porta Appia genannt. Diese Via Appia, eine der ältesten römischen ›Konsular‹-Straßen – noch heute so genannt –, geht auf den Censor Appius (daher der Name) Claudius Caecus zurück, der sie vor 312 v. Chr. als wichtige Magistrale Richtung Süden bis zur Stadt Capua führen ließ. Um 190 v. Chr. verlängerte man sie bis Brindisi. Dort findet man auch den abschließenden Meilenstein. So entstand ein ›Schnellweg‹ für Handel und Militärtransporte in den wirtschaftlich bedeutenden Südosten Italiens und des Reiches am Mittelmeer. Die Kaufleute verschifften vom Hafen Brindisi aus ihre Waren über das Mittelmeer in die ostwärts liegenden Gebiete des wachsenden Reiches. Unweit der Via Appia verlief der Appia-Aquädukt. Seine Mauern zeugen noch heute von den großartigen Ingenieur-Leistungen der Römer.

An der Via Appia ließen sich viele der vornehmen Familien Roms Grabstätten anlegen, wenn sie sich ihres Reichtums oder ihrs Ruhmes wegen – für alle Welt bemerkbar – an der großen Ausfallstraße der Stadt bestatten lassen wollten. Das Gesetz schrieb vor, Tote außerhalb der Stadtmauern zu bestatten. Die Grabmäler waren, entsprechend der Bedeutung und dem Ehrgeiz der Familien, prunkvoller oder bescheidener, größer oder kleiner, je nachdem wie man die hinausziehenden oder hereinkommenden Händler und Soldaten, Fremde und Römer beeindrucken wollte. Noch heute prägen diese Anlagen mit den Gedenksteinen und Grabhäusern den Charakter der Via Appia Antica, geben mit der römischen Campagna und den Albaner

*Die Via Appia Antica, eine der ältesten römischen Fernstraßen, führte Richtung Süden über Capua bis nach Brindisi*

Bergen im Hintergrund ein unverwechselbares Bild, wenn man das Stadttor San Sebastiano mit der Aurelianischen Mauer und die kilometerlangen Mauern der Privatgundstücke hinter sich gelassen hat.

Hier schuf die Legende eine Kirche. Die Tradition der römischen Christengemeinde überlieferte, den Apostelfürsten Petrus habe in Rom die Angst vor dem Martyrium gepackt, und so habe er die Flucht vor dem ›Heiden-Babel‹ ergriffen. Auf der Via Appia sei ihm ein Mann begegnet, den Petrus fragte: »Herr, wohin gehst du?« (Domine quo vadis?). Darauf antwortete ihm dieser: »Ich komme, um mich ein zweites Mal kreuzigen zu lassen.« Bestürzt erkannte Petrus, daß es Christus war, der zu ihm sprach, und ging zurück – in seine Bestimmung. Dem Gedanken an diese beschämende Erzählung, die auch in dem bekannten, verfilmten Roman ›Quo vadis‹ des polnischen Schriftstellers Sienkiewicz Eingang fand, wurde im Mittelalter, im 9. Jh., ein Kirchlein errichtet, **Domine quo vadis**, eigentlich ›Santa Maria in Palmis‹. Der Bau wurde im 17. Jh. umgestaltet.

Ein Besuch der Katakomben in Rom ist stets ein eindrucksvolles Erlebnis. Die **Catacombe di Domitilla**, an der Via Ardeatina/Via delle Sette Chiese, sind wohl die größten unter den unterirdischen Grabanlagen Roms, die in den weichen Tuffstein getrieben wurden. Sie dienten heidnischen wie christlichen Römern als Ort der letzten Ruhestätte. Die Christen feierten jeweils am Todestag eines ihrer Gemeindemitglieder an dessen Grab den Gottesdienst. Daß sich die römischen Christen in den ersten Jahrhunderten ständig voller Angst vor Verfolgungen in die Katakomben zurückzogen, ist eine legendenhafte Verallgemeinerung mit richtigem historischem Kern.

Unten vor dem Eingang in die Katakomben finden wir die unterirdische, ehemals dreischiffige Säulenbasilika der Heiligen Nereus und Achilleus. Sie wurde erst 1874 entdeckt und später restauriert. Unter sachkundiger Führung der Ordensleute, denen die Katakomben anvertraut sind, gelangt man, von der Basilika ausgehend, zu den verschiedenen Grabbezirken, deren Kammern und Nischen z. T. mit Fresken des 1.–4. Jh. n. Chr. ausgemalt sind. Sie zeigen Heilige, frühchristliche Symbole und Themen, aber auch profane Dinge. So kann man einen guten Einblick in die Symbolsprache des frühen Christentums gewinnen. Man sieht etwa den Fisch, dessen griechische Bezeichnung ›I-ch-th-y-s‹ die Anfangsbuchstaben für die griechischen Worte von ›J-esus Ch-ristus Gottes (Th-eou) Sohn (Y-ios) Erlöser (S-oter)‹ sind, oder das Lamm, das den Opfertod Jesu Christi bedeutet, den Anker als Zeichen der Zuversicht oder die Taube als Symbol des Friedens.

*Holzdecke der Kirche San Sebastiano fuori le Mura*

Die **Catacombe di San Callisto (Kalixtus-Katakomben)** erhielten ihren Namen von dem römischen Priester Kalixtus, der von Papst Zephyrinus (199–217) zum Verwalter dieser Gräberanlage eingesetzt wurde. Im Jahr 217 wurde Kalixtus als Nachfolger des Zephyrinus selbst Papst und erweiterte die nach ihm benannten Katakomben. Die weitläufige Anlage birgt in einer komplizierten Folge von Gängen in mehreren Stockwerken etwa 170 000 Grabstellen. Bisher sind rund 20 km des Gangsystems wissenschaftlich untersucht.

Gegen Ende des 2. Jh. n. Chr. begann man mit dem Graben der Gänge und Kammern in dem weichen, aber haltbaren Tuffgestein. Sechs unterirdische Sakramentskapellen wurden zwischen 290 und 310 eingerichtet; ihre Fresken dokumentieren die Entwicklung von der römisch-heidnischen zur frühchristlichen Malerei. Auf 35 Stufen abwärts steigend, erreicht man die Krypta der Päpste (s. Abb. S. 89). Den griechischen Inschriften ist zu entnehmen, daß nicht wenige Bischöfe des frühen Christentums den Märtyrertod erlitten. Neben der Papstgruft befindet sich links die Grabkammer der hl. Cäcilia (Wandfresken aus dem 7. und 8. Jh.); ihre Gebeine wurden unter Papst Paschalis II. in die Kirche Santa Cecilia in Trastevere überführt.

Die Kirche **San Sebastiano fuori le Mura** an die Via Appia ist wegen der Würde ihres Patrons und wegen der Bekanntheit seines Martyriums – der hl. Sebastian wurde von Pfeilen durchbohrt, ein Motiv, das die abendländische Malerei immer wieder aufgenommen hat –

eine der sieben Pilgerkirchen Roms, mit Santa Croce, San Lorenzo und den vier Patriarchalbasiliken. Hier sei, heißt es, der christliche Prätorianer-Offizier Sebastian, unter Diokletian verfolgt, gemartert und hingerichtet, begraben worden. Vielleicht gehört sie aber auch zu den Pilgerkirchen, weil sie zuerst als Basilica Apostolorum den Apostelfürsten Petrus und Paulus geweiht war. Der Überlieferung nach wurden die Gebeine der Heiligen hierher in Sicherheit gebracht, als unter den Kaisern Decius und Valerian Christenverfolgungen einsetzten.

Die Basilika ist im 3. Jh. über alten Friedhöfen und Katakomben neben Wohnhäusern errichtet worden. Kaiser Konstantin fühlte sich wegen der Apostelfürsten zu einem Kirchenbau fast verpflichtet. Nach einem ersten Umbau im 13. Jh. entstand um 1612 der schlichte, noch heute bestehende Barockbau. Im 20. Jh. stieß man bei Grabungen auf die römischen und christlichen Gräber, Teile römischer Häuser sowie Fundamente der Konstantinischen Basilika. In der unterirdischen Anlage ist der Genius des Urchristentums und der alten römischen Gemeinde in der Zeit der Vorborgenheit zu spüren.

Der weithin sichtbare Rundbau der Tomba di Cecilia Metella, des **Grabmals der Cäcilia Metella**, zählt zu den eindrucksvollsten Denkmälern an der Via Appia Antica. Am Kilometer 3 der großen Ausfallstraße gelegen, kündet(e) es allen Passanten von der Bedeutung der Familie. Im 1. Jh. v. Chr. ließen die Metelli dieses Grabmal für Cäcilia, die Tochter des Generals Quintus Metellus Creticus, des römischen Eroberers von Kreta, und ihren Mann, den Sohn des Crassus, der zusammen mit Caesar und Pompejus den ersten Triumvirat bildete, ausführen. Das zylindrische Bauwerk mit einem Durchmesser von 20 m wurde Ende des 13. Jh. von den Caetani in eine Burg umgewandelt und mit einem Zinnenkranz versehen.

Die **Villa der Quintilier** ist ein ausgedehnter Komplex, der heute bei Kilometer 6,5 der Via Appia Antica von dieser Straße etwa 4 km weiter nach Osten bis zur Via Appia Nuova reicht. Die Römer nennen sie ›Roma Vecchia‹, Alt-Rom, weil die Überreste das Aussehen einer alten Stadt vermitteln. Ein pyramidenähnlicher Grabkern markiert an der Via Appia den Eingang zur Villa. Die ursprünglichen Eigentümer, die reichen und gebildeten Brüder Maximus und Condinus Quintilius, die Schriften über die Landwirtschaft verfaßten, wurden von Kaiser Commodus (180–192 n. Chr.) umgebracht, ihr Gut beschlagnahmt. In kaiserlichem Besitz wurde die Villa mehrfach vergrößert. In der Nähe sind die eindrucksvollen Bogenkonstruktionen vom Aquädukt der Aqua Appia zu sehen.

Bei Kilometer 7,9 der Via Appia steht das größte Denkmal der alten Straße, der sog. **Casale Rotondo**, dessen Kern wie beim Mausoleum des Augustus und des Hadrian (Engelsburg) zylindrisch ist. Das Grab stammt aus Republikanischer Zeit und wurde in der Kaiserzeit restauriert; eine Inschrift weist auf die Zeit des Augustus. Später richtete sich auf der Plattform von 35,72 m Länge ein Bauer mit Haus und Garten ein.

# Von der Tiberinsel zum E.U.R.-Viertel

# *Von der Tiberinsel (Isola Tiberina) zum Aventin, nach San Paolo fuori le Mura und zum E. U. R.-Viertel*

Das alte und das moderne Rom begegnen auf diesem Besichtigungsgang, den man ganz beschaulich auf der Tiberinsel beginnt. Das alte Forum Boarium, die heutige Piazza della Bocca della Verità mit den schönen Kirchen Santa Maria in Cosmedin und San Giorgio in Velabro sowie den Tempeln der Vesta und der Fortuna Virilis, vermag immer wieder in den Bann zu ziehen. Und wer möchte auf den Spaziergang zum Aventin hinauf verzichten, auf einen Blick durchs Schlüsselloch, auf einen Besuch von Santa Sabina und San Paolo fuori le Mura!

## Tiberinsel

»Latiums Luft war einst mit gräßlichem Gifte behaftet; Siechtum zehrte Blut und bleichte die Leiber zum Abscheu.« So beginnt der lateinische Dichter Ovid (43 v. Chr.–8 n. Chr.) jene Geschichte, in der Äskulap, der göttliche Sohn des Apoll, die Römer von Krankheit und Tod rettet und als Gegengabe ein Heiligtum auf der Tiberinsel fordert. Die Tradition bestätigt, daß um 200 v. Chr. hier der Heilgott Äskulap und seine heiligen Schlangen verehrt wurden. Eine zweite Überlieferung läßt ihn an dieser Insel mit dem Boot landen; dabei sei eine seiner Schlangen entschlüpft und habe unmißverständlich kundgetan, daß hier ein Heiligtum zu Ehren des Äskulap zu errichten sei. Noch heute wird diese wohltätige Tradition mit einem modernen Krankenhaus der Fate-Bene-Fratelli, einer kirchlichen Gemeinschaft, weitergeführt.

Wie ein riesiges Schiff liegt die Isola Tiberina (1) zwischen dem Kapitolinischen Hügel und dem Stadtteil Trastevere im Fluß. Der Vergleich kommt nicht von ungefähr. Eine Legende besagt, hier sei in alter Zeit ein reichbeladener Lastkahn gesunken. Wieder eine andere Tradition führt die Bildung der Insel nach der Vertreibung der Tarquinier Anfang des 5. Jh. v. Chr. auf Schlamm zurück, der durch in den Fluß geschüttete Kornabfälle gemehrt worden sei. Wie auch immer. Die Insel mitten im Fluß war wie geschaffen, Brücken zu bauen, wie es 62 v. Chr. der römische Konsul Fabricius vom östlichen Ufer aus (Kapitol-Seite) veranlaßte. Diese heute älteste Brücke der Stadt trägt seinen Namen: **Ponte Fabricio**. Der römische Volksmund nennt sie allerdings ›dei Quattro Capi‹, da sie mit zwei vierköpfigen Hermes-Stelen am Aufgang vom Ufer geschmückt ist. Die Schutzmauer stammt aus dem 17. Jh. Von der anderen Uferseite, von Trastevere aus, wurde ebenfalls eine Brücke zur Insel geschla-

◁ Santa Maria in Cosmedin

*Die Tiberinsel legt sich wie ein großes, leicht gebogenes Schiff in den Strom*

gen: Der **Ponte Cestio** entstand 46 v. Chr., wurde jedoch mehrfach erneuert.

In der Mitte der Insel erhebt sich die Kirche **San Bartolomeo (2)**. Der schöne romanische Campanile reckt sich heute als Mast des ›Schiffes‹ empor. Vor 1000 wurde der Bau auf Anordnung Kaiser Ottos III. über den Mauern des verfallenen Äskulap-Tempels ausgeführt. Die Kirche erlitt starke Beschädigungen durch eine Tiberüberschwemmung 1557 und erhielt bei einem nachfolgenden Umbau 1624 durch Martino Longhi d. J. ihr heutiges Aussehen. Am Aufgang zur Apsis steht ein kleiner, reichverzierter Marmorbrunnen aus ottonischer Zeit, vermutlich über der Quelle des alten Äskulap-Heiligtums, zwischen den auf Säulen ruhenden Arkadenbögen sehen wir vier Skulpturen: den Erlöser, den hl. Adalbert von Prag (Freund Ottos III.), einen Apostel (wohl der hl. Bartholomäus) und Otto III.

Eindrucksvoll wird der **Ponte Rotto** (kaputte Brücke; 3) von den Tiberwassern umspült. Die Brücke wurde 179 v. Chr. von den römischen Censoren Aemilius Lepidus – deshalb wurde sie in der Antike Pons Aemilius genannt – und Fulvius Nobilior als Holzkonstruktion begonnen, 142 v. Chr. als erste römische Brücke in Stein ausgeführt.

## Piazza della Bocca della Verità und Santa Maria in Cosmedin

Das alte Forum Boarium, der Rindermarkt, lag neben dem Tiber, dort, wo die Cloaca Maxima, der zentrale Abfluß des altrömischen Kanalisationssystems, in den Fluß mündet. Der Tiber spülte den Unrat des Viehs gleich weg. Diesen Platz des Forum Boarium nimmt heute die **Piazza della Bocca della Verità (4)** ein. An ihr stehen eindrucksvolle steinerne Zeugen der Antike und des christlichen Rom. Wir sehen: zwei Tempel des Altertums, den Tempio della Fortuna Virile und den Tempio di Vesta; den Barockbrunnen der zwei Tritonen; die Kirche Santa Maria in Cosmedin, einen romanischen Backsteinbau mit schlicht gegliederter Vorhalle und zierlichem, hohem Glockenturm; den sog. Janus-Bogen, Kreuzungspunkt lebhafter Geschäftsstraßen im alten Rom; dahinter die ehrwürdige Kirche San Giorgio in Velabro mit dem Arco degli Argentari, dem Bogen der Händler und Geldwechsler; dahinter die Kirche San Giovanni Decollato; und die Casa dei Crescenzi, das Haus der im frühen Mittelalter zeitweilig mächtigsten Familie Roms.

*Von der Tiberinsel zum Aventin, nach San Paolo fuori le Mura und zum E.U.R-Viertel*

1. Tiberinsel
2. S. Bartolomeo all'Isola
3. Ponte Rotto
4. Piazza della Bocca della Verità
5. S. Maria in Cosmedin
6. Vesta-Tempel
7. Tempel der Fortuna Virilis
8. Haus der Kreszentier
9. Janus-Bogen
10. S. Giorgio in Velabro
11. Geldwechsler-Bogen
12. S. Giovanni Decollato
13. S. Sabina
14. Piazza dei Cavalieri di Malta und S. Maria del Priorato
15. Cestius-Pyramide
16. Protestantischer Friedhof
17. Monte Testaccio
18. S. Paolo fuori le Mura
19. E.U.R.-Viertel

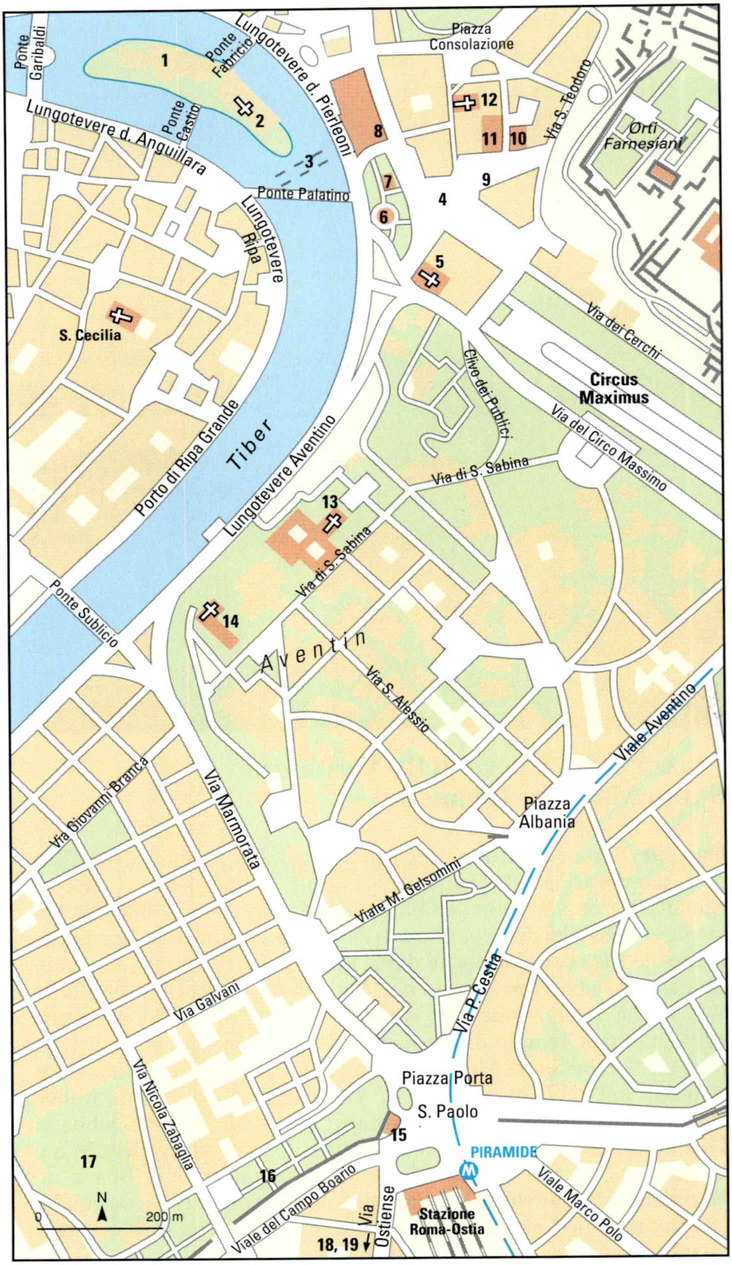

Die Kirche **Santa Maria in Cosmedin (5)** an der Piazza della Bocca della Verità beeindruckt sofort durch Harmonie und Wohlgestalt (s. Abb. S. 326). Die Ausgewogenheit der Proportionen beginnt bei dem festen Ausrufezeichen des siebengeschossigen Campanile, dem wohl schönsten von Rom. Unter einem von Säulen getragenen Baldachin betritt man die breite, zwei Stockwerke umfassende Vorhalle, dann durch ein einfaches Portal das Innere der dreischiffigen Säulenbasilika. Der Eindruck wird von dem hohen und breiten Mittelschiff beherrscht. Antike Säulen und breite Pfeiler tragen die Rundbogenarkaden; Hauptschiff und beide Seitenschiffe enden in halbrunden Apsiden – eine Bauform, die hier zum ersten Mal in der mittelalterlichen Architektur des Abendlands auftritt.

Der Innenraum erglänzt durch die prachtvolle Marmorausstattung: die mit Marmorschranken abgegrenzte Schola Cantorum (den Klerikern vorbehaltener Bereich); der teppichähnliche Fußboden in schönster Kosmatenarbeit; zwei Marmorkanzeln; der Presbyterthron, der von zwei vermutlich antiken Löwenköpfen geschmückt wird; die gedrehten Osterleuchter und das gotische Ziborium, ebenfalls von Kosmaten-Hand geschaffen. Kurzum, Santa Maria in Cosmedin ist ein Juwel unter den Kirchen Roms. Daher wird der Beiname ›Cosmedin‹ auch auf das griechische Wort für Kosmos, Schmuck zurückgeführt. Andere sagen, ihren Namen habe sie wahrscheinlich von Byzantinern nach einem Platz in Konstantinopel erhalten. Gleichviel. Sie zeigt das Können der mittelalterlichen Architekten, Bildhauer und Dekorateure, die von 772 (Baubeginn unter Papst Hadrian I.) bis etwa 1124 (unter Papst Kalixtus II.) ein kunstvolles Kleinod schufen. Die Hallenkrypta, die christliche Gräber birgt, besteht in einigen Wandteilen aus antiken Fundamenten, auch darin Heidnisches und Christliches verbindend. Die gewaltige Steinmaske an der linken Wand der Vorhalle, die *Bocca della Verità* (der Mund der Wahrheit), gab dem ganzen Platz seinen Namen. Ehebrecher und jene, die einen zweifelhaften Eid abgelegt hatten, führte man hierher. Jeder Römer weiß, was es damit auf sich hat; der italienische Poet Giuseppe Gioacchino Belli (1791–1863) brachte es in die Verse:

In diesen offnen Mund steckst du die Hand,
Und wird sie beim Herausziehn nicht geschnappt,
Dann warst du ehrlich, so wird's anerkannt.
Steckt sie ein Lügner rein, sieht's anders aus:
Der merkt ganz schnell, jetzt hat er Pech gehabt,
Die Hand bleibt drin, die kriegt er nicht mehr raus.

*Bocca della Verità*

## Vesta-Tempel und Tempel der Fortuna Virilis

Ob der sog. **Vesta-Tempel (6)** tatsächlich der heidnischen Göttin Vesta geweiht war oder dem Hafengott Portunus oder dem Sonnengott Sol, ist unbestimmt. Seinen Namen erhielt der Rundtempel mit 20

*Daß der rings von Säulen umgebene Vesta-Tempel im Mittelalter zur Kirche geweiht wurde, bewahrte ihn vor Abbruch und Verfall*

Säulen, weil er in seiner Form dem Vesta-Tempel auf dem Forum Romanum ähnelt. Der Bau stammt vermutlich aus Augusteischer, vielleicht sogar aus Republikanischer Zeit. Daß er im Mittelalter zur Kirche geweiht wurde (Santo Stefano alle Carozze, später Santa Maria del Sole), bewahrte ihn vor Abbruch und Verfall.

Bei dem **Tempel der Fortuna Virilis (7)**, dem einzigen fast vollständig erhaltenen Tempel aus republikanischer Zeit (um 100 v. Chr.), muß man zuerst hinuntersteigen – so viel tiefer war das antike Straßenniveau – und dann zum Tempel wieder hinaufschreiten. Harmonische Proportionen zeichnen den Tempel aus. Im Innern sind Wandmalereien aus der Karolingerzeit (unter Papst Johannes VIII., 872–882) erhalten geblieben, weil damals aus dem heidnischen Tempel eine Kirche, Santa Maria Egiziaca, geworden war.

## Haus der Kreszentier und Janus-Bogen

Die **Casa dei Crescenzi (8)** in der Via del Teatro di Marcello besteht aus Resten eines Wehrturmes der Crescenzi, der um die erste Jahrtausendwende mächtigsten Familie in Rom. Wie so viele mittelalterliche Bauten wurde auch dieser Turm mit Steinen aus antiken Bauwerken ausgeführt und sollte offenbar den nahen Flußübergang bei der Tiberinsel beherrschen.

Der **Janus-Quadrifons (9)**, der viertorige, graue Marmorbau in der Via del Velabro vor der Kirche San Giorgio in Velabro, wurde lange Zeit irrtümlich für einen Tempel des Gottes Janus gehalten. In Wirklichkeit war der Arco di Giano eine überdachte Straßenkreuzung, nach vier Seiten hin offen *(quadrifons)*, ein Treffpunkt der Geschäftsleute am Forum Boarium. Baumaterial des wohl Anfang des

4. Jh. errichteten Janus-Bogens waren – wie in der ruinenreichen Stadt häufig – Steine anderer Gebäude. Im Mittelalter diente er der Familie der Frangipani als Bollwerk. Früher war der Vierer-Bogen mit mehreren Statuen geschmückt. Heute zeigen nur noch die Schlußsteine der Gewölbe das Bild je einer Gottheit: Roma, Juno, Minerva und Ceres.

## San Giorgio in Velabro und San Giovanni Decollato

»Kaum eine andere Kirche Roms ist so ganz vom Hauch uralten Christentums durchweht wie diese. Ihr ursprüngliche Basilikengestalt, ihre Anspruchslosigkeit, Bildwerke und Inschriften frühester Jahrhunderte, worunter auch griechische sich befinden, und ihre fast nie gestörte träumerische Stille in dem von alt-römischen Erinnerungen erfüllten Tale zwischen Kapitol und Palatin wirken zaubervoll auf den Besucher.« So rühmt Gregorovius 1872 die Kirche des Lieblingsheiligen der mittelalterlichen Ritter in Rom, **San Giorgio in Velabro (10)**. ›Velabrum‹ nannte man den Sumpf am Tiber, in dem die römische Gründungssage den Faustulus die ausgesetzten Zwillinge Romulus und Remus finden läßt (s. S. 72 f.). Papst Leo II. (682–683) ließ eine erste Kirche an dieser Stelle erbauen, dem hl. Georg geweiht; sie wurde unter Gregor IV. (827–844) durch einen Neubau ersetzt. Der romanische Glockenturm und die Vorhalle stammen aus dem 12. Jh. und sind teilweise über dem Arco degli Argentari errichtet. Da die große dreischiffige Säulenbasilika auch mit Material aus verschiedensten antiken Gebäuden errichtet wurde, mischen sich gerade im Innern antike und romanische Formen. Die Kirche neben dem Janus-Bogen erlitt durch einen Bombenanschlag 1993 schwere Beschädigungen, wurde jedoch vorbildlich wiederhergestellt.

Der Arco degli Argentari, der **Bogen der Geldwechsler und Silberhändler (11)**, ist z. T. von der Vorhalle und dem Campanile der Kirche San Giorgio in Velabro überbaut, was eine reizvolle Komposition ergibt. Er entstand im Jahr 204 zu Ehren des Kaisers Septimius Severus, seiner Gemahlin Julia Domna, deren Söhnen Geta und Caracalla nebst dessen Frau. Kaufleute, Bankiers und Geldwechsler des Forum Boarium wollten so der kaiserlichen Familie Achtung erweisen oder mußten ihr Tribut zollen. Einige Namen und Reliefteile des Bogens tilgte man später unter veränderten politischen Verhältnissen; die übrigen Bildhauerarbeiten sind gut erhalten, z. B. die Bauornamente, das Bild des Caracalla sowie die Darstellung des Septimius Severus und seiner Frau bei der Opferhandlung.

Johannes der Täufer wurde, wie die Bibel (Matthäus 14,1–12) berichtet, enthauptet *(decollato)*, weil Salome, die Tochter des Herodes, auf Anstiften ihrer Mutter Herodias darum gebeten hatte. Denn Herodias trachtete diesem Propheten zur Zeit Christi nach dem Leben, da er dem Herodes öffentlich vorgeworfen hatte, er habe Herodias zur Frau genommen, obwohl sie die Gattin seines Bruders Philippus war. Zum Gedächtnis Johannes' des Täufers stiftete 1535 die Confraternità della Misericordia die Kirche **San Giovanni Decollato (12)**, die 20 Jahre später fertiggestellt wurde. Diese ›Bruderschaft der Barmherzigkeit‹, deren Mitglieder den zum Tode Verurteilten bei der Hinrichtung Beistand leisteten – auch Michelangelo gehörte ihr an – gab es seit 1488 im päpstlichen Rom. Am Gedächtnistag der Enthauptung des Johannes erließ man einem von der Bruderschaft Bestimmten die Strafe.

Zur Ausstattung des Gotteshauses zählen mehrere bedeutende Gemälde im manieristischen Stil des 16. Jh., die wie die Fresken des (vom Kreuzgang aus zugänglichen) Oratoriums vor allem Szenen aus dem Leben des Täufers und seine Enthauptung darstellen. Johannes der Täufer, der ›Vorläufer Jesu Christi‹, spielt in der christlichen Ikonographie und Heiligenverehrung eine große Rolle.

## Zum Aventin

*Ein Bildfeld des geschnitzten Holzportals von Santa Sabina stellt das Wunder der Brotvermehrung dar*

Unter den Kirchen des Aventin-Hügels – Santa Sabina, Sant'Alessio, Santa Maria del Priorato, Sant'Anselmo mit der Benediktinerabtei, Santa Prisca, San Saba und Santa Balbina – ist **Santa Sabina (13)** die älteste. Sie zeigt deutlich, außen wie innen, Aufbau und Gestalt einer frühchristlichen Basilika. Über den Mauern des Hauses der Römerin Sabina wurde unter Petrus von Illyrien (425–432) der heutige Bau errichtet und erhielt unter Papst Eugen II. 824 eine beachtliche Marmorausstattung, die jedoch zum Teil bei Restaurierungen und Ergänzungen im 16. Jh. zerstört wurde. 1222 schenkte Papst Honorius III. die Kirche dem Dominikanerorden.

In der Vorhalle befindet sich im Mittelportal die älteste holzgeschnitzte Tür christlicher Kunst, ein Meisterwerk, dessen Schöpfer nicht bekannt sind. Die um 432 datierte Tür bestand aus 28 Bildfeldern, von denen 18 erhalten sind. Auf ihnen sind Themen aus dem Alten und Neuen Testament gestaltet, künstlerisch kraftvoll im Ausdruck und mit Sinn für Feinheiten in der Ausführung. Die heutige Folge entspricht weder der ursprünglichen Anordnung noch der Abfolge der Ereignisse in der Bibel. Die Themen sind (von oben nach unten und von links nach rechts): 1. Reihe: Kreuzigung, Heilung des Blinden, Brotvermehrung, Hochzeit zu Kana, der ungläubige Thomas, Berufung des Moses im Dornbusch, Jesus vor Pilatus; 2. Reihe: Auferstehung, einige Wunder des Moses, Erscheinung Christi vor den Frauen; 3. Reihe: die Heiligen Drei Könige, Himmelfahrt, Verleugnung des Petrus und der Hahn, Durchgang durch das Rote Meer, Schlangenwunder; 4. Reihe: Christus zwischen Petrus und Paulus, Triumph Christi, Entrückung des Elia, Moses vor dem Pharao.

Die dreischiffige Kirche wird im Innern durch das 20 m hohe Mittelschiff dominiert. 24 kannelierte korinthische Marmorsäulen tragen die Bogenarkaden. Das Mosaik über der Eingangswand gehört

Im Innenraum von Santa Sabina tragen 24 kannelierte korinthische Marmorsäulen die Bogenarkaden

zu den ältesten Roms; zwei römische Matronen versinnbildlichen die ›Kirche aus den Heiden‹ *(Ecclesia ex gentibus)* und die ›Kirche aus den Juden‹ (*Ecclesia ex circumcisione* – aus der Beschneidung) – ein häufig gestaltetes Thema der frühchristlichen Kunst. Eine Inschrift auf dem Mosaik erinnert an den Stifter der Kirche, Petrus von Illyrien. Die am Chor zu bewundernden Marmorschranken sind hervorragende Arbeiten langobardischer Steinmetzen aus dem 8./9. Jh.

**Piazza dei Cavalieri di Malta** und **Santa Maria del Priorato (14)**, Kirche und Platz des Priorats der Malteserritter, wurden 1765 von Giovanni Battista Piranesi gestaltet. Der vor allem durch seine ›Vedute di Roma‹, Kupferstich-Ansichten, berühmt gewordene Künstler erweist sich auch in diesem einzigen architektonischen Werk als Verfechter der römischen Antike, die seit Winckelmann zugunsten des Griechischen an Wertschätzung eingebüßt hatte. Mit klassizistischen Formen spielend, schafft er ein nobles Ensemble, dessen Hauptakzent die dekorative Eingangswand des Konvents bildet. Auf dem Platz ist vor allem das Schlüsselloch des Hauptportals berühmt, durch das sich ein überraschender Blick auf die Peterskuppel öffnet. Die dekorativen Reliefs auf den Stelen der Platzeinfriedung nehmen Bezug auf den Malteserorden, ebenso die Symbole im Giebelfeld der tempelartigen Kirchenfassade.

*Die Cestius-Pyramide wurde im 1. Jh. v. Chr. nach ägyptischem Vorbild als Grabmal errichtet und Ende des 3. Jh. n. Chr. in die Verteidigungsanlage der Aurelianischen Mauer einbezogen*

## Südlich des Aventin

Die **Cestius-Pyramide (15)** ist eines der charakteristischen und zugleich überraschendsten Bauwerke des antiken Rom. Gaius Cestius, Prätor, Volkstribun und Mitglied der Septemviri, des wichtigen Siebenerrats, ließ sie sich offenbar nach ägyptischem Vorbild errichten. Er wurde nach seinem Tode im Jahr 12 v. Chr. in der 6 × 4 m messenden Grabkammer bestattet. Später wurde die Pyramide in den Verteidigungsgürtel der Aurelianischen Stadtmauer mit der Porta San Paolo einbezogen. Das Denkmal mißt 22 m an den Längsseiten und 27 m in der Höhe, wurde aus Tuffstein errichtet und mit Travertin umkleidet. Die Spitze soll einst vergoldet gewesen sein. Aus der Inschrift ist zu entnehmen, daß das Bauwerk in nur 330 Tagen fertiggestellt wurde.

Innerhalb der Aurelianischen Stadtmauer und neben der Cestius-Pyramide ist der ›nicht-katholische Friedhof der Fremden‹ zu finden. Der **Protestantische Friedhof (16)** birgt Gräber berühmter Italien-Besucher, so von August Goethe – den die Grabinschrift nur als ›Sohn Goethes‹ benennt. Der englische Dichter Keats, der am 24. Februar 1821 starb, wurde hier bestattet, ebenso sein Poeten-Kollege und Landsmann Shelley, der 1822 im Golf von La Spezia ertrank. An Shelleys Grab schrieb Oscar Wilde (1854–1900) ein Sonett, dessen zweite Strophe lautet:

Und wo die brennendroten Mohne schwanken,
Da lauert wohl im Schoß der Pyramide,
Daß nie gestört wird dieser Totenfriede,
Antike Sphinx mit grimmig-großen Pranken.

Innerhalb der Stadtmauern, zwischen dem Tiber und der Porta San Paolo, liegt der **Monte Testaccio (17)**, ein künstlich geschaffener stattlicher Hügel, 35 m hoch, 850 m im Umfang. In der Antike zur Zeit der Republik wurden hier Abfälle deponiert, vor allem Tonscherben, die in den Lagerhäusern des nahen Tiberhafens reichlich anfielen. Damals befanden sich hier große Kaufhäuser mit dem Porticus Aemilius, einer 487 m langen Ladenstraße, welche die Censoren Aemilius Lepidus und Aemilius Paulus 193 v. Chr. begründet hatten; Überreste dieses riesigen Komplexes sind noch, etwa in der Via Franklin, zu sehen.

## San Paolo fuori le Mura

Unter Sankt Paul vor den Mauern (18), einer der vier Patriarchalbasiliken und sieben Pilgerkirchen, haben Archäologen bisher kaum Ausgrabungen vorgenommen. Deshalb wissen wir von der altchristlichen Kirche, die Kaiser Konstantin im 4. Jh. weit außerhalb der Stadt über der Cella memoriae, dem Gedächtnisraum, mit dem Grab des hl. Paulus erbauen ließ, vor allem durch Überlieferungen. Die Verehrung des Paulus an diesem Ort seit dem 1. Jh. darf jedoch als sicher gelten. Paulus, der allen Christen und christlichen Kirchen – im Unterschied zu Petrus – gleich wichtig und wert ist, wurde nach verschiedenen Quellen wohl um das Jahr 67 enthauptet. Diese Tradition nimmt der Ort Tre Fontane (drei Quellen) vor den Toren Roms mit der Legende auf, daß dort das Haupt des Paulus nach dem Schwertstreich dreimal auf den Boden gesprungen sei und dadurch drei Quellen gebildet habe. Wenige Kilometer entfernt, an der Straße nach Ostia, wurden seine Gebeine bestattet und dieser Ort fortan verehrt.

Im 4. Jh. errichteten römische Kaiser einen Neubau, der die Konstantinische Kirche ersetzte und bis ins 16. Jh. bis zum Bau von Sankt Peter in Rom, das größte Gotteshaus der Christenheit war. Die monumentale fünfschiffige Säulenbasilika erlebte vielfach Beschädigungen (Brände, Erdbeben), Wiederherstellungen und Restaurierungen. Mit den Jahrhunderten mehrte sich auch die Anzahl der Anbauten. Am 15. Juli 1823 zerstörte ein verheerender Brand das Bauwerk; Arbeiter hatten bei Ausbesserungen an der von Holzbalken getragenen Bleidecke fahrlässig mit einem Kohlenbecken hantiert. Im Jahre 1854 wurde der notwendige Wiederaufbau, der durch Spenden aus aller Welt unterstützt worden war, vollendet. Wenn es auch eine relativ freie Rekonstruktion mit den Möglichkeiten des 19. Jh. war, so blieben doch Idee, Grundriß und Raumeindruck der ursprünglichen Basilika gewahrt und verdienen neben erhalten gebliebenen Einzelkunstwerken würdigende Beachtung: Zunächst der von Säulenhallen umschlossene Vorhof (Mosaiken des 19. Jh. oben an der Fassade) mit der Heiligen Pforte (rechts), deren Innenseite durch die ziselierte, um 1070 in Konstantinopel gearbeitete Bronzetür des ursprünglichen Westportals der alten Kirche geschmückt wird. Der rie-

*Der französische Schriftsteller Stendhal (1783–1842) besuchte San Paolo einen Tag nach dem Brand und notierte: »Alles spiegelte den Schrecken und die Verwüstung dieses schicksalsvollen Ereignisses; die Kirche war erfüllt von schwarzen, rauchenden und halbverbrannten Balken. Große, von oben bis unten gesprungene Säulenstücke drohten bei der geringsten Erschütterung herabzustürzen. Die Römer, welche die Kirche erfüllten, waren ratlos.«*

sige Kircheninnenraum wird von durchscheinenden Alabasterfenstern nur wenig erhellt. Die 131 m lange, 65 m breite und 29 m hohe Halle ist von 80 neuen monolithischen Granitsäulen in fünf Schiffe unterteilt. »Alle Säulen waren alt«, hatte Stendhal in den ›Römischen Spaziergängen‹ bemerkt, »Gott weiß, wie viele heidnische Tempel beraubt wurden, um diese Kirche zu bauen!« Der Triumphbogen am Übergang zum Querhaus (aus dem Urbau erhalten), auf ionischen Granitsäulen ruhend, trägt noch das Mosaik des 5. Jh. (allerdings restauriert). Bemerkenswert das Ziborium über dem Papstaltar, geschaffen von Arnolfo di Cambio um 1285, mit gotischen Formen und Renaissance-Figuren, unter dem sich das Apostelgrab befindet. Einige Meter rechts daneben finden wir den schmuckreichsten und mit 5 m höchsten römischen Osterleuchter, ein einzigartiges Werk der mittelalterlichen Bildhauerkunst. Das Apsismosaik, eine Kopie des 19. Jh., übernimmt die Thematik des alten von 1220. Oben an den Wänden sind auf Goldgrund die Medaillons sämtlicher Päpste seit Petrus angebracht, rechts im Seitenschiff endend. Erwähnenswert auch die Kreuzkapelle neben der Apsis und die romanische Taufkapelle.

Neben der Sakristei liegt rechts vorn der Kreuzgang des Benediktinerklosters, zwischen 1205 und 1241 entstanden, ein Meisterwerk der römischen Marmorkunst, ebenso wie der aus San Giovanni in Laterano von den Vassalletti ausgeführt. Der Formenreichtum ist unübertroffen; doppelte, glatte, gedrehte, achteckige Säulen konkurrieren mit vielfältigen, kunstvoll gearbeiteten Marmorintarsien. Der Kreuzgang zählt zu den schönsten der abendländischen Baukunst. Fragmente aus der alten Basilika schmücken ihn zusätzlich.

*Der Kreuzgang von San Paolo fuori le Mura, ein Meisterwerk hochmittelalterlicher Marmorkunst, gehört mit seinem Formenreichtum zu den eindrucksvollsten in Rom*

*Monumentalität prägt das Bild des E.U.R.-Viertels im Süden Roms*

## E. U. R. (Weltausstellungsgelände)

Moderne Hochhäuser, Villenstraßen und Grünanlagen charakterisieren das Gebiet der Esposizione Universale di Roma (19), des Weltausstellungsgeländes, im Süden der Stadt. Es entstand, als für 1942 in Rom eine Weltausstellung geplant wurde. Die 1937 begonnenen Arbeiten wurden bei Ausbruch des Zweiten Weltkrieges zunächst eingestellt. Von Mussolini war ein großer neuer Stadtbereich vorgesehen, der dem päpstlichen Rom mit seinen ›antiquierten‹ Palästen den Rang streitig machen sollte. Nach 1951 wurde dieses Viertel weiter zu einem modernen Stadtteil ausgebaut. Es entstanden architektonisch interessante Bauten wie z. B. der runde Palazzo dello Sport von Pier Luigi Nervi. Breite Straßen und monumentale Gebäude, wie der Palast der Arbeit, der Kongreßpalast oder Museen prägen das Bild der ›neuen Stadt‹ zwischen dem Meer und der alten Kapitale des Papstes.

In E. U. R. liegen das Museum der römischen Kultur, Museo della Civiltà Romana, das mit Hilfe von Modellen und Rekonstruktionen die Geschichte Roms und die baulichen Veränderungen im Republikanischen und Kaiserlichen Rom veranschaulicht und leichter die antiken Straßen und Bauwerke rekonstruieren läßt; weiter das Prähistorische und Völkerkundemuseum, Museo Preistorico ed Etnografico Luigi Pigorini, eines der bedeutendsten seiner Art, und das Nationalmuseum für Kunst und Traditionen des Volkes, Museo Nazionale delle Arte e Traditioni Populari, das in zehn Sektionen mit den verschiedensten Objekten, Fahnen, Kostümen, Musikinstrumenten und anderem, die Bräuche in den einzelnen Regionen Italiens vergegenwärtigt.

In den letzten Jahren wurden auch die Viertel links und rechts der Via Cristoforo Colombo gebaut, der Verbindungsstraße zwischen der Innenstadt von Rom und dem E. U. R.-Viertel.

# Jenseits des Tiber

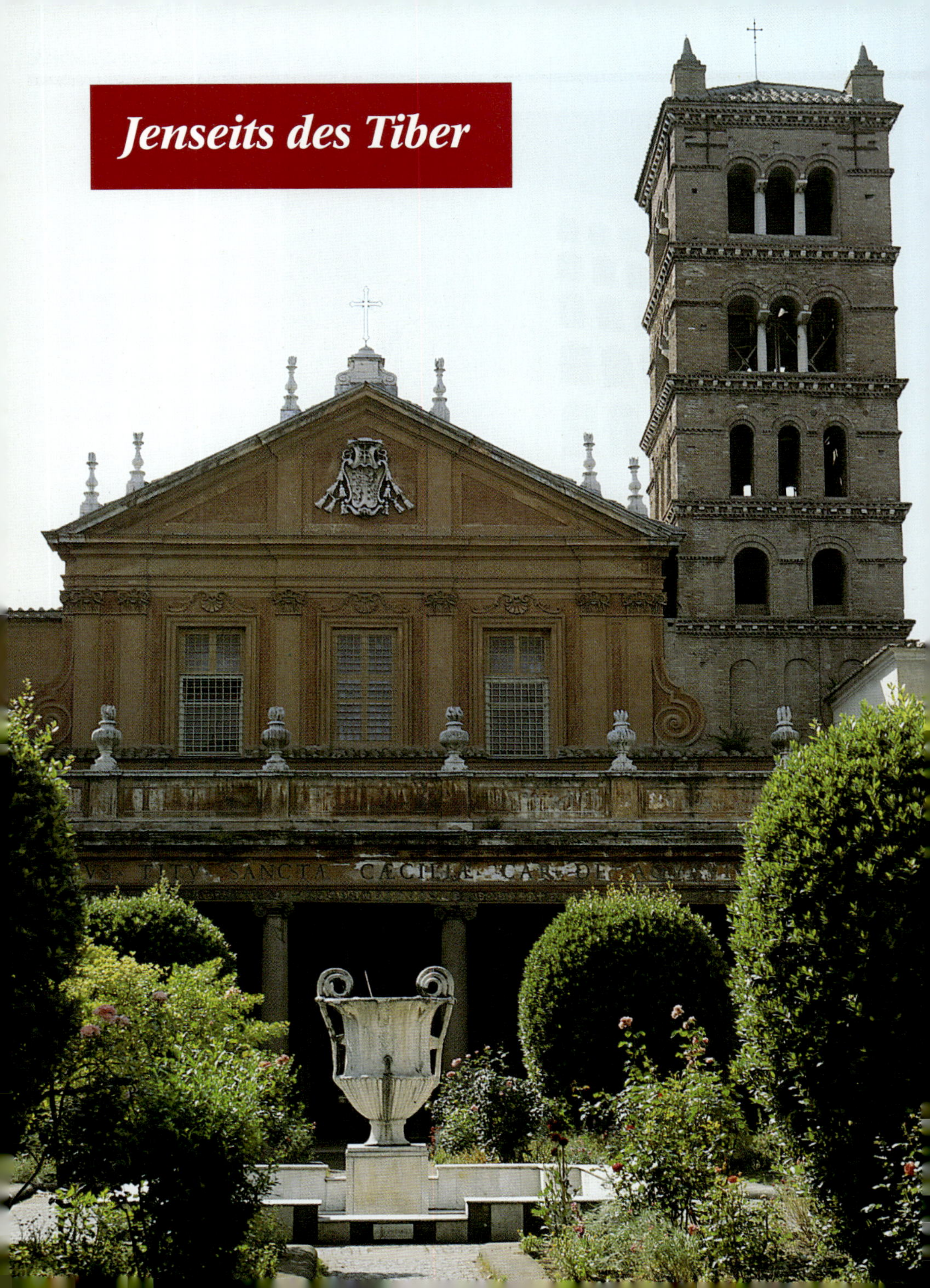

# Trastevere – Jenseits des Tiber

Engelsburg ☆

›Trastevere‹ benennt jenes römische Stadtviertel jenseits (*trans*) des Tiber (*Tiberim, Tevere*), dessen Bewohner sich rühmen, ihr Bezirk sei älter als Rom. Sicher ist Trastevere anders als ›Rom‹, hat seit Jahrhunderten seine Eigenheiten mit schmalen Gassen, winkligen Straßenzügen, kleinen Plätzen und ehrwürdigen Kirchen bewahrt. Besonders am Abend entfaltet sich ein lebhaftes Treiben links und rechts des Viale Trastevere. Ein Besuch in einer der vielen Trattorien oder Pizzerien am Abend ist besonders stimmungsvoll, wenn auch Vorsicht vor Dieben angebracht ist.

Vom Tiber, vom Ponte Garibaldi in die Viale Trastevere gehend, sehen wir auf der linken Seite **Torre e Palazzetto Anguillara**, den alten Turm und das Stadthaus der Anguillara, aus dem 13. Jh. (restauriert); auf der rechten Seite, etwas zurückgesetzt an einem verkehrsreichen Platz, der Piazza Sonnino, die Kirche **Sant'Agatà** und die große Kirche **San Crisogono (1)**. Dem römischen Märtyrer Chrysogonus, unter Kaiser Diokletian enthauptet, wurde das Gotteshaus geweiht, das zuerst vor dem Jahr 499 auf antiken Mauerresten und zwischen 1123 und 1129 neu entstand. Das Innere wurde im barokken Stil des 17. Jh. gestaltet. Beachtenswert sind die Vorhalle mit vier Granitsäulen, der romanische Campanile (1124) und im Innern der Kirche zwei Porphyrsäulen am Triumphbogen, die größten Roms. Ausgrabungen haben auch hier Mauern der Vorgängerbauten freigelegt.

## Santa Cecilia

Die hl. Cäcilia, in den Heiligenbüchern des Mittelalters ›Himmelslilie, Coeli Lilia‹, genannt, starb im 2. Jh. n. Chr. den Märtyrertod. Ihre Geschichte hat stets die Phantasie der Christen erregt und die Römer zu hoher Verehrung motiviert: ein schönes Mädchen, das um ihres Glaubens willen das Martyrium erlitt. So bildeten sich um ihr Leben wie um ihren Tod, ja noch um ihr Grab frühzeitig zahllose Legenden. Nach einer dieser Überlieferungen befand sich auf dem Platz der heutigen Kirche das Haus ihres Mannes Valerianus. Darüber erbaute man bereits im 5. Jh. eine erste Kirche, die unter Papst Paschalis II. (817–824) erneuert wurde, dem Aufbau einer Basilika entsprechend mit Vorhof, Vorhalle, Glockenturm und einem von Säulenreihen unterteilten niedrigen Halleninnenraum ohne Querhaus, aber mit Chor und Apsis (2).

Der Chorraum enthält einen marmornen Altaraufbau (Ziborium), von Arnolfo di Cambio um 1283 gearbeitet; in der Confessio, die von Stefano Maderna im Jahre 1600 geschaffene Marmorfigur der hl. Cäcilie, ein vielbewundertes Meisterwerk. Vorbild dieser anmutigen

◁ Santa Cecilia in Trastevere

*Jenseits des Tiber*

1 S. Crisogono
2 S. Cecilia
3 S. Francesco a Ripa
4 S. Maria in Trastevere
5 Villa Farnesina
6 Palazzo Corsini
7 S. Pietro in Montorio
8 Tempietto di Bramante
9 Fontana Paola
10 Piazza Garibaldi
11 S. Onofrio
12 Palazzo Torlonia
13 Castel Sant'Angelo

Ponte Cavour
Lungotevere Prati
Ponte Umberto
Lungotevere Marzio
Palazzo Borghese
Via del Corso
Via Zanardelli
Palazzo Montecitorio
S. Maria dell'Anima
S. Luigi dei Francesi
Corso del Rinascimento
Piazza Navona
Agnese in Agone
Palazzo Madama
Pantheon
S. Ivo
S. Maria sopra Minerva
Via del Corso
della lleria
Corso Vittorio Emanuele II.
Piazza Venezia
S. Andrea della Valle
S. Carlo ai Catinari
Palazzo Spada
Via Arenula
Lungotevere dei Vallati
Lungotevere dei Cenci
Teatro di Marcello
Ponte Garibaldi
Tiberinsel
Ponte Fabricio
Ponte Cestio
Lungotevere del R. Sanzio
Via Renella
Lungotevere d. Anguillara
Piazza S. Sonnino
Ponte Palatino
Lgt. Ripa
Via dei Salumi
Via dei Genovesi
Trastevere
S. Francesco a Ripa
Porto di Ripa Grande
1
2
3

*Die im Jahre 1600 von Stefano Maderna geschaffene Marmorfigur der hl. Cäcilia (in der Confessio von Santa Cecilia) ist in der Haltung dargestellt, in der man ihre Leiche ein Jahr zuvor bei der Öffnung ihres Grabes vorgefunden hatte*

Gestalt war ein junges Mädchen, das man ein Jahr zuvor in dieser Haltung in einem Grab gefunden hatte; acht Jahrhunderte zuvor hatte der Überlieferung nach Papst Paschalis II. den blutdurchtränkten, doch unverwesten Leichnam der hl. Cäcilie (das erste Mal) entdeckt. Beachtenswert auch das Apsis-Mosaik aus dem 9. Jh. (unter Papst Paschalis); es zeigt den Erlöser auf den Wolken des Himmels, umgeben von den Heiligen Petrus, Paulus, Cäcilia, Valerianus und Agathe sowie Papst Paschalis mit dem Nimbus. Die bei Ausgrabungsarbeiten freigelegten Reste eines altrömischen Hauses unter der Kirche sind durch die Krypta zugänglich. Das ›Jüngste Gericht‹, ein bedeutendes Wandbild Pietro Cavallinis von 1293 (als dem päpstlichen Rom wegen Avignon der Ruin drohte), ist seit dem Einbau der Empore im 16. Jh. nicht mehr frei zugänglich und nur mit Genehmigung der Ordensschwestern zu besichtigen.

**San Francesco a Ripa (3)** wird vornehmlich wegen eines meisterhaften Alterswerks von Bernini aufgesucht, der Marmorstatue der seligen Ludovica Albertoni (1674), in der kleinen Cappella di Sant'Anna (linkes Seitenschiff, vierte Kapelle). Die Kirche dient dem Andenken des hl. Franz von Assisi, der bei einem Aufenthalt in Rom hier in dem alten Pilgerhospiz von San Biagio wohnte. Die von Mattia de Rossi um 1682 errichtete Kirche ersetzte eine mittelalterliche dreischiffige Säulenbasilika (von 1231) mit Glockenturm, die über der Kapelle des ehemaligen Hospizes erbaut worden war.

## Santa Maria in Trastevere

Manche sagen, hier hätten die römischen Christen ihre ersten öffentlichen Gottesdienste abgehalten. Die Gläubigen von Trastevere wären mit dieser Vermutung einverstanden, denn Santa Maria in Trastevere (4) gilt als die älteste Marienkirche Roms und wurde nach der Überlieferung über einer Ölquelle erbaut, die 38 Jahre vor Christi Geburt aufsprang und als Zeichen für das Nahen des Erlösers angesehen wurde.

Die Marienbasilika hat vieles Sehenswerte, doch ihren größten Ruhm bilden – neben dem Altar – wohl die Mosaiken. Im oberen Bereich der Apsishalbkuppel zeigen die um 1140 entstandenen Arbeiten auf ›überirdischem‹ Goldgrund (Symbol der himmlischen Herrlichkeit) Christus mit seiner Mutter und Heiligen (s. Abb. S. 149). Das Thema ›Thronender Christus mit Maria‹, hier zum ersten Mal dargestellt, weist auf den Beginn des römischen Marienkults hin. Darunter ein Lämmer-Fries, in dem das Lamm Gottes zu Füßen des Erlösers steht. Unter dem Fries schuf Pietro Cavallini um 1291 ausdrucksstarke Szenen aus dem Leben Marias (Geburt, Verkündigung, Geburt Christi, Anbetung durch die Heiligen Drei Könige, Darbringung Jesu im Tempel und Marien-Tod), die in ihrer Darstellung des Menschen und des ihn umgebenden Raumes bereits weit vorausgreifen.

*Den größten Ruhm der Kirche Santa Maria in Trastevere bilden die Mosaiken*

22 antike ionische Säulen gliedern das breite Mittelschiff mit Saalcharakter, großenteils erhaltene Marmorintarsien (Kosmatenarbeit) bilden den Fußboden, und eine vergoldete Holzdecke von Domenichino (1617) krönt den Abschluß des Innenraums. Das Gotteshaus, dessen erster Bau von Papst Kalixtus I. (217–222) begründet und von Julius I. (337–352) wahrscheinlich um 340 vollendet wurde, dessen heutiger auf das Jahr 1140 zurückgeht (Papst Innozenz II., 1130–1143), ist eine schöne und würdige dreischiffige Basilika. Über der im Barock hinzugefügten Säulenvorhalle, die zahlreiche antike, frühchristliche und mittelalterliche Kunstwerke enthält, u. a. Sarkophage, ragt die mittelalterliche Fassade auf, die von einem Mosaik der Gottesmutter zwischen zehn weiblichen Heiligen (12./13. Jh.) geschmückt wird. Auf der rechten Seite erhebt sich neben dem Giebel der äußerst schlicht gehaltene romanische Glockenturm.

## Villa Farnesina und Palazzo Corsini

Zwischen der Via della Lungara und dem Lungotevere della Farnesina erhebt sich am Flußufer die **Villa Farnesina (5)** – gegenüber dem Palazzo Farnese auf der östlichen Seite des Tiber. Als Rom im 16. Jh. wieder den ersten Rang unter den italienischen Städten einnahm, entfaltete sich hier prachtvoller Luxus. Baldassare Peruzzi war der Baumeister dieses zu Beginn des 16. Jh. für den reichen Bankier Chigi errichteten Garten-Palazzo, an dessen Dekoration die berühmtesten Künstler der Zeit mitwirkten. Raffael mit seinen Schülern schuf 1511 die Fresken an Decke und Wänden der Gartenloggia, die Fabel von Amor und Psyche (nach dem lateinischen Dichter Apuleius) aufgreifend; die meisterhafte Gestaltung erwächst aus der Synthese des Antik-Göttlichen und des Renaissance-Menschlichen. Im Saal der Galatea entstand unter Raffaels Händen der ›Triumph der Nymphe Galatea‹ (1511); Lieblichkeit und Sinnenfreuden, selbstbewußter Triumph und stürmische Bewegung sind vom Künstler meisterhaft erfaßt. An der Ausgestaltung des Palazzo wirkten weiter Sebastiano del Piombo, Peruzzi selbst und Sodoma mit. Das bedeutendste Werk Sodomas ist im Schlafzimmer des Agostino Chigi zu finden: ›Die Hochzeit Alexanders des Großen mit Roxane‹, der Tochter des persischen Königs Darius, 1511 entstanden. Im 1. Stock, im Salone delle Perspettive, gestaltete Peruzzi illusionistische Wandmalereien. So ist die Villa Farnesina ein bemerkenswertes Kleinod unbeschwerter Kunst.

Unter ihrem ersten Hausherrn war hier zu Gast, wer Rang und Namen in der römischen Gesellschaft hatte; Fürsten und Künstler, Diplomaten und Kardinäle, Literaten und Päpste feierten rauschende Feste. Die vornehmsten unter ihnen speisten sogar von Silbergeschirr, das mit ihrem Wappen gezeichnet war. Sie warfen es nach den Mahle zwar in den Tiber, aber durch ein Netz wurde gesichert, daß nichts abhanden kam. (So erhöhten die Bankiers ihre Reputation und sparten zugleich.) Als der Palast 1580 in den Besitz der Farnese

*Die Fresken in der Gartenloggia der Villa Farnesina schufen Raffael und Schüler zu Beginn des 16. Jh., die Geschichte von Amor und Psyche (nach Apuleius) aufgreifend*

gelangte, erhielt er von diesen seinen Namen. Von den Farnese kam er zu den Bourbonen von Neapel; seit 1927 ist er Staatseigentum.

Im **Palazzo Corsini** (6) gegenüber der Villa Farnesina befinden sich Teile der Galleria Nazionale d'Arte Antica, der ehemaligen Corsini-Galerie, und Werke der europäischen Malerei des 17. und 18. Jh. (Ein großer Teil des Bestandes wurde in den Palazzo Barberini, in die dortige Galleria Nazionale d'Arte Antica, übertragen.) Hier hat heute auch die höchste italienische Kulturakademie ihren Sitz, die Accademia Nazionale dei Lincei. Den Palazzo ließ Kardinal Domenico Riario, Neffe des Sixtus IV., im 15. Jh. erbauen. Nachdem Königin Christine von Schweden zum katholischen Glauben konvertiert war und auf den Thron verzichtet hatte, diente ihr der Palazzo als Residenz, in der sich Künstler und Wissenschaftler – die nachmaligen Mitglieder der Akademie Arkadia – trafen. 1732–1736 ließen die Corsini als neue Besitzer den Palast mit großem Aufwand erneuern.

## Gianicolo

Vom Gianicolo, dem Hügel des Gottes Janus (Jani Collis), der nicht zu den klassischen sieben Hügeln Roms gehört, reicht die Aussicht über die römische Innenstadt und die Außenbezirke bis zu den umliegenden Bergen (s. Abb. S. 32/33); dazu weist er einige Monumente von kunsthistorischem Rang auf.

Die Reihe der Kunstwerke des Gianicolo beginnt – von Trastevere kommend – bei **San Pietro in Montorio (7)**, der Kirche des hl. Petrus ›auf dem Goldberg‹. ›Montorio‹, ›Monte d'Oro‹, ›Mons Aureus‹, war früher der Beiname des Gianicolo. Die Kirche verdanken wir einer Legende. Es hieß, Petrus sei an dieser Stelle auf dem Gianicolo gekreuzigt worden, was anderen Überlieferungen nicht ganz entspricht. Der spanische König Ferdinand IV. ließ durch Baccio Pontelli (nach 1481) den schlichten Bau im Stil der Frührenaissance errichten. Das einschiffige Innere wird links und rechts von Seitenkapellen flankiert. Die Ausstattung der ersten Kapelle links geht auf Entwürfe Berninis zurück; in der ersten Kapelle der rechten Seite befindet sich ein beachtenswertes Altarbild Sebastiano del Piombos (1519–1525).

Auf der rechten Seite schließt sich der Hof des Franziskanerklosters mit dem berühmten **Tempietto di Bramante (8)** an. Dieses

*Mit dem kleinen Rundbau im Hof des Franziskanerklosters, dem Tempietto di Bramante, schuf der Architekt ein Musterbeispiel für Renaissance-Baukunst*

*Die Passegiata del Gianicolo wird von den Marmorbüsten italienischer Patrioten flankiert*

Kirch-Tempelchen schuf Bramante, der große Architekt der Renaissance, zur Erinnerung an die Kreuzigung des Apostels Petrus. Der Tempietto wirkt im Hof von den Gebäuden eingeengt. Das nimmt diesem ›Musterbeispiel der Hochrenaissance-Architektur schlechthin‹ etwas von seiner Wirkung, doch sind die griechischen Formen als Maßstab und Vorbild dieses ›christlichen‹ Bauwerks unübersehbar, daher: ›Renaissance‹ (ital. *rinascimento*), Wiedergeburt der Antike. So strahlt das gesamte Tempelchen in ausgewogener Symmetrie Harmonie von höchstem baukünstlerischen Rang aus. Auf dem kreisrunden Tempelpodest umgeben 16 Säulen mit dorischen Kapitellen die Cella, den Innenraum. Ein Gebälk von Metopen trägt die geometrisch gegliederte Balustrade, hinter der das leicht zurückgesetzte Obergeschoß die Formen des unteren Geschosses aufnimmt. Es wechselt sich jeweils eine rechteckige Nische mit einer runden ab. Mit dem Bauplan wird der theologische Gedanke ausgedrückt, daß Petrus mit seinem Martyrium (nach unten gekreuzigt – Unterkirche) den Tod seines Meisters Jesus Christus (aufrecht gekreuzigt – Oberkirche) demütig wiederholt.

Der große Brunnenprospekt der **Fontana Paola (9)** an der Via Garibaldi bildet das Ende einer Wasserleitung, die Papst Paul V. 1612 durch Giovanni Fontana anlegen ließ. Die Rückwand des mächtigen Brunnens schuf Carlo Maderna; sie ist mit den Wappen (Adler und Drachen) des Borghese-Papstes geschmückt.

Von der Fontana Paola führt die **Passeggiata del Gianicolo** über den Gianicolo-Hügel bis zur Piazza della Rovere am Tiber, in der Nähe des Vatikans. Die von der Porta San Pancrazio ausgehende

*Über Freitreppen und einem terrassierten geometrischen Garten erhebt sich das mit antiken Statuen und Reliefschmuck ausgestattete Casino der Villa Doria Pamphili*

Straße und die Passeggiata werden von den Marmorbüsten italienischer Patrioten flankiert. Beide Straßen münden auf die Piazza Garibaldi (10), deren Mitte das Ende des 19. Jh. geschaffene **Denkmal für Guiseppe Garibaldi** einnimmt, den italienischen Nationalhelden (1807–1882), der für die Einigung Italiens kämpfte. Von hier dröhnt um 12 Uhr ein kräftiger Schuß aus einer erbeuteten österreichischen Kanone über die Stadt. Die Terrasse des Platzes bietet einen herrlichen Rundblick über Rom; von der Nordwestecke aus sieht man sogar die Kuppel von Sankt Peter. Wenige Meter weiter nördlich erinnert das Denkmal einer Frau mit wehenden Haaren an Anita Garibaldi, Gemahlin des Heroen. Es folgt ein Leuchtturm, der ›Faro‹, der bei Dunkelheit die italienischen Nationalfarben – Grün, Weiß, Rot – über die Straße wirft.

Hinter einem unauffälligen Äußeren verbirgt sich das beachtenswerte Innere von **Sant'Onofrio (11)**, der Kirche des hl. Onuphrius, mit schönen Fresken und würdigen Grabmälern (u. a. für den Dichter Torquato Tasso, 1544–1595, der im Kloster von Sant'Onofrio starb). Onuphrius war ein Einsiedler des 4. Jh., dem zu Ehren die ›Eremiten des hl. Hieronymus‹ 1419 diese Kirche bauen ließen. Vom Vorplatz der Kirche bietet sich ein schönes Panorama über Rom, von der Engelsburg bis zum Palazzo Farnese und weiter in die Ferne.

Das Areal der **Villa Doria Pamphili** dient heute den Römern als Erholungspark und oft den führenden Staatsmännern der Republik Italien mit den repräsentativen Bauwerken des Casino di Allegrezza (der Heiterkeit) und des Giardino Segreto (des Geheimgartens) bei offiziellen Anlässen für Gespräche mit Vertretern anderer Regierungen. Der zur Villa gehörende und gleichzeitig größte Park Roms bedeckt das Gebiet südwestlich des Gianicolo-Hügels. Die Via Olimpica – für die Olympischen Spiele als Verbindung zwischen den Sportstätten im Norden und Süden der Stadt geschaffen – teilt seit 1960 das weitläufige Gebiet. Alessandro Algardi schuf die Anlage um 1650, die im Auftrag des Fürsten Camillo Pamphili, des Neffen Papst Innozenz' X. (1644–1655). Auf der unweit der Via Aurelia Antica gelegenen Terrasse mit schöner Aussicht erhebt sich das mit antiken Statuen und reichem Reliefschmuck ausgestattete Casino di Allegrezza. Ein erholsamer Spaziergang lohnt sich hier.

## Engelsburg – Castel Sant'Angelo

Die **Via della Conciliazione**, die ›Straße der Versöhnung‹, deren Name an die Lateranverträge von 1929 erinnert, wurde im darauffolgenden Jahrzehnt von Mussolini als Zufahrtsstraße nach Sankt Peter angelegt, mitten durch das alte Borgo-Viertel (s. Abb. S. 137). Neben den modernen Bauten sind einige alte Bauwerke stehengeblieben: rechts die Kirche **Santa Maria in Traspontina** (1566–1637); der schöne **Palazzo Torlonia (12)** von Andrea Bregno (1496–1504) mit seiner an die Cancelleria erinnernden Travertin-Fassade; links der **Palazzo Penitenzieri** (Hotel ›Columbus‹) von 1481, der an den Palazzo Venezia erinnert.

Die **Engelsburg (Castel Sant'Angelo; 13)**, ursprünglich als Mausoleum entstanden, das Kolosseum und das Pantheon sind die eindrucksvollsten erhaltenen Bauwerke der Antike in Rom. »Unstete kleine zärtliche Seele, Gast und Gefährtin des Körpers, wohin wirst du nun gehen, an welchen fahlen, kalten, kahlen Ort?« fragte Kaiser Hadrian (117–138 n. Chr.). Drei Jahre vor seinem Tod ließ er mit dem Bau des Mausoleums für sich und seine Nachfolger beginnen; unter Kaiser Antonius Pius wurde es im Jahr 139 fertiggestellt. Auf einem 15 m hohen quadratischen Podium (Seitenlänge 84 m) wuchs ein zylinderförmiger Bau (Durchmesser 64 m, Höhe 20 m) empor, der aus Tuff- und Travertinquadern gefügt ist, von einer mit Statuen geschmückten Säulengalerie umschlossen und von einer Quadriga bekrönt wurde. Im Innern erreichte man durch einen rampenartigen, kreisförmig angelegten Gewölbegang die quadratische Grabkammer (8 m Seitenlänge).

Im 3. Jh. wurde das ›Hadrianeum‹ in die Aurelianische Stadtmauer einbezogen und zu Roms massivster Festung ausgebaut. Den Namen ›Engelsburg‹ erhielt das ehemalige Grabmonument nach einer Vision, die im Jahre 590 das Ende der wütenden Pestepidemie versprach: Gregor der Große erblickte über der Festung den Erzengel Michael, wie er zum Zeichen sein Schwert in die Scheide zurücksteckte. Die Bronzestatue eines Engels (von 1733) auf der Spitze er-

*Die Engelsburg, als Mausoleum für Kaiser Hadrian erbaut, diente über Jahrhunderte den Päpsten als Festung*

innert daran. Eine Verbindung von der Engelsburg zum Vatikanischen Palast wurde 1277 unter Nikolaus III. durch eine Mauer hergestellt, in der ein Gang verläuft. Unter Alexander VI. (dem umstrittenen Borgia-Papst, 1492–1503) wurde die Festung durch vier Eckbastionen noch wehrhafter gestaltet. Zugleich wurden Wohngemächer und Depots errichtet, später das Geheimarchiv und die päpstliche Schatzkammer hierher verlegt.

In 1500 Jahren bediente das Bauwerk unterschiedlichste Funktionen: Es war Grabmonument und Festung, in das sich die Päpste bei Gefahr in Sicherheit brachten (z. B. 1084 Gregor VII. vor Kaiser Heinrich IV., Klemens VII. 1527 beim »Sacco di Roma« vor den Truppen Kaiser Karls V. und Pius VII. vor Napoleon) oder wo sie in prachtvoll ausgestalteten Gemächern residierten. Auch als Kerker und Hinrichtungsstätte ging die Engelsburg in die römischen Annalen ein. Hier fand etwa der Prozeß gegen Giordano Bruno statt. Selbst der Oper dient sie als Kulisse – im 3. Akt von Puccinis ›Tosca‹.

Durch die zahlreichen Um- und Anbauten mit immer neuen Höfen, Sälen, Magazinen, Treppen, Kammern und Gängen entstand eine höchst komplizierte Gebäudestruktur. Die Geschosse sind bis heute durch die Spiralrampe des alten Grabzylinders verbunden; der Besucher erreicht über sie die Aussichtsplattform. Ein Blick – vor allem auf Sankt Peter und die Engelsbrücke (s. S. 126 f.) – ist von der oberen Plattform unterhalb des Engels besonders lohnend. Man sieht den tosenden Verkehr, der schon im Heiligen Jahr 1300 zwar anders, doch offenbar nicht weniger lebhaft war; man mußte, wie Dante berichtet, die Engelsbrücke zur Einbahnstraße erklären.

## Villa Madama

Bei der Villa Madama geraten Kunsthistoriker zu Recht ins Schwärmen. Sie spielt als Gartenvilla eine wichtige Rolle in der abendländischen Architektur, da es hier glückte, Ideen der antiken Baukunst mit Vorstellungen der Renaissance, architektonische Formen und malerische Elemente, Kunst und Natur miteinander zu verbinden. Sie liegt auf halber Höhe des Monte Mario im Nordwesten Roms, zur Stadt hin. Kardinal Giulio de' Medici, der später als Klemens VII. von 1523–1534 die römische Kirche regierte, gab die Villa nach Entwürfen Raffaels in Auftrag. Da dieser Künstler zu jener Zeit gerade die römischen Bauwerke der Antike studierte, gingen architektonische Ideen des Altertums aus dem damals entdeckten ›Goldenen Haus‹ des Nero in der Nähe des Kolosseums und der Konstantinsbasilika auf dem Forum in diesen Bau ein. Die unvollendete Anlage wurde von Antonio da Sangallo d. J. verändert und erweitert. Nachfolgende Eigentümerin wurde Madama Margarete von Parma, deren Namen das Bauwerk bis heute trägt (s. S. 36); später gehörte sie den Bourbonen von Neapel (1735). Die elegant ausgestattete und mit reichen Stuckdekorationen geschmückte Villa fügt sich harmonisch in die Parklandschaft ein. Sie dient heute der italienischen Regierung für Empfänge und Konferenzen. Ministerpräsident oder Außenminister empfangen hier Staatsgäste zum politischen Gespräch in kunstreicher Atmosphäre, und wenn die Unterredung einmal ins Stocken gerät, hilft ein Blick aus dem Fenster, ein Hinweis auf dieses oder jenes berühmte Monument unten in der Stadt. Noch mehr Bewunderung zeigen die Besucher aus aller Herren Länder beim festlichen Staatsbankett am Abend, wenn Rom heraufglitzert und die Räume im warmen Licht erstrahlen. Dann kommen, bis ins letzte Detail ausgeleuchtet, die Grotesken, Stuckdekorationen und Malereien erst ganz zur Geltung; und was in den Verhandlungen tagsüber noch nicht gelang, glückt vielleicht zur Abendstunde in beschwingter Laune.

## Foro Italico

Der Eingang zum Foro Italico, einer für die faschistische Akademie der Farnesina von 1938 bis 1939 errichteten Sportanlage, wird von einem 17,1 m hohen Obelisken markiert. In diesen Marmorstein aus Carrara ließ der ›Duce‹ (Führer) Mussolini die Worte ›Dux Mussolini‹ einmeißeln; die Republik Italien ließ nach dem Zusammenbruch des Faschismus diese Inschrift stehen. Welche Andenken hätte man in Rom noch tilgen müssen! Das Marmorstadion, Stadio dei Marmi, bietet 20 000 Zuschauern Platz, das Stadio Olimpico, dahinter in den Abhang des Monte Mario hineingebaut, Schauplatz der Leichtathletikkämpfe der 17. Olympischen Spiele 1960, nimmt nach dem Umbau für die Fußball-Weltmeisterschaft mehr als 75 000 Zuschauer auf.

# Sankt Peter und der Vatikan

# Sankt Peter und der Vatikan

Peterskirche ☆☆
Vatikanische Museen ☆☆
Sixtinische Kapelle ☆☆
Stanzen des Raffael ☆

Sankt Peter und der Vatikan – das ist eine einzigartige Stätte auf der Welt: die größte, prächtigste und berühmteste Kirche des Christentums, die gewaltigste sichtbare Kristallisation des christlichen Glaubens, Zentrum der katholischen Kirche, einer religiösen Institution, die nicht nur wegen ihrer zwei Jahrtausende währenden Geschichte Respekt verlangt, sondern auch in der Gegenwart lebendig wirkt und Gläubige aus aller Herren Länder magisch in diese Mitte zieht, ein so übermächtiges Kunstwerk von Menschenhand, daß vor dem Gesamteindruck die Worte zu versagen drohen, dazu die Residenz des Papstes, des Oberhauptes der römisch-katholischen Kirche und vornehmsten Sprechers der Christenheit, die größte Palastanlage der Welt, ein souveräner Staat inmitten der italienischen Hauptstadt, der ›Stato della Città del Vaticano‹ – Staat der Vatikanstadt, die völkerrechtliche Basis des ›Heiligen Stuhls‹, der Zentralverwaltung der katholischen Kirche unter dem Papst, und eine der weltweit größten Herbergen von Kunstschätzen, im Petersdom und in den Vatikanischen Museen.

Der ›natürliche‹ Zugang nach Sankt Peter ergibt sich von der Engelsburg. Kommt man vom Justizpalast her, liegt die Kuppel der Kirche über dem Grab des Kaisers Hadrian, geht man von der Innenstadt her über die Engelsbrücke, schwebt die Schöpfung des Michelangelo über dem Tiber. Daß heute der Blick durch die Via della Conciliazione frei ist auf Platz, Fassade und Kuppel von Sankt Peter, ist lang ersehnt, doch erst in diesem Jahrhundert unter Mussolini nach der Besiegelung der Lateranverträge, der ›Versöhnung zwischen dem Königreich Italien und dem Papst, von 1936 bis 1950 realisiert worden. Denn natürlich verlangte eine so prachtvolle Kirchenanlage zu Ehren des Apostelfürsten Petrus einen feierlichen Zugang. Doch immer wurden die Pilgerscharen in den Gassen und Winkeln des Borgo aufgehalten, zuweilen zu ganz profanen, geschäftlichen Zwecken. So trat der Überraschungseffekt erst in unmittelbarer Nähe der Kirche ein. Erst der faschistische Diktator öffnete den Blick auf Sankt Peter, dabei Paläste und Kirchen zur Seite schiebend. Man mag gegen Einzelheiten der breiten Via manches einwenden; insgesamt bedarf man vor dem Peters-Komplex des langsamen Eingestimmtwerdens. Denn selbst der (protestantische) Dichter Schiller schwärmt von dieser Anlage des Papstes: »Ein wahrhaft Reich der Himmel ist sein Haus. Denn nicht von dieser Welt sind diese Formen,« und der französische Schriftsteller Stendhal sagt von diesem ›Schönsten‹ schlicht: »Es ist ganz einfach die Vollendung der Kunst.«

Der weite Weg aus der Innenstadt wirft die Frage auf, warum man eine so große Kirche so weit außerhalb der eigentlichen Stadt errichtete. Die Antwort muß sich auf den Apostel Petrus und die Päpste konzentrieren. Immer waren die Päpste mit dieser Kirche verbun-

◁ Blick über Engelsbrücke auf Tiber und Peterskirche

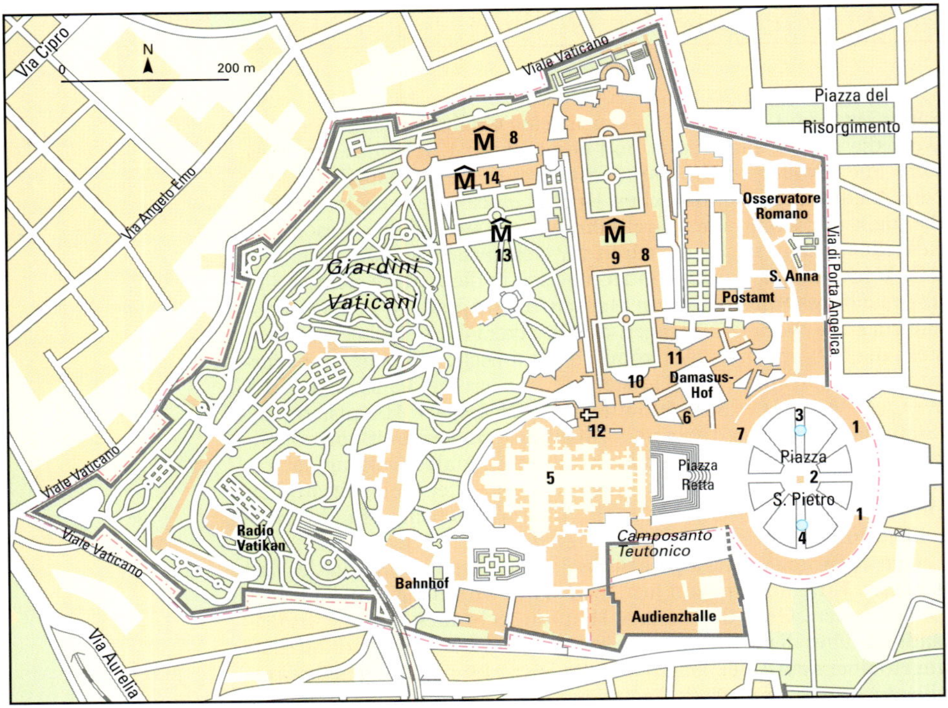


*Sankt Peter und der Vatikan: 1 Kolonnaden des Bernini 2 Obelisk 3 Brunnen von Maderna 4 Brunnen von Fontana 5 Peterskirche 6 Apostolischer Palast 7 Bronzetor, Eingang und Korridor des Bernini 8 Vatikanische Museen 9 Vatikanische Bibliothek 10 Stanzen des Raffael 12 Loggien des Raffael und Sixtinische Kapelle 13 Museo Storico 14 Vatikanische Pinakothek*

den, auch wenn sie als Bischöfe von Rom jahrhundertelang im Lateran residierten, auch wenn sie erst im 15. Jh. neben der Kirche sich den heutigen Vatikanischen Palast erbauen ließen und schon ein Jahrhundert später den Quirinalspalast als Residenz planten und lange benutzten. Nach der Überlieferung erlitt der Apostel Petrus, der, wie die Bibel berichtet, von Jesus ausgezeichnete Jünger, im Jahr 64 oder 67 unter Nero in den kaiserlichen Gärten beim Vatikanischen Hügel das Martyrium. Petrus wurde von den Christen als der erste Bischof Roms verehrt: Als sein Nachfolger betrachtete sich jeder römische Bischof; in dieser hervorgehobenen Apostolischen Sukzession verstanden sich die Päpste als Träger eines Primats im Dienst der ganzen Kirche. Die römischen Christen waren stets stolz darauf, daß sich bei ihnen die Gräber der Apostelfürsten Petrus und Paulus befanden. Für die ›Memoria‹, das verehrende Gedenken an Petrus, sollte Anfang des 4. Jh. eine stattliche Kirche errichtet werden. Diese erste Peterskirche, von Kaiser Konstantin gestiftet, wurde im Jahr 326 von Papst Sylvester I. (314–335) eingeweiht. Der Kunsthistoriker Richard Krautheimer, bester Kenner des mittelalterlichen Rom, notierte dazu: »Die Petersbasilika lag auf einem kaiserlichen Landbesitz außerhalb der Stadt: am Rande des Vatikanischen Hügels, dort, wo er sich zu den Gärten des Nero hinuntersenkte. Im Gegensatz zu anderen Begräbnishallen erhob sich der Schrein des heiligen Petrus jedoch nicht außerhalb der Basilika in einer Katakombe. Statt dessen bildete er den zentralen Brennpunkt der Basilika und zwang den Architekten des Kaisers auf diese Weise einen neuen Grundplan auf. Zwischen 319 und 322 begonnen und 329 vollendet, stand die Basilika auf einer weiten Terrasse, die durch Aufschüttung der alten heidnischen Nekropolis und des in ihr gelegenen kleinen christlichen Kultzentrums entstanden war; nur der obere Teil der Nische, die Gedenkstätte des heiligen Petrus, blieb über dem Bodenniveau von Konstantins Basilika sichtbar. Konstantins Bau ist anhand der ausgegrabenen Reste und aus Beschreibungen, Gemälden und Zeichnungen, die vor oder während seines Abrisses angefertigt wurden, in nahezu allen Details bekannt.«

Alt-Sankt-Peter wurde als fünfschiffige Basilika mit Querhaus und Apsis errichtet. Die Kirche war mit Malereien, Mosaiken und Grabmälern prächtig ausgestattet – wie den mittelalterlichen Pilgerberichten zu entnehmen ist. Oft restauriert, hatte sie im 15. Jh., nach dem Exil der Päpste in Avignon und dem abendländischen Schisma einstige Größe und Pracht eingebüßt. Als im 15. Jh. Ansehen, Macht und Reichtum der Päpste wieder wuchsen und Rom sich im Vergleich mit den anderen italienischen Städten erholte, rief Papst Nikolaus V. im Jahr 1452 die Christenheit zum Bau eines neuen Gotteshauses auf. Doch erst Julius II. (1503–1513) ging mit Entschiedenheit an das Projekt. Diese erste Phase erlebte etwa der junge Augustiner-Mönch Martin Luther, der spätere Reformator, als er im Winter 1510/11 als Begleiter eines Oberen, des Paters Nathin, in Rom weilte; aber er nahm weder den Betrieb der päpstlichen Kurie noch die künstlerischen Bestrebungen der römischen Renaissance richtig wahr. Wegen des teuren Kirchen-Neubaus standen als ›Heilige‹, wie der Volksmund spottete, ›Sankt Goldtaler‹ und ›Silbergroschen‹ noch mehr in Ansehen. Als frommer Priester nahm Luther daran zu jener Zeit jedoch wenig Anstoß; die Reformation wurde nicht um der Peterskirche willen ausgerufen, auch wenn zu ihrem Bau Ablaßgelder verwandt wurden, gegen die Luther wenig später heftig rebellierte.

Seit 1506 trieben Julius II. und der Architekt Bramante, beide im vorgerückten Alter, die Arbeiten mit fieberhafter Hast voran. Vielleicht erklärt auch die Eile, warum man später Bramante nachsagte, er habe schlechte Baumaterialien verwendet und zudem noch Geld veruntreut. In die dann folgende – spannende und langwierige – Baugeschichte, griffen bis zu Pius VI. (1775–1799), also drei Jahrhunderte lang, fast alle Päpste ein. Verschiedene Entwürfe wurden eingereicht, abgeändert, umgestoßen, durch neue ersetzt. Stets wurden die bedeutendsten Architekten und Künstler berufen. Bramantes Nach-

*Jacob Burckhardt zollte in seinem ›Cicerone‹ das höchste Lob: »Die Kuppel Michelangelos, in Form und Höhe derjenigen der früheren Baupläne überlegen, bietet vielleicht von außen die schönste und einfachste Umrißlinie dar, welche die Baukunst auf Erden erreicht hat.«*

folge traten Raffael, Fra Giocondo, Giuliano da Sangallo, Baldassare Peruzzi, Antonio da Sangallo und Michelangelo (1547, im Alter von bereits 72 Jahren) an. Letzterem verdanken wir die unvergleichliche Kuppel. Bei Michelangelos Tod im Jahr 1564 war der Tambour, der zylindrische Aufsatz, fertig, die Form festgelegt. Die nächsten Bauleiter waren Vignola, Pirro Ligorio, Giacomo della Porta, Domenico Fontana, Carlo Maderna und Bernini. Paul V. (1605–1621) forderte wegen der Neuerungen in der kirchlichen Liturgie (nach dem Konzil von Trient, 1547–1563) und Architektur, den bisherigen Zentralbau mit gleich langem Quer- und Längsschiff zur Stadt hin zu verlängern. Maderna erfüllte diesen Wunsch und schloß die Fassade 1614 (1612, nach der Inschrift) ab. Mit der Vollendung des Kirchenbaus war die Aufgabe gestellt, den Platz vor diesem ›Haus Gottes, des hl. Petrus und der Päpste‹ zu schaffen. Sie fiel Gianlorenzo Bernini aus Neapel zu; er führte sie im Auftrag Papst Alexanders VII. (1656–1667) von 1656 bis 1667 meisterhaft aus.

## Petersplatz – Piazza San Pietro

Die Piazza des Bernini ist eine vollkommene Schöpfung – ob mit Zehntausenden, manchmal gar Hunderttausenden von Menschen oder ganz leer. Die beiden ineinander übergehenden Plätze – eine 240 m lange Ellipse und ein Trapez, die Piazza Retta, die, zur Kirche hin breiter werdend, auf langen Stufen zwischen den Statuen der Apostelfürsten Petrus und Paulus ansteigt – bilden die feierlichste

Bühne der katholischen Kirche. Auf der Piazza Retta vor der eindrucksvollen Fassade zelebriert der Papst an hohen Festtagen das Pontifikalamt, wenn für die große Menge der Gläubigen das Innere des Domes nicht ausreicht. Vierer-Reihen von insgesamt 284 Säulen und 88 Pfeilern aus Travertin, weit ausladenden Armen vergleichbar, die aufnehmen und einschließen, umspannen das Oval des ersten Platzes. Auf diesen 17 m breiten Kolonnaden (1) vollzieht sich eine Prozession von 140 Heiligen, Zeichen der triumphierenden Kirche, Figuren, die von mehreren Künstlern unter Alexander VII. und Klemens IX. (1667–1669) geschaffen wurden.

Die Mitte des ovalen Platzes ist durch einen 25,5 m hohen ägyptischen Obelisken (2) unübersehbar markiert. Zudem führen weiße, in das Pflaster eingelassene Stein-Streifen, die zugleich gliedernde Sektoren bilden, auf das Zentrum zu. Der Obelisk wurde im Jahr 37 von Kaiser Caligula aus dem altägyptischen Heliopolis nach Rom überführt und im Circus auf dem Vatikanischen Hügel aufgerichtet. Dort überdauerte er das ganze Mittelalter. 1586 ordnete Papst Sixtus V. seine Versetzung vor die Kirche an. Der damit betraute Architekt Domenico Fontana wäre daran beinahe gescheitert. Für den Transport des 322 t schweren Steines setzte man 44 Winden, 900 Arbeiter und 140 Pferde ein. Man arbeitete vier Monate lang, vom 30. April 1586 bis zum 10. September. Ganz zuletzt wollte man den noch unzerbrochenen – darauf kam es an – Obelisken unter absoluter Stille – so die Anordnung des Papstes – an der vorgesehenen Stelle aufrichten. Da verhinderte ein beherzter Arbeiter im letzten Moment das Reißen der Halteseile, indem er über den Platz schrie: »Wasser auf die Seile!« Als Dank habe der Papst ihm und seiner Familie für alle Zeiten das Privileg eingeräumt, die für die Feier des Palmsonntags nötigen Zweige verkaufen zu dürfen. So wurde die Mißachtung eines päpstlichen Gebotes recht einträglich. Es heißt, im Fuß des Obelisken befinde sich die Asche Caesars, in seiner Spitze eine Kreuzesreliquie – eine schöne Überlieferung, die Antike und Christentum miteinander verbindet. Da der Obelisk auf einem stattlichen Fundament steht und auf dem Rücken von vier Bronzelöwen ruht, ragt er noch höher über den Platz empor.

Die Geometrie der Ellipse erfüllen zwei 14 m hohe Brunnen mit riesigen Granitschalen aus einem Stück. Die hohen Wasserfontänen geben dem Platz optisch und akustisch Leben. Der rechte wurde 1613 unter Paul V. von Maderna (3), der linke 1677 wohl von Fontana (4) errichtet. Links und rechts neben den Brunnen sind im Pflaster die Brennpunkte der Ellipse eingezeichnet, die Punkte, von denen man die Vierer-Reihen der Kolonnaden als eine Säulenreihe sieht. Damit nicht genug der genialen Leistung des Bernini. Der ovale Platz weist in sich einen Höhenunterschied von 2,46 m auf. Er steigt von der Nullmarke des linken Brennpunkts zu den linken Kolonnaden auf 2,2 m an, fällt nach rechts hingegen auf minus 0,26 m ab, um dann bis zu den rechten Kolonnaden eine Höhe von 1,57 m zu erreichen. Der Platz ist die architektonische Krönung eines universalen Anspruchs.

# Basilica di San Pietro

## Fassade und Vorhalle

Papst Paul V., Camillo Borghese, aus adliger römischer Familie, war mit dem bis 1590 entstandenen Zentralbau (5) nicht zufrieden. Er griff den Grundriß eines lateinischen Kreuzes – bei dem das Hauptschiff länger ist als das Querschiff – wieder auf und ließ ab 1607 das Hauptschiff verlängern. Der Baumeister Maderna schuf zudem die Verbindung zwischen Peterskirche und Palast. Dazu mußte er die Fassade auf der rechten Seite verbreitern, und wegen der Symmetrie auch auf der linken, so daß die Gesamtlänge schließlich 114,7 m betrug. Die Höhe von 45,5 m konnte nicht verändert werden, da man sonst von unten die Kuppel des Michelangelo noch weniger sehen würde. Maderna gliederte die Fassade (1607–1614) stark durch Säulen und Pfeiler, unterschiedliche Fenster, Eingänge und Balkons. Er schuf eine, wie Burckhardt urteilt, »ungeheure Dekoration, deren Teile auf alle Weise vor- und rückwärts, aus- und einwärts treten, ohne Grund und Ursache«. Die Fassade krönen 5,7 m hohe Statuen von Christus mit dem Kreuz, Johannes dem Täufer und den Aposteln (ohne Petrus, der unten steht). Die Uhren, rechts und links außen die obere Balustrade mit ihrem ›Gehäuse‹ überragend, wurden im 19. Jh. von dem Architekten Valadier eingefügt, nachdem man auf die geplanten Glockentürme verzichtet hatte.

Die 71 m breite, 13,5 m tiefe und 20 m hohe Vorhalle öffnet sich in fünf mit Bronzegittern ausgestatteten Toren. In ihrem Innern befinden sich außen zwei Reiterstatuen, rechts der ›alt-römische‹ Kaiser Konstantin, ein Werk Berninis von 1670, links der ›neu-römische‹ Karl der Große. Über dem Mittelportal sehen wir Fragmente der Navicella (biblische Szene vom Seesturm), eines Mosaiks von Giotto aus Alt-Sankt-Peter. Das Bronzetor des Mittelportals wurde von dem Florentiner Bildhauer Filarete (1433 bis 1445) noch für die alte Peterskirche gearbeitet; dargestellt sind Christus und Maria, dazu die Apostelfürsten Petrus und Paulus (deutlich erkennbar ihre Martyrien durch Kreuzigung und Enthauptung) und in den Reliefstreifen historische Szenen, im Rahmenfries Darstellungen aus der antiken Mythologie. Als Haupteingang dient gewöhnlich das Bronzetor links von Carlo Maderna. Zwei Portale sind modern: links zuerst das ›Tor des Todes‹ von Giacomo Manzù (Johannes XXIII. und das Zweite Vatikanische Konzil geben das Thema an), dann das ›Tor des Guten und des Bösen‹ von Luciano Minguzzi. Der vermauerte Eingang ganz rechts ist die Heilige Pforte, die nur im Heiligen Jahr offen steht (s. S. 54ff.).

Die Mittelloggia über der Eingangshalle ist feierlichen Anlässen vorbehalten. Sie ist die Schaubühne nach einem Konklave in der Sixtinischen Kapelle. Wenn die Wahl eines neuen Papstes durch weißen Rauch aus einem Kamin der Sixtinischen Kapelle (rechts oben neben der Fassade) angezeigt wird, steigt die Spannung der Gläubigen und Neugierigen auf dem Platz unermeßlich. Dann tritt der Dekan des Kardinalskollegiums auf den Balkon in der Mitte der Fassade, verkündet: »Habemus Papam« und nennt nach einer ewig scheinenden Pause den Namen des neuen Papstes. Dieser erscheint einige Minuten später auf der Loggia und erteilt von dort aus seinen ersten Segen ›Urbi et Orbi‹, der Stadt und dem Erdkreis. Das tut er auch, weniger aufregend, doch nicht minder feierlich, an Festtagen. Auch Selig- und Heiligsprechungen werden von hier verkündet; am 15. August 1950 proklamierte Pius XII. von hier zuletzt das Dogma von der ›Aufnahme Mariens in den Himmel‹.

## Inneres

Die Ausmaße des Petersdomes sind auch im Innern eindrucksvoll. Länge: 186 m (mit Außenmauern 194 m, mit Vorhalle 211,5 m), Höhe: 46 m im Hauptschiff und 119 m im Kuppelraum. Die Fläche von etwa 15 000 $m^2$ bietet Platz für 60 000 Besucher. Trotz dieser gewaltigen Abmessungen fühlt man sich in Sankt Peter nicht winzig klein und verloren – was manche als Nachteil des Baus kritisiert haben. Die architektonischen Leitideen von Renaissance und Barock, die klaren Ordnungen, der Grundriß eines lateinischen Kreuzes und die Kuppel, die Harmonie der Proportionen, dazu die Schmuckelemente, alles respektiert menschliches Maß (s. Abb. S. 53).

Am Anfang des Mittelschiffs befindet sich eine **rote Porphyrscheibe** im Fußboden. Sie befand sich früher vor dem Hochaltar der alten Kirche; auf ihr empfing am Weihnachtstag des Jahres 800 der Frankenkönig Karl von Papst Leo III. die Salbung und Krönung zum Kaiser des Imperium Romanum. Markierungen im Fußboden des Hauptschiffs, hinter der Porphyrscheibe beginnend, von der Apsis gemessen, weisen für einen Vergleich mit anderen Gotteshäusern deren Längenmaße aus; wir finden u. a. die von Sankt Paul in London, die der Kathedrale von Florenz, des Domes zu Köln.

Gegenstand jahrhundertelanger Verehrung und außerdem ein beachtliches Werk der mittelalterlichen Bildhauerkunst ist die **Bronzestatue des Apostels Petrus** auf einem Marmorthron, ein Werk des 13. Jh., am ersten rechten Kuppel-Pfeiler im Hauptschiff, dem des hl. Longinus. Die Gläubigen berühren mit Küssen oder mit der Hand den rechten Fuß und erweisen dadurch dem Apostelfürsten ihre Verehrung; so ist er in all den Jahrhunderten ganz blank geworden. An Festtagen bekleidet man die Statue mit kostbaren Gewändern.

Nun zur **Kuppel des Michelangelo**: Sie ist in einem Vollendung einer architektonischen Idee und krönender Abschluß des Apostelgrabs über dem Zentrum des Kirchenraumes. Vier gewaltige fünfeckige Pfeiler von 24 m Durchmesser und 71 m Umfang – manche Kirche wie San Carlo alle Quattro Fontane hat auf dem Grundriß Platz – bilden das Fundament. Darüber hebt sich ein Tambour, ein zylindrischer Aufsatz, der von 16 Fenstern durchbrochen wird. Dadurch ergibt sich eine großartige Lichtwirkung. Die Kuppel selbst ist mit innerer Raumschale und äußerer Schutzkuppel konstruiert. In dieser Doppel-Halbkugel führt eine Treppe zum Laternenumgang empor. Der Kuppeldurchmesser von 42,34 m ist um 0,86 m kleiner als der des Pantheon. Im Innern der Kuppel stehen in lateinischer Sprache die Worte aus dem Matthäus-Evangelium (Kapitel 16, 18) in 2 m hohen Buchstaben geschrieben, auf die seit altersher die Päpste den – unter Christen nicht unbestrittenen – Anspruch gründen, die Kirche zu leiten und die Menschen zum ewigen Heil zu führen: TV ES PETRVS ET SVPER HANC PETRAM AEDIFICABO ECCLESIAM MEAM ET TIBI DABO CLAVES REGNI CAELORUM (Du bist Petrus, und auf diesen Felsen werde ich meine Kirche bauen, und dir gebe ich die Schlüssel des Himmelreiches). Unten in den Nischen der Pfeiler stehen vier riesige, 5 m hohe Figuren von Heiligen, die mit der Passion Christi verbunden sind: Veronika mit dem Schweißtuch am Kreuzweg; Helena, die Mutter Kaiser Konstantins, die im 4. Jh. nach der Tradition das Kreuz Christi im Heiligen Land gefunden hat; Longinus, der Soldat mit der Lanze; und der Apostel Andreas, der sein Martyrium auf einem X-förmigen Kreuz erlitt. In den Loggien darüber werden Reliquien der Passion Christi aufbewahrt.

In der Mitte der Kirche, unter der Kuppel und über dem Petrus-Grab, ragt der **Papstaltar** empor. Im Auftrag Urbans VIII., des Papstes aus der Familie der Barberini, schuf Bernini darüber zwischen 1624 und 1633 eine neue Krönung, einen 29 m hohen Bronzebaldachin; die Bronze dafür nahm der Künstler kurzerhand mit Zustimmung des Barberini-Papstes, doch unter dem Grollen der Römer (Barberini = Barbaren), aus der Vorhalle des Pantheon. Dieser Baldachin wird immer wieder als Meisterwerk des Barock gepriesen. In der Tat drücken die gedrehten Säulen – die Form ist alt, wird jedoch hier ins Große, ins sich selbst genügende Dekorative gesteigert – und die wogenden Schwingungen des in Bronze gegossenen ›Stoffes‹ ein festliches Lebensgefühl, den Überschwang einer selbstgewissen Epoche und nicht zuletzt den Triumph des nach der Reformation wiedererstarkten Papsttums aus. Zugleich wird der Altar hervorgehoben als Ort feierlicher, fast überirdischer Handlungen. 95 vergoldete Öllampen ziehen sich um die Confessio, den tiefer liegenden, von Maderna geschaffenen Raum am Hochaltar, für den Canova eine Marmorstatue des knienden Papstes Pius VI. (1775–1799) schuf, eine würdige Rahmung für das Petrus-Grab.

Noch einmal wird der Apostelfürst apotheotisch geehrt, vorn in der Apsis. Die **Cathedra Petri**, der Lehrstuhl des römischen Bischofs, ebenfalls ein Werk des Barock-Meisters Bernini, der ein halbes Jahrhundert lang Rom und Sankt Peter seinen Stempel aufdrückte, ist eine triumphale Phantasie in vergoldeter Bronze, von demselben Schwung geprägt wie der Altarbaldachin. Vier Kirchenlehrer der ersten christlichen Jahrhunderte, die des lateinischen Abendlands, Ambrosius und Augustinus, die des griechischen Orients, Athanasius und Johannes Chrysostomus, stützen den Thron des Petrus. Darüber glänzt gold-gelb ein Alabasterfenster mit der Taube, dem Symbol des Heiligen Geistes. Zu den beiden Seiten der Cathe-

Die Cathedra Petri in der Apsis der Peterskirche, eine barocke Phantasie in vergoldeter Bronze, ist ein Werk Berninis

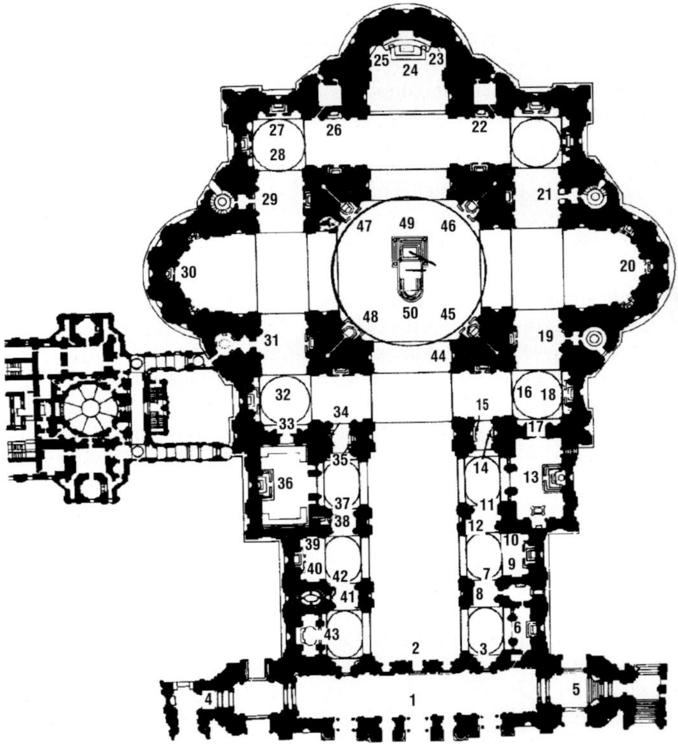


*1 Vorhalle 2 Bronzetür des Filarete 3 Heilige Pforte 4 Reiterstandbild Karls des Großen 5 Reiterstandbild Konstantins 6 Pietà des Michelangelo 7 Denkmal für Leo XII. 8 Denkmal für Christine von Schweden 9 Denkmal für Pius XI. 10 Denkmal für Pius XII. 11 Denkmal für Innozenz XII. 12 Denkmal für Mathilde von Canossa 13 Sakramentskapelle 14 Denkmal für Gregor XIII. 15 Grabmal Gregors XIV. 16 Cappella Gregoriana 17 Denkmal für Gregor XVI. 18 Altar der Madonna der Immerwährenden Hilfe 19 Denkmal für Benedikt XVI. 20 Altar der hl. Processus und Martinian 21 Denkmal für Klemens XIII. 22 Denkmal für Klemens X. 23 Denkmal für Urban VIII. 24 Cathedra Petri 25 Denkmal für Paul III. Farnese 26 Denkmal für Alexander VIII. 27 Altar Leos des Großen 28 Cappella della Colonna 29 Denkmal für Alexander VII. 30 Altar der hl. Simon und Judas 31 Denkmal für Pius VIII. 32 Cappella Clementina 33 Denkmal für Pius VII. 34 Denkmal für Leo X. 35 Denkmal für Innozenz XI. 36 Chorkapelle 37 Denkmal für Pius X. 38 Denkmal für Innozenz VIII. 39 Altar Pius' X. 40 Denkmal für Benedikt XV. 41 Denkmal für die letzten Stuarts 42 Denkmal für Maria Sobieska 43 Taufkapelle 44 Statue des hl. Petrus 45 Statue des hl. Longinus 46 Statue der hl. Helena 47 Statue der hl. Veronika 48 Statue des hl. Andreas 49 Papstaltar 50 Confessio*

dra je ein Denkmal: für Papst Urban VIII., Maffeo Barberini (rechts; von Bernini für seinen großen Gönner, 1647), und Paul III., Alessandro Farnese (links; von Guglielmo della Porta, 1575).

In Sankt Peter, der Kirche der Päpste, stoßen wir auf viele Grab- und Denkmäler von Päpsten. So, wenn wir im rechten (nicht gerade verlaufenden) Seitenschiff von vorn nach hinten gehen, im Durchgang zum Querschiff, das klassizistische **Denkmal Klemens' XIII.** (1758–1769), ein vielgerühmtes Meisterwerk des **Antonio Canova** (1788–1792). Im rechten Querhaus tagte von 1869 bis zum Juli 1870, fast bis zum Ausbruch des deutsch-französischen Kriegs, das Erste Vatikanische Konzil, an dem etwa 650 Bischöfe teilnahmen; es proklamierte unter anderem das Dogma von der päpstlichen Unfehlbarkeit (unter bestimmten Bedingungen). Das Zweite Vaticanum von 1962 bis 1965 wurde im wesentlich größeren Langhaus abgehalten, da 3000 Bischöfe Platz finden mußten. Diese Versammlung hob die Bedeutung der Bischöfe gegenüber dem Papst hervor.

Im Durchgang hinter dem Kuppelpfeiler das **Denkmal Gregors XIII.** (1572–1585), eines Papstes aus der Familie der Boncompagni (mit dem Drachen im Wappen), der große Anstrengungen zur Erneuerung der katholischen Kirche unternahm; wir datieren noch immer nach seiner ›Gregorianischen Kalenderreform‹. Für die **Sakramentskapelle** des Barberini Urban VIII. entwarf Borromini das Gitter (zum Seitenschiff), Bernini den Altar mit dem Rundtempel-Zimborium. Am nächsten Pfeiler das nach einem Entwurf von Bernini ausgeführte **Denkmal für die Markgräfin Mathilde von Tuszien (Toskana)**, eine getreue Anhängerin Gregors VII., die ihm im Kampf gegen den deutschen Kaiser im 11. Jh. zur Seite stand. In der folgenden Seitenkapelle, der des hl. Sebastian, stehen sich zwei Päpste dieses Jahrhunderts gegenüber: rechts die **Statue Pius' XI.** (1922–1939; von Nagni) und links die **Pius' XII.** (1939–1958; von Messina). Die Standbilder für die verstorbenen Päpste werden in letzter Zeit meist von jenen Kardinälen gestiftet, die von dem Toten in das Heilige Kollegium aufgenommen worden waren. Über dem Altar des hl. Sebastian ein Mosaik mit dem Martyrium des Heiligen nach einem Gemälde von Domenichino, das, wie die meisten in Sankt Peter, in die Vatikanischen Museen gebracht und durch ein Mosaik ersetzt wurde. Am nächsten Pfeiler das **Denkmal für die schwedische Königin Christine** (1644–1654), die nach ihrer Abdankung (1654) zum Katholizismus konvertierte, nach Rom übersiedelte und dort bis zu ihrem Tode wohnte.

In der Cappella della Pietà im rechten Seitenschiff ganz hinten steht auf dem Altar die **›Pietà‹ des Michelangelo**, die dieser von 1498 bis 1500 im Alter von 25 Jahren schuf. Die junge, jungfräulich wirkende Madonna hält den toten Jesus im Arm. Der Künstler signierte sein Werk: Auf einem marmornen Band über der Brust Mariens steht der Name Buonarroti. Nach einem Anschlag auf das berühmte Bildwerk kann man es nur noch durch Sicherheitsglas betrachten, was die Wirkung etwas mindert.

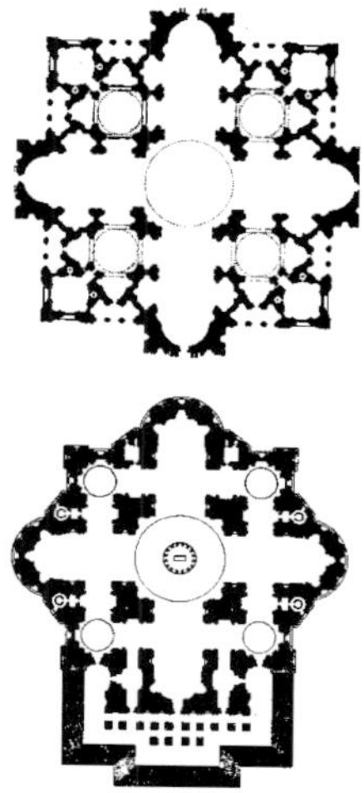

*Entwürfe für den Neubau von Sankt Peter von Bramante (oben) und Michelangelo (unten)*

*Jacob Burckhardt spendet der Pietà von Michelangelo höchstes Lob: »Der Leichnam ist überaus edel gelegt und bildet mit Gestalt und Bewegung der ganz bekleideten Madonna das wunderbarste Ganze. Die Köpfe sind von reiner Schönheit, welche Michelangelo später nie wieder erreicht hat.«*

Gehen wir nun hinüber in das linke Seitenschiff. Vielleicht wird gerade in der Taufkapelle ganz hinten ein kleiner Römer schreiend über dem Taufbecken zum Christenmenschen. Auch im linken Seitenschiff befinden sich von bedeutenden Künstlern geschaffene Denkmäler berühmter Päpste; so in der Cappella della Presentazione ein großes **Bronzerelief für Papst Johannes XXIII.** (1958–1963; auf der rechten Seite) und eine **Statue für Benedikt XV.** (1914–1922; links). Neben dieser Kapelle das **Grabmal für Innozenz VIII.** (1484–1491), der einmal als thronender Herrscher (oben) und darunter liegend, im Tode, dargestellt ist (darunter). Das Grabmal wurde 1498 von Antonio Pollaiuolo für die alte Peterskirche geschaffen und später als einziges der alten Papstdenkmäler in der neuen aufgestellt. Gegenüber die **Statue für den hl. Pius X.** (1903–1914). Der Sakramentskapelle im rechten Seitenschiff liegt die Chorkapelle des linken Seitenschiffs gegenüber. Am Kuppelpfeiler eine Mosaikkopie der ›Verklärung Christi‹ von Raffael. Weiter vorn im Durchgang das **Denkmal für Alexander VII.**, das 1678 von Bernini und seinen Schülern geschaffen wurde. Zwischen der Cappella Clementina und dem Eingang zur Sakristei (1776–1784 von Carlo Marchionni zur Zeit Pius VI. errichtet) finden wir das 1823 von Thorwaldsen (1768–1844) gestaltete **Grabmal Pius VII.**; Thorwaldsen scheint als einziger protestantischer Künstler in Sankt Peter ein Werk geschaffen zu haben.

## Vatikanische Grotten

Das Kunsterlebnis in der gigantischen Kirche ist überwältigend, doch ein Gang in die Vatikanischen Grotten wird noch mehr davon überzeugen, daß Sankt Peter auch eine Stätte des Glaubens, die Mitte einer religiösen Überzeugung ist. Um 1546 zog Antonio da Sangallo den Fußboden um 3,2 m höher, um die Basilika vor Feuchtigkeit zu schützen. In diesen sog. Vatikanischen Grotten fanden viele spätere Päpste ihr Grab, und die aus der alten Kirche wurden umgebettet. Am Andreas-Pfeiler unter der Kuppel führt der Eingang in diese stimmungsvollen, würdigen Gewölbe. An den Grabmälern der letzten Päpste, Pius' XII. (gestorben 1958), Johannes' XXIII. (1963), Pauls VI. (1978) und Johannes Pauls I. (1978) finden sich immer zahlreiche Gläubige zum Gebet.

Mit besonderer Erlaubnis (der Fabbrica di San Pietro im Pallazzo della Canonica) kann man auch in Sonderführungen die ›Scavi‹, die Ausgrabungen unter Sankt Peter, unter den Grotten, besichtigen. Bei Grabungen im Auftrag Pius' XII. (1939–1958) wurden Anlagen der alten vor-konstantinischen Nekropole, Sarkophage und Skulpturen, Denkmäler und Fundamente der Konstantinischen Basilika freigelegt. Eines der Gräber, jenes genau unter der Confessio, geben Archäologen als das des hl. Petrus an, und das von Generation zu Generation weitergegebene Orts-Gedächtnis der Römer spricht ebenfalls dafür.

## Dach und Kuppel

Vom linken Seitenschiff (hinten) aus kann man zu Fuß (142 Stufen) oder mit dem Fahrstuhl auf das Dach von Sankt Peter gelangen. Von dort geht man zum Tambour (von der Galerie im Innern Blick in die Kuppel und zum Hochaltar hinunter) und kann zwischen innerer und äußerer Kuppelschale bis zur Laterne in 123 m Höhe hinaufsteigen. Rom liegt uns zu Füßen, der Blick reicht vom Petersplatz bis zu den Albaner und Sabiner Bergen und in den Staat der Vatikanstadt hinein, der ringsum von einer hohen Mauer umgeben ist. Von oben sehen wir das kleine Staatsgebiet mit den Vatikanischen Palästen, den Gärten, der Peterskirche und dem Petersplatz, vor dem ein weißer Strich die Staatsgrenze bezeichnet. Die Gärten, umgrenzt von der Leoninischen Mauer, nehmen einen großen Teil der Vatikanstadt ein und umschließen hinter der Peterskirche und dem Apostolischen Palast eine Reihe von Zweckbauten, Kirchen und Verwaltungsgebäude des Vatikanstaates. Türme und Brunnen, die Casina di Pio IV., Sitz der Päpstlichen Akademie der Wissenschaften, Bahnhof, Rundfunksender und die Museen. Der Dichter Jean Paul hat in seinem ›Titan‹ eine romantische Beschreibung dieses Blicks gegeben: »Da brannten die Obelisken und das Kolosseum und Rom von Hügel zu Hügel, und auf der einsamen Campagna funkelte in vielfachen Windungen die gelbe Riesenschlange der Welt, (der) Tiber.«

## Vatikanischer Palast

Die Peterskirche und der gewaltige, sich turmhoch rechts daneben erhebende Apostolische Palast (6) bilden heute eine Einheit, eine architektonisch eigen- und einzigartige. Das war nicht immer so. Zwar wird schon für Papst Symmachus (498–514) von einer Wohnung am Vatikan gesprochen. Sie kann auch nicht ganz unansehnlich gewesen sein, weil die deutschen Kaiser Karl der Große und Otto II. in den Jahren 800 und 980 hier aufgenommen wurden. Doch die eigentliche Residenz der römischen Bischöfe war der Lateranpalast, der sich innerhalb der altrömischen Stadtmauern befand. Den Wechsel führte das Exil in Avignon herbei. Bei der Rückkehr aus Südfrankreich fand Gregor XI. im Jahr 1377 den Lateranpalast verfallen vor und zog deshalb in den Vatikan. Seine Nachfolger restaurierten, vergrößerten, verschönerten und befestigten den Palast, bis nach 1450 der systematische Neubau begann. Nikolaus V., Sixtus IV. (Sixtinische Kapelle), Innozenz VIII., Alexander VI. (Appartamento Borgia), Julius II. (Belvedere-Hof, Loggien am Damasus-Hof), Paul III. (Cappella Paolina mit den Fresken Michelangelos), Pius IV., Pius V., Gregor XIII. und Sixtus V. (mit den heutigen Privaträumen, Empfangssälen und der Bibliothek), Paul V., Urban VIII. und Alexander VII. waren die Bauherren mit den besten Architekten ihrer Zeit. Vom 18. Jh. an widmeten sich die Päpste bis hin zu Johannes XXIII. und Paul VI. vor allem dem Trakt der Museen. So wurden es bis heute insgesamt etwa 1400 Säle, Kapellen und Räume, die 30 000 $m^2$ Grundfläche einnehmen, die von Mauern umschlossenen 20 Innenhöfe ungefähr 25 000 $m^2$.

Der **Portone di Bronzo** (das Bronzetor; 7), rechts am Ende der Kolonnaden, bildet den Haupteingang zum Apostolischen Palast. Von dort führt der Corridore del Bernini, der von Bernini im Auftrage Papst Alexanders VII. geschaffene Aufgang, zur Scala Pia am Damasus-Hof, und zur Scala Regia bei der Cappella Sistina.

## Vatikanische Museen

Nicht wenige halten die Museen des Vatikans (8) mit ihren verschiedenen Abteilungen, die Musei Vaticani – Eingang: Viale Vaticano, also weit vom Petersplatz entfernt – für die bedeutendste Kunstsammlung der Welt. Sie sind nicht als Museen entstanden, sondern wuchsen aus den Kunst-Ambitionen der Päpste hervor und aus dem Bedürfnis des Glaubens, seine Inhalte darzustellen. Als Papst Julius II. im Jahr 1506 begann, getreu den Idealen der Renaissance von der Wiedergeburt der Antike, alte Kunstwerke zu sammeln, war ein Teil der heutigen ›Museen‹ schon vorhanden, arbeitete Michelangelo bald in der zu einem Drittel schon ›fertigen‹ Sixtinischen Kapelle, Raffael in den ›Stanzen‹, den nach ihm benannten Räumen. Wertvolle Kunstwerke der Antike, wie die Laokoon-Gruppe, die man zufällig oder bei planmäßigen Ausgrabungen in Rom fand, wurden den Päpsten gebracht oder den von diesen beauftragten Sachverständigen gezeigt. Gegenstände der Antike, die man schon hatte, Geschenke für die Päpste, interessante Objekte aus aller Welt stellte man auf.

Auch hier können fast nur in Stichworten Hinweise für einen Besuch gegeben werden. Das Risiko, dabei auch Interessantes wegzulassen, muß man zugunsten einer Auswahl in Kauf nehmen, die das Wichtigste berücksichtigt, selbst wenn damit nur ein Teil des vatikanischen Reichtums an Kunstschätzen erwähnt wird. Aber ohne eine gewisse ›Ökonomie‹ sind die Museen des Vatikans nicht zu ›bewältigen‹. Um die kunsthistorische Orientierung zu erleichtern, unterscheiden wir vier Bereiche, die aber nicht immer im Zusammenhang begangen werden können:

– ägyptische und etruskische Ausstellungen im Museo Egizio und im Museo Gregoriano Etrusco;
– Antiken-Sammlungen des griechischen und römischen Altertums in den Museen Gregoriano Profano, Pio Clementino und Chiaramonti mit dem Braccio Nuovo;
– kirchlich-vatikanisch orientierte Abteilungen, wie die Biblioteca Apostolica Vaticana, die Vatikanische Bibliothek, die Collezione d'Arte Religiosa Moderna, Museo Sacro, Museo Pio Cristiano, Museo Missionario Etnologico und Museo Storico;
– und schließlich die Räume des Vatikans, die in sich selbst Kunstwerke sind, Appartamento Borgia, die Stanzen und die Loggien des Raffael, die Kapelle Nikolaus' V., die Sixtinische Kapelle und die langen Korridore der Museumstrakte, die Galleria delle Carte Geografiche, degli Arazzi und dei Candelabri.

Die Sammlung des **Museo Gregoriano Profano** von Gregor XVI. (1831–1846) begründet, umfaßt Objekte profanen, also nicht-religiösen Charakters aus der Antike, die meist auf dem Gebiet des Kirchenstaates gefunden worden sind. Um die Vatikanischen Kunstschätze zusammenzufassen, wurde unter Johannes XXIII. (1958–1963) und Paul VI. (1963–1978) ein neues, heutiger Museums-Pädagogik und Technik entsprechendes Gebäude neben der Pinakothek erbaut. Die Sammlung enthält vornehmlich Grabdenkmäler, Sarkophage, Statuen, Reliefs, römische Kopien nach griechischen Originalen und römische Skulpturen aus der Kaiserzeit:

in der 1. Sektion sowohl römische Kopien als auch griechische Originale (z. T. überarbeitet);
in der 2. Werke der römischen Bildhauerkunst aus dem 1. und vom Anfang des 2. Jh. n. Chr.;
in der 3. vor allem Sarkophage;
in der 4. römische Skulpturen des 2. und 3. Jh.

Die Vatikanischen Museen beherbergen die größte Antiken-Sammlung der Welt. Die meisten Stücke stammen aus Funden in und um Rom. Ihre systematische Aufstellung wurde unter den Päpsten Klemens XIV. (1769–1774) und Pius VI. (1775–1799) vorgenommen. Besonders beachtenswert im **Museo Pio Clementino** sind:

*›Der Torso vom Belvedere‹, ein Werk des Atheners Apollonius aus dem 1. Jh. v. Chr.*

*»Die Statue des Apollo ist das höchste Ideal der Kunst unter allen Werken des Altertums, welche der Zerstörung derselben entgangen sind. Sein Stand zeuget von der ihn erfüllenden Größe. Ein ewiger Frühling bekleidet die reizende Männlichkeit vollkommener Jahre mit gefälliger Jugend, und spielet mit sanften Zärtlichkeiten auf dem stolzen Gebäude seiner Glieder. Hier ist nichts Sterbliches, noch was die menschliche Dürftigkeit erfordert. Keine Adern noch Sehnen erhitzen und regen diesen Körper, sondern ein himmlischer Geist, der sich wie ein sanfter Strom ergossen, hat gleichsam die ganze Umschreibung dieser Figur erfüllet. Verachtung sitzt auf seinen Lippen, und der Unmut, welchen er in sich zieht, blähet sich in den Nüstern seiner Nase, und tritt bis in die stolze Stirn hinauf. Aber der Friede, welcher in einer seligen Stille auf derselben schwebet, bleibt ungestört, und sein Auge ist voll Süßigkeit, wie unter den Musen, die ihn zu umarmen suchen.«*
*Johann Joachim Winckelmann*

Sala a Croce Greca: Porphyrsarkophag der Costanza, der Tochter Kaiser Konstantins (4. Jh.), und Porphyrsarkophag der hl. Helena, seiner Mutter, beide reich mit Symbolen und Figuren versehen.

Sala Rotonda: ›Zeus von Otricoli‹, Kopie nach einem Werk des Bryaxis aus dem 4. Jh. v. Chr.

Sala delle Muse: Hier zieht vor allem der ›Torso vom Belvedere‹, ein Werk des Atheners Apollonios (1. Jh. v. Chr.), das Michelangelo genau studierte und bewunderte, unsere Aufmerksamkeit auf sich. Über diesen Torso bemerkt Johann Joachim Winckelmann, der große Kunsthistoriker und Archäologe des 18. Jh., zugleich ein wahrer ›Schreib-Künstler‹ im Deuten der Kunstwerke, begeistert und begeisternd: »(Die) verstümmelte Statue eines sitzenden Herkules (ist) unter die höchste Hervorbringung der Kunst zu zählen. So wie von einer mächtigen Eiche, welche umgehend und von Zweigen und Ästen entblößet worden, nur der Stamm allein übrig geblieben ist, so gemißhandelt und verstümmelt sitzet das Bild des Helden; Kopf, Brust, Arme und Beine fehlen. Der erste Anblick wird dir vielleicht nichts als einen ungeformten Stein sehen lassen: vermagst du aber in die Geheimnisse der Kunst einzudringen, so wirst du ein Wunder derselben erblicken. Ich sehe in den mächtigen Umrissen dieses Leibes die unüberwundene Kraft des Besiegers der gewaltigen Riesen, die sich wider die Götter empöreten, und zu gleicher Zeit stellen mir die sanften Züge dieser Umrisse, die das Gebäude des Leibes leicht und gelenksam machen, die geschwinden Wendungen desselben in dem Kampfe vor. In der Ruhe und Stille des Körpers offenbaret sich der gesetzte große Geist; der Mann, welcher den Dichtern ein Beispiel der Tugend geworden ist, der sich aus Liebe zur Gerechtigkeit den größten Gefährlichkeiten ausgesetzet, der den Ländern Sicherheit und den Einwohnern Ruhe geschaffet.« Dieser Torso hat den Dichter Rainer Maria Rilke 1908 zu einem berühmten Sonett angeregt:

Wir kannten nicht sein unerhörtes Haupt,
darin die Augenäpfel reiften. Aber
sein Torso glüht noch wie ein Kandelaber,
in dem seine Schauen, nur zurückgeschraubt,

sich hält und glänzt. Sonst könnte nicht der Bug
der Brust dich blenden, und im leisen Drehen
der Lenden könnte nicht ein Lächeln gehen
zu jener Mitte, die die Zeugung trug.

Sonst stünde dieser Stein entstellt und kurz
unter der Schultern durchsichtigem Sturz
und flimmerte nicht so wie Raubtierfelle;

und bräche nicht aus allen seinen Rändern
aus wie ein Stern: denn da ist keine Stelle,
die dich nicht sieht. Du mußt dein Leben ändern.

Beachtenswert in der Sala delle Muse auch Statuen des Apoll und der Musen.

Sala degli Animali: Realistische Tierstatuen aus Marmor oder Alabaster, besonders die Statue des Meleagros mit Hund und Wildschweinkopf (römische Kopie).

Galleria delle Statue: ›Apollon Sauroktonos‹, Apoll mit Eidechse (römische Kopie einer Bronze des Praxiteles); die Candelabri Barberini, die schönsten Kandelaber der Antike aus der Villa Adriana bei Tivoli.

Gabinetto delle Maschere: ›Venus von Knidos‹, römische Kopie der Aphrodite des Praxiteles aus dem 4. Jh. v. Chr.

Belvedere-Hof: In den Ecken des Cortile del Belvedere die berühmtesten Statuen des Vatikans, so der ›Apollo‹ (vom Belvedere), römische Kopie nach einem Original des Leochares. Auch hierzu fand Winckelmann gleichsam kanonische, schwärmerische Worte.

Weiter der ›Perseus‹ von Canova (ein ›modernes‹, der Antike nachgehendes Werk, um 1800), der ›Hermes‹ (Kopie eines Originals des Praxiteles, aus der Hadrian-Zeit, 2. nachchr. Jh.). Vor allem ragt jedoch die ›Laokoon-Gruppe‹ hervor, ein vielbewundertes und -beschriebenes Bildwerk, 1506 in Anwesenheit von Michelangelo auf-

*›Apollo vom Belvedere‹ (oben), eine römische Kopie nach einem Original des Leochares: die Laokoon-Gruppe (links), das wohl berühmteste Werk antiker Skulptur*

gefunden, eine Darstellung des furchtbaren Kampfes des trojanischen Priesters Laokoon und seiner beiden Söhne gegen zwei Schlangen. Winckelmann beschreibt in klassischer, für alle Späteren verbindlicher Weise die Gruppe: »Das allgemeine vorzügliche Kennzeichen der griechischen Meisterstücke ist endlich eine edle Einfalt, und eine stille Größe, sowohl in der Stellung als im Ausdruck. So wie die Tiefe des Meers allezeit ruhig bleibt, die Oberfläche mag noch so wüten, eben so zeiget der Ausdruck in den Figuren der Griechen bei allen Leidenschaften eine große und gesetzte Seele. Diese Seele schildert sich in dem Gesicht des Laokoons, und nicht in dem Gesicht allein, bei dem heftigsten Leiden. Der Schmerz, welcher sich in allen Muskeln und Sehnen des Körpers entdecket, und den man ganz allein, ohne das Gesicht und andere Teile zu betrachten, an dem schmerzlich eingezogenen Unterleib beinahe selbst zu empfinden glaubet: dieser Schmerz, sage ich, äußert sich dennoch mit keiner Wut in dem Gesichte und in der ganzen Stellung. Er erhebet kein schreckliches Geschrei, wie Vergil von seinem Laokoon singet: Die Öffnung des Mundes gestattet es nicht; es ist vielmehr ein ängstliches und beklemmendes Seufzen. Der Schmerz des Körpers und die Größe der Seele sind durch den ganzen Bau der Figur mit gleicher Stärke ausgeteilet, und gleichsam abgewogen. Laokoon leidet, sein Elend gehet uns bis an die Seele; aber wir wünschten, wie dieser große Mann, das Elend ertragen zu können.«

Bernard Andreae, einer der führenden deutschen Archäologen, meint zur Herkunft: »Die Laokoon-Gruppe, das wohl berühmteste Werk antiker Skulptur, wird nach der herrschenden Lehrmeinung als eine Originalschöpfung der Zeit um 30 v. Chr. angesehen. Da in der gleichen Zeit der Dichter des römischen Nationalepos, Vergil (70–19 v. Chr.), die ausführlichste erhaltene Schilderung vom Tode des Laokoon niederschrieb, war diese Datierung verständlich, zumal sie durch inschriftliche Zeugnisse abgesichert schien.« Das Ergebnis der neuesten Forschung Andreaes ist jedoch, »daß die Laokoon-Gruppe im Vatikan nicht eine Originalschöpfung ist, sondern eine Marmorwiederholung der frühen römischen Kaiserzeit, kopiert nach einer hellenistischen Bronze-Gruppe des mittleren zweiten Jahrhunderts v. Chr.«

Gabinetto del Apoxyomenos: ›Athlet Apoxyomenos‹, Kopie einer berühmten Bronzestatue des Lysippos (1849 in Trastevere gefunden).

Das **Museum Chiaramonti,** von Pius VII., Barnaba Chiaramonti (1800–1823) gegründet, gliedert sich in drei Teile. Das eigentliche Museum Chiaramonti nimmt fast die Hälfte der 300 m langen Galerie ein, die vom Museumseingang zum Päpstlichen Palast führt; in 30 Abteilungen finden wir zahlreiche Kunstwerke griechischer und römischer Herkunft, jedoch von unterschiedlichem Wert. Die Galleria Lapidaria und der Braccio Nuovo, im Verbindungstrakt zwischen den Palästen eingerichtet, zeigen ebenfalls Arbeiten griechischer und römischer Bildhauer, darunter, im Braccio Nuovo, die Statue des

*In der Vatikanischen Bibliothek werden kostbare kulturgeschichtliche Zeugnisse aus dem Schrifttum der Menschheit aufbewahrt*

›Augustus von Prima Porta‹, ein herrscherliches Standbild des Kaisers Augustus, 1863 in der Landvilla der Livia Augusta entdeckt, und eine Statue des Nilgottes; in der Sala della Biga sind die Kopien zweier berühmter Werke, ›Diskuswerfer‹ nach Myron und Polyklet, aufgestellt.

Seit den ersten Jahrhunderten haben die römischen Bischöfe Bibliotheken und Archive mit allem Schriftlichen angelegt. Das meiste davon ist verloren gegangen. Doch die Tradition war begründet. So finden wir kostbare Beispiele dessen, was in den einzelnen Jahrhunderten schriftlich festgehalten und in Buchform gebracht wurde: Bibel-Codices, illustrierte Evangeliare, aufwendig gedruckte Bücher, kostbare Pergamente, uralte Papyri und Schriftrollen. So ist die **Biblioteca Apostolica Vaticana (9)** heute nicht mehr nach der Anzahl der Schriften, wohl aber nach dem Wert der Werke die reichste der Welt. Ihre Gründung geht auf Papst Nikolaus V. (1450) zurück. Seit jener Zeit erfolgte eine kontinuierliche und planmäßige Erweiterung. Zu den Schätzen gehören etwa 25 000 mittelalterliche Handschriften-Codices, etwa 7000 Inkunabeln (Wiegendruck: vom Beginn des Buchdrucks mit beweglichen Lettern bis zum Jahr 1500 gedruckte Bücher) und mehr als 60 000 Manuskripte. Im Salone Sistino, der sich an die mächtige, von Domenico Fontana um 1588 errichtete Halle (80 m lang, 16 m breit, gewölbte Decke) anschließt, werden in Vitrinen und Wandschränken besonders kostbare kulturgeschichtliche Zeugnisse aus dem Schrifttum der Menschheit ausgestellt.

An den Bibliothekstrakt schließen sich die Säle des von Benedikt XIV. 1765 gegründeten **Museo Sacro** an, auch die Sala degli Indirizzi und Sala dei Papiri. Sie beherbergen Funde aus frühchristlichen Häusern und Katakomben der Ewigen Stadt und ihrer Umgebung. In einem Seitenraum die ›Aldobrandinische Hochzeit‹, wohl die Darstellung der Hochzeit Alexanders des Großen mit Roxane, ein antikes Fresko von besonderer Schönheit. Es wurde 1605 auf dem Esquilin entdeckt, in den Aldobrandinischen Gärten – daher der Name – bis 1818 aufbewahrt, seitdem im Vatikan.

Papst Alexander VI. (1492–1505), aus der Familie der Borja-Borgia, bereicherte den Vatikanischen Palast um eine Privatwohnung. Pinturicchio malte die sechs Räume des **Appartamento Borgia** mit Schülern und Gehilfen von 1492 bis 1495 aus. Die Decken- und Wandfresken zählen zu seinen besten Werken. Antike und Renaissance, humanistische und christliche Motive bestimmen Themen und Dekoration: Propheten und Sibyllen (1. Raum); Glaubensbekenntnis, Propheten und Apostel (2. Raum); Allegorien der Sieben Freien Künste (3. Raum); Papstbilder (6. Raum, nicht erhalten).

Die vielleicht beste und größte Sammlung moderner religiöser Kunst findet sich hier in der **Collezione d'Arte Religiosa Moderna** im Vatikan. Sie vereint Werke von bedeutenden Künstlern der Moderne, von Barlach, Beckmann, De Chirico, Dalí, Ernst, Feininger, Greco, Hansing, Hartung, Kandinsky, Kokoschka, Le Corbusier, Marini, Matisse, Munch, Nolde, Rodin, Rouault und de Vlaminck. Paul VI. (1963–1978) regte die Sammlung an und gab 55 (!) Räume dafür frei. Es finden sich darin Werke, die ihm selbst oder seinen Vorgängern von Besuchern und direkt von den Künstlern geschenkt worden waren oder die erworben wurden.

Der Maler und Architekt Raffaello Santi aus Urbino in den Marken war, 1483 geboren, gerade 25 Jahre alt, als der kunstverständige und machtbewußte Julius II. auf ihn aufmerksam wurde. Bramante, der Baumeister von Sankt Peter, hatte Julius II. empfohlen, den genialen jungen Künstler – einen Landsmann – im Vatikanischen Palast die päpstlichen Privatgemächer ausmalen zu lassen, nicht die erfahrenen alten Meister wie Perugino, Sodoma oder Lorenzo Lotto. Nach einer kurzen Probe erhielt **Raffael** den Auftrag und schuf in den **Stanzen (10)** sein Meisterwerk. Er übersetzte dabei das gesamte Menschen-, Welt- und Gottesbild der Hoch-Renaissance unübertroffen in die ausdrucksstarke Sprache seiner Malerei, die den Betrachter direkt in Bann schlägt. Raffael arbeitete in diesen Räumen mit Unterbrechungen von 1508 bis 1517, immer auch von anderen Werken in Anspruch genommen und häufig die Eifersucht des zur selben Zeit (1508–1512) in der ›Sistina‹ nebenan wirkenden Michelangelo hervorrufend. Nach Bramantes Tod 1514 wurde Raffael erster Baumeister von Sankt Peter und Beauftragter für die Erhaltung der Bauwerke und Skulpturen des Altertums, bevor er – zu früh, von allen ob seiner Anmut und Liebenswürdigkeit beweint – am Karfreitag 1520 im Alter von nur 37 Jahren starb.

Die Fresken der Stanzen zeichnen sich, so unterschiedliche Themen sie behandeln, durch Eleganz und Heiterkeit der Personen, die geschlossene Anordnung der Gruppen, eine lichte, anmutige Farbigkeit, durch die Ausgewogenheit der Komposition und die Beherrschung der Bewegungen, die Weite der Landschaft, das Maß der architektonisch gestalteten Räume und vor allem durch eine Menschlichkeit aus, die, wie der Künstler selbst, mit sich im Einklang ruht.

**Stanza dell'Incendio** (des Brandes): Der Name des nach Julius II. (gestorben 1513) regierenden Papstes, Leo X. (1513–1521), lieferte den roten Faden bei der Auswahl der historischen (Leo-)Szenen; auch weisen die Darstellungen dieser Namensvorgänger seine Gesichtszüge auf.

1. Der ›Brand im Borgo‹, dem Stadtviertel beim Vatikan, – so das Thema des ersten Fresko – hat dem Raum den Namen gegeben. Leo IV. erwirkt im Jahr 847 durch seinen Segen das Erlöschen einer Feuersbrunst, welche gar die Kirche Alt-Sankt-Peter bedrohte und die Menschen zur Flucht trieb – ähnlich wie aus Troja den mythischen Rom-Gründer Äneas mit dem Vater Anchises auf den Schultern, dem Sohn Askanius und der Gemahlin Kreusa (als Gruppe).

2. Die ›Krönung Karls des Großen‹ durch Leo III. am Weihnachtstag des Jahres 800 war ein Bündnis zwischen Papst und Kaiser, zwischen geistlicher und weltlicher Macht, so wie Leo X. mit Franz I. von Frankreich paktierte.

3. Der ›Seesieg Leos IV.‹ über die Sarazenen bei Ostia im Jahr 849 spielt auf die Sorge vor den Arabern und den geplanten Kreuzzug Anfang des 16. Jh. an.

4. Der ›Reinigungseid‹ Leos III. vor Karl dem Großen (800) sollte an das Laterankonzil (1512–1517) mit den Reform-Bestrebungen vor der Reformation Luthers erinnern, und bald auch an die politischen Schwierigkeiten Leos X. mit dem deutschen Kaiser Karl V. (von 1519). Die Arbeiten wurden meist nach Entwürfen Raffaels von Schülern nach 1517 ausgeführt; die Decke dekorierte Perugino.

**Stanza della Segnatura** (das Päpstlichen Gerichtshofs): Hier erscheint die Renaissance als Mikrokosmos in den vier Bereichen von Glauben und Theologie, Wissenschaft und Philosophie, den verschiedenen Künsten sowie dem weltlichen und kirchlichen Recht. Die Fresken dieses Raumes gelten als die bedeutendsten Werke Raffaels, als Höhepunkt seiner Malerei, auch schon deshalb, weil Raffael sie von 1509 bis 1511 fast ganz mit eigener Hand ausführte.

1. Die ›Disputà del Sacramento‹, die theologische Disputation um die Verehrung des Altarsakramentes, stellt die Welt des Glaubens dar, die Kirche auf Erden in der unteren Zone und die triumphierende Kirche des Himmels, Päpste (Gregor der Große, Innozenz III., Sixtus IV.), Bischöfe und Kirchenlehrer, Theologen und berühmte Gläubige (Hieronymus, Ambrosius, Augustinus, Thomas von Aquin, Dante) stehen links und rechts des Altars, auf dem in einer Monstranz die Hostie als der Leib Christi im Glauben ›ausgesetzt‹ ist. In der oberen Zone erscheinen Gott Vater, darunter Christus mit Maria

und Johannes dem Täufer, umgeben von den vornehmsten Heiligen: (auf der linken Seite von links) Petrus, Adam, Johannes der Evangelist, David, Stephanus und Jeremias, (rechte Seite von rechts) Paulus, Abraham, Jakobus, Moses, Laurentius und Judas Makkabäus.

2. Die ›Schule von Athen‹ beschreibt uns der französische Schriftsteller Stendhal: »Es handelt sich um die ideale Versammlung der griechischen Philosophen aller Zeiten. Das Ganze spielt sich in der Vorhalle eines großen, statuen- und reliefgeschmückten Gebäudes ab (im Neubau von St. Peter). Auf einer Plattform, die vom Beschauer ziemlich entfernt ist und zu der Stufen hinaufführen, erblickt man Aristoteles und Platon (oder die Vernunft und die Einbildungskraft). Diese großen Männer können als die Begründer zweier Erklärungen der erklärbaren Dinge angesehen werden, deren eine die zarten Seelen und deren andere die trockenen Geister anzieht. Die wichtigsten Schüler Platons und Aristoteles sind um ihre Lehrer geschart. Neben diesen berühmten Männern bemerkt man den, dessen Ruhm unvergänglich ist: Sokrates, stehend im Gespräch mit dem jungen Alkibiades, der als Soldat gekleidet ist. Auf derselben Seite, nur näher zu uns, Pythagoras, der über die harmonischen Proportionen schreibt; bei ihm stehen Empedokles, Epicharmos und Archytas. Am Bildrand der weinlaubgekränzte Epikur, der ganz damit beschäftigt ist, seine Lehrsätze aufzuschreiben, und der wenig von der Sekte des Pythagoras zu halten scheint. Auf den Stufen in der Mitte erblickt man einen einzelnen halbnackten Mann: der Kyniker Diogenes. Ein junger Mann scheint sich ihm nähern zu wollen, doch hält ihn ein Alter davon ab und verweist ihn auf Aristoteles und Platon. Auf der rechten Seite sieht man die berühmte Gruppe der Mathematiker. Archimedes zeichnet, über eine Tafel gebeugt, mit einem Zirkel ein Sechseck. Man sagt, mit Archimedes sei Bramante dargestellt und mit dem jungen Mann, der die Arme ausstreckt und die geometrische Figur bewundert, die sein Lehrer zeichnet, Federigo II., Herzog von Mantua.« Nach rechts schließt das Bild mit zwei Gestalten, die einen Globus halten: Zarathustra, König von Baktrien, und der Astronom Ptolemäus. Die beiden Köpfe hinter Zarathustra sind Porträts Raffaels – des jüngeren von beiden – und Peruginos.

3. Der ›Parnaß‹ der Berg in Griechenland, der als Sitz der Musen gilt, über dem einen Fenster (links) zeigt das Reich der Künste und Künstler: Apoll mit der Leier im Arm, die neun Musen (Kalliope, Kleio, Melpomene, Euterpe, Erato, Terpsichore, Urania, Thalia und Polyhymnia), die Dichter der Antike und der Neuzeit, der blinde Homer und die göttliche Sappho, Vergil, Ovid, Horaz und Catull, Dante, Petrarca und Ariost.

4. Über dem gegenüberliegenden Fenster sind dargestellt die ›Erteilung des weltlichen und geistlichen Rechts‹ an Kaiser und Papst sowie allegorische Figuren der Tugenden Klugheit und Maß.

An der Decke sehen wir, entsprechend zu den Themen der Wände, die Allegorien der Theologie und der Philosophie, der Poesie und der Gerechtigkeit.

**Stanza dell'Eliodoro:** Die vier Themen in diesem Raum berichten vom Eingreifen Gottes zum Schutz des Heiligen und der Kirche. Die Fresken wurden von Raffael zwischen 1512 und 1514 ausgeführt. Sie wirken im Vergleich zum vorigen Raum in den Farben kräftiger, in den Bewegungen der Personen dramatischer.

1. ›Leo I. (der Große) gebietet Attila Halt‹: Der erste Leo-Papst mit den Zügen des zehnten trifft den Hunnen-König in der Umgebung des alten Rom. Petrus und Paulus eilen als himmlische Helfer herbei (s. Abb. S. 104).

2. Die ›Messe von Bolsena‹, ein Wunder vom 1263 oder 1264 in dem mittelitalienischen Ort Bolsena, nach dem das Fronleichnamsfest eingerichtet wurde, bekräftigt die wirkliche Gegenwart Christi im Altarsakrament. Die Gruppe der fünf Bediensteten in schönen Uniformen ist besonders zu rühmen.

3. Die ›Vertreibung des Heliodor‹ nimmt die Stelle des 2. Buchs Makkabäer auf: Der Seleukide Heliodor versuchte den Tempelschatz von Jerusalem zu rauben, wurde aber von Engeln zurückgewiesen – eine Warnung des Papstes an alle Gegner der Kirche.

4. Die ›Befreiung des Petrus‹ aus dem Kerker nach dem Bericht der Apostelgeschichte soll auch an die Gefangenschaft Leos X. als Kardinal Medici erinnern.

Der Saal des Konstantin wurde nach dem Tod Raffaels von seinen Schülern nach Entwürfen des Meisters ausgemalt; die Themen stellen Szenen aus dem Leben des Kaisers des 4. Jh. dar, dem die Christen viel verdankten; das monumentale Fresko an der Längsseite berichtet in aufgewühlter Formensprache von der Schlacht an der Milvischen Brücke zwischen Konstantin und Maxentius.

Die **Loggien des Raffael (11),** ein weiteres Meisterwerk des Künstlers, sind meist vom Museumsrundgang ausgeschlossen, weil sich dort Büros – wohl die schönsten der Welt – der Vatikanischen Kurie befinden und in der Nähe die Privaträume des Papstes liegen. Vom Vorraum der Kapelle Nikolaus' V. kann man einen Blick in die prächtigen, halb offenen Korridore der Loggien werfen, hinunter zum Damasus-Hof, zum Petersplatz und über die Stadt. Raffael griff in Bildern und Dekorationen antike Motive auf und gestaltete die Themen der Renaissance mit leichter genialer Hand.

Die **Cappella di Nicolo V.,** einen intimen Gebetsraum, malte Fra Beato Angelico von 1447 bis 1449 mit innigen Fresken über Leben und Martyrium der beiden Heiligen Stephanus und Laurentius aus. Selten hat ein Maler eine ähnliche Frömmigkeit des Ausdrucks erreicht (s. Abb. S. 101).

In der **Cappella Sistina (12),** der Sixtinischen Kapelle, kommt ein jeder in Verlegenheit: Der Experte, weil er ob der Fülle der Meisterwerke und der Übermacht des künstlerischen Genies eines Michelangelo nicht weiß, wo beginnen, wie beschreiben und wann aufhören, der Unkundige, weil er wohl überwältigt ist von dem, was er an den Seitenwänden, oben an der Decke und auf der Altarwand sieht. Es ist fast unmöglich, beim ersten Mal alles in sich aufzunehmen.

Umfangreiche Restaurierungsarbeiten, die an den Seitenwänden in den sechziger Jahren begannen, mit der Decke fortgesetzt und mit der Altarwand 1994 abgeschlossen wurden, haben überraschend neue Züge der alten Meister und vor allem einen revolutionär anderen Michelangelo freigelegt.

Die Sixtinische Kapelle ist ein rechteckiger Saal von ca. 40 m Länge, 13 m Breite und 26 m Höhe. Sie ist benannt nach Sixtus IV., in dessen Auftrag sie bei der Neugestaltung des Vatikanischen Palastes (1473–1484) entstand. Ein schöner Fußboden und eine elegante Marmorschranke von Mino da Fiesole, die den Raum ungleich teilt, schmücken sie als ›Zugabe‹. Ihren Ruhm bezieht sie jedoch in unvergleichlicher Steigerung aus den Fresken an den Seitenwänden (1481–1483 von Künstlern aus Umbrien und der Toskana geschaffen), an der Decke (1508–1512 vom Michelangelo) und dem ›Jüngsten Gericht‹ des Michelangelo (1534–1541), ein Hauptwerk, vielleicht die Krönung der Malerei und der Kunst überhaupt.

Seitenwände: Die Themen der Seitenwände, die im Gegensatz zur Decke einzelne plane Flächen aufweisen, sind die biblischen Szenen aus dem Leben des Moses und Jesu Christi. Nach dem Zeugnis der Bibel befreite Moses das jüdische Volk von der Knechtschaft in Ägypten; Christus befreite die Menschen von der Sünde. Der Theologe sieht darin Entsprechung und Vorbild, Beginn und Vollendung, Themen, denen die Kunst auf der linken und rechten Seite Gestalt gibt; so verstanden es auch die berühmtesten Künstler der damaligen Zeit – die Berichte des Alten und Neuen Testaments in ihre heimatlichen Landschaften Umbriens und der Toskana versetzend und dabei mehrere Szenen verbindend. Sicher können sich diese Fresken nicht mit denen des Michelangelo messen, doch sie haben einen eigenen Reiz, der sich bei längerem Hinschauen um so mehr entfaltet.

An der linken Wand von vorn:

1. Beschneidung des Moses, von Perugino und Pinturicchio
2. Der brennende Dornbusch, von Botticelli
3. Durchzug der Israeliten durch das Rote Meer, von Rosselli
4. Moses empfängt die Gesetzestafeln auf dem Berg Siani und Tanz um das goldene Kalb, von Rosselli
5. Bestrafung der Rotte des Korah, von Botticelli (mit dem römischen Konstantinsbogen)
6. Tod des Moses, von Signorelli

Auf der rechten Seite:

1. Taufe Jesu, wohl von Pinturicchio und Perugino
2. Reinigung des Aussätzigen und Versuchung Jesu, von Botticelli
3. Berufung des Petrus und des Andreas, von Ghirlandaio
4. Bergpredigt und Krankenheilung, von Rosselli
5. Schlüsselübergabe an Petrus, von Perugino (ein ›Schlüssel-Thema‹ – Thema für den Papstpalast)
6. Letztes Abendmahl, von Rosselli

Decke: Michelangelo, 1475 geboren, hatte zunächst vornehmlich als Bildhauer (etwa ›Pietà‹) gearbeitet. Doch dann mußte er sich, getrieben von Julius II. – in meist einseitiger Vertragsverpflichtung –, am 10. Mai 1508 an die Ausmalung der 800 $m^2$ großen Decke machen. Wie Michelangelo die mühevolle Arbeit empfand – auf einem von ihm selbst konstruierten Gerüst liegend, den Pinsel nach oben führend –, hat er in einem Gedicht selbst herausgestöhnt:

Schon wuchs ein Kropf mir bei den Quälerei'n.
Wie's Katzen in der Lombardei geschieht
Vom Wasser, (oder wie man's sonst wo sieht),
Denn in den Bauch drückt schon das Kinn sich ein.

Der Bart starrt aufwärts, der Gedächtnisschrein
Liegt im Genick; wie bei Harpyien flieht
Der Brust, und übers Antlitz tröpfelnd zieht
Der Pinsel Mosaiken reich und fein.

Die Lenden sind mir in den Wanst gespannt,
Dagegen ward mein Hinterteil zur Kruppe;
Unsichern Schritts, ein Blinder, wanke ich.

Vorn nimmt die Haut in Falten überhand,
Und hinten spannt sie über harter Kuppe,
Denn wie ein Syrerbogen krümm' ich mich.

So geht auch wunderlich
Und falsch das Urteil aus dem Hirn hervor,
Denn schlecht nur fährt ein Schuß aus schiefem Rohr.

Such' nun, o Freund, hervor,
Was noch für meine toten Bilder spricht!
Schlecht ist mein Platz, zum Malen taug' ich nicht!

»Zum Malen taug' ich nicht« – das sagt ein Michelangelo! Vom Papst angetrieben, leistete Michelangelo Übermenschliches. Julius II. lockte und drohte, schmeichelte und tobte, bis der Künstler ihm und der Welt dieses unvergleichliche Werk geschenkt hatte. An den Papst schrieb er schließlich resigniert und erschöpft:

Ich bin von je dein Knecht so alt als bieder,
Ich plage mich und bin dir nur zuwider.
Dem Himmel liegt nicht viel am großen Geiste.
Er heißt, wenn er ihn an die Welt vermietet,
Ihn Früchte ziehn am Baume, der verdorrte.

Nach Unterbrechungen und Erholungspausen beendete er das riesige Gemälde am 31. Oktober 1512.

Das Hauptthema, den Schöpfungsbericht der Bibel im ersten Buch Moses, der Genesis, umgab Michelangelo mit bewegten Figu-

Ausschnitte aus der riesigen Komposition Michelangelos in der Sixtinischen Kapelle: Sündenfall und Vertreibung aus dem Paradies (links), Erschaffung Adams (rechts)

ren, mit sieben Propheten und fünf Sibyllen – den Sehern des Alten Testaments und den weisen Frauen des Heidentums – Jeremias, die Persische Sibylle, Ezechiel, die Erythräische Sibylle, Joel, Zacharias, die Delphische Sibylle, Isias, die Cumäische Sibylle, Daniel, die Libysche Sibylle und Jonas, und mit 20 eleganten nackten Gestalten, den ›Ignudi‹. Er ließ dabei architektonische, malerische und plastische Elemente in eins fließen. Die neun Felder des Schöpfungsberichtes sind (von vorn):

1. Gott scheidet Licht und Finsternis
2. Er erschafft Sonne, Mond und die Erde
3. Er teilt die Wasser und erschafft die Vögel
4. Erschaffung Adams.
5. Erschaffung Evas aus der Rippe Adams
6. Sündenfall und Vertreibung aus dem Paradies
7. Opfer des Noah
8. Sintflut
9. Trunkenheit des Noah.

Michelangelos Farben haben eine eigene Kraft, die durch die Restaurierung der letzten Jahre wieder voll zur Geltung kommt. Es dominieren Blau, Grün, Ocker, Rot und Weiß. Alle Personen sind von bewegter, die Decke fast sprengender Körperlichkeit erfüllt. Das Göttliche scheint mit seiner Kraft auf den Menschen überzugehen. So ist dieses Werk, das zum unersetzbaren Kulturschatz des Abendlandes gehört, auch eine Verherrlichung des Menschen.

Altarwand: Was hätte Michelangelo der Erschaffung der Welt und des Menschen Passenderes spannungsvoll gegenüberstellen können als ihr Ende! Er wurde 1534, selbst 59 Jahre alt und nur mit Unlust an die Arbeiten des Deckenfreskos zurückdenkend, von Klemens VII., kurz vor dessen Tod beauftragt, die Altarwand auszumalen. Der neue Papst, Paul III., verstärkte sofort den Wunsch seines Vorgängers zum Befehl.

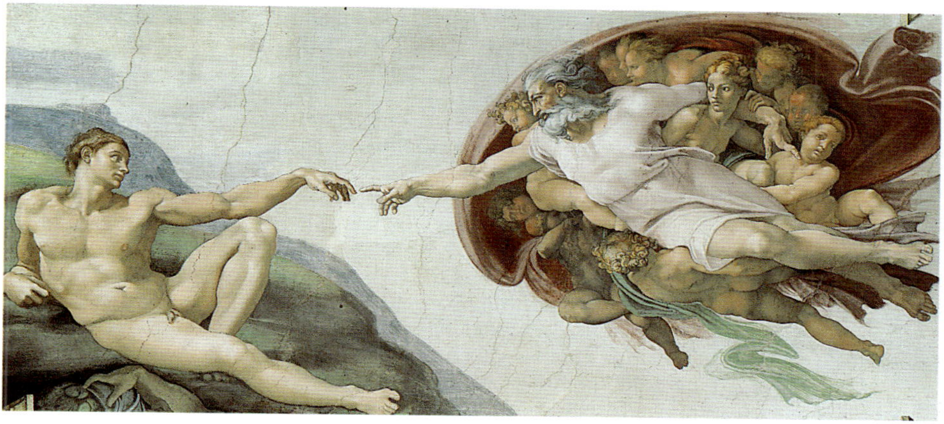

Das Thema sind die ›letzten Dinge‹, die damals jedem Gläubigen eindringlich gegenwärtig waren, die Lehren des christlichen Glaubens über das Jüngste Gericht und die Auferstehung des Fleisches, über die Wiederkunft Christi am Ende der Zeiten, über die Verdammnis der Bösen und die Aufnahme der Gerechten ins Paradies, über Himmel, Hölle und Fegefeuer. Der italienische Dichter Dante hatte sie, prägend nicht nur für Generationen, sondern für Jahrhunderte, in seiner ›Göttlichen Komödie‹ dichterisch schon Anfang des 14. Jh. ausgemalt.

In der Bibel finden sich an vielen Stellen Worte über das Ende der Welt und die Vollendung der Zeit; am bekanntesten im Evangelium nach Markus (13. Kapitel, 19., 20., 24. bis 27. Vers): »Denn in diesen Tagen wird solche Trübsal sein, wie sie nie gewesen ist bisher vom Anfang der Schöpfung, die Gott geschaffen hat, und auch nicht wieder werden wird. Und wenn der Herr diese Tage nicht verkürzt hätte, würde kein Mensch selig; aber um der Auserwählten willen, die er auserwählt hat, hat er diese Tage verkürzt … Aber zu der Zeit, nach dieser Trübsal, werden Sonne und Mond ihren Schein verlieren, und die Sterne werden vom Himmel fallen, und die Kräfte der Himmel werden ins Wanken kommen. Und dann werden sie den Menschensohn kommen sehen in den Wolken mit großer Kraft und Herrlichkeit. Und dann wird er seine Engel senden und wird versammeln seine Auserwählten von den vier Winden, vom Ende der Erde bis zum Ende des Himmels.«

Darum geht es, darum ging es Michelangelo. Diese Dramatik auf Leben und Tod für immer ist allem aufgeprägt: Jesus Christus, der wie ein antiker Held auf den Wolken schwebt, Maria, den Aposteln und anderen Heiligen, den Seligen, die schwerelos himmelan streben (links), den Verdammten, die in den Abgrund der Hölle niederstürzen (rechts), den Toten, die aus den Gräbern auferstehen (unten), den Engeln, die mit Posaunen allen das Jüngste Gericht verkünden,

*»Der höchste Augenblick der Schöpfung (und der höchste Michelangelos) ist die Belebung Adams. Von einer Heerschar jener göttlichen Einzelkräfte, tragenden und getragenen, umschwebt, nähert sich der Allmächtige der Erde und läßt aus seinem Zeigefinger den Funken seines Lebens in den Zeigefinger des schon halb belebten ersten Menschen hinüberströmen. Es gibt im ganzen Bereich der Kunst kein Beispiel mehr von so genialer Übertragung des Übersinnlichen in einen völlig klaren und sprechenden sinnlichen Moment. Auch die Gestalt des Adam ist das würdigste Urbild der Menschheit.«*
*Jacob Burckhardt*

und jenen Engeln, welche die Zeichen der Passion Christi halten. 391 Gestalten zählt man auf diesem Riesenfresko; einige sind aufgrund ihrer Beigaben zu bestimmen, so Petrus durch den Schlüssel, Sebastian durch Pfeile, Laurentius durch den Rost, Katharina durch ein Rad und Bartholomäus durch die abgezogene Haut – auf die Michelangelo sein eigenes Bildnis gemalt hat.

Giorgio Vasari (1511–1574), ein Zeitgenosse Michelangelos, selbst Künstler und Kunst-Beschreiber, notierte damals: »Wer Urteilskraft besitzt und etwas von der Malerei versteht, der erkennt hier die erschreckende Gewalt der Kunst, sieht in den Gestalten Gedanken und Leidenschaften, die kein anderer außer Michelangelo je gemalt hat. Hier lernt man, wie den Stellungen Abwechslung in den seltsamen und verschiedenen Gebärden bei jungen und alten Männern und Frauen gegeben werden kann. Wem offenbart sich in ihnen nicht die furchtbare Macht der Kunst, vereint mit jener Anmut, die diesem Meister von der Natur verliehen war? Denn alle Herzen werden tief bewegt, mögen sie von unserem Beruf nichts verstehen oder seiner kundig sein. Dieses Werk ist für unsere Kunst jenes Zeugnis und jenes große Gemälde, das Gott den Menschen zur Erde geschickt hat, damit sie sehen, wie das Schicksal wirkt, wenn Geister von der erhabensten Stufe auf die Erde herabkommen und Anmut und Göttlichkeit des Wissens in ihrem Innern mitbringen. Acht Jahre lang arbeitete Michelangelo an diesem Bild und deckte es am Weihnachtsabend 1541 auf, zum Verwundern und Erstaunen Roms, ja der ganzen Welt.« Und weiter: »Michelangelo gab den Gestalten darin solche Kraft, daß er das Wort Dantes verwirklichte: ›Die Toten schienen tot, die Lebendigen lebendig.‹ Man erkennt in dem Gemälde den Jammer der Verdammten und die Freude der Seligen. Als daher dieses Weltgericht aufgedeckt war, zeigte sich Michelangelo nicht nur als Sieger über die Künstler, die früher in derselben Kapelle gearbeitet hatten, sondern man sah auch, daß er sich in seinen Darstellungen an der Decke, die er zu so großem Ruhme ausgeführt hatte, noch selbst übertreffen wollte, und er hat sich darin übertroffen, und zwar sehr weit.«

Auch eine hübsche Anekdote verdanken wir Vasari: »Michelangelo hatte schon mehr als drei Viertel des Bildes vollendet, als Papst Paul kam, um es zu besichtigen. Messer Biagio von Cesena, Zeremonienmeister und ein sehr kleinlicher Mann, war mit Seiner Heiligkeit in der Kapelle, und auf die Frage, was er von dem Werk halte, entgegnete er, es sei wider aller Schicklichkeit, an einem heiligen Ort so viele nackte Gestalten zu malen, die aufs unanständigste ihre Blößen zeigten; es sei kein Werk für die Kapelle des Papstes, sondern für eine Bade- oder Wirtshausstube. Das verdroß Michelangelo, und um sich zu rächen, malte er den Zeremonienmeister, sobald er fort war, ohne ihn weiter vor sich zu haben, als Minos in der Hölle, die Beine von einer großen Schlange umwunden, umgeben von einer Schar von Teufeln. Und es half dem Messer Biagio nichts, daß er sich an den Papst und Michelangelo wandte und bat, er möge sein Bild dort wegnehmen – es blieb stehen zum Andenken an diese Geschichte.« Die ›anstößigen‹ Stellen wurden später von Daniele da Volterra (1509–1566) übermalt.

Die ›Sistina‹ ist die Palastkapelle des Papstes und dient für Gottesdienste und feierliche Versammlungen. Hier findet das Konklave, die Wahl eines neuen Papstes statt. Die (weniger als 80 Jahre alten) Mitglieder des Kardinalskollegiums wählen in geheimen Abstimmungen mit einer Mehrheit von zwei Dritteln plus einer Stimme das neue Oberhaupt der katholischen Kirche. Der Rang der Sixtinischen Kapelle ist einzigartig. Sie vereinigt in sich die höchsten Werke der Kunst als Monumente des christlichen Glaubens und als Symbole menschlicher Größe, die zum Göttlichen strebt.

Es war kein geringes Problem, die Wände der 120 m langen Galerie zu schmücken. Mit der Galerie der Landkarten (1580/83 von Antonia Danti) hat man es nicht schlecht gelöst. U. a. finden wir die einzelnen Gegenden Italiens, Städte und Regionen. An die Galerie der geographischen Karten schließen sich die Galerie der Teppiche mit wertvollen Exemplaren vom 5. bis zum 17. Jh. und die Galerie der Kandelaber an.

Basalt- und Holzsarkophage, Köpfe von Götterstatuen und Pharaonen, Mumienköpfe und Stelen, Köpfe und Statuen von Göttern und Tieren sowie ägyptische Papyri der Dynastien vom 3. Jt. bis zum 6. Jh. v. Chr. in Ägypten bilden den kleinen Schatz des **Museo Gregoriano Egizio.** Das am Cortile della Pigna gelegene Museum wurde von Gregor XVI. 1839 neu gegründet, nachdem Pius VII. zur Zeit des ›Ägypten-Fahrers‹ Napoleon eine erste Sammlung angelegt hatte.

Auch das **Museo Gregoriano Etrusco,** das Etruskische Museum des Vatikans, ist nicht groß, enthält jedoch einige besonders wertvolle Stücke, so die Tomba Regolini-Galassi, eine Grabanlage aus Cerveteri; den Mars von Todi; die Stele des Palestrita (aus Attika, 5. Jh. v. Chr.); Kopf der Athene. In den 18 Sälen des ebenfalls von Gregor XVI. 1837 gegründeten Museums sind Zeugnisse etruskischer Kunst und Kultur ausgestellt, u. a. Gegenstände des Gebrauchs und des Totenkults, außerdem griechische und römische Kunstwerke, darunter eine interessante Vasensammlung.

Das **Museo Pio Cristiano,** das Christliche Museum Pius' IX., von diesem Papst 1854 den Vatikanischen Sammlungen hinzugefügt, gliedert sich in zwei Abteilungen, die für Architektur, Skulpturen und Mosaiken und die für Inschriften.

Auch interessante Gegenstände aus den Missionsgebieten der katholischen Kirche wurden gesammelt. Unter Papst Pius XI. (1922–1939) nahm man eine systematische wissenschaftliche Erfassung der Objekte vor, die heute zum Teil im **Museo Missionario Etnologico** öffentlich zugänglich sind. Dieses kleine ›Völkerkundemuseum‹ gibt einen hervorragenden Einblick in Leben, Kultur und Religion fremder Völker.

Das **Museo Storico (13),** das Historische Museum des Vatikans, 1973 auf Wunsch Papst Pauls VI. unterhalb des Giardino Quadrato (neben der Pinakothek) eingerichtet, beherbergt Interessantes zur Geschichte des Vatikanstaates, z. B. Uniformen und Ausrüstung der päpstlichen Truppen, Kutschen u. ä.

Zum Abschluß des ausgedehnten und anstrengenden Museumsbesuches mag sich die **Vatikanische Pinakothek (14)** anbieten, die nicht sehr umfangreich ist. Sie wurde relativ spät, von Pius VI. (1775–1799), gegründet und verlor sogleich zahlreiche Gemälde, die Napoleon als Kriegsschuld einforderte. Das 1932 entstandene Museumsgebäude beherbergt in 16 Räumen Gemälde vom Mittelalter bis in die Gegenwart. Beachtenswert sind vor allem:

Saal I: Frühe sienesische, umbrische und toskanische Schule des Mittelalters; Pluviale (Segensmantel) Bonifaz' VIII. (14. Jh.)

Saal II: Stefaneschi-Triptychon von Giotto; ›Erlöser‹ von Simone Martini; ›Madonna‹ von Bernardo Daddi

Saal III: ›Madonna‹ und ›Nikolaus von Bari‹ von Fra Angelico; ›Krönung Mariens‹ von Filippo Lippi; ›Madonna‹ von Benozzo Gozzoli

Saal IV: ›Sixtus IV. gründet die Vatikanische Bibliothek‹, Fresko von Melozzo da Forlì; Musizierende Engel, Fragmente des Apsismosaiks (›Himmelfahrt‹) aus SS. Apostoli, desselben Malers

Saal V: Meister des 15. Jh.; ›Pietà‹ des Lukas Cranach

Saal VI: ›Pietà von Carlo Crivelli

Saal VII: ›Marienkrönung‹ von Pinturicchio; ›Madonna‹ und ›Der hl. Benedikt‹ von Perugino

Saal VIII (Raffael): Zehn Wandteppiche nach Entwürfen von Raffael, dann seine berühmten Gemälde: ›Krönung Mariens‹ (1503), ›Verkündigung‹, ›Epiphanie‹, ›Darbringung Jesu im Tempel‹, drei Tafeln ›Glaube‹ – ›Hoffnung‹ – ›Liebe‹, vor allem die ›Madonna von Foligno‹ (1512/13) und ›Trasfigurazione‹ – Verklärung Christi (1517, das letzte Gemälde des Künstlers)

Saal IX: ›Hieronymus‹ von Leonardo da Vinci, um 1480, unvollendetes Werk; ›Pietà‹ von Giovanni Bellini

Saal X: ›Madonna mit Kind und Heiligen‹ von Tizian; ›Georg und der Drache‹ von Bordone

Saal XI: Bilder des späten 16. Jh.

Saal XII: ›Hieronymus‹ von Domenichino (1614); ›Grablegung‹ von Caravaggio (1602/1604); ›Kreuzigung des Petrus‹ von Guido Reni

Saal XIII: ›Madonna und Franziskus‹ von Pietro da Cortona

Saal XIV: Niederländische und flämische Meister: Rubens-Schule

Saal XV: ›Der Doge Niccolò Marcello‹ von Tizian; Papstbildnisse verschiedener Meister

Saal XVI: Moderne Meister

Weitere Werke der modernen religiösen Kunst in der Collezione d'Arte Religiosa Moderna (s. S. 373).

Das Teatro Marittimo der Villa Adriana ▷

# Umgebung von Rom

# Umgebung – Dintorni di Roma

Latium, die italienische Region Lazio, reich an landschaftlichen Reizen und Kunstschätzen, muß nicht ›im Schatten‹ Roms liegen. Dabei stellt Rom die Umgebung jedoch nicht nur im übertragenen Sinn in den Schatten, zieht also häufig fast das ganze Interesse der Besucher auf sich; umgekehrt spendet das Umland der gewaltigen Urbs vielmehr auch selbst jenen Schatten, der einen vor der Hitze der städtischen Hast, der Erschöpfung durch rastloses Schauen bewahrt, kurz, in dem man sich erholen kann. In vier Hauptrichtungen kann selbst der eilige Besucher von Rom aus seine Schritte lenken. Nach Norden zu den beiden Etruskerstätten Cerveteri und Tarquinia sowie Bracciano am Lago di Bracciano, nach Südosten in die Albaner Berge mit der päpstlichen Sommerresidenz in Castel Gandolfo und dem Wein- und Villenort Frascati, nach Westen mit Ostia Antica und dem Lido di Ostia, den von Archäologen freigelegten Überresten der altrömischen Hafenstadt Ostia und der heutigen Stadt Ostia am Meer, und schließlich nach Nordosten, nach Tivoli und Palestrina.

## Im Norden

**Cerveteri,** 51 km nordwestlich von Rom nahe der Küste gelegen, das ›Alte‹ Caere der Etrusker (Caere ›Vetus‹ verschmolz zum heutigen Namen), war vom 8. bis zum 4. Jh. v. Chr. Handels- und Machtzentrum eines etruskischen Teilstaats. Die Nekropole, die Totenstadt von Cerveteri, führt in den religiösen Kult jenes Volkes ein, das vor den Römern in ganz Mittelitalien seßhaft war, das eine hohe Kultur entfaltete und es in Architektur, Malerei und Bildhauerkunst ebenso zu großen Leistungen brachte wie im Handwerk und in der Technik. Die hier gefundenen Gold- und Bronzearbeiten, Vasen und Urnen sowie Malereien auf Wänden und Gegenständen sind leider über Museen in Paris, London und Rom (Vatikanische Museen und Villa Giulia) verstreut. Ein Rundgang führt an den verschiedenen eindrucksvollen Gräbern vorbei. Diese Gräber *(Tombe)* sind es, die den Ruhm und die Bedeutung dieses Ortes ausmachen. Hervorzuheben sind: ›Tomba dei Capitelli‹, ›della Casa con tetto stramineo‹, ›dei Dolii‹, ›dei Letti Funebri‹, ›dei Vasi Greci‹, ›dei Rilievi‹, ›della Cassetta‹, ›delle Colonne Doriche‹, ›del Triclinio‹, ›dei Sarcofagi‹, ›degli Iscrizioni‹, ›dell'Alcova‹ und ›delle Ulive‹ sowie der ›Tumulus (Grabhügel) della Cornice‹ und ›della Ophelia Maroi‹.

**Tarquinia,** 96 km von Rom im Nordwesten nicht weit vom Tyrrhenischen Meer, ist ebenfalls – wie Cerveteri – etruskischen Ursprungs. In dieser Stadt führten die Etrusker bis zu ihrer Niederlage gegen die Römer im Jahr 311 v. Chr. ein stolzes, an Kultur reiches Gemeinwesen.

Von ihrem Leben geben uns das Museo Nazionale Tarquiniense in dem beachtenswerten Palazzo Vitelleschi, für Kardinal Giovanni Vitelleschi (1436–1439) errichtet, und die in der Umgebung Tarquinias verstreuten Nekropolen (Grabstätten) eindrucksvolle Kunde. Vasen und Urnen aus feiner und grober Keramik, Werkzeuge und Gebrauchsgegenstände, Waffen und Schmuck, Gemälde mit Darstellungen aus dem Leben der Verstorbenen und aus dem Jenseits der Götter stammen aus drei Kulturepochen, der ›Zeit der Brandgräber oder der Villanova-Kultur‹ (10. bis 8. Jh. v. Chr.), der ›Orientalisierenden Epoche‹ (Anfang des 7. bis zur Mitte des 6. Jh. v. Chr.) und dem ›Zeitalter der etruskischen Grabmalerei‹ (6. bis 2. Jh. v. Chr.). Beachtenswert sind die ›Tomba dei Letti Funebri‹ (der Totenbetten), ›del Triclinio‹ (des Speisezimmers), ›delle due Bighe‹ und ›del Barone‹ mit hervorragend erhaltenen Wandmalereien sowie Steinsarkophage und ein großes farbiges Terrakottarelief mit zwei geflügelten Pferden (ein Wahrzeichen Tarquinias).

Die sehr lohnende Besichtigung der in der Umgebung liegenden Grabanlagen ist nur vom Museum aus mit einem Führer und einem Auto möglich.

**Bracciano,** ein kleines Städtchen, 39 km von Rom entfernt über dem Lago die Bracciano, dem Braccianer See, gelegen, ist eine beliebte Sommerfrische der Römer und Erholungsort ausländischer Wahlrömer. Das mächtig aufragende Castello Orsini errichteten Napoleone Orsini und sein Sohn Gentile Virginio von 1470 bis 1485; es hielt manchen Belagerungen statt. Von seinen Zinnen aus bietet sich ein herrlicher Blick über die römische Landschaft bis zu den Sabiner Bergen.

## Im Südosten

Im Gebiet der **Albaner Berge** (Colli Albani), etwa 20 bis 30 km südöstlich von Rom, hatten früher die römischen Adelsfamilien und Päpste ihre Burgen, daher wird das Gebiet auch ›Castelli Romani‹ (Römische Burgen) genannt; heute ziehen sich viele Römer in diese höher als Rom gelegenen Zonen der besseren Luft und der größeren Ruhe wegen zurück.

Die vulkanischen Berge steigen bis zu einer Höhe von 949 m an (Monte Cavo); die Krater der Vulkane bilden zwei Seen, den Lago Albano und den Lago di Nemi. Auf den Abhängen dieses Gebietes wächst ein guter Wein (mit der Bezeichnung ›Castelli Romani‹). Aus den alten Burgen haben sich bevölkerte Städtchen entwickelt: Frascati, Grottaferrata, Marino, Castel Gandolfo, Albano, Ariccia, Genzano, Nemi und Rocca di Papa.

Der Krater des **Albaner Sees,** etwa 10 km im Umfang, in einer Höhe von 293 m über dem (in der Ferne glänzenden) Meeresspiegel gelegen und bis zu 170 m tief, ist landschaftlich besonders reizvoll.

Durch einen unterirdischen Ableitungskanal wird der Wasserspiegel des Sees auf gleicher Höhe gehalten; die überflüssige Wassermenge wird dem Tiber zugeführt. Die erste Anlage dieser Art wurde von römischen Ingenieuren bereits im Jahr 397 v. Chr. gebaut. Nach alter Überlieferung hat zu diesem Bau die Römer eine Weissagung veranlaßt, die ihnen bedeutete, sie würden andernfalls die Etruskerstadt Veji nicht erobern können.

**Frascati,** 22 km von Rom entfernt, im Südosten, ist wegen seines Weines und seiner Villen gleich berühmt. Der Zahl der ländlichen Weinstuben entspreche, so heißt es scherzhaft, der Menge der architektonisch bedeutenden Landvillen der römischen Adelsfamilien aus dem 16. und 17. Jh.; man sagt es auch umgekehrt. Hervorzuheben sind von den Landpalästen: die Villa Aldobrandini, die ihre Fassade stolz dem Haupt-(Park-)Platz zuwendet, der Falconieri (Maddalena, Ruffini), die Villa Ruffinella (Ferreria), der Lancelotti, der Grazioli (Aquavia, Montalto), der Muti (Arrigoni), der Pallavicini, der Torlonia (Ludovisi, Conti), der Borghese (Taverna), der Mondragone und die Villa Vecchia.

Außerhalb Frascatis befinden sich die Ruinen des alten **Tusculum,** das zu allen Zeiten berühmte Römer, wie etwa in der Antike der Schriftsteller Cicero, als Sommerwohnsitz wählten. Auf dem Berg befinden sich Reste einer römischen Akropolis und einer mittelalterlichen Zitadelle.

Bei der Rundfahrt durch die Castelli Romani sollte man auch die alte Abtei der Basilianer, eines Ordens der griechisch-katholischen Kirche, bei **Grottaferrata,** 21 km von Rom in 329 m Höhe gelegen, besuchen. Die Abtei ragt als Festungsbauwerk der Renaissance und als ehrwürdiges Kloster mit bedeutenden Kunstwerken hervor.

**Rocca di Papa,** 27 km von Rom entfernt, 681 m hoch am Abhang des Monte Cavo gelegen, führt seinen Namen auf eine Festung der Päpste aus dem 12. Jh. zurück. Unter der mittelalterlichen Stadt haben sich nun Villen, Gärten und Hotels ausgebreitet.

In **Castel Gandolfo** befindet sich die Sommerresidenz der Päpste, die als exterritoriales Gebiet zum Vatikanstaat gehört und deren Bau unter Urban VIII. im Jahr 1624 begonnen wurde. Von dem Städtchen aus, das nach der Sage von Ascanius, dem Sohn des Aeneas, gegründet wurde und das in der realen Historie als Alba Longa im Krieg mit Rom unterlag, hat man einen weiten Blick über die römische Campagna bis zur Kuppel der Peterskirche, aber auch bis zum Meer und hinunter zum Albaner See. Die Kirche am Hauptplatz gegenüber dem päpstlichen Palast, San Tommaso di Villanova, ist ein Werk Berninis (1661). Auch der Brunnen auf dem Hauptplatz ist von Bernini.

Wie viele der alten Städte Latiums lag auch **Ariccia,** das alte Aricia, im Kampf mit Rom, was es durch mehrmalige Zerstörung büßen mußte. Die bezaubernd schöne Lage, 412 m hoch auf einem Sattel zwischen zwei Tälern, zieht noch heute viele Römer in der heißen Jahreszeit an.

Durch **Albano** (Laziale), 26 km von Rom entfernt, führt die Via Appia Antica. Ruinen (Stadttor, Mauern, Amphitheater, Thermen, Grab, Zisterne) weisen auf die hohe Zivilisation der Bewohner von Castra Albana in römischer Zeit hin.

## Im Westen

Der **Lido di Ostia,** der bekannte Strand des Badeorts Ostia, zählt zwar immer noch zu den beliebtesten Ausflugszielen der Römer und damit zu den belebtesten Sandstreifen und Promenaden der italienischen Halbinsel; doch ist das am Meer gelegene Ostia in den letzten Jahren fast eine Großstadt mit beinahe 55 000 Einwohnern geworden. Da sie ihre Abwässer zumeist ins Meer leitet und außerdem die

*Ostia Antica*

von Rom durch den Tiber herbeigeschwemmt werden, ist das Baden im Meer nicht zu empfehlen, zeitweilig sogar von der Gesundheitsbehörde verboten.

An keinem Ort der Umgebung Roms kann man einen so anschaulichen und umfassenden Überblick über eine antike Stadt gewinnen wie in den Ruinen des alten **Ostia.** An der Mündung (Ostium) des Tiber, so lauten die Legenden, sei Aeneas, der Ahnherr der Latiner, an Land gegangen; hier habe der König Ancus Marcius im 7. Jh. v. Chr. eine Siedlung gegründet. Der archäologischen Forschung zufolge jedoch entstand hier um 335 v. Chr. eine Siedlung an der Mündung des Tiber ins Meer, günstig gelegen für Fischerei und Handel. Die Stadt wuchs zusammen mit Rom empor und wurde in der Kaiserzeit einer der lebhaftesten und wichtigsten Handels- und Kriegshäfen. Dieser Rang drückte sich in vielen Bauten für die damals etwa 50 000 Bewohner aus.

Als jedoch Roms Bedeutung als Macht- und Handelszentrum mit der Teilung des Reiches unter Konstantin, mit den Plagen der Jahrzehnte der Völkerwanderung und dem Untergang des Weströmischen Reiches im 5. Jh. zurückging, als die politische Lage mit den wechselnden Machtverhältnissen im frühen Mittelalter und der Bedrohung durch die Sarazenen sich gegen Ostia wandte, als zudem der Tiber immer mehr Sandmassen anschwemmte und dadurch die Hafenstadt immer weiter vom Meer abrückte, als dazu noch die Malariaplage kam und 1613 ein Kanal bei Fiumicino den Einwohnern den Seehandel nahm – zuviel für eine Stadt –, da versank Ostia in Trümmer und – Vergessenheit.

Bis sich die Altertumsforscher und Archäologen der berühmten Hafenstadt Roms erinnerten. Seit dem 19. Jh. förderten Ausgrabungen etwas mehr als die Hälfte des verfallenen Stadtgebiets von 66 ha zutage: Straßen und Wohnhäuser, Theater und Bürobauten, Tempel und Kasernen, Kunststätten und Geschäfte, Grabanlagen und Lagerhäuser, Thermen und Stadttore, Wirtshäuser und Herbergen, Sportanlagen und Hafeneinrichtungen, Statuen und Mosaiken, dessen Gliederung in fünf Stadtteile mit rechtwinkigen Straßenzügen klar vor Augen liegt.

Die Besichtigung der Ausgrabungen beginnt entweder am Haupteingang und führt dann über die Via dei Sepolcri (Gräberstraße) an der Porta Romana und den Grabanlagen, den Thermen und dem Piazzale della Vittoria (mit einem Standbild der Siegesgöttin Minerva Victoria), an Lagerhäusern (Horrea) und Wohnhäusern vorbei auf der von Rom kommenden Via Ostiense, der jetzt Decumanus Maximus geheißenen Hauptstraße, bis zum Theater; oder man fährt mit dem Auto auf das Gelände bis zum Parkplatz und geht auf kurzem Weg zu Fuß zum Theater.

Auch ein kurzer Rundgang sollte das Theater nicht auslassen. Es wurde unter Kaiser Augustus errichtet, unter Septimius Severus und Caracalla umgestaltet, vor einigen Jahren wieder restauriert und faßt etwa 2700 Zuschauer; noch heute finden während der Sommermonate Aufführungen darin statt. Von den Rängen des Theaters sieht man auf den Piazzale delle Corporazioni, ein Geviert mit den Büros von 70 Handelsvertretungen, deren Herkunft und Tätigkeit von Mosaiken davor angegeben werden. In der Mitte des Platzes erhebt sich der Tempel der Ceres. Vom Theater geht der Blick weiter auf die Thermen des Neptun (mit Mosaiken) und eine Palästra (Sporthalle) sowie die Kaserne der Wachleute, schließlich auf die Horrea (Speicher) des Hortensius; dahinter erstrecken sich weite, noch unausgegrabene Teile des alten Ostia. Dann kann man zum schönen Haus des Apulejus (Casa di Apuleio) gehen, mit dem danebenliegenden Mithras-Heiligtum und weiteren Lagerhäusern, hinüber in das Häusergewirr mit dem Collegium Augustale, der Casa der Fortuna Annonaria, auf das Feld und zum Tempel der Magna Mater Kybele und zurück Richtung Hauptstraße. Auf dem Weg dorthin liegen die Thermen des Forum, der Tempel der Roma und des Augustus und die Casa dei Triclini sowie die Basilika am Forum mit dem hochaufragenden Gebäude der Curia, die das Forum abschließt. Der Rundgang kann jetzt noch weiter ausholen und den Tempio Rotondo, die Scuola di Traiano, den Piazzale di Bona Dea, die Casa a Giardino mit großen Wohnungen, Gärten und Laubengängen, die Casa delle Muse, eine christliche Basilika, Thermen der Sieben Weisen und Thermen des Mithras, weiter republikanische Tempel, das Haus von Amor und Psyche, den Kleinen Markt, die Casa dei Dipinti und die Casa di Diana berühren. Zum Schluß lädt ein interessantes Museum ein, die künstlerisch wertvollen Funde von Ostia Antica zu besichtigen.

## Im Osten

**Tivoli,** das alte römische Tibur an der Via Tiburtina, 31 km von Rom entfernt und heute eine Stadt von 50 000 Einwohnern, wird vor allem wegen der Villa d'Este und der Villa Adriana aufgesucht.

Die **Villa d'Este**, Gebäude und Park für die Familie der Este aus Ferrara, gilt als die ›Königin der Villen‹. Im 16. Jh. wurde für den Kardinal Ippolito d'Este von Pirro Ligorio eine Anlage geschaffen, in der sich die natürliche Gestalt der Landschaft (an einem Hügelabhang), das Spiel des Wassers und die architektonischen Formen der Bauten harmonisch und erfrischend verbinden. Luigi und Alessandro d'Este ließen die Anlage der Villa, die später in den Besitz des Hauses Habsburg und 1918 in den des italienischen Staates überging, zu Beginn des 17. Jh. vollenden.

Von dem Palazzo tritt man über Terrassen und zahlreiche Treppen in den parkähnlichen Garten. Hunderte von Fontänen, Brunnen, großen und kleinen Wasserbecken nehmen das Wasser auf, sammeln es, um es weiterzugeben oder emporzuschleudern: Ein beständiges Rieseln und Rauschen erfüllt die Luft, die hier viel reiner ist als in Rom. Fontänen und Brunnen sind von den Baumeistern in spieleri-

*Die Villa d'Este gilt als ›Königin der Villen‹. Im parkähnlichen Garten wurden Brunnen und Fontänen, kleine und große Wasserbecken von den Baumeistern spielerisch gestaltet*

schen Formen gestaltet, zuweilen miniaturhaft Größeres nachahmend, nur mit dem Ziel, zu erfreuen.

Die **Villa Adriana,** etwas außerhalb von Tivoli gelegen, ließ der baufreudige Kaiser Hadrian (117–138) anlegen. In diesem ›Schloß‹ war alles Notwendige für eine angemessene Führung des kaiserlichen Hofes vorhanden. Zugleich hatten die Architekten in kleinerem Maßstab die Orte und Bauwerke kopiert, die Kaiser Hadrian bei seinen ausgedehnten Reisen im Römischen Reich besonders beeindruckt hatten, so das Tempeltal von Thessalien, einen Kanal bei der ägyptischen Stadt Kanopus oder die Akademie zu Athen. Deshalb führt ein Rundgang an den Bauten für die kaiserliche Sommerresidenz und an den Nachbildungen dieser fremden Stätten vorbei. Hervorzuheben sind – und bei einer Besichtigung leicht zu erkennen, wozu im Eingangsgebäude noch ein Gipsmodell der Anlage verhilft:

Griechisches Theater (am Eingang); der Gartensaal eines kleinen Palastes mit der für die Hadrian-Zeit typischen, bewegten Architektur (konvexe und konkave Linien); Piazza d'Oro, der Goldene Platz, der von 60 Säulen umgeben war; das sogenannte Teatro Marittimo, das Seetheater; eine kleine Villa mit marmornem Säulengang und der ›Insel der Einsamkeit‹, kleine und große Thermen; der Canopus, eine langgestreckte Anlage im Freien mit einem Serapis-Tempel und (dahinter) der Akademie; das Stadion, die Kaserne der Wachen, die Bibliothek für griechische und lateinische Autoren neben dem eigentlichen Kaiserpalast. Ein Museum zeigt einige beachtenswerte Objekte. Von der Pracht der Kaiserzeit, von imperialer Größe vermittelt die Villa des Hadrian mit ihren mächtigen Ruinen einen überwältigenden Eindruck.

Das Städtchen **Subiaco,** 72 km von Rom entfernt, zog schon die alten Römer wegen seiner idyllischen Lage an, so den Kaiser Nero, der sich künstliche Seen und eine Villa anlegen ließ, bevor Benedikt von Nursia, der berühmte Gründer des Benediktinerordens, sich hierher in die Einsamkeit mit Gleichgesinnten zurückzog. Deshalb lockt Subiaco vor allem die Verehrer des hl. Benedikt und seiner Schwester, der hl. Scholastika, der zu Ehren Kirche und Kloster in der Nähe des Ortes erbaut wurden. Das Kloster des hl. Benedikt mit der Heiligen Höhle (Sacro Speco) erreicht man über eine kurvige Autostraße. Die Memoria des hl. Benedikt wird in der winkelreichen, über- und ineinandergestaffelten Klosteranlage durch Wandmalereien gefeiert, die aus dem 8. bis 14. Jh. stammen und in Darstellungen Szenen aus dem Leben des Ordensgründers und der Bibel zeigen.

Das alte Preneste, das heutige **Palestrina,** liegt 38 km östlich von Rom entfernt an der Via Prenestina. Es bietet im Sommer vielen Römern – seit alters – Erholung. Der Tempel der Fortuna Primigenia, eine Anlage, die bis in das 4. Jh. v. Chr. zurückgeht und in die hinein im 11. Jh. – später erweitert – der Palazzo Colonna-Barberini gebaut wurde, ist einen Ausflug nach Palestrina wert. Der Palast beherbergt das Archäologische Museum mit dem berühmten Nil-Mosaik.

# Erläuterung kunstgeschichtlicher Fachbegriffe (Glossar)

**Abakus** Obere Abschlußplatte über einem →Säulen- →Kapitell

**Ädikula** Rahmender architektonischer Aufbau um Portale, Fenster, Reliefs oder Gemälde

**Altan** Eine bis zum Erdboden unterbaute Plattform (eine Art Balkon) an oberen Stockwerken

**Apokalypse** (griech. Offenbarung) Religiöse Literaturgattung, den Weltenlauf und Weltuntergang prophezeiend; auch bes. Bezeichnung für die Offenbarung des Johannes im Neuen Testament

**Apostelfiguren** Die zwölf Apostel sind durch folgende Attribute gekennzeichnet: Andreas mit dem X-förmigen Kreuz, Bartholomäus mit einem Messer, Jakobus d. Ä. (Major) mit Stab und Muschel, Jakobus d. J. (Minor) mit einer Fahne, Johannes mit Kelch und Schlange. Judas Thaddäus mit einem Schwert, Petrus mit einem Schlüssel, Philippus mit einem Kreuzstab, Simon mit einer Säge und Thomas mit Winkel und Lanze

**Apsis** Meist halbrunder, mit einer Halb- →Kuppel überdeckter Raum, der sich zu einem Hauptraum öffnet; in der christl. Baukunst überwiegend der östliche Abschluß einer Kirche

**Aquädukt** Römische Wasserleitung mit leichtem Gefälle, die Täler und Schluchten auf oft mehrstöckigen Bogenstellungen überspannt

**Architrav** Der den Oberbau tragende Hauptbalken über → Säulen oder →Pfeilern

**Arkade** Bogenstellung über → Säulen oder →Pfeilern. In fortlaufender Reihung und einseitig geöffnet auch als Bogengang so bezeichnet

**Atrium** Von →Säulen getragener Innenhof des röm. Wohnhauses mit einer mittleren Öffnung im Dach. In christl. Baukunst von Säulenhallen umgebener westlicher Vorhof einer Kirche

**Aula** (lat. Hof) Der dem röm. →Atrium entsprechende Innenhof eines griech. Hauses. In röm. Kaiserzeit auch Palast und Ort der Hofhaltung. In altchristl. →Basiliken Vorhof; dann für Laien bestimmtes Kirchenschiff. In späteren Profanbauten Versammlungs- und Vorlesungsort

**Baldachin** Dachartiger Aufbau über einem Altar, Bischofsstuhl, einer Statue oder einem Grabmal

**Balustrade** Ein aus kleinen, gedrungenen Stützen (Balustern) gebildetes Geländer an Treppen, Balkonen oder als Dachabschluß

**Baptisterium** Taufkirche

**Basilika** Drei- und mehrschiffige Kirche, deren →Mittelschiff höher und breiter ist als die → Seitenschiffe, so daß der Obergaden (Wandabschnitt über dem Mittelschiff, in dem sich Fenster befinden; auch Licht- oder Fenstergaden genannt) für Lichteinfall sorgt. In christl. Baukunst früh bevorzugter Kirchentypus: →Hallen-, →Säulenbasilika. Im antiken Rom: Markt- und Gerichtshalle

**Basis** Ausladender Fuß einer →Säule oder eines →Pfeilers

**Bogen**(formen) Meist auf den Kreis zurückzuführen bzw. aus zwei oder mehreren Kreisbogenstücken zusammengesetzt. Die in der westlichen Baukunst häufigsten B. sind: der halbkreisförmige Rundbogen; der ellipsenähnliche Korbbogen; spitz zulaufende Bogen bezeichnet man als Spitzbogen; Kielbogen sind im unteren Teil konkav konturiert (auch Sattelbogen oder Eselsrücken genannt)

**Borgo** Vorstadt, auch unbefestigte Ortschaft im Gegensatz zum →Castell

**Campanile** Freistehender Glokkenturm italienischer Kirchen

**Camposanto** Sonderform des Friedhofs: von Bogengängen umschlossen, in dessen Nischen oder Rückwänden sich Wandgräber befinden

**Castell, Kastell** (span.) Befestigte Ortschaft – keine Festung, im Gegensatz zum →Borgo

**Cella** Fensterloser Hauptraum des antiken Tempels, meist mit dem Standbild des Gottes ausgestattet

**Chor** Hochaltarraum einer Kirche, z. T. einige Stufen höher liegend als der Gemeinderaum, architektonisch bes. ausgestaltet und oftmals durch einen Lettner (Trennwand mit einem oder mehreren Durchgängen), durch Gitter oder Schranken vom → Mittelschiff getrennt

**Codex, Kodex** Sammlung mehrerer, inhaltlich zusammengehöriger Texte religiöser, juristischer o. ä. Art

**Confessio, Konfessio** (lat. Bekenntnis, Beichte) In der Baukunst Ruhestätte eines Märtyrers, des Titelheiligen oder Gründers einer Kirche, die unter dem Hauptaltar liegt

**Cortile** Meist von → Arkaden umgebener Innenhof

**Dom** Bischofskirche, Kathedrale

**Dorisch** →Säulenordnung

**Ecclesia, Ekklesia** (griech. Volksversammlung) Im Christentum die Gemeinschaft der Christen; Personifikation der Kirche und damit des neuen Bundes (→ Synagoge). Ab dem Mittelalter erscheint E. aufrecht mit Krone, Kelch und Kreuzesstab

**Echinus** Wulstartiger, im Querschnitt kreisförmiger Teil des dorischen →Kapitells (→Säulenordnung), der zwischen Säulen→Schaft und →Abakus vermittelt

**Eierstab** Zierprofil, das sich aus einander abwechselnden eiförmigen Gebilden und spitzen Stegen zusammensetzt

**Empore** →Galerie- oder →altanartiger Einbau in einem Innenraum; meist in Kirchen

**Epitaph** Erinnerungsmal (Inschrift, figürliche Darstellung) für einen Verstorbenen, kein Grabmal

**Evangelisten(-symbole)** Verfasser der vier Evangelien mit Wesen, die erstmals in der → Apokalypse des Johannes als ihnen zugehörige Symbole gedeutet wurden: ein Engel oder Mensch für Matthäus, der Löwe für Markus, der Stier für Lukas und der Adler für Johannes. In Verschmelzung zur ›Viergestalt‹ als menschengesichtiger, meist vierflügeliger Cherub (neben den Seraphim in der Engelshierarchie Gott am nächsten)

**Exedra** Halbkreisförmige Erweiterung mit Sitzplätzen in antiken Wohnhäusern. →Apsis der altchristl. Kirche

**Fresko** Wandmalerei, bei der mit Kalkwasser angerührte Farbe auf den noch feuchten Putz aufgetragen wird; bes. haltbar, weil sich Farben und Verputz unauflöslich miteinander verbinden. Im Gegensatz dazu Seccomalerei auf trocknem Putz

**Fries** Waagerechte Mauerstreifen mit ornamentalen oder figürlichen Darstellungen als Schmuck, Gliederung oder Abschluß der Wand

**Galerie** Langer, gedeckter, nach einer Seite offener Gang. Laufgang mit offenen →Arkaden an einer Fassade. Laufgang über den Seitenschiffen in einer Kirche (→Empore)

**Gebälk** Balken, die zur Decken- oder Dachkonstruktion gehören. In der antiken Architektur oberer Teil einer →Säulenordnung

**Geison** Kranzgesims einer dorischen und ionischen →Säulenordnung

**Gesims** Vorspringendes, meist horizontal verlaufendes bauplastisches Element, das eine Außenwand in einzelne Abschnitte gliedert

**Gewölbe** Gekrümmte Raumdecke; → Gewölbeformen

**Gewölbeformen** Tonnengewölbe: Gewölbe mit halbkreisförmigem Querschnitt (einfachste Form des G.); bei der Durchdringung zweier gleich hoher Tonnengewölbe entsteht das Kreuzgewölbe; bilden sich an den Schnittpunkten der Gewölbeflächen eines Kreuzgewölbes Grate (Kanten), handelt es sich um ein Kreuzgratgewölbe; verläuft entlang der Grate eine tragende Skelettkonstruktion, spricht man von einem Kreuzrippengewölbe

**Giebel** Jeweilige Begrenzung der beiden zusammenstoßenden Flächen eines Satteldachs (zwei schräggestellte Dachflächen). Varianten: dreieckig, segmentförmig, abgetreppte (Staffelgiebel) oder in mehreren Winkeln gebrochen

**Hallenbasilika/-kirche/-krypta** Kirchen- bzw. →Krypta-Typ, dessen Schiffe ganz oder fast gleich hoch sind

**Ikonographie** Lehre von der Sinndeutung, z. B. christl. Bildinhalte und Formgestaltung ihrer Elemente bezüglich ihrer kunsthistorischen Entwicklung; Bildsprache

**Intarsien** Einlegearbeiten mit verschiedenfarbigen Materialien; neben Holz auch Elfenbein, Stein, Schildpatt, Perlmutt

**Ionisch** →Säulenordnung

**Kandelaber** Hoher Kerzenleuchter

**Kannelure** Senkrechte Hohlkehle an Säulenschäften

**Kapelle** Kleine Kirche oder sakraler Raum ohne Pfarrecht. Architektonisch selbständiger Anbau mit Altar in Kirchen

**Kapitell** Oberer Abschluß von →Säule. →Pfeiler oder →Pilaster mit ornamentaler, figürlicher oder floraler Dekoration. Dorisch: Bestehend aus wulstförmigem Kissen (→Echinus) und →Abakus. Ionisch: Ein beiderseits eingerollter →Volutenkörper liegt über einem Wulst (mit →Eierstab). Korinthisch: Bestehend aus übereinander angeordneten Akanthusblattkränzen (mittelmeerische Distelart mit großen, gezackten, an den Rändern leicht eingerollten Blättern); je zwei diagonal gestellte Voluten bilden die Ecken und tragen einen Abakus (konkav eingezogen, eine Blume auf jeder Seitenmitte)

**Kassettendecke** Flache oder gewölbte, mit eingetieften runden oder eckigen Feldern gegliederte Raumdecke; die Kassetten sind manchmal vergoldet, aus Reliefs oder floralen Ornamenten gestaltet

**Kenotaph** Leergrab

**Kolonnade** →Säulenreihe, die einen →Architraven trägt

**Kolumbarium** Grabkammer mit Wandnischen zur Aufnahme der Aschenurnen

**Kongregation** (lat. Vereinigung) Im Katholizismus Verbindung mehrerer Klöster derselben Regel; Klostergemeinschaft mit einfachen Gelübden oder Glaubensvereinigung ohne Gelübde

**Konsole** Vorkragender Tragstein als →Basis für →Bögen, → Gesimse, Skulpturen usw.

**Korinthisch** →Säulenordnung

**Kreuzgang** Um den rechteckigen Innenhof eines Klosters angelegter überdachter Umgang. Im Kircheninnern auch die künstlerisch dargestellte Passion Christi

**Krypta** Unterirdisch angelegter Raum unter dem Ostabschluß einer Kirche zur Aufbewahrung von →Reliquien. Grabstätte von Heiligen und Märtyrern; später auch Grablege für geistliche und mitunter weltliche Würdenträger

**Kryptoportikus** Gedeckter oder unterirdischer Gang

**Kuppel** →Gewölbe- bzw. Dachtypus, meist in Form einer Halbkugel, die unterschiedlich geartete Grundrisse überwölben kann

**Kurie** Versammlungsraum des →Senats; ursprünglich Gliederungsform der röm. Bürgerschaft in 30 Familienverbände. Im Vatikan: Sitz der päpstlichen Zentralbehörde

**Langhaus, Längsschiff** Der langgestreckte Teil einer Kirche zwischen Fassade und →Chor

**Laterne** Runder oder vieleckiger durchfensterter Aufbau einer Decken-, →Kuppel oder →Gewölbeöffnung

**Loggia** Gewölbte, offene Bogenhalle in oder vor einem Gebäude; →Laube

**Memoria** Grabbau

**Metope** Glatte oder reliefierte Platte am (→Triglyphen) →Fries eines dorischen (→Säulenordnung) Bauwerks

**Mithräum** Unterirdisches Heiligtum für die Verehrung des Gottes Mithras, eine altpersische Lichtgottheit, die auch im antiken Griechenland und Rom verehrt wurde

**Mitra** Nach oben spitz zulaufende Kopfbedeckung der Bischöfe bei →liturgischen Feierlichkeiten

**Mittelschiff** Von →Seitenschiffen flankierter mittlerer Raum des mehrschiffigen →Langhauses

**Nekropole, Nekropolis** (griech. Gräberstadt) In der Antike größter Friedhof außerhalb einer Stadt

**Nimbus** Heiligen-, Glorienschein, Lichterkranz, der eine göttliche, heilige oder in hoher Geltung stehende Figur umgibt.

Der ovale, mandelförmige (Mandorla) N. ist fast ausschließlich Christus und Maria (meist ganzfigurig hinterfangend) vorbehalten, der kreisförmige (Aureole) vornehmlich göttlichen oder heiligen Figuren, der viereckige weltlichen, häufig noch lebenden Personen; im 4. Jh. auch Kreuz-N. für Gottvater und Christus

**Nymphäum** Bei den Römern ein den Nymphen (weibl. Wassergöttern) geweihtes Quellheiligtum. Später repräsentativer Prachtbrunnen am Ende einer Wasserleitung oder ein Pavillon mit Wasserspielen

**Obelisk** Freistehender, im Grundriß quadratischer, sich nach oben verjüngender Steinpfeiler mit einem pyramidenförmigem Abschluß

**Oratorium** Privat-/Gebets-→Kapelle in oder an einer Kirche. Gegen den Hauptraum abgeschlossene →Empore im →Chor, für geistliche und weltliche Würdenträger

**Peripteros** Tempel, bei dem die →Cella von einer →Säulenreihe umstanden ist

**Pfeiler** Stützglied über rechteckigem, polygonalem (mehreckigem) oder rundem Grundriß

**Pilaster** Der Wand oder einem anderen Bauglied vorgelegter vertikaler Mauerstreifen mit →Basis und →Kapitell

**Podium** (lat. Tritt) Erhöhter Unterbau für ein Bauwerk; auch →Säulen tragende →Basis

**Porphyr** (griech. purpurfarben) Sammelname für vulkanische und subvulkanische Gesteine mit Einsprenglingen von Alkalifeldspaten oder Quarzen

**Portikus** Eine von →Säulen getragene und meist von einem Dreiecks- →Giebel überfangene Vorhalle, der Hauptfront eines Gebäudes vorgelagert

**Presbyterium** Der den Priestern vorbehaltene, meist etwas erhöhte Raumteil einer →Basilika, in dem sich der Hochaltar befindet (nicht unbedingt mit dem →Chor identisch)

**Pronaos** Die Vorhalle der →Cella eines antiken Tempels

**Querhaus, Querschiff** Zwischen →Langhaus und →Chor eingeschobener Querbau, durch den ein Kirchengrundriß Kreuzform erhält (→Vierung)

**Refektorium** Speisesaal eines Klosters

**Relief** Eine aus einer Fläche herausgearbeitete plastische Form, die jedoch stets mit dem Hintergrund (Reliefgrund) verbunden ist

**Rustika** Mauerwerk, das aus grob behauenen Bossenquadern (Bausteine, deren sichtbare Seiten unbearbeitet bleiben) besteht

**Säule** Aufrecht stehendes, sich nach oben verjüngendes Stützglied mit kreisförmigem Querschnitt, meist untergliedert in →Basis, →Schaft und →Kapitell (→Säulenordnung)

**Säulenbasilika** →Basilika, deren Schiffe durch →Säulen und nicht durch →Pfeiler voneinander getrennt sind

**Säulenordnung** Entsprechend Gestalt und Proportionierung unterscheidet man Säulen verschiedener Ordnungen; die Formen beziehen sich meist auf die Art ihrer →Kapitelle. Dorisch: Keine →Basis; →Schaft mit 16–20 →Kanneluren; Kapitell bestehend aus →Abakus und →Echinus; →Architrav bestehend aus glatten Balken sowie einem →Metopen- und →Triglyphen- →Fries mit →Geison und →Sima darüber. Ionisch: Säule mit Basis (quadratische Sockelplatte, Hohlkehle und zwei kreisförmige Wülste); Schaft mit bis zu 24 Kanneluren; Kapitell bestehend aus →Voluten und Abakus. Der Architrav besteht aus einem abgetrennten Balken, Zierbändern und einem Fries. Den Abschluß bilden auch hier Geison und Sima. Korinthisch: Wie die ionische, doch trägt die Säule ein Kapitell mit kreisförmig angeordneten, großen Blättern mit gezahnten Rändern und kleinen Voluten. Komposit: S. mit einem Kapitell, das aus Teilen des ionischen und korinthischen Kapitells zusammengesetzt ist (mitunter auch aus Elementen der persischen und altägyptischen Säule). Variiert übernommene Elemente auch an →Gebälk, Fries und →Gesims

**Sakristei** Neben dem →Chor liegender Raum zum Ankleiden des Priesters und zur Aufbewahrung des →liturgischen Geräts. Entwickelt aus Diakonikon (im Frühchristentum gleicher Ort für Priester und Diakone – ursprüngl. Gehilfe des Bischofs) und Prothesis (in frühchristl. und byzant. Kirchen der dem Diakonikon gegenüberligende Nebenraum zur Aufbewahrung der Eucharistiegaben; beide zusammen bilden die Pastophorien)

**Sarkophag** (griech. Fleischfresser) Kasten- oder wannenförmiger Sarg aus Holz oder Stein, meist prunkvoll gestaltet

**Schaft** Rumpf einer →Säule; aus einem Stück (Monolith) oder aus einzelnen →Trommeln zusammengesetzt

**Seitenschiff** Raumteil eines →Langhauses, parallel zur Längsachse und vom →Mittelschiff, →Querschiff oder →Chor durch →Säulen oder →Pfeilerstellungen abgetrennt (meist paarweise)

**Sibylle** Antike Prophetin, die die Zukunft auch ohne bes. Befragung deutete. Man unterscheidet die Cumäische (Amalthea), Delphische, Erythräische (Herophile), Lybische und die Persische S. Sie wurden ca. 1000 Jahre alt. Ihre Orakelsprüche wurden gesammelt und vom Priesterkollegium zu Rate gezogen, jene der Cumäischen – im Kapitol von Rom aufbewahrt – verbrannten 83 v. Chr. Erhaltene Bücher (ca. 2. Jh. v.–2. Jh. n. Chr.) bestätigen angeblich die Religion und Geschichte der Juden, weissagen den Messias und die →Apokalypse

**Sima** Traufleiste antiker Bauwerke entlang bzw. über dem →Geison. An den Langseiten eines Gebäudes häufig mit Wasserspeiern besetzt

**Stele** Aufrechtstehender, meist →reliefierter und mit Inschriften versehener Gedenk- bzw. Grabstein

**Synagoge** (griech.: Versammlung) Gottesdienstgebäude der jüdischen Gemeinde, zugleich profaner Versammlungsort. Personifikation des Alten Bundes (→Ecclesia). In der Kunst erscheint S. ab dem Mittelalter mit gesenktem Haupt, verbundenen Augen, zerbrochener Lanze und aus ihren Händen gleitenden Gesetzestafeln; andere Attribute sind u. a. fallende Krone, Judenhut, Geldbeutel, Aaronstab

**Tabernakel** Gehäuse zur Aufbewahrung geweihter Hostien. In der Gotik zum Sakramentshäuschen ausgestaltet; →Ziborium

**Tabularium** Altröm. Staatsarchiv zur Aufbewahrung öffentlicher Urkunden

**Tambour** Zylinderförmiger, durchfensterter Unterbau einer Kuppel

**Titelkirche** Kirche der Kardinäle

**Triclinium** Speiseraum eines antiken Hauses, vor dessen Wänden sich rundum Klinen (Ruhelager zum Schlafen bzw. Essen) befanden

**Triglyphe** Platte mit drei Rillen am →Fries eines dorischen Bauwerks (→Säulenordnung); im Wechsel mit →Metopen verwendet

**Triton** Sohn des griechischen Meeresgottes Poseidon. Später vervielfacht und gern als Brunnenfiguren dem Poseidon oder den Nereiden (griech. Meeresgöttinnen) zugesellt

**Triumphbogen** In der Antike Ehrenbogen für einen Kaiser oder Feldherrn. In mittelalterlichen Kirchen Bogen zwischen →Mittelschiff und →Langhaus bzw. →Vierung und →Chor

**Trommel** Zylindrisches Einzelelement einer →Säule, eines Säulen →Schaftes

**Vedute** Gemalte, gezeichnete oder gestochene Ansicht einer Stadt oder eines charakteristischen Ausschnitts, meist ›originalgetreu‹

**Vierung** Punkt der Durchdringung von →Lang- und →Querhaus einer Kirche

**Vierungskuppel** Kuppel über der →Vierung

**Vierungspfeiler** Die meist verstärkten →Pfeiler an den vier Ecken der Vierung

**Volute** Spiral- oder schnekkenförmiges Ornament an ionischen →Kapitellen (→Säulenordnung). In Renaissance und Barock werden auch → Giebel und → Konsolen mit V. geschmückt

**Votiv(-gabe)** (v. lat. votum = Gelübde) Gabe – Bild, Relief, Tafel o. ä. – die aufgrund eines Gelübdes oder zum Dank gestiftet wird. Seit dem Mittelalter christl. Tradition vornehmlich an Wallfahrtsorten und bes. Devotionalien (der Andacht dienenden Gegenständen)

**Ziborium, Ciborium** Auf Säulen ruhender, → baldachinartiger Altarüberbau. → Tabernakel oder Deckelkelch, der geweihte Hostien enthält

# Praktische Reise-Informationen

## Reisevorbereitung



## Unterwegs in Rom



## Informationen von A bis Z

# *Reisevorbereitung*

## Auskunft

**Italienisches Fremden-verkehrsamt (ENIT)**
Internet: http://www.enit.it
E-Mail: sedecentrale.enit@inter-business.it

**... in Deutschland**
Gebührenpflichtige Service nummer: ✆ 01 90-79 90 90

Karl-Liebknecht-Str. 34
10178 Berlin
✆ (0 30) 247 83 97/8
Fax 247 83 99

Kaiserstr. 65
60329 Frankfurt/M.
✆ (0 69) 25 93 32 und 23 74 30
Fax 23 28 94

Goethestr. 20
80336 München
✆ (0 89) 53 13 17 und
53 03 60/9
Fax 53 45 27

**... in Österreich**
Gebührenpflichtige Service nummer: ✆ 09 00-97 02 28

Kärntnerring 4
1010 Wien
✆ (01) 505 16 39 und 505 43 74
Fax 505 02 48

**... in der Schweiz**
Gebührenpflichtige Service nummer: ✆ 157 51 79

Uraniastr. 32
8001 Zürich
✆ (01) 211 79 17 und 211 36 33
Fax 211 38 85

**Auskunft in Rom**

**Ente Nazionale Italiano per il Turismo (ENIT)**
Via Marghera 2/6
✆ 064 97 11
Fax 064 46 33 79

**Ente Provinciale per il Turismo di Roma (EPT)**
Via Parigi 5
✆ 06 66 56 05 96
Fax 064 81 93 16

Stazione Termini (vor Gleis 3)
✆ 064 87 12 70

Internationaler Flughafen
Leonardo da Vinci
✆ 06 65 95 44 71

**Touring Club Italiano**
Via Cristoforo Colombo 261
✆ 063 20 12 92

DER, Deutsches Reisebüro
Piazza dell'Esquilino 28
(bei S. Maria Maggiore)
✆ 064 82 75 31

Pilgerzentrum
Via dellaConciliazione
(beim Petersplatz)
✆ 06 89 71 97

## Anreise

**Mit dem Auto**
Der Reisende aus Deutschland, Österreich und der Schweiz fährt auf direktem Wege über die Autobahn A1 (Europastraße 6), die in den Autobahnring um Rom (Grande Raccordo Anulare) mündet ; von dort Beschilderung ›Roma Centro‹ folgen. Autobahnen kosten in Italien Gebühren, die nur an einigen Mautstellen im Norden mit Kreditkarten bezahlt werden können. Die von der Autobahn-Gesellschaft empfohlene ›Viacard‹ für 50 000 oder 100 000 Lire ist für Touristen wenig empfehlenswert, da manchmal ein Restbetrag für die Gebühr fehlt oder etwas übrigbleibt.

Freies Parken ist in Rom nur So tagsüber gestattet.

**Mit dem Zug**
Die Fernzüge aus Deutschland, Österreich und der Schweiz kommen am Hauptbahnhof Roma Termini an. Die Fahrtzeiten von München (ca. 10 Stunden), Hamburg oder Köln verringern sich ständig; Autoreisezüge an der Stazione Tiburtina.

**Mit dem Flugzeug**
Linienflüge landen am Flughafen Leonardo da Vinci in Roma-Fiumicino, Charterflüge in Ciampino. Von Fiumicino gibt es regelmäßige Bahnverbindungen zur Stazione Termini (30 Min.) und zur Stazione Tiburtina (40 Min.), von dort weiter mit der Metro-Linie B zur Stazione Termini (10 Min). Weiterhin verkehren zwischen Flughafen und der Stazione Tiburtina Nachtbusse (60 Min.), oder auch Taxis (offiziell zugelassen sind gelbe und schwarze Wagen) zwischen Flughafen und der Stazione Termini (60 Min.).

## Reisedokumente

Personalausweis oder Reisepaß, Urlaubskrankenschein, Gepäckversicherung, Führerschein, grüne Versicherungskarte (erhält man auch an der Grenze), Vollmacht des Besitzers, falls man nicht den eigenen Wagen fährt.

Bei Abhandenkommen des Reisepasses oder Personalausweises stellt das Deutsche Konsulat ein Ersatzdokument aus. Es empfiehlt sich, bei Gängen in der Stadt nur eine Fotokopie des Reisepasses bei sich zu haben.

Für Touristen bestehen – in der Europäischen Union mit Deutschland und Österreich (jedoch ohne die Schweiz) – kaum Devisenbeschränkungen. Das Zahlen mit Kreditkarte ist in Italien noch nicht überall verbreitet, ist jedoch möglich in Hotels, vielen Pensionen, Restaurants, Kaufhäusern und an größeren Tankstellen.

**Zollbestimmungen**
Für Güter des persönlichen Gebrauchs gelten in der EU keine Mengenbegrenzungen. Bei zollfreiem Einkauf ist jedoch immer noch verbindlich: 200 Zigaretten, 2 l Wein oder 1 l Spirituosen.

# Unterwegs in Rom

## Auto und Mietwagen

Autohilfe (Soccorso stradale)
✆ 1 16

ACI (Automobil Club d'Italia)
Via Magenta 5
✆ 06 44 77

ADAC
✆ 02 66 10 11 06
(8–23 Uhr)

Autowerkstatt heißt *Officina;* Autoreifen werden in Werkstätten mit dem Namen *Riparazione Gomme* repariert.

**Mietwagen**
Avis
Via Sardegna 38a
✆ 064 70 12 28
Fax 06 42 01 02 82

Hertz
Via Veneto, 156
✆ 063 21 68 31

Maggiore
Via Po, 8
✆ 062 29 15 30

Diese Firmen haben auch Schalter am Hauptbahnhof und am Flughafen.

**Motorrollerverleih**
Rent a Scooter
Via F. Turati 50
✆ 064 46 92 22

## Bahnhöfe

Stazione Termini (Hauptbahnhof)
Piazza del Cinquecento
Auskunft internationale und nationale Züge: ✆ 061 47 88 80 88
Fundbüro: ✆ 061 66 10 50 50
Liegewagen, Information (keine tel. Reservierungen) nur über Reisebüros

Bahnhof Tiburtina
Piazzale Stazione Tiburtina
✆ 06 45 66 26
Richtung Nord- und Süditalien, Autotransporte

Bahnhof Trastevere
Piazza Flavio Biondo
✆ 065 81 60 76
Richtung Genua/Pisa

Bahnhof Ostiense
Piazzale dei Partigiani
✆ 065 75 07 32
Richtung Ostia

Bahnhof Roma-Nord
Piazzale Flaminio
✆ 063 20 44 81
Richtung Viterbo

Bahnhof San Lorenzo
(Teil der Stazione Termini)
Fracht und Autoverladung
✆ 064 45 28 48

Bahnhof Prenestina
Via O. Piccolomini
✆ 06 27 20 72
Richtung Pescara

Bahnhof Tuscolana
Piazzale Staz. Tuscolana
✆ 067 02 26 63
Richtung Formia – Neapel/Nettuno

## Flughäfen und Fluggesellschaften

**Flughäfen**
Aeroporto Internazionale ›Leonardo da Vinci‹ – Roma-Fiumicino
Zentrale und Flugauskunft,
✆ 06 65 95 36 40

Aeroporto Internazionale di Roma-Ciampino
✆ 06 79 49 41/21

Air Terminal
Stazione Termini, Via Giolitti
✆ 06 47 30 68 46

**Stadtbüros der Fluggesellschaften**
Alitalia
Via Bissolati 13
✆ 066 56 43/6 u. 066 56 31.

Deutsche Lufthansa
Via Bissolati 6/10
✆ 06 65 68 40 04

Austrian Airlines (AUA)
Via Barberini, 68/91/93
✆ 064 88 12 06

Swissair
Via Bissolati, 4
✆ 068 47 05 55

## Öffentliche Verkehrsmittel

**Busse**
Eine Fahrt kostet 1500 Lire mit Umsteigemöglichkeit, 75 Min. gültig. In den Bussen befinden sich Automaten zum Entwerten der Fahrscheine. Diese kann man in den Tabakgeschäften (*Tabaccaio,* erkennbar an dem großen T über der Ladentür), an manchen Zeitungsständen und an einigen Endhaltestellen der Busse (*Capolinea*) kaufen. Tageskarten für Bus und Metro kosten 6000 Lire. Zum Preis von 24 000 Lire gibt es Wochenkarten für Touristen (*Carta settimanale per turisti*), erhältlich bei den Auskunftsbüros der ATAC, an der Piazza dei Cinquecento vor dem Hauptbahnhof sowie an der Piazza della Città Leonina am Vatikan und für 50 000 Lire Monatskarten (*Tessera intera rete*) für Bus und Straßenbahn.

Mit dem Bus Nr. 110 ab Hauptbahnhof kann man zum Preis von 15 000 Lire Stadtrundfahrten unternehmen.

**Metropolitana**
Linie A: Via Ottaviano (Nahe Sankt Peter), Piazza del Popolo, Piazza di Spagna, Piazza Barberini, Bahnhof Termini über Filmstadt Cinecittà bis Anagnina verlängert.

Linie B: Rebibbia, Via Tiburtina, Piazza Bologna, Bahnhof über Sankt Paul vor den Mauern in das Stadtviertel EUR.

Linie ›B/bis‹: Bahnhof Termini, Kolosseum, Zirkus Maximus, Cestius-Pyramide, Basilika

Sankt Paul vor den Mauern, Ostia Antica, Lido di Ostia, Lido di Castel Fusano, Lido Cristoforo Colombo (Ostia-Meer).

Der Fahrschein für die Metropolitana kostet 1500 Lire und ist ebenfalls im Tabakgeschäft erhältlich oder an den Automaten in den Metro-Stationen zu ziehen.

**Straßenbahn**
Mit der Linie 30 kann man eine interessante Stadtrundfahrt unternehmen: Porta San Paolo, Cestius-Pyramide, Viale del Parco del Celio, Piazza Colosseo, Porta San Giovanni (Sankt Johann im Lateran), Santa Croce in Gerusalemme, Piazza Ungheria, Viale delle Belle Arti. Die anderen Straßenbahnlinien führen vom Hauptbahnhof an die Peripherie.

## Taxi

Die Taxis sind gelb und schwarz. Vorsicht – besonders am Flughafen – vor Personen, die ihr Fahrzeug als Taxi anbieten! Da wegen der ständig steigenden Benzinpreise die Gemeinde Rom mit der Umstellung der Taxameter auf die neuen Tarife kaum nachkommt, sind Zuschläge auf den angezeigten Betrag möglich. Bei Fahrten außerhalb des Stadtgebietes, zum Beispiel zu den Flughäfen, wird auf den vom Taxameter angezeigten Betrag ein oft ebenso hoher Aufschlag erhoben.

## Stadtrundfahrten und Ausflüge

Büros, in denen man Stadtrundfahrten und Ausflüge in die Umgebung Roms buchen kann, Führungen in fast allen Sprachen:

Appian Line
Piazza del'Esquilino 1
✆ 064 88 41 51

Carrani-Tours
Via Vitt. Emanuele Orlando 95
✆ 064 74 25 01

CIT
Piazza della Repubblica 64
✆ 064 87 00 27

SAP
Hauptbahnhof
✆ 064 88 16 78

## Hotels und Pensionen

Im folgenden eine Auswahl an allgemein bewährten **Hotels**:

**Nördlich der Innenstadt**
**Luxuskategorie:**
Cavalieri Hilton
Via Cadiolo 101
00136 Rom
✆ 063 50 91
Fax 06 35 09 22 41

Lord Byron
Via Giuseppe de Notaris 5
00197 Rom
✆ 063 22 34 41
Fax 063 22 04 05

Aldrovandi Palace Hotel
Via Aldrovandi 15
00197 Rom

✆ 063 22 39 93
Fax 063 22 14 35

**preisgünstiger:**
Helios
Via Sacco Pastore 13
00141 Rom
✆ 068 60 39 82
Fax 068 60 43 55

Villa del Parco
Via Nomentana 110
00161 Rom
✆ 06 44 23 77 73
Fax 06 44 23 75 72

LLoyd
Via Alessandria 110 a
00198 Rom
✆ 06 44 25 12 62
Fax 068 41 98 46

**Innenstadt**
**Luxuskategorie:**
Hassler
Piazza Trinità dei Monti 6
00187 Rom
✆ 06 69 93 40
Fax 066 78 99 91

Eden
Via Ludovisi 49
00187 Rom
✆ 06 47 81 21
Fax 064 82 15 84

Holiday Inn Minerva
Piazza della Minerva 69
00186 Rom
✆ 06 69 52 01
Fax 066 79 41 65

De la Ville Inter Continental
Via Sistina 69
00187 Rom
✆ 066 73 31
Fax 066 78 42 13

**preisgünstiger:**
Margutta
Via Laurina 34
00187 Rom
✆ 063 22 36 74
Fax 063 20 03 95

Amalia
Via Germanico 66
00192 Rom
✆ 06 39 72 33 56
Fax 06 39 72 33 65

Senato
Piazza della Rotonda 73
00186 Rom
✆ 066 78 43 43
Fax 06 69 94 02 97

Gregoriana
Via Gregoriana 18
00187 Rom
✆ 066 79 79 88
Fax 066 78 42 58

**Via Veneto / Stazione Termini**
**Luxuskategorie:**
Excelsior
Via Vittorio Veneto 125
00187 Rom
✆ 064 70 81
Fax 064 82 62 05

236,-/262,-/327,-

Le Grand Hotel
Via Vitt. Eman. Orlando 3
00185 Rom
✆ 064 70 91
Fax 064 74 73 07

Majestic
Via Vittorio Veneto 50
00187 Rom
✆ 06 48 68 41
Fax 064 88 09 84

Bernini Bristol
Piazza Barberini 23

223,- – 357

00187 Rom
✆ 064 88 30 51
Fax 064 82 42 66

Ambasciatori Palace
Via Vittorio Veneto 62
00187 Rom
✆ 064 74 93
✆ 064 74 36 01

**preisgünstiger:**
Igea
Via Principe Amedeo 97
00185 Rom
✆ 064 46 69 13
Fax 064 46 69 11

Centro
Via Firenze 12
00184 Rom
✆ 064 82 80 02
Fax 064 87 19 02

Nord Nuovo Roma
Via Amendola 3
00185 Rom
✆ 064 88 54 41
Fax 064 81 71 63

Duca d'Alba
Via Leonina 12
00184 Rom
✆ 06 48 44 71
Fax 064 88 48 40

Laurentia
Largo degli Osci 63
00185 Rom
✆ 064 45 02 18
Fax 064 45 38 21

**Südlich der Innenstadt**
**preisgünstiger:**
Domus Aventina
Via Santa Prisca 11 b
00153 Rom
✆ 065 74 61 35
Fax 06 57 30 00 44

Piccadilly
Via Magna Grecia 122
00183 Rom
✆ 06 77 20 70 17
Fax 06 70 47 66 86

Sant'Anselmo
Piazza Sant'Anselmo 2
00153 Rom
✆ 06 57 48 19
Fax 065 78 36 04

Villa San Pio
Via di Sant'Anselmo 19
00153 Rom
✆ 065 74 51 74
Fax 065 78 36 04

**Pensionen**
Bewährt sind in Rom die von Ordensschwestern geführten Pensionen, oft mit internationalem Flair, meist in der Nähe des Vatikans gelegen. Weitere Pensionen befinden sich in der Nähe der Stazione Termini.

**Bed & Breakfast**
**Association of Rome**
Piazza de Teatro do Pompeo 2
00186 Rom
✆ und Fax 066 87 73 48

**Jugendherberge**
Ostello del Foro Italico
viale Olimpiadi 61
✆ 063 23 62 67

## Campingplätze

Roma Camping (800 Plätze)
Via Aurelia, km 8
✆ 066 62 30 18

Flaminio
Via Flaminia Nuova, km 8
✆ 063 33 14 29

Club Aurelia Camping (Loc-Castel di Guido)
Via Aurelia km 20,5
✆ 066 68 91 90

Capitol (Ostia Antica)
Via Castelfusano 45
✆ 065 65 73 44

Camping di Castelfusano
Via Litoranea di Ostia, km 1200 (am Meer)
geöffnet Juni bis Oktober
✆ 065 62 33 04

## Restaurants

Die römische Küche schmeckt meist zuverlässig gut. Bei der Auswahl des Ristorante, der Trattoria, der Hostaria oder Osteria, Pizzeria und Tavola Calda, der Salumeria für ein belegtes Brot und der Bar für einen Schnellimbiß kann man sich ganz von seinem guten Gespür und dem Blick für Preiswertes oder Teures leiten lassen, und wird dann selten enttäuscht.

Unvergeßliche Erlebnisse bieten die Dachrestaurants des Hilton-Hotels auf dem Monte Mario und des Hotels Hassler an der Spanischen Treppe, die zu den besten, aber auch teuersten Restaurants Roms gehören.

**Spitzenrestaurants:**
Alberto Ciarla
Piazza S. Cosimato 40
✆ 065 81 86 68
So geschlossen
Raffinierte Fischspezialitäten

Papà Giovanni
Via dei Sediari 4
✆ 066 86 53 08
So geschlossen
Leichte Variante der traditionellen römischen Küche

Quinzi & Gabrieli
Via delle Coppelle 5
✆ 066 87 93 89
So geschlossen
Feine Fischgerichte und Pasta mit Meeresfrüchten

Relais Le Jardin
Via Giuseppe de Notaris 5
✆ 063 22 04 04
So geschlossen
Nobles Restaurant des Hotels Lord Byron unter Spitzenkoch Antonio Sciullo

La Rosetta
Via della Rosetta 9
✆ 066 86 10 02
So geschlossen
Spezialitäten: Fisch und Meerestiere

La Pergola, Hilton Hotel
Via Cadlolo 101
✆ 063 50 91
So, Mo und mittags geschlossen
Von der Prominenz geschätztes Hotelrestaurant

**Außerhalb:**
Al Molo
Fiumicino
Via di Torre Clementina 321

✆ 066 50 35 58
Erstklassiges Fischrestaurant

Antonello Colonna
Via Casilina, km 39
Labico
✆ 069 51 00 32
So und Mo geschlossen
Exzellente Küche in malerischer Atmosphäre

**Gute und originelle Küche:**
Al Moro
Vicolo delle Bollette 13
✆ 066 78 34 95
So und im August geschlossen
Stets überfüllte Trattoria mit exzellenter Küche

Checchino dal 1887
Via di Monte Testaccio 30
✆ 065 74 38 16
So abends und Mo geschlossen
Römische Spezialitäten, etwa die berühmten *trippa*, Kutteln
Da Baffetto
Via del Governo Vecchio 114
✆ 066 56 16 17
kein Ruhetag
Bekannte Pizzeria

Dal Bolognese
Piazza del Popolo 1
✆ 063 61 14 26
Im Sommer Sa und So geschlossen
Prominente Gäste, Hausmannskost aus der Emilia Romagna

Giggetto
Via del Portico d'Ottavia 21a
✆ 066 86 11 05
Mo geschlossen
Jüdische Küche im Ghetto

Ivo a Trastevere
Via S. Francesco a Ripa 158
✆ 065 81 70 82
Di geschlossen
Pizzeria

Piperno
Via Monte dei Cenci 9
✆ 066 54 06 29
So und Mo geschlossen
Römisch-jüdische feine Küche

Tullio
Via San Nicola da Tolentino
✆ 064 87 41 25
So geschlossen
Toskanische Küche

Vecchia Roma
Piazza Campitelli 18
✆ 066 86 46 04
Mi geschlossen
Restaurant im Stil des 18. Jh.

## Museen und Galerien

Letzter Eintritt in Museen und Galerien ist jeweils 45 Minuten vor Schließung. Mehrere Museen können nur noch mit Vormerkung besucht werden. Auf der Eintrittskarte ist jeweils der genaue Aufenthaltszeitraum vorgegeben.

**Museen**
Musei e Gallerie Pontificie
Vatikanische Museen
Viale del Vaticano
✆ 06 69 88 33 33
Mitte März bis Ende Oktober Mo–Fr 8.45–16.45; Sa 8.45–13.45 Uhr; November bis Mitte März Mo–Fr 8.45–13.45 Uhr. Jeweils am letzten So im Monat kostenloser Besuch, 8.45–13.45 Uhr. Eintritt jeweils bis eine Std. vor Schließung. Geschlossen an allen kirchlichen Feiertagen:

1. 1., 6. 1., 11. 2., 19. 3., Ostern, Himmelfahrt, Fronleichnam, 29. 6., 15. 8., 1. 11., 8. 12, 25. 12., 26. 12.

Musei Capitolini e Pinacoteca
Kapitolinische Museen
Piazza del Campidoglio 1
✆ 06 67 10 20 71
Di–Sa 9–19 Uhr

Museo Nazionale Etrusco di Villa Giulia
Etruskisches Nationalmuseum
Piazzale di Villa Giulia 9
✆ 063 22 65 71
Di–Sa 9–19; So 9–13.30 Uhr

Museo Barracco di Scultura Antica
Museum für Antike Skulptur
Corso Vittorio Emanuele II. 168
✆ 06 68 80 68 48
Di–So 9–13 Uhr; Di und Do auch 17–20 Uhr

Museo del Risorgimento
Nationaldenkmal für Viktor Emanuel II.
Piazza Venezia
✆ 066 79 35 26
Nur nach Anmeldung

Museo Nazionale Romano o delle Terme
Thermenmuseum
✆ 064 88 05 30
Via delle Terme di Diocleziano
Di–Sa 9–14 Uhr; So 9–13 Uhr

Museo Napoleonico
Napoleonisches Museum
Via Zanardelli 1
✆ 066 54 02 86
Di–Sa 9–13.30 Uhr; Do auch 17–20 Uhr; So 9–13 Uhr

Museo degli Strumenti Musicali
Museum für Musikinstrumente
Piazza Santa Croce in Gerusalemme 9/a
✆ 067 01 47 96
Mo–Sa 9–14 Uhr

Museo dei Gessi dell'Arte Classica
Gips-Museum
Universitätsstadt (Facoltà di Lettere)
✆ 06 49 91 43 15
geöffnet an Werktagen mit Sondergenehmigung

Museo della Civiltà Romana
Museum für Römische Kultur
Piazza Giovanni Agnelli 10 (EUR)
✆ 065 92 60 41
Di–Sa 9–19 Uhr; So 9–13 Uhr; August geschlossen

Museo dell'Alto Medioevo
Museum des Hochmittelalters
Viale Lincoln 1 (EUR)
✆ 065 92 58 06
Mo–Sa 9–14 Uhr; So 9–13 Uhr

Museo delle Cere
Wachsmuseum
Piazza SS. Apostoli 67
✆ 066 79 64 82
9–20 Uhr

Museo delle Mura
Museum der Römischen Mauern
Eingang von Porta San Sebastiano 18 (Appia Antica)
✆ 06 70 47 52 84
Di–Sa 9–13.30 Uhr; Do und Sa auch 16–19 Uhr; So 9–13 Uhr

Museo Preistorico ed Etnografico Pigorini
Prähistorisches und Ethnographisches Museum
Piazzale Marconi 14

✆ 06 54 95 21
Di-Fr 9–14 Uhr; Sa 9–19; So 9–13 Uhr

Museo del Presepio Tipologico Internazionale
Krippen-Museum
Via Tor di Conti 31/a
✆ 066 79 61 46
Mi und Sa 18–20 Uhr; in der Weihnachtszeit tägl. 16–20 Uhr

Museo di Castel Sant'Angelo
Museum der Engelsburg
Lungotevere Castello 1
✆ 06 66 87 50 36
Di–So 9–19 Uhr
Ausstellungen, Konzerte, Waffenmuseum

Casa di Goethe
Goethe-Museum
Via del Corso 18
✆ 06 32 65 04 12
Mi–Mo 10–18 Uhr

Museo di Palazzo Venezia
Piazza Venezia
✆ 06 69 99 42 43
Di–Sa 9–14 Uhr; So 9–13.30 Uhr

Museo di Roma e Galleria Comunale d'Arte Moderna
Piazza San Pantaleo 10
Di–Sa 9–13 Uhr; Di u. Do auch 17–19.30 Uhr; So 9–13 Uhr

Museo Nazionale dell'Arte Orientale
Nationalmuseum für Orientalische Kunst
Via Merulana 248
✆ 064 87 44 15
Di–Sa 9–14 Uhr; Di und Do bis 19 Uhr; So 9–13 Uhr

Museo Nazionale delle Arti e Tradizioni Popolari
Museum für Volkskunst und -traditionen
Piazzale Marconi 8
✆ 065 91 07 09
Di–Sa 9–14 Uhr; So 9–13 Uhr

Museo della Comunita' Israeltica
Dauerausstellung der Israelischen Gemeinschaft in Rom
Lungotevere dei Cenci 15 (Synagoge)
✆ 066 87 50 51
Mo–Do 9.30–13 und 14–16 Uhr; Fr 9.30–14 Uhr; So 9.30–12 Uhr

**Galerien**

Museo e Galleria Borghese
Villa Borghese, Piazza Scipione Borghese 3
✆ 068 54 85 77
Di–Sa 9–19 Uhr; So 9–13 Uhr
Vormerkung erforderlich

Galleria Nazionale d'Arte Antica
Palazzo Barberini
Via Quattro Fontane 13
✆ 064 81 45 91
Di–Sa 9–19 Uhr; So 9–13 Uhr

Galleria Nazionale di Palazzo Corsini
Via della Lungara 10
✆ 06 68 80 23 23
Di–Sa 9–19 Uhr; So 9–14 Uhr

Galleria Nazionale d'Arte Moderna
Via delle Belle Arti 131
✆ 06 32 29 81
Größte Kunstsammlung Italiens vom 19. Jh. bis in die Gegenwart
Di–So 9–17 Uhr

Galleria dell'Accademia Nazionale di S. Luca
Piazza dell'Accademia di San Luca 77

✆ 066 79 89 04
Mo, Mi, Fr sowie jeden letzten So im Monat 10–13 Uhr; August geschlossen

Galleria Colonna
Via della Pilotta 17
✆ 066 79 43 62
Sa 9–13 Uhr; August geschlossen

Galleria Pallavicini
Casina dell'Aurora
Via XXIV Maggio 43
1. Tag eines Monats 10–12 und 15–17 Uhr, nur nach schriftlicher Anfrage

Galleria Comunale d'Arte Moderna e Contemporanea
Via F. Crispi 24
✆ 064 74 28 48
Di–Sa 10–17 Uh;, So 10-12 Uhr

Galleria Doria Pamphili
Piazza Collegio Romano 1a
✆ 066 79 73 23
Fr–Mi 10–17 Uhr

Galleria Spada
Piazza Capo di Ferro 3
✆ 066 86 11 58
Di–Sa 9–14 Uhr; So 9–13 Uhr, im Sommer 9–19 Uhr

## Antike Monumente und Katakomben

Forum Romanum und Palatin
Einlaß 9 Uhr bis zwei Std. vor Sonnenuntergang; Schließung eine Std. vor Sonnenuntergang

Ara Pacis
Via di Ripetta
✆ 06 68 80 68 48
Di–Sa 9–19 Uhr; So 9–13 Uhr

Pantheon
Piazza della Rotonda
Mo–Sa Uhr; So 9–13 Uhr

Domitilla-Katakomben
Via delle Sette Chiese 282
✆ 065 11 03 42
Mi–Mo 8.30–12 und 14–17 Uhr; im Sommer bis 17.30 Uhr

Kalixtus-Katakomben
Via Appia Antica 110
✆ 065 13 67 26
Do–Di 8.30–12 Uhr und 14–17 Uhr; im Sommer 14.30-17.30 Uhr; im Februar geschlossen

Kolumbarium des Pomponius Hylas
Oktober–Mai Di–Sa 10–17 Uhr; Juni–September Di–Sa 9–13 und 15–18 Uhr; So, Fei 9–13 Uhr

Villa Farnesina
Mo–Sa 9–13 Uhr; Fei geschlossen

Domus Aurea
Das ›Goldenen Haus‹ des römischen Kaisers Nero ist nach 20jähriger Restaurierung seit Juni 1999 wieder teilweise zugänglich. Die Ausgrabungen und Restaurierungsarbeiten sind noch nicht abgeschlossen.

**Öffnungszeiten**
Kirchen sind im allgemeinen über Mittag geschlossen (etwa zwischen 12 und 16 Uhr), ausgenommen die Patriarchalbasiliken (S. Pietro, S. Maria Maggiore, S. Giovanni in Laterano und S. Paolo fuori le Mura).

Zum Thema Öffnungszeiten sei noch hinzugefügt, daß in den Kulturstätten Roms – wie des übrigen Italiens – viel restauriert und renoviert wird. Man wundere sich darum nicht, daß Einlaßzeiten sich häufig ändern, einzelne Gebäude oder Teile davon geschlossen sind (besonders auch bei Privatbesitz und Gärten) und das eine oder andere Kunstwerk sich gerade auf einer Reise oder in Händen der Konservatoren befindet. Eine Liste mit Öffnungszeiten kann man am Flughafen oder in den meisten Hotels erstehen.

**Eintrittspreise**
Anzumerken ist ebenfalls, daß in den meisten kulturellen Stätten unter Umständen nicht geringe Eintrittsgebühren erhoben werden, was sich bei der Fülle von Sehenswürdigkeiten schnell hoch summiert.

## Vatikan

Ufficio Informazioni Pellegrini e Turisti
Piazza S. Pietro
✆ 06 69 88 44 66 und
06 69 88 48 66
Auskunft über Führungen in die Vatikanischen Gärten, die Peterskirche und die Sixtinische Kapelle

Der Eingang zu den Vatikanischen Museen befindet sich am Viale Vaticano, in der Nähe der Piazza Risorgimento, zu erreichen mit den Stadtbussen 19, 23, 32, 49, 51, 64, 81, 492, 907, 991. Metro: Station ›Ottaviano‹. Der Vatikan verfügt über einen Busdienst für Hin- und Rückfahrt zwischen dem Petersplatz (auf der linken Seite, wenn man auf die Basilika schaut) und dem oberen Eingang der Museen.

Parkmöglichkeiten bestehen auf dem Viale Vaticano. Auch die Reisebusse warten hier, nachdem sie die Museumsbesucher am Eingang abgesetzt haben. Die Besuchergruppen können die Museen aber auch unmittelbar nach der Besichtigung der Sixtinischen Kapelle zum Petersplatz hin verlassen, ohne den gesamten Rundgang bis zum Ausgang am Viale Vaticano zurückzulegen. Der Ausgang auf den Petersplatz schließt den Besuch der Vatikanischen Bibliothek, des Museums der Kutschen und der ehemaligen Lateran-Museen (Museo Gregoriano Profano, Museo Pio Christiano und Völkerkundliches Museum) aus.

Auf schriftliche Anfrage gestattet die Museumsdirektion unter bestimmten Bedingungen, aus Studiengründen Skizzen anzufertigen oder Kunstwerke zu kopieren. – Fotografieren ist in den Museen erlaubt – jedoch ohne Blitzlicht und ohne Stativ (dafür muß eine Sondergenehmigung bei der Museumsleitung eingeholt werden).

Eintrittsgebühr: Lire 15 000; für Schulen und andere Lehrinstitute wird auf vorherigen Antrag an die Generaldirektion der Museen ein Sondertarif gewährt. Die Eintrittskarten gelten nur für den Tag, an dem sie benutzt werden; nicht benutzte Karten werden nicht ersetzt. Am letzten Sonntag jeden Monats ist der Eintritt frei.

Öffnungszeiten: siehe unter Museen. Der Zugang zur Vatikanstadt und nach Sankt Peter wird nur in angemessener Kleidung gestattet.

## Theater und Oper

**Theater**
Von den zahlreichen Theatern sind hervorzuheben:

Teatro Argentina
Largo Argentina 52
✆ 06 68 80 46 01

Teatro del Satiri
Via di Grotta Pinta 19
✆ 066 86 13 11

Teatro dei Servi
Via del Mortaro 22
✆ 066 79 51 30

Teatro delle Arti
Via Sicilia 59
✆ 064 74 35 64

Teatro Eliseo
Via Nazionale 183
✆ 064 88 08 31/064 88 21 14

Teatro Sistina
Via Sistina 129
✆ 064 82 68 41

**Oper**
Teatro dell'Opera
Via Firenze 72
✆ 06 48 16 01
Dezember bis Juni
In den Sommermonaten während der Estate Romana finden die Opernaufführungen unter freiem Himmel im Park der Villa Borghese statt.

**Kartenverkauf**
Da die Theaterkassen verschiedene Öffnungszeiten haben, empfiehlt es sich, vorher anzurufen. Die meisten Kassen sind von 10 bis 13 Uhr und von 16 bis 18.30 Uhr geöffnet.

**Programminformation**
In der wöchentlich in mehreren Sprachen erscheinenden Zeitschrift ›La Settimana a Roma‹ (Die Woche in Rom) werden die Programme von Oper und Theater veröffentlicht. Verläßliche und detaillierte Angaben über kulturelle Veranstaltungen, Kinoprogramm etc. bieten auch die Tageszeitungen wie etwa der Corriere della Sera in ihrem römischen Lokalteil.

## Veranstaltungen

**6. Januar:** Epifania (Bescherungstag für Kinder, Fest auf der Piazza Navona); Ende des Weihnachtsmarktes auf der Piazza Navona.
**Mitte Januar:** Alta Moda Italiana (Frühjahrs- und Sommer-Modenschau)
**Fastnachts-Dienstag:** Martedi grasso (und bereits die Woche davor in den Straßen Roms Umzüge in Kostümen und Masken)
**9. März:** Santa Francesca Romana (Autoweihe am Kolosseum)
**19. März:** San Giuseppe (es werden überall ›Zeppole‹, mit Creme gefüllte Brandteigkrapfen, verkauft)
**März/April:** Frühlingsfest
**März/April:** ›Casaidea‹ (Möbelmesse)

**Gründonnerstag:** Fußwaschung in der Basilika San Giovanni in Laterano
**Karfreitag:** Kreuzweg am Kolosseum (Passionsprozession)
**Ostersonntag:** Segen ›Urbi et Orbi‹ des Papstes vom Balkon der Petersbasilika
**2. Hälfte April:** Azaleen auf der Piazza di Spagna
**Anfang Mai:** Internationale Reitwettkämpfe auf der Piazza di Siena der Villa Borghese
**2. Hälfte Mai:** Antiquitätenschau in der Via dei Coronari
**Mai/Juni:** Roseto di Roma: Rosenschau auf dem Aventin
**Juni bis Oktober:** ›Estate Romana‹ (Römischer Sommer) – Konzerte, Theater-Aufführungen, Ausstellungen – meist im Freien – den ganzen Sommer hindurch
**23./24. Juni:** Johannisnacht (Feuerwerk)
**Juli:** Opernsaison in den Thermen des Caracalla; Konzertsaison der Musikakademie Santa Cecilia; Theatersaison in Ostia Antica; Alta Moda Italiana (Herbst-Winter-Modenschau)
**15. Juli:** Festa de' Noiantri (Volksfest in Trastevere; Feuerwerk, Spanferkelschmaus auf den Straßen)
**Juli:** ›Tevere Expo‹ auf den Ufern des Tibers, Ausstellung von Produkten aus allen italienischen Regionen
**August:** Opernaufführungen im Garten der Villa Borghese; Theateraufführungen in den Ausgrabungen von Ostia Antica; Pop-Konzerte, Liederabende im Freien
**5. August:** Festa della Madonna della Neve (Fest der Madonna des Schnees) – religiöse Feiern in der Basilika Santa Maria Maggiore
**15. August:** Ferragosto (Mariä Himmelfahrt) – gesetzlicher Feiertag, alles geschlossen
**September:** ›Tevere Expo Internazionale‹, Ausstellung von Produkten aus aller Welt an den Ufern des Tibers
**September/Oktober:** Antiquitäten-Messe
**Oktober:** MOA (Möbel- und Dekorationsausstellung)
**8. Dezember:** Immacolata Concezione (Mariae Empfängnis – religiöse Feier auf der Piazza di Spagna)
**15. Dezember bis 6. Januar:** Weihnachtsmarkt auf der Piazza Navona
**Dezember:** Krippen-Ausstellungen in den Kirchen und auf der Piazza di Spagna; ›Natale Oggi‹ (Weihnachten heute) Ausstellung
**24. Dezember:** feierliche Christmesse in Sankt Peter
**25. Dezember:** Weihnachtsmesse in Sankt Peter, anschließend hält der Papst vom Balkon der Basilika aus die alljährliche Weihnachtsansprache.

# Informationen von A bis Z

## Banken

Öffnungszeiten: Montag bis Freitag 8.30–13.30 und 15–16 Uhr (einige Banken am Freitagnachmittag von 14.45 bis 15.45 Uhr). In den meisten Banken der Innenstadt kann man mit der EC-Karte Geld am Automaten ziehen. Maximal werden 300 000 Lire, in Ausnahmefällen 500 000 Lire ausgezahlt.

## Bibliotheken und Institute

Archivio di Stato di Roma
Corso Rinascimento 40
✆ 06 68 80 38 23
Mo–Fr 9–16.45; Sa 9–13.30 Uhr

Archivio Storico Capitolino
Piazza della Chiesa Nuova 18
✆ 06 68 80 26 62
Di–Do 9–17 Uhr

Biblioteca Angelica
Piazza S. Agostino 8
✆ 066 87 58 74
Mo, Mi, Fr 8.30–19.30 Uhr; Di, Do, Sa sowie wochentags im Juli und August 8.30–13.30 Uhr; 1.–15. 10. geschlossen

Biblioteca Hertziana
Via Gregoriana 28 (Palazzo Zuccari)
✆ 066 84 11 98
Mo–Fr 9–21 Uhr; Sa 9–13 Uhr (nur mit Sondererlaubnis)

Istituto per Archeologia e Storia dell'Arte
Piazza Venezia 3
✆ 066 79 77 39
Mo–Sa 9–13 Uhr

Istituto Archeologico Germanico (Deutsches Archäologisches Institut)
Via Sardegna 79
✆ 064 81 78 12
Mo–Fr 9.30–13 und 14.30–19.30 Uhr; Fei, Juli, August geschlossen

Goethe Institut
Savoia 15
✆ 068 84 17 25,
Mo–Fr 9–20 Uhr, Bibliothek: Di–Fr 10–19 Uhr; Juli, August geschlossen

**Städtische Bibliotheken**
Piazza del Orologio (Palazzo Borromini)
✆ 06 68 80 10 40
Mo–Fr 9–18 Uhr, Sa 9–13 Uhr, August geschlossen

Via Marmorata 169
✆ 065 74 64 80
Mo–Fr 9–13 und 15–19 Uhr; Sa 9–13 Uhr

Via Ottaviano Assarotti 9/b
✆ 06 33 62 42
Di, Mi, Fr, Sa 9.30–13 Uhr; Mo, Do 15–19 Uhr

Via Gela 8
✆ 067 85 66 45
Mo, Di, Do, Sa 9.30–13 Uhr; Mi, Fr 15–19 Uhr

## Cinecittà

Weit draußen an der Via Tuscolana erstreckt sich das 600000 $m^2$ große Gelände der Cinecittà, der römischen Filmstadt. Cinecittà, 1937 gegründet, ist die bedeutendste Produktionsstätte des italienischen Films. In den Studios wurden Klassiker der Filmgeschichte gedreht. International berühmte Regisseure wie Vittorio de Sica, Luchino Visconti, Federico Fellini und Michelangelo Antonioni, in aller Welt bekannte Stars wie Sofia Loren und Gina Lollobrigida, Vittorio Gassman und Marcello Mastroianni begründeten hier ihren Ruhm. Ein Besuch der Filmstadt ist möglich und lohnt.

## Diplomatische Vertretungen

Botschaft der Bundesrepublik Deutschland
Via San Martino della Battaglia 4
00185 Rom
✆ 06 49 21 31
Fax 064 45 26 72

Deutsches Konsulat
Via Siacci 2/c
00197 Rom
✆ 06 49 21 31
Fax 06 49 21 33 20

Österreichische Botschaft
Via Pergolesi 3
✆ 068 44 01 41

Österreichisches Konsulat
Viale Liegi 32
✆ 068 55 29 66

Schweizerische Botschaft und Konsulat
Via Barnaba Oriani 61
✆ 06 80 96 71

## Einkaufen

**Geschäftsstraßen**
Via del Corso – Via del Tritone – Via Cola di Rienzo – Via Nazionale – Via Appia Nuova – Via Boccea – Via Condotti – Via Borgognona – Via della Croce – Via Frattina – Via del Babuino (Antiquitäten) – Via dei Coronari (Antiquitäten) – Via Margutta (Bilder, Kunstgegenstände)

**Juwelen/Pelze**
Angeletti (Uhren, Schmuck), Via Condotti 11a
Bedetti & Co. (Uhren, Schmuck), Piazza San Silvestro 11
Bulgari (Juwelen), Via Condotti 10
Buzzetti Attilio (Uhren, Schmuck), Via del Corso 155–56
Casini (Pelze), Piazza San Silvestro 25
Fendi (Pelze, Lederwaren), Via Borgognona 39
Gucci (Lederwaren, Pelze), Via Condotti 8
Roland's (Leder, Pelze), Piazza di Spagna 74

**Modehäuser**
In den Straßen um die Piazza di Spagna, von der Piazza del Popolo bis zur Piazza Colonna, finden sich berühmte Ateliers:

Giorgio Armani, Via Condotti 77
Balestra, Via Sistina 67

Capucci, Via Gregoriana 56
Filippo, Via Borgognona 7
Sorelle Fontana, Via San Sebastianello 6
Gianfranco Ferré, Via Borgognona 42/B
Cucci (Lederwaren), Via Condotti 67
Hermes, Via Condotti 60
Lancetti, Via Condotti 61
André Lang, Via della Croce 77
Mila Schön, Via Condotti 64
SL rive gauche, Via Bocca di Leone 35
Emanuel Ungaro, Via Bocca di Leone 24
Valentino, Via Gregoriana 24
Gianni Versace, Via Bocca di Leone 26

**Schuhgeschäfte**
Aldrovandi, Via del Tritone 31
Tanino Crisci, Via Borgognona 4
Salvatore Ferragamo, Via Condotti 66
Fragiacomo, Via Condotti 35
Raphael Salato, Via Veneto 104
Magli, Via del Gambero 1; Via Barberini 94; Via Veneto 70/a; Via Cola di Rienzo 237

**Deutsche Buchhandlung**
Herder
Piazza Montecitorio 117
✆ 066 79 46 28

**Kaufhäuser**
La Rinascente (Bekleidung, Parfümerie, Haushaltswaren), Piazza Colonna, Piazza Fiume
Coin (Bekleidung, Textilwaren), Piazzale Appio
Upim (Bekleidung, Haushaltswaren, Büroartikel; in manchen Filialen auch Lebensmittel), in vielen Geschäftsstraßen
Standa (Bekleidung etc.)

**Lebensmittelgeschäfte**
Obwohl immer mehr Supermärkte für Lebensmittel eröffnet werden, kaufen die Römer doch gern jeden Tag frische Ware, entweder auf dem Markt oder im kleinen Laden, dem Alimentari oder Salumificio, wo man auch belegte Brote für einen Schnellimbiß und Pizza am Stück kaufen kann. Torten und Süßigkeiten findet man in der ›Pasticceria‹ oder der ›Bar‹.

**Märkte**
Flohmarkt ›Porta Portese‹, nur Sonntagvormittag von 7–13.30 Uhr (in Seitenstraßen der Viale Trastevere).

Landkarten und Drucke werden an Ständen auf der Piazza Fontanella Borghese verkauft (an Wochentagen vormittags).

Bekleidungsmarkt in der Via Sannio (Nähe San Giovanni in Laterano).

Obst- und Gemüsemärkte gibt es in jedem Viertel; besonders charakteristisch ist der ›Campo de' Fiori‹ in der römischen Altstadt, die größten sind der Markt auf der Piazza Vittorio und der des Viertels Trionfale (an Wochentagen vormittags bis 13 Uhr geöffnet). In den Läden und auf dem Markt wird das Gewicht in Kilogramm und *etti* angegeben, 1 *etto* = 100 Gramm.

**Öffnungszeiten**
Sommerzeit: Di–Sa 9–13 Uhr und 17–21 Uhr; Mo nur nachmittags
Winterzeit: Di–Sa 9–13 Uhr und 16–20 Uhr; Mo nur nachmittags
Inzwischen haben viele Geschäfte auch durchgehend und bis spät in die Nacht geöffnet.

## Krankenhäuser/ Erste Hilfe

**Erste Hilfe** = *Pronto Soccorso*
✆ 118 allgemeine Notrufnummer
✆ 064 74 98 Notarzt

**Krankenhäuser**
San Giovanni
Via Amba Aradam (Nähe St. Johann im Lateran)
✆ 067 70 51

Santo Spirito
Lungotevere in Sassia (Nähe Vatikan)
✆ 066 83 51

San Giacomo
Via Canova 29 (Ecke Via del Corso)
✆ 063 62 61

Policlinico Umberto I.
Viale del Policlinico (Universitätsstadt)
✆ 064 99 71

Es empfiehlt sich, einen Urlaubskrankenschein mitzuführen.

## Post

Briefmarken sind auf der Post, in den Tabakgeschäften (T über der Ladentür) und aus Briefmarkenautomaten erhältlich.

Der Vatikanstaat hat eigene Briefmarken. Am Petersplatz bei den Kolonnaden befindet sich je ein Postamt des Vatikans und auf dem Petersplatz ein Postamt auf Rädern, wo man Briefmarken kaufen kann. Um auch den Freistempel des Vatikans zu erhalten, muß man die Post in die blauen Briefkästen des Vatikanstaates einwerfen.

Italienisches Hauptpostamt
Piazza San Silvestro
Öffnungszeiten: Mo–Fr 8.30–20 Uhr; Sa 8–12 Uhr

Die übrigen Postämter sind ab 8.30 Uhr, doch nur bis 14 Uhr geöffnet.

## Telefon

Vorwahl von Rom:
– nach Deutschland 00 49
– nach Österreich 00 43
– in die Schweiz 00 41
Die Null vor der Ortsnummer wird weggelassen.

Vorwahl nach Italien von Deutschland, Österreich und der Schweiz 00 39
In Italien sind die ehemaligen Ortsvorwahlen (z. B. 06 für Rom) inzwischen Bestandteil der Teilnehmernummer, die immer komplett – einschließlich der ersten Null – zu wählen ist.

Immer mehr Fernsprecher werden durch Karten-Telefonautomaten ersetzt. Bei neueren Telefonautomaten können auch 100, 200 und 500 Lire-Münzen benutzt werden. Praktischer für Ferngespräche ist eine Telefonkarte *(carta telefonica)* für 5000, 10 000 oder 15 000 Lire, die auch am Kiosk erhältlich ist.

# Literaturauswahl


**Standardwerk zur römischen Kunstgeschichte**

Leo Bruhns, Die Kunst der Stadt Rom. Ihre Geschichte von den frühesten Anfängen bis in die Zeit der Romantik, München – Wien 1972[2]

**Zur Kunst der Antike**

Wolfgang Helbig, Führer durch die öffentlichen Sammlungen klassischer Altertümer in Rom, 4 Bände, Hrsg. Hermine Speier, Tübingen 1963/1982

Herbert Alexander Stützer, Die Kunst der römischen Katakomben, DuMont, Köln 1983

**Einzelthemen**

Ernst Batta, Obelisken. Ägyptische Obelisken und ihre Geschichte in Rom, Frankfurt am Main 1986

Roloff Beny, Peter Gunn, Die Kirchen von Rom, Freiburg 1982

Maurizio F. dell'Arco, Petersdom und Vatikan. Ein Führer durch die Geschichte und Kunstwerke des Petersdoms und des Vatikan, Freiburg 1983

Deoclexio Redig de Campos, Raphaels Fresken in den Stanzen, Stuttgart 1984

Herbert Alexander Stützer, Frühchristliche Kunst in Rom, DuMont, Köln 1991

**Klassiker der Geschichtsschreibung**

Ferdinand Gregorovius, Geschichte der Stadt Rom im Mittelalter. Vom 5. bis 15. Jh., 4 Bde, München 1978

**Rom und Italien**

Harald Keller, Die Kunstlandschaften Italiens, 2 Bände, Insel, Frankfurt am Main 1960/1983

Giuliano Procacci, Geschichte Italiens und der Italiener, München 1983

Rudolf Lill, Geschichte Italiens in der Neuzeit, Darmstadt 1986[3]

**Papsttum**

Horst Fuhrmann, Von Petrus zu Johannes Paul II. Das Papsttum. Gestalt und Gestalten, Beck, München 1984[2]

Franz X. Seppelt/Georg Schwaiger, Geschichte der Päpste, 5 Bände, München 1956–1959

**Römische Veduten**

Das barocke Rom. Vorwort von Harald Keller (Die bibliophilen Taschenbücher 92)

Domenico Amici, Die Ansichten Roms, Nachwort und hrsg. von C. Grützmacher (Die bibliophilen Taschenbücher 425)

John Wilton-Ely, Giovanni Battista Piranesi. Vision und Werk, München 1978 (mit vollständiger Abbildung der ›Vedute di Roma‹)

Giambattista Piranesi, Vedute di Roma, 2 Mappen (Faksimile der Ausgabe Rom 1792), 138 Tafeln

**Zitierte Literatur**


Ammianus Marcellinus, Rerum gestarum libri. Das römische Weltreich vor dem Untergang, Artemis, Zürich und München 1974

Hans Christian Andersen, Eines Dichters Basar, (Hrsg.) G. Perlet, Weimar o. J.

Werner Bergengruen, Römisches Erinnerungsbuch, Freiburg 1966

Jacob Burckhardt, Der Cicerone. Eine Anleitung zum Genuß der Kunstwerke Italiens, Kröner, Stuttgart 1978

Charles Dickens, Italienische Reise, Hoffmann & Campe, Hamburg 1968

Flavius Josephus, Der Jüdische Krieg, Goldmann, München 1966/1980

Friedrich Hebbel, Werke Band 4, (Hrsg.) G. Fricke, München 1966

Jean Paul, Titan, Werke Band 3, Hanser, München 1966

Marie Luise Kaschnitz, Engelsbrücke. Römische Betrachtungen, Claassen Verlag, Hamburg 1955

Michel de Montaigne, Tagebuch einer Badereise, Stuttgart 1963

Stendhal, Römische Spaziergänge, Jena 1913

Tacitus, Annalen, Kröner, Stuttgart 1957

Hippolyte Taine, Reise in Italien, Diederichs Verlag, Düsseldorf, Köln 1967

Giorgio Vasari, Lebensbeschreibungen der ausgezeichnetsten Maler, Bildhauer und Architekten nach Dokumenten und mündlichen Berichten, Wiesbaden, Berlin o. J.

Johann Joachim Winckelmann, Briefe, Berlin 1952

Emile Zola, Rom, Th. Knaur Nachf., Berlin 1930

# »Giubileo 2000«

## Pilgerkarte

Die Pilgerkarte ermöglicht Individual- und Gruppenreisenden während des Jubeljahres 2000 u. a. die Reservierung religiöser Veranstaltungen, die Benutzung der öffentlichen Verkehrsmittel in Rom an drei Tagen, die Reservierung in Restaurants.

Information beim Comitato Centrale Giubileo Anno 2000, Via della Città Leoniana 9, ✆ 066 69 88 22 58 oder unter der Servicenummer in Rom ✆ 06 72 98 33 33.

## Festkalender (Auswahl)

**24. Dezember 1999:** Christmette im Petersdom und Öffnung der Heiligen Pforte

**25. Dezember 1999:** Messen in S. Giovanni in Laterano und in S. Maria Maggiore mit Öffnung der Heiligen Pforten; päpstlicher Segen *urbi et orbi*

**31. Dezember 1999:** Gebetswache im Petersdom beim Übergang ins Jahr 2000

**1. Januar 2000:** Heilige Messe im Petersdom (Hochamt für den Weltfrieden)

**2. Januar 2000:** Feier für Kinder im Petersdom zur Eröffnung des Heiligen Jahres

**18. Januar 2000:** Gebetswoche für die Einheit der Christenheit; feierliche Messe in S. Paolo fuori le Mura und Öffnung der Heiligen Pforte

**21. April 2000:** Karfreitagsmesse im Petersdom; feierlicher Kreuzweg im Kolosseum

**22./23. April 2000:** Osternachtmesse im Petersdom; Hochfest der Auferstehung des Herrn im Petersdom; päpstlicher Segen *urbi et orbi*

**1. Juni 2000:** Christi Himmelfahrt, Heilige Messe im Petersdom

**11. Juni 2000:** Feierliche Pfingstmesse im Petersdom

**18.–25. Juni 2000:** Eucharistischer Weltkongreß mit Eröffnungsgottesdienst in S. Giovanni in Laterano

**22. Juni 2000:** Fronleichnam, Heilige Messe in S. Giovanni in Laterano und Prozession

**29. Juni 2000:** Hochfest der hl. Apostel Petrus und Paulus im Petersdom

**14. August 2000:** Vorabend von Mariä Himmelfahrt, Heilige Messe in S. Maria Maggiore

**1. November 2000:** Allerheiligen, Heilige Messe im Petersdom

**24. Dezember 2000:** Christmette im Petersdom

**25. Dezember 2000:** Hochfest der Geburt des Herrn im Petersdom; päpstlicher Segen *urbi et orbi*

**31. Dezember 2000:** Gebetswache im Petersdom beim Übergang ins neue Jahrtausend

**5. Januar 2001:** Ende des Heiligen Jahres und Schließung der Heiligen Pforten

Einen kompletten Terminkalender bietet das Internet unter http://www.vatican.va/jubilaum_2000

# Abbildungsnachweis

Archiv für Kunst und Geschichte
Abb. S. 60 (Musée du Louvre Paris), 61 (Musée du Louvre Paris), 76 (Palazzo Madama, Rom), 84, 91 Musée Condé, Chantilly), 95 (Galleria degli Uffizi, Florenz), 104 (unten, S. Maria della Salute, Venedig, früher S. Spirito in Isola), 110, 111 (unten), 133, 134 (Niedersächsisches Landesmuseum, Hannover), 170, 205

Bayerische Staatsbibliothek (München)
Abb. S. 8/9, 42, 44, 119, 127, 152/153

British Museum (London)
Abb. S. 49

Leonard von Matt
Abb. S. 78, 79, 80, 81 (2), 82, 83

Musei Vaticani (Rom)
Abb. S. 56, 380, 381

Werner Neumeister
Abb. S. 97 (Galleria Borghese), 101, 150, 158, 228, 244, 279, 311, 366, 369, 373

Scala (Florenz)
Abb. S. 89, 92/93, 96 (Casa Buonarroti, Florenz), 102, 104 (oben), 107 (Sacro Speco, Subiaco), 108 (Museo dell'Opera del Duomo, Florenz), 109 (Vatikanische Pinakothek, Rom), 111 (oben; Musée du Louvre, Paris), 160, 204, 227, 234, 268, 269, 283, 308, 333, 344, 371 (2)

Staatliche Museen Preußischer Kulturbesitz (Berlin)
Abb. S. 40, 85, 94, 139

Städelsches Kunstinstitut, Frankfurt
Abb. S. 66

Martin Thomas
Abb. Umschlagvorderseite, Umschlagrückseite (oben), Vignette, S. 13, 14, 26, 29, 34 (unten), 51, 53, 123, 126, 129 (1 in Spalte), 136, 140, 142, 143, 145, 147 (Spalte), 148 (2), 149, 154, 157 (2), 159 (2), 162, 163, 175, 186, 202, 213, 217, 218, 220, 221, 222, 229, 237, 242, 246, 247, 253, 255, 256, 258, 260, 266, 277, 281, 293 (unten), 294, 305, 332, 336, 338, 340, 345, 347, 349, 358, 363, 392

Fulvio Zanettini
Abb. vordere und hintere Umschlaginnenklappe, S. 15, 18, 20, 32/33, 34 (oben), 46, 63, 71, 74, 124, 129 (3), 130, 137, 139 (Spalte), 141, 147, 159 (1 in Spalte), 160 (Spalte), 164/165, 166, 172, 177, 178, 184/185, 188, 191, 193, 198, 199, 200, 201, 206/207, 210, 215, 223, 224, 231, 233, 239, 240, 241, 251, 254, 264/265, 267 (2), 271, 272, 276, 286, 287, 289, 290, 292, 293 (Spalte), 298, 300, 301 (2), 303, 309, 313, 314, 316, 317, 318/319, 323, 324, 326, 328/329, 331, 335, 339, 350, 352, 354, 359, 385, 389

# Register

## Personenregister

# Ortsregister

**Bitte schreiben Sie uns, wenn sich etwas geändert hat!**
Alle in diesem Buch enthaltenen Angaben wurden vom Autor nach bestem Wissen erstellt und von ihm und dem Verlag mit größtmöglicher Sorgfalt überprüft. Gleichwohl sind – wie wir im Sinne des Produkthaftungsrechts betonen müssen – inhaltliche Fehler nicht vollständig auszuschließen. Daher erfolgen die Angaben ohne jegliche Verpflichtung oder Garantie des Verlages oder des Autors. Beide übernehmen keinerlei Verantwortung und Haftung für etwaige inhaltliche Unstimmigkeiten. Wir bitten dafür um Verständnis und werden Korrekturhinweise gerne aufgreifen:

DuMont Buchverlag, Postfach 10 10 45, 50450 Köln
E-Mail: reise@dumontverlag.de

PARIS
DIE SCHÖNSTEN RESTAURANTS
REISEFÜHRER
DUMONT visuell

NEW YORK
REISEFÜHRER
DUMONT visuell

WIEN
REISEFÜHRER
DUMONT visuell

LONDON
REISEFÜHRER
DUMONT visuell

THAILAND
REISEFÜHRER
DUMONT visuell

VENEDIG
REISEFÜHRER
DUMONT visuell

# DUMONT

## Reise-Taschenbücher

»Was den DUMONT-Leuten gelungen ist: Trotz der Kürze steckt in diesen Büchern genügend Würze. Immer wieder sind unerwartete Informationen zu finden, nicht trocken eingestreut, sondern lebhaft geschrieben... Diese Mischung aus journalistisch aufgearbeiteten Hintergrundinformationen, Erzählung und die ungewöhnlichen Blickwinkel, die nicht nur bei den Farb- und Schwarzweißfotos gewählt wurden – diese Mischung macht's. Eine sympathische Reiseführer-Reihe.« *Südwestfunk*

»Die DUMONT Reise-Taschenbücher zeichnen sich durch einen klaren Aufbau, eine große Menge hervorragender Informationen und zahlreiche wertvolle Tips aus.« *Sport + Verkehr*

»Zur Konzeption der Reise-Taschenbücher gehören zahlreiche, lebendig beschriebene Exkurse im allgemeinen landeskundlichen Teil wie im praktischen Reiseteil. Diese Exkurse vertiefen zentrale Themen der Geschichte, Kunst und des sozialen Lebens und sollen so zu einem abgerundeten Verständnis des Reiselandes führen.« *Main Echo*

Weitere Informationen über die Titel der Reihe DUMONT Reise-Taschenbücher erhalten Sie bei Ihrem Buchhändler oder beim DUMONT Buchverlag • Postfach 10 10 45 • 50450 Köln • http://www.dumontverlag.de

Umschlagvorderseite: Forum Romanum
Umschlagklappe vorn: Traubenernte (Umgangsmosaik in der Kirche Santa Costanza, Mitte 4. Jh.)
Umschlagklappe hinten: Piazza Navona
Umschlagrückseite: Kolonnaden am Petersplatz, Entwürfe für den Neubau von Sankt Peter von Bramante (links) und Michelangelo (rechts), ›Cicero beschuldigt Catilina im Senat der Verschwörung‹ (Fresko von Cesare Maccari im Palazzo Madama in Rom)

Über den Autor: Heinz-Joachim Fischer, geboren 1944, studierte Philosophie, Theologie und Geschichte, Kunst- und Politische Wissenschaften in Rom und München. 1973 Promotion zum Dr. phil. Seit 1974 in der Redaktion der Frankfurter Allgemeinen Zeitung, seit 1978 Rom-Korrespondent der Zeitung für Italien und den Vatikan. Verfasser mehrer Sachbücher und der Romane ›Das Lachen der Wölfin‹ und ›Der Turm des Griechen‹.


3., aktualisierte Auflage 1999

Satz und Druck: Rasch, Bramsche
Buchbinderische Verarbeitung: Bramscher Buchbinder Betriebe

Printed in Germany ISBN 3-7701-3738-8